国家绒毛用羊产业技术体系建设资金资助项目

中国绒毛用羊产业经济研究（第一辑）

肖海峰　周向阳　孙致陆　冯凯慧
李瑞锋　蒋美娟　陈海燕　丁丽娜　著
曹　佳　黄小曦　石　晶　马翠萍

中国农业出版社

前　言

绒毛用羊产业是我国畜牧业的重要组成部分，也是我国中西部地区农牧民从事的主要产业。我国绒毛用羊产业的发展不仅关系到广大农牧民收入及生活水平的提高，而且也关系到边疆地区的经济发展及社会稳定。随着我国国民经济及毛纺工业的快速发展，对羊毛、羊绒的数量需求与质量需求均在增长。但目前我国绒毛用羊产业的整体发展水平还不高，突出表现在：农牧民养殖方式、养殖技术落后，养殖效益不高；绒毛流通方式单一，现代流通体系及优毛（绒）优价机制还未普遍建立；国毛产量及质量均不能满足毛纺工业的需求，羊毛的外贸依存度高；政府对绒毛用羊产业的扶持政策少，支持力度小。中国与新西兰已经签署自由贸易区协定，并且正在与澳大利亚就建立中澳自由贸易区进行双边谈判，中新、中澳自由贸易区的建立，必将对我国羊毛产业产生较大的冲击。在上述背景下，从经济的角度对我国绒毛用羊产业的发展进行研究，寻求提升我国绒毛用羊产业竞争力、促进我国绒毛用羊产业健康、稳定、可持续发展的对策，就具有非常重要的现实意义。

2011 年初，我被国家绒毛用羊产业技术体系聘为“十二五”期间产业经济岗位专家，这为我系统研究我国绒毛用羊产业经济提供了一个很好的机会和平台。2011 年，我作为产业经济岗位专家，带领我的研究团队，全面完成了体系赋予的各项任务。《中国绒毛用羊产业经济研究（第一辑）》就是在我们产业经济研究团队 2011 年所完成各项研究报告的基础上整理而成，它既是我们产业经济研究团队过去一年多时间内阶段性研究成果的汇编，同时也是相关人员了解、研究我国绒毛用羊产业经济发展状况的一个基础资料。

本书具体包括以下十三个专题：专题一：世界及我国绒毛生产和贸易格局分析；专题二：我国绒毛用羊养殖中生产要素投入及其对绒毛产量的影响研究；专题三：我国绒毛用羊养殖的技术水平及全要素生产率研究；专题四：我国绒毛市场交易模式研究；专题五：我国羊毛价格波动特征、影响因素及稳定对策研究；专题六：我国羊绒价格波动特征、影响因素及稳定对策研究；专题七：我国羊毛产业国际竞争力、影响因素及提升对策研究；专题八：我国羊绒产业国际竞争力、影响因素及提升对策研究；专题九：中澳自贸区建立对我国羊毛产业的影响及应对策略研究；专题十：我国细毛羊产业发展调研报告；专题十一：我国半细毛羊产业发展调研报告；专题十二：我国绒山羊产业发展调研报告；专题十三：2011 年我国绒毛用羊产业发展与政策研究报告。

在上述绒毛用羊产业经济相关研究工作中，我们得到了国家绒毛用羊产业技术体系各位岗位专家、试验站站长的大力支持与帮助。特别是体系首席科学家田可川研究员、饲料营养价值评定岗位专家贾志海教授、绒毛加工与流通岗位专家茅建新总经理、毛绒检测岗位专家郑文新研究员、保定综合试验站站长刘月琴教授、松原综合试验站站长李青春高级畜牧师、赤峰细毛羊综合试验站站长王贵东高级畜牧师、赤峰绒山羊综合试验站站长单德海高级畜牧师、西昌综合试验站站长木乃尔什研究员、毕节综合试验站站长申小云教授、拜城综合试验站站长刘继忠高级畜牧师、阿克苏综合试验站站长张富全研究员、鄂尔多斯综合试验站站长刘少卿研究员、三角城综合试验站站长官却扎西高级畜牧师、体系办公室主任张艳花老师，在研究思路、技术咨询、数据提供、农牧户问卷调研等方面给予了热情的指导、支持与配合，在此一并表示我们最衷心的感谢！

由于绒毛用羊产业经济研究需要涉及的领域非常广泛，加之我们对绒毛用羊相关技术方面的知识还比较缺乏，以及研究能力和水平有限，书中不可避免地会出现不足甚至是错误，恳请各位专家、读者不吝赐教，以便我们能够把绒毛用羊产业经济研究工作做得更好，为推动我国绒毛用羊产业的发展贡献一份微薄的力量。

肖海峰

2012年6月于中国农业大学经管学院

目　录

专题一

世界及我国绒毛生产和贸易格局分析

冯凯慧　陈海燕

生产格局指一个国家或地区产品生产的地理分布，包括生产的具体地点、产量、相互联系和地域结构等。羊毛、羊绒（以下简称绒毛）的生产格局受国家或地区的自然条件、社会经济条件以及技术条件的综合制约，既反映了绒毛生产的空间分布特征，又反映出绒毛生产的发展变化特征，是生产力变化的一种表现形式。贸易格局指一个国家或地区进出口产品贸易的结构性框架，包括贸易规模和贸易流量的地理分布等。绒毛贸易格局的形成既由要素禀赋差异决定，也是绒毛贸易竞争的结果，同时还受国家或地区贸易政策的约束。本专题首先对世界绒毛生产和贸易格局进行分析，然后分析我国绒毛生产与贸易格局，评价我国绒毛生产与贸易在世界市场的地位和影响，最后提出促进我国绒毛产业长远发展的政策建议。

一、世界绒毛生产及贸易格局分析

本部分首先利用世界绒毛用羊的存栏量和绒毛产量各自的数量变化特征及区域分布，总结世界绒毛生产的历史变化规律和分布特征。然后通过分析世界绒毛贸易总量变化、世界绒毛贸易主要出口国、主要进口国和世界绒毛贸易流量变化情况，认识世界绒毛贸易的结构性框架。

（一）世界绒毛用羊的存栏量变化情况及区域分布

1. 1980 年以来，世界绵羊存栏量先增后降，山羊存栏量持续增加

1980 年以来，世界绵羊存栏量一直维持在十亿只以上水平，从变化趋势看，世界绵羊存栏量大体呈现出先增长后下降的变化格局。如图 1 所示，具体可分为三个阶段：第一阶段为 1980—1990 年，在此期间世界绵羊存栏量稳步增长，从1980年的10.99亿只增长到1990年的12.08亿只，增长了近10%，1990年的存栏量也是30年来世界存栏量的最高水平；第二阶段为1990—2002年，在此期间，世界绵羊存栏量快速下降，到2002年降至近30年间的最低水平10.26亿只，较1990年下降了15%；第三个阶段为2002—2010年，世界绵羊存栏量小幅上涨，但总体水平仍低于20世纪80年代的平均存栏量。其间，2006—2007年世界绵羊存栏量曾连续突破11亿只，不过2008年再次回落，至2010年存栏量为10.79亿只，较1980年小幅下降1.8%。

世界绵羊存栏量变化的主要原因有：第一，20世纪80年代以来，绵羊饲养方式由过去的粗放型向集约型转变，养殖水平和管理技术大幅提高，逐渐实现了品种优良化、草场改良化、管理科学化和操作机械化，一改过去靠天养畜的局面，极大地推动了世界绵羊养殖业的发展（王丽娜，2004）；第二，从20世纪90年代开始，由于化纤工业的发展，日益丰富的化纤产品代替了很大一部分羊毛制品，羊毛需求量呈下降趋势，造成羊毛价格走低，牧民的养羊积极性减退，加上干旱等天气原因，绵羊的生存条件进一步恶化，存栏量明显下降（杨建青，2010）。

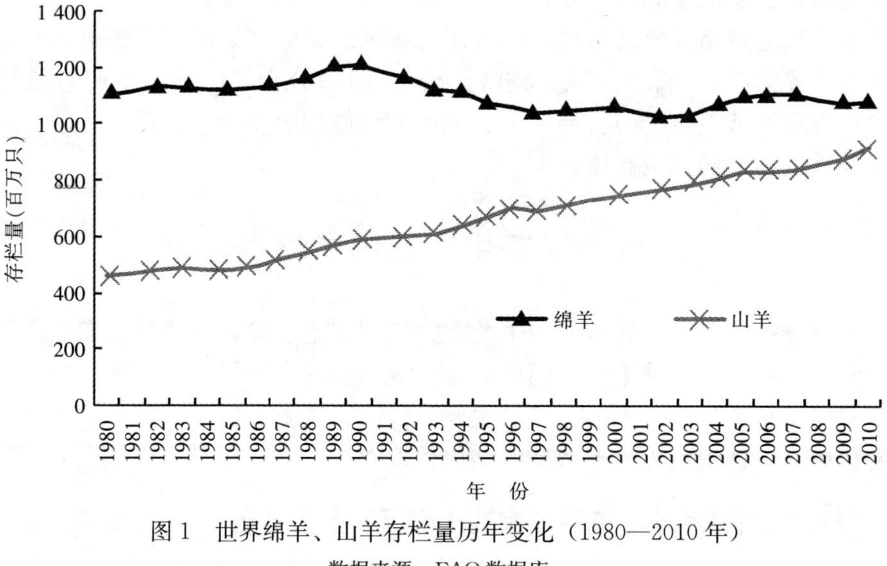

图1　世界绵羊、山羊存栏量历年变化（1980—2010年）

数据来源：FAO数据库。

与绵羊存栏量变化有所不同，世界山羊存栏量在近30年间持续稳步增长。1980年世界山羊存栏量为4.64亿只，到2010年底增至9.21亿只，同时也达到历史最高水平，较1980年增长了98.4%。

山羊存栏量增长的原因主要有：第一，山羊抗自然灾害的能力很强，繁殖率较高，按照粗放式养殖方法，山羊种群数量一般按每年 30%的速度递增，随着养殖条件的改善，按一只母羊每年能产仔一只计算，理论上绒山羊种群的增长速度有可能接近于 70%（黄圆圆，2008）；第二，山羊主要养殖国家中国和印度等国不断加快良种选育工作，改良种山羊比重不断提高，加之下游行业分工精细化、专业化程度越来越高，山羊产品的附加值越来越大，产品价格提高推动牧民养殖积极性，山羊存栏量稳步增长。

2. 绵羊产区分布相对集中，主要养殖国家有中国、印度、澳大利亚、伊朗和苏丹等

受绵羊生活习性及世界地貌特征分布影响，绵羊养殖区域相对集中，主要分布在亚洲南部和东部、非洲北部、欧洲大陆及大洋洲等地的温热带牧区。目前有近 200 个国家养殖绵羊，最主要的养殖国家有中国、澳大利亚、印度、新西兰和伊朗等。据 FAO 统计数据，2010 年世界绵羊存栏量为 10.79 亿只。其中，中国绵羊存栏量居世界第一，为 1.34 亿只，占世界存栏量的 12.4%，占亚洲存栏量的 29.5%；印度绵羊存栏量居世界第二，为 0.74 亿只，占世界存栏量的 6.9%，占亚洲存栏量的 16.3%；澳大利亚绵羊存栏量居世界第三，为 0.68 亿只，占世界存栏量的 6.3%，占大洋洲存栏量的 67.6%；伊朗和苏丹的绵羊存栏量分别居世界第四和第五，为 0.54 亿只和 0.52 亿只，占世界的比例依次为 5.0%和 4.8%（见表 1）。

表 1　2010 年世界绵羊存栏量及主产国分布

单位：百万只，%

洲	国家	存栏量	占世界比重	洲	国家	存栏量	占世界比重
世界		1 078.95	100.0	欧洲		130.71	12.1
亚洲		453.84	42.1		英国	31.00	2.9
	中国	134.02	12.4		土耳其	21.79	2.0
	印度	73.99	6.9		西班牙	18.55	1.7
	伊朗	54.00	5.0	大洋洲		100.66	9.3
	巴基斯坦	27.80	2.6		澳大利亚	68.08	6.3
非洲		300.45	27.8		新西兰	32.56	3.0
	苏丹	52.01	4.8	美洲		93.28	8.6
	尼日利亚	35.52	3.3		巴西	17.38	1.6
	埃塞俄比亚	25.98	2.4		阿根廷	15.80	1.5
	南非	24.50	2.3		秘鲁	14.16	1.3

数据来源：FAO 数据库。

1980年以来，澳大利亚和中国一直是世界上最主要的绵羊养殖国家，这两国的绵羊存栏量之和占世界绵羊总存栏量的20%左右。1990年以前，澳大利亚绵羊存栏量处于明显上升阶段，后来由于养羊业尤其是生产羊毛的比较效益下降，不少牧农转向养牛或者谷物生产，到1998年，澳大利亚的绵羊存栏量为1.17亿只，比1990年的最高存栏数量1.70亿只下降了31%，同年，澳大利亚绵羊存栏量世界第一的局面被中国打破，中国开始成为世界第一大绵羊存栏国家。至2010年底，中国绵羊存栏量已是澳大利亚存栏量的近两倍。2010年印度绵羊存栏量首次超过澳大利亚，仅次于中国，位居世界第二。新西兰也是世界绵羊主要养殖国家，1991年苏联解体前新西兰绵羊存栏量居世界第四，此后逐年下降，2000年被苏丹超过，跌至全球第六。从图2可以明显看出，1980年以来，在世界十大绵羊养殖国中，中国、印度、伊朗、苏丹和英国的绵羊存栏量呈不同程度的增长趋势，其增长幅度分别为30.7%、64.5%、56.5%、195.1%和43.5%，而澳大利亚、新西兰、南非、土耳其和俄罗斯的绵羊存栏量均出现下降，其下降幅度依次是49.9%、52.7%、22.6%、52.7%和86.2%。

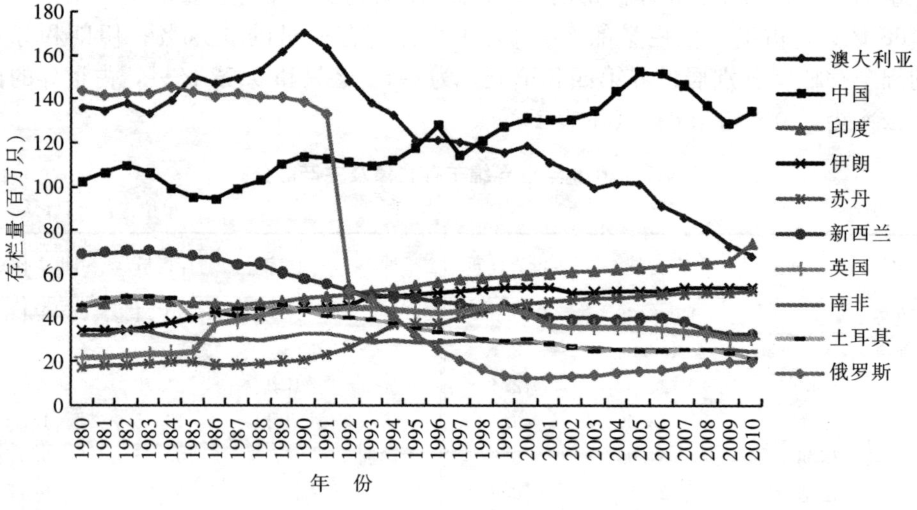

图2　绵羊养殖大国存栏量历年变化（1980—2010年）

数据来源：FAO数据库。

3. 山羊产区集中分布在亚非大陆，主要养殖国家有中国、印度、孟加拉、巴基斯坦和尼日利亚等

山羊养殖区域集中分布在亚洲和非洲地区，这两个大洲的山羊存栏量约占世界山羊存栏量的90%以上。不过在亚非大陆上，山羊的养殖国家比较分散，主要养殖国家有中国、印度、孟加拉国、巴基斯坦和尼日利亚等。据FAO统计数据，2010年世界山羊存栏量为9.21亿只。其中，印度山羊存栏量居世界第一，为1.54亿只，占世界存栏量的16.7%，占亚洲存栏量的27.9%；中国山羊存栏量居世界第二，为1.51亿只，占世界存栏量的16.4%，占亚洲存栏量的27.3%；孟加拉国和巴基斯坦山羊存栏量分别居世界第三和第四，为0.65亿只和0.60亿只，占世界的比例依次为7.1%和6.5%；非洲的尼日利亚山羊存栏量居世界第五，为0.57亿只，占世界的6.1%，占非洲的18.2%（见表2）。

表2　2010年世界山羊存栏量及主产国分布

单位：百万只，%

洲	国家	存栏量	占世界比重	洲	国家	存栏量	占世界比重
世界		921.43	100.0	非洲		310.89	33.7
亚洲		551.87	59.9		尼日利亚	56.52	6.1
	印度	154.00	16.7		苏丹	43.44	4.7
	中国	150.71	16.4		埃塞俄比亚	21.96	2.4
	孟加拉国	65.00	7.1		马里	16.52	1.8
	巴基斯坦	59.90	6.5		尼日尔	13.67	1.5
	伊朗	25.70	2.8	美洲		37.21	4.0
	印尼	16.82	1.8		巴西	9.31	1.0
	蒙古	13.88	1.5	欧洲		16.53	1.8
大洋洲		4.92	0.5		土耳其	5.12	0.6

数据来源：FAO数据库。

印度和中国是世界最主要的山羊养殖国家，这两国的山羊存栏量之和占世界山羊总存栏量的30%以上。30年来，印度山羊存栏量稳步增长，1995年以前一直位居世界第一。中国山羊存栏量年波动幅度相对较大，20世纪80年代末出现小幅下滑，之后快速增长，1994年存栏量首次突破1亿只，1995年超过印度成为世界山羊存栏量最多的国家，2010年被印度再次追上，至当年年底两国山羊存栏量均在1.5亿只以上。由图3可知，孟加拉国、巴基斯坦和尼日利亚的山羊存栏量也一直呈现稳步增长的态势。截至2010年底，中国、印度、孟加拉国、巴基斯坦和尼日利亚这五国的山羊存栏量较1980年的增长幅度依次是86.6%、77.2%、605.9%、140.1%和400.3%。

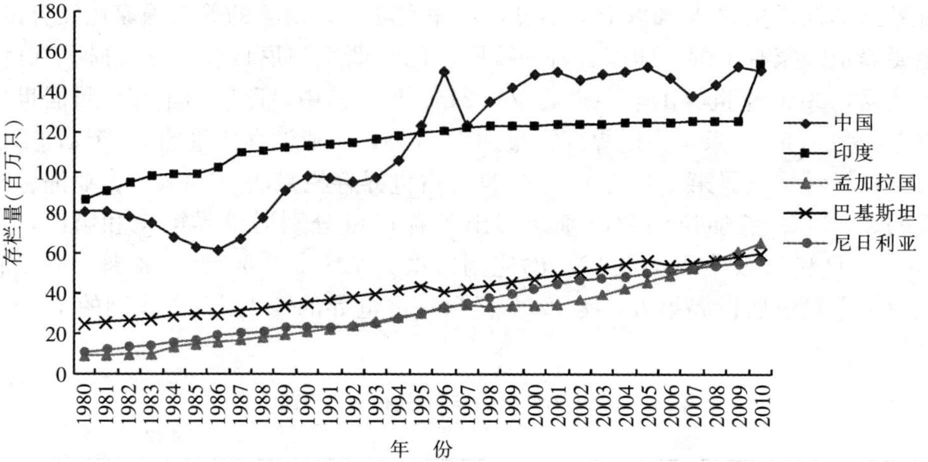

图 3　山羊养殖大国存栏量历年变化（1980—2010 年）

数据来源：FAO 数据库。

（二）世界羊毛、羊绒的产量变化情况及区域分布

1. 1980 年以来，世界羊毛产量先增后降，羊绒产量稳步增长

1980 年以来，受绵羊存栏量变化影响，世界羊毛产量也呈现先增长后下降的趋势。如图 4 所示，世界羊毛产量在过去 30 年间呈宽口“倒 V 形”变化，以 1990 年为分界点和顶点，划分为两个阶段：1980—1990 年是第一阶

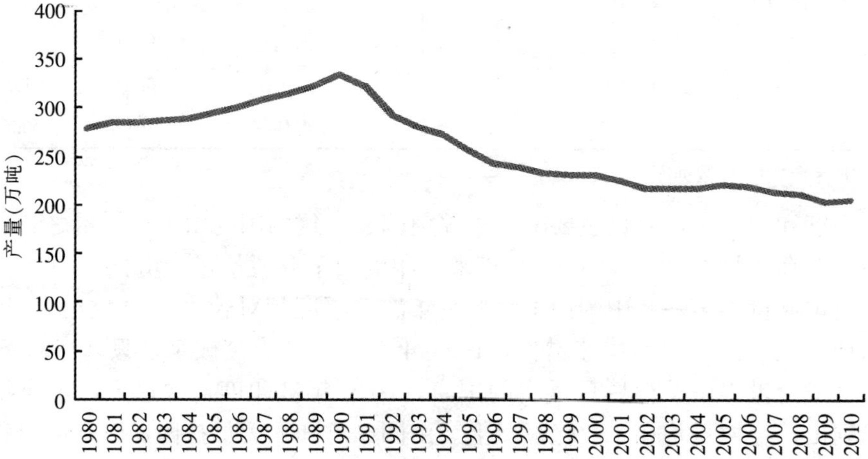

图 4　世界羊毛产量历年变化（1980—2010 年）

数据来源：FAO 数据库。

段，这10年间，世界羊毛产量处于稳步增加阶段，1990年达到峰值334.8万吨，较1980年的279.4万吨增长了19.8%；第二阶段是1990—2010年，这20年来，世界羊毛产量逐年减少，到2010年产量为205.9万吨，较1990年减少了38.5%，较1980年减少了26.3%。

世界羊毛产量变化，一方面与绵羊饲养量的变化有关，另一方面与绵羊品种选育和个体羊毛单产变化也有很大关系。1980年，世界羊毛平均单产水平为2.5千克/只，此后十年，由于绵羊养殖业生产技术水平大幅提高，集约化的生产经营方式全面推进和品种选育工作大力推广，绵羊单产水平逐年提升，到1990年，世界羊毛单产水平达到2.8千克/只，上涨了12%。1990年以后，世界羊毛平均单产呈现下滑趋势，主要原因在于90年代以后，养殖大国如澳大利亚、阿根廷等国均出现持续干旱天气，不利的天气因素造成世界绵羊平均单产水平快速下降（王丽娜，2004）。近几年天气变化异常，对严重依赖牧草生长的羊养殖业来说，天气因素成为影响其产量和质量的重要原因。

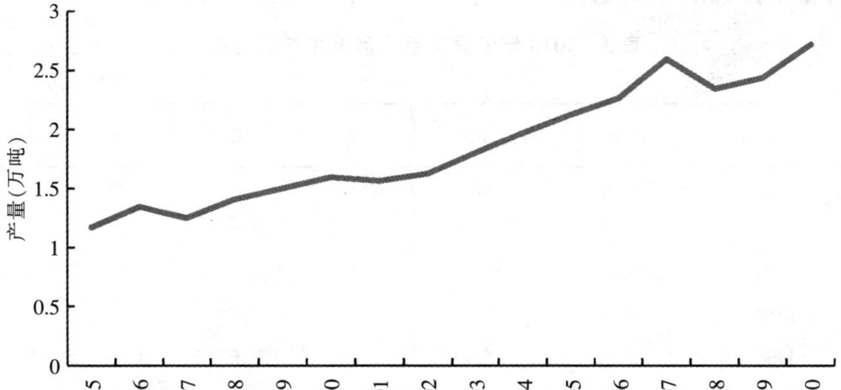

图5　世界羊绒产量历年变化（1995—2010年）

数据来源：根据中国和蒙古羊绒产量数据推导。

1995年以来，世界山羊绒产量整体增长显著。1995年世界羊绒产量在1万吨左右，随着山羊存栏量的增长和主产国绒山羊选育工作的加强，羊绒产量逐年增加，到2007年羊绒产量超过2.5万吨，达到历史高峰，较1995年增长了1.5倍。随后，受全球金融危机影响，羊绒行业整体需求回落，羊绒产量有所下滑。2008年羊绒产量降至2.3万吨左右，较2007年下降了8%。2009年重拾涨势，2010年大幅增长至2.7万吨，较1995年增长了1倍以上。

2. 世界羊毛主产国有澳大利亚、中国和新西兰等，羊绒主产国是中国和蒙古

据FAO统计数据，2010年世界羊毛产量为205.90万吨，其中亚洲地区羊毛产量最多，为86.07万吨，占世界羊毛产量的41.8%；其次是大洋洲，羊毛产量为54.81万吨，占世界羊毛产量的26.6%；欧洲羊毛产量为26.02万吨，占世界羊毛产量的12.6%；非洲和美洲羊毛产量分别为24.01万吨15.00万吨，各占世界羊毛产量的11.7%和7.3%。在所有主产国家中，中国羊毛产量首次超过澳大利亚，居世界第一，为38.68万吨，占世界羊毛产量的18.8%，占亚洲羊毛产量的44.9%；澳大利亚羊毛产量居世界第二，为38.23万吨，占世界羊毛产量的18.6%，占大洋洲羊毛产量的69.8%；新西兰羊毛产量居世界第三，为16.58万吨，占世界羊毛产量的8.1%，占大洋洲羊毛产量的30.2%；英国羊毛产量居世界第四位，为6.70万吨，占世界羊毛产量的3.3%，占欧洲羊毛产量的25.8%；伊朗羊毛产量居世界第五位，为6万吨，占世界羊毛产量的2.9%，占亚洲羊毛产量的7.0%（见表3）。

表3　2010年世界羊毛产量及主产国分布

单位：万吨，%

洲	国家	产量	占世界比重	洲	国家	产量	占世界比重
世界		205.90	100.0	欧洲		26.02	12.6
亚洲		86.07	41.8		英国	6.70	3.3
	中国	38.68	18.8		俄罗斯	5.33	2.6
	伊朗	6.00	2.9		土耳其	2.97	1.4
	叙利亚	5.37	2.6		西班牙	2.80	1.4
	印度	4.30	2.1	大洋洲		54.81	26.6
	巴基斯坦	4.20	2.0		澳大利亚	38.23	18.6
非洲		24.01	11.7		新西兰	16.58	8.1
	摩洛哥	5.53	2.7	美洲		15.00	7.3
	苏丹	5.50	2.7		阿根廷	5.40	2.6
	南非	4.11	2.0		乌拉圭	3.47	1.7

数据来源：FAO数据库。

从各国羊毛产量历年变化数据看，羊毛产量始终维持在10万吨以上的国家有三个，即澳大利亚、中国和新西兰，这三个国家的羊毛产量占世界总产量的平均比重接近50%。苏联解体前该国的羊毛产量超过40万吨，解体后俄罗斯羊毛产量总量大幅下降，年产量均在 10 万吨以下。

1980 年以来，大部分主产国的羊毛产量基本都呈现下降趋势，其中俄罗斯羊毛产量降幅最大，达到 88.0%，阿根廷羊毛产量降幅达 67.8%，同期，南非下降了 60.2%，新西兰下降了 53.6%，乌拉圭下降 48.4%，澳大利亚下降了 46.0%。上述主产国羊毛产量下降的主要原因是这些国家均不同程度地遭遇了干旱或严酷的冬季条件，加上牧羊者对养殖羊的兴趣下降，造成这些主产国家羊毛产量大幅下降（乌拉圭羊毛局，2006）。而同一时期，中国羊毛产量却大幅增加了 1.2 倍。自 20 世纪 80 年代开始，中国细毛羊育种进入了澳美型阶段，大量引进以澳洲美利奴为主的高质量细毛羊品种，全面提高羊毛的产量和品质，实现了羊毛生产质的飞跃（中国畜牧业信息网，2010）。此外，伊朗羊毛产量在此期间增长了 93.5%，印度增长了 34.3%，英国增长了 29.3%（见图 6）。

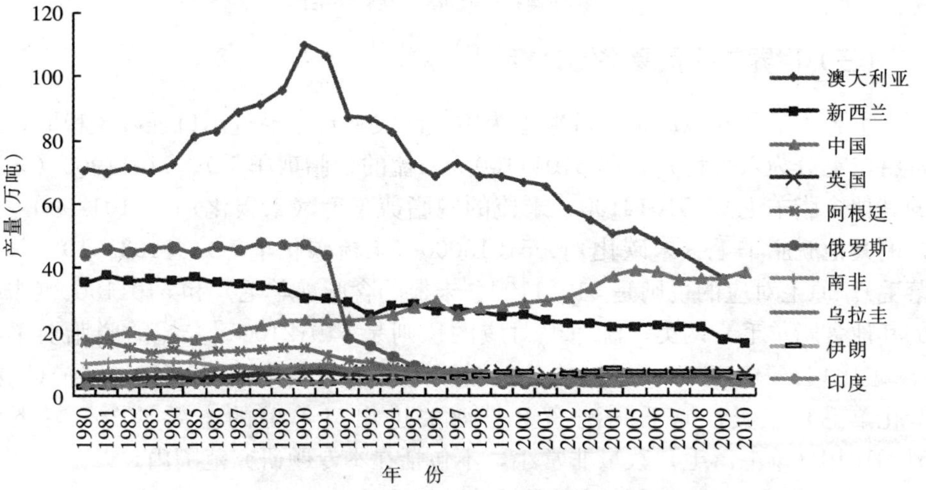

图 6　羊毛主产国产量历年变化（1980—2010 年）

数据来源：FAO 数据库。

在羊绒产区分布中，主要生产国家仅有中国和蒙古，虽然伊朗、阿富汗、哈萨克斯坦、吉尔吉斯斯坦、巴基斯坦、土耳其等国也有羊绒生产，但数量很少。其中，中国是世界上羊绒产量最大的生产国，约占世界总产量的 70%以上；蒙古生产羊绒约 20%，其他国家羊绒产量极少。如图 7 所示，在 1995—2010 年，受山羊存栏量增长和绒山羊品种改良选育工作大力推广，中国羊绒产量增长了一倍，蒙古羊绒产量增长了近两倍。

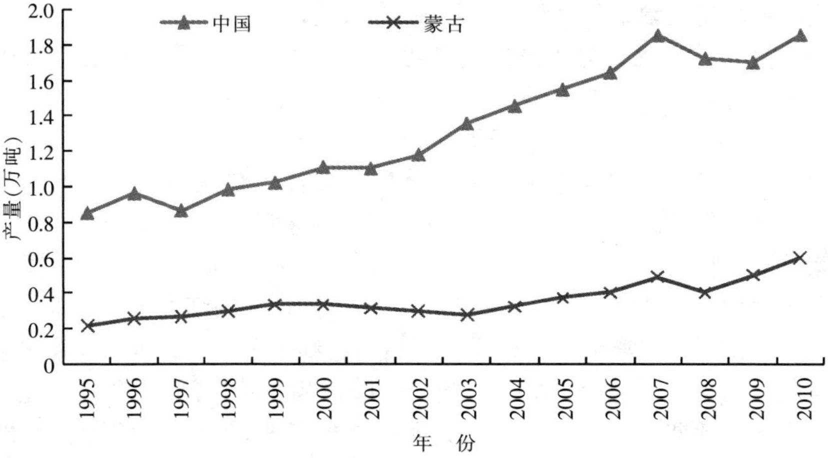

图 7 羊绒主产国产量历年变化（1995—2010 年）

数据来源：中国和蒙古统计年鉴。

（三）世界羊毛贸易格局分析

世界羊毛贸易以原毛和洗净毛为主。海关在对羊毛进出口征收关税时，通常将羊毛分为六个税则，即 51011100（未梳的含脂剪羊毛）、51011900（未梳的其他含脂羊毛）、51012100［未梳的脱脂剪羊毛（未碳化）］、51012900［未梳的其他脱脂羊毛（未碳化）］、51013000（未梳碳化羊毛）、51031010（羊毛落毛）。原毛对应的税则是 51011100（未梳的含脂剪羊毛）和 51011900（未梳的其他含脂羊毛）两类，洗净毛对应的税则是 51012100［未梳的脱脂剪羊毛（未碳化）］、51012900［未梳的其他脱脂羊毛（未碳化）］和 51013000（未梳碳化羊毛）三类，原毛和洗净毛是海关进出口羊毛的主要部分，剩下的 51031010（羊毛落毛）数量非常小，不包括在本专题研究范围内。

1. 1980 年以来世界羊毛贸易呈波动下降趋势

1980 年以来，世界原毛贸易量总体呈现下降趋势。1980 年世界原毛出口量为 90.6 万吨，到 2010 年原毛出口量为 59.5 万吨，下降了 34.4%。世界原毛出口量最大的年份出现在 1987 年，最高达到 101 万吨，这也是近 30 年来唯一出口量超过 100 万吨的年份。原毛出口量最少的年份出现在 2003 年，仅为 49 万吨。

1980 年以来，世界洗净毛贸易量先增后降。1980—1994 年，世界洗净毛贸易量先后出现两次较为明显的增长，1994 年洗净毛贸易量达到该期间最高水平，当年洗净毛出口量是 50.5 万吨。随后的 20 年里，世界洗净毛出口量维持在 30 万吨左右，最近三年进一步减少，到 2010 年世界洗净毛出口量仅为

19.1万吨，较1980年下降了40.8%（见图8）。

在世界羊毛贸易中，原毛的贸易量明显多于洗净毛的贸易量，原毛在羊毛贸易中所占的比重较大，其出口量占世界羊毛总出口量的62%～75%，洗净毛出口量占世界羊毛总出口量的25%～38%。

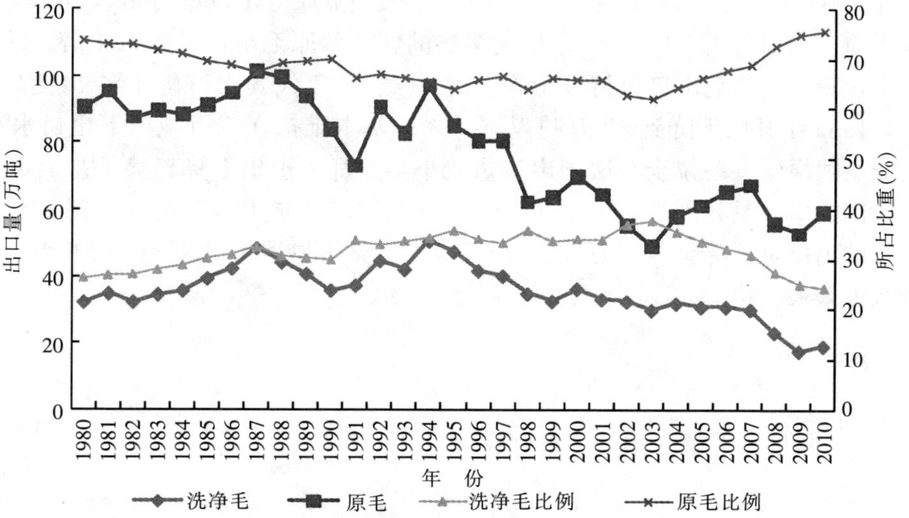

图8　世界原毛及洗净毛出口量对比（1980—2010年）

数据来源：FAO数据库。

世界羊毛贸易量总体呈下降趋势，主要由以下三方面原因造成：第一，世界毛纺生产能力不振，羊毛需求下降。据统计，在1992—2007年间，全球羊毛制造及纤维生产行业萎缩了近50%（中国纺织服装工业协会，2009），导致羊毛需求大幅减少。第二，替代性纺织原料的竞争。目前合成纤维质量不断提高，且价格低廉，而羊毛生产成本高，价格难以下降，较高的生产价格促使不少羊毛生产及消费转向使用其他纺织原料。第三，世界羊毛业的发展受经济发展制约。近年来，美国、日本和西欧等经济发达国家和地区经济增长速度放缓，财政收支恶化及较高的失业率，使其对羊毛的需求量逐渐减少。

2. 出口方面，原毛主要出口国有澳大利亚、新西兰、南非、阿根廷、乌拉圭和法国等，洗净毛主要出口国有新西兰、澳大利亚、英国、阿根廷、中国和法国等

1980—2010年，世界原毛出口国主要有澳大利亚、新西兰、南非、阿根廷、乌拉圭和法国等，这 6 个国家原毛出口量占世界总出口量的比重在 80%左右。其中，澳大利亚原毛出口量居世界第一，远远大于其他国家，占世界原毛出口量的 60%左右。如图 9 所示，澳大利亚原毛出口量起伏较大，且呈下降趋势。在 1987 年，澳大利亚原毛出口达到最大值，为 67.7 万吨，最小值出现在 2003 年，为 26.8 万吨。到 2010 年澳大利亚原毛出口量为 32.5 万吨，占世界原毛出口量的 54.6%，是排名第二的新西兰原毛出口量的 7.4 倍。近 30 年来，新西兰原毛出口量持续下降，20 世纪 80 年代其出口量还在 14 万吨以上，1989 年开始下降到 10 万吨以下，之后基本维持在 5 万吨以下出口水平。南非、阿根廷、乌拉圭和法国出口量较小，并都呈现出下降趋势。在 1980 年这四国的出口量分别为 4.7 万吨、5.4 万吨、3.5 万吨和 3.5 万吨，到 2010 年对应的出口量下降至 3.5 万吨、1.8 万吨、1.2 万吨和 0.7 万吨，其中法国下降幅度最大，达 79.5%。

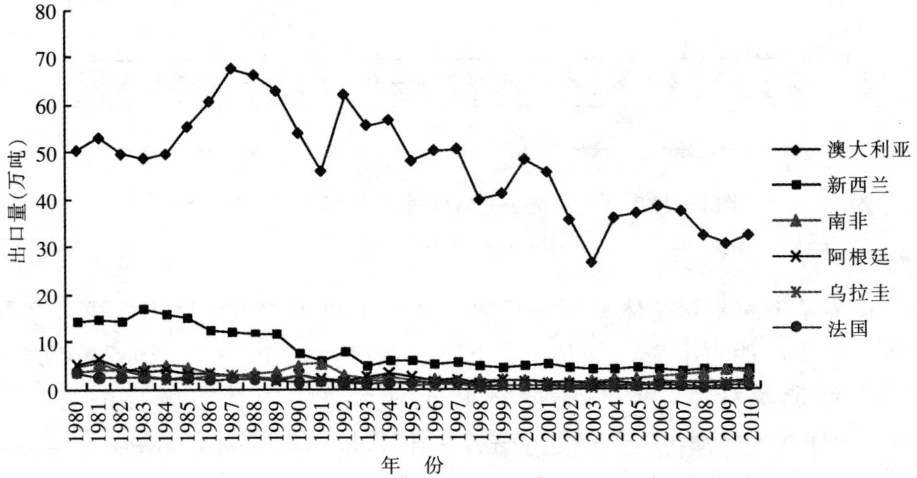

图 9 原毛出口大国的出口量历年变化（1980—2010 年）

数据来源：FAO 数据库。

1980—2010 年，世界洗净毛出口国居前六位的国家依次是新西兰、澳大利亚、英国、阿根廷、中国和法国，这六个国家洗净毛出口总量占世界总出口量的比重在 70%以上。其中，新西兰稳居世界洗净毛出口第一大国。1980 年新西兰洗净毛出口量为 14.1 万吨，已是当时排名第二的澳大利亚洗净毛出口量的两倍多。1994 年新西兰洗净毛出口突破 18 万吨，之后开始下降，到 2010 年下跌至 10 万吨以下，为 9.1 万吨，比 1994 年的高点减少了一半。澳大利亚在世界洗净毛出口国中排名第二，它的出口量变化起伏也比较明显。1980—1994年，澳大利亚洗净毛出口量大幅增加，从1980年的6.1万吨增加到1994年的13.5万吨，出口量增长了1倍多。之后澳大利亚净洗毛出口量开始减少，到2010年仅有2.6万吨，仅是1994年出口量的1/5。英国、阿根廷、中国和法国洗净毛出口量比较少，这四国的洗净毛出口总量为3万～8万吨。在上述六国中，只有中国洗净毛出口呈增长态势，较1980年增长了1.9倍；其他几个国家的洗净毛出口量均出现下滑，阿根廷洗净毛出口量降幅最大，达89.0%，法国、澳大利亚、新西兰和英国的洗净毛出口量依次减少了71.8%、57.7%、35.5%和32.7%（见图10）。

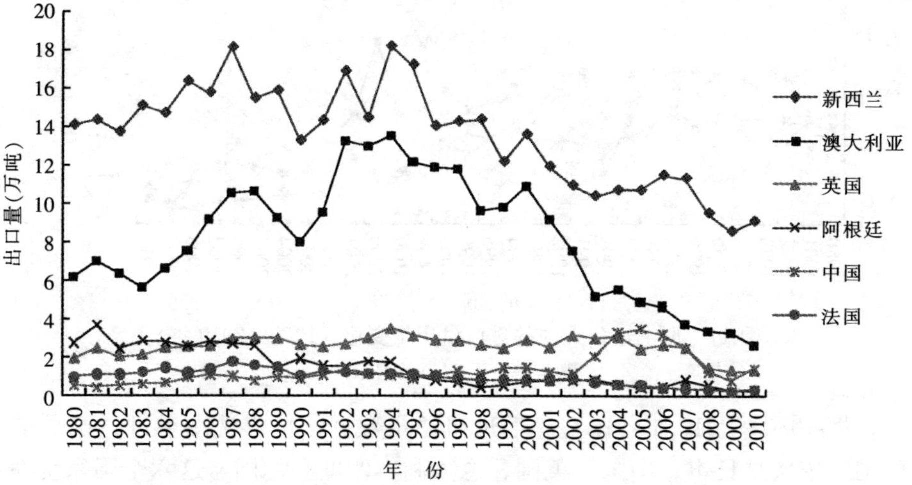

图10　洗净毛出口大国的出口量历年变化（1980—2010年）

数据来源：FAO数据库。

3. 进口方面，原毛主要进口国有中国、意大利、法国、英国、德国和日本等，洗净毛主要进口国有中国、日本、英国、意大利、印度和德国

根据1980—2010年各国原毛进口总量数据，世界原毛进口国居前六位的国家依次是中国、意大利、法国、英国、德国和日本，这六个国家原毛进口总量占世界总进口量的比重在60%～70%。在上述国家中，中国原毛的进口量变化情况与世界其他国家形成鲜明对比：20世纪80年代以来，世界大部分原毛进口大国对原毛的进口量出现了不同程度的下降，而中国的原毛进口数量却出现了明显的上涨。1980年中国原毛进口量为5.8万吨，到1994年达到25万吨，增长了3倍。1992年中国原毛进口量超过法国，成为世界上最大的原毛进口国家。到2010年中国原毛进口量为26.5万吨，占世界原毛总进口量的

57.1%，远高于其他国家进口水平。意大利、法国、英国、德国和日本的原毛进口量均出现不同程度的下降，在1980年，这五国的原毛进口数量分别为8.6万吨、10.3万吨、6.3万吨、7.6万吨和13.0万吨，到2010年，其进口数量分别下降到1.9万吨、0.3万吨、1.3万吨、3.2万吨和3吨。其中日本和法国的原毛进口量下降幅度最大，分别达到99.9%和97.1%（见图11）。

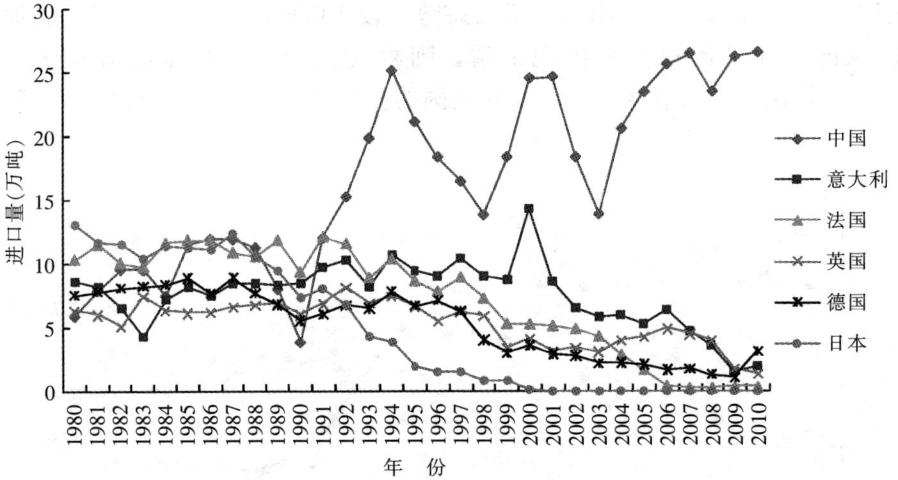

图11　原毛进口大国的进口量历年变化（1980—2010年）

数据来源：FAO数据库。

根据1980—2010年各国洗净毛进口总量数据，世界洗净毛进口国居前六位的国家依次是日本、中国、英国、意大利、印度和德国，这六个国家洗净毛进口总量占世界总进口量的比重为50%～60%。1980—1995年，日本洗净毛年进口量在5万吨以上，位居世界前列，1987年最高进口量达到8万吨，1995年以后日本的洗净毛进口量逐年下降，进口大国地位连年下滑，到2010年，日本洗净毛进口量仅为0.85万吨，较1987年减少了81.2%。中国洗净毛进口量起伏较大，1980年进口仅为0.7万吨，而1988年急剧上升，当年增加到10万吨，随后两年出现快速回落，1990年进口量仅为2.5万吨，较1988年回落了3/4。此后，中国洗净毛进口量维持在3万～5万吨。英国、意大利洗净毛进口量的年际变化也较大，2000年前，两国进口量大体保持逐步上升格局，分别在1997年和2000年达到各自的进口峰值4.5万吨和4.0万吨，随后两国洗净毛进口开始回落，到2010年两国洗净毛进口量均不足2 000吨。印度洗净毛进口呈现缓慢上升趋势，1980年印度洗净毛进口量不足100吨，到2001年洗净毛进口量超过4万吨，超过意大利、英国和中国等洗净毛进口大国，成为世界第一大洗净毛进口国，2007年受金融危机影响印度进口量有所下降，到2010年该国洗净毛进口量再次超过4万吨，达到4.97万吨。德国洗净毛进口量的变化最为平稳，1980—2010年，德国洗净毛进口量逐年减少，从1980年的3万吨减少至2010年的0.75万吨，降幅达74.7%（见图12）。

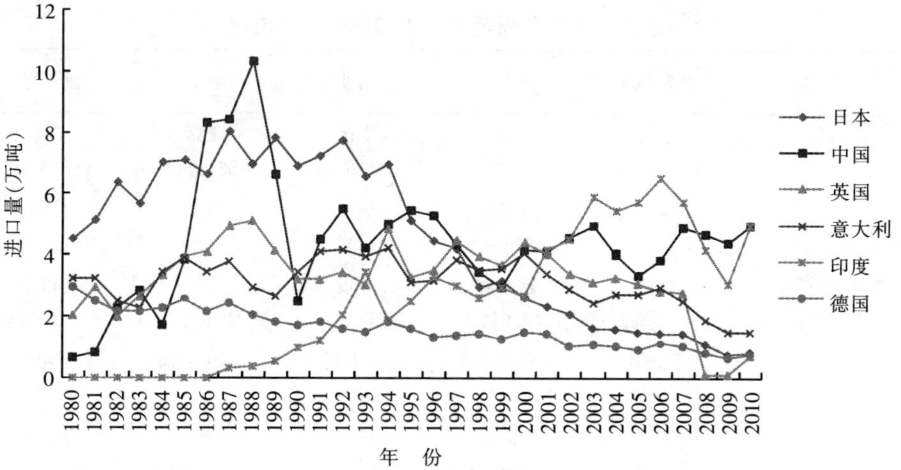

图12　洗净毛进口大国的进口量变化（1980—2010年）
数据来源：FAO数据库。

4. 从2010年的出口流量看，中国、捷克和意大利等是原毛出口大国的主要输出地，中国、印度和意大利等是洗净毛出口大国的主要输出地

2010年原毛出口量居世界前六位的国家依次是澳大利亚、新西兰、南非、德国、乌拉圭和阿根廷，这六个国家的原毛总出口量占世界原毛出口总量的83.5%。澳大利亚原毛出口目的国家居于前五位的依次是中国、印度、捷克、意大利和泰国。澳大利亚原毛主要出口至中国，2010年澳大利亚原毛出口量为32.45万吨，其中出口中国26.34万吨，占81.2%。对其他四国的出口量合计为5.12万吨，占15.8%。2010年新西兰共出口原毛4.37万吨，对中国出口3.77万吨，占86.3%，对德国、意大利、乌拉圭和印度四国合计出口0.52万吨，占11.9%。2010年南非共出口原毛3.46万吨，主要的原毛出口目的国也是中国，该年度对中国出口1.45万吨，占41.9%。南非的其他原毛出口目的国家有捷克、印度、意大利和德国，对这四个国家合计出口1.80万吨，占52.1%。德国原毛出口目的国中居于前两位的国家是捷克和中国，分别对其出口2.90万吨和0.39万吨，该国全年出口的比重依次为82.4%和

11.0%，德国的其他出口目的国家还有比利时、印度和意大利，对这三国合计出口为0.17万吨，仅占4.7%。阿根廷的原毛出口量很小，2010年仅出口1.80万吨，并且出口目的国比较集中，其中，出口到中国、德国和乌拉圭的数量合计为1.61万吨，共占89.4%，出口到印度和意大利两国的数量为0.19万吨，仅占10.3%（见表4）。

表4　2010年原毛主要出口国的出口流向

出口国	澳大利亚	新西兰	南非	德国	阿根廷
主要出口目的地及占比	中国 (81.2%)	中国 (86.3%)	中国 (41.9%)	捷克 (82.4%)	中国 (45.3%)
	印度 (7.2%)	德国 (5.1%)	捷克 (26.1%)	中国 (11.0%)	德国 (22.4%)
	捷克 (4.3%)	意大利 (4.6%)	印度 (17.4%)	比利时 (2.3%)	乌拉圭 (21.7%)
	意大利 (3.8%)	乌拉圭 (1.3%)	意大利 (7.5%)	印度 (1.5%)	印度 (9.2%)
	泰国 (0.5%)	印度 (0.9%)	德国 (1.1%)	意大利 (1.0%)	意大利 (1.1%)

数据来源：UN Comtrade。

2010年洗净毛出口量居世界前五位的国家依次是新西兰、澳大利亚、中国、英国和土耳其，这五个国家的洗净毛总出口量占世界洗净毛出口总量的78.9%。新西兰的洗净毛主要出口至中国、英国、印度、意大利和澳大利亚。2010年新西兰出口到中国的洗净毛为2.09万吨，占其出口量的23.0%；出口到英国和印度的洗净毛合计为2.32万吨，占25.5%；对意大利和澳大利亚的出口量合计为1.29万吨，占14.2%。2010年澳大利亚共出口洗净毛2.6万吨，最大的出口目的国是中国，对其出口0.52万吨，占19.9%；韩国、泰国、印度和意大利也是澳大利亚的出口目的国，对这四个国家的合计出口量为1.2吨，占46.3%。2010年中国洗净毛出口量为1.3万吨，出口目的国居于前五位的依次是韩国、比利时、尼泊尔、印度和日本，对其出口量分别为0.23万吨、0.20万吨、0.19万吨、0.15万吨和0.14万吨，各占16.3%、14.5%、13.5%、10.9%和9.5%。2010年英国洗净毛出口量为1.3万吨，出口目的国居于前五位的依次是比利时、丹麦、立陶宛、意大利和南非，对比利时出口0.38万吨，占30.0%，对其他四个国家的出口量合计为0.57万吨，占44.8%。2010年土耳其洗净毛出口总量为1.01万吨，其出口目的国中居于前两位的是中国和印度，出口量分别为0.29万吨和0.28万吨，各占28.9%和28.4%；对英国、法国和意大利三个国家的合计出口量为0.27万吨，占27.1%（见表5）。

表5　2010年洗净毛主要出口国的出口流向

出口国	新西兰	澳大利亚	中国	英国	土耳其
主要出口目的地及占比	中国（23.0%）	中国（19.9%）	韩国（16.3%）	比利时（30.0%）	中国（28.9%）
	英国（14.0%）	韩国（18.3%）	比利时（14.5%）	丹麦（17.2%）	印度（28.4%）
	印度（11.5%）	泰国（10.5%）	尼泊尔（13.5%）	立陶宛（12.4%）	英国（13.7%）
	意大利（8.9%）	印度（9.8%）	印度（10.9%）	意大利（11.2%）	法国（7.5%）
	澳大利亚（5.3%）	意大利（7.7%）	日本（9.5%）	南非（4.0%）	意大利（5.9%）

数据来源：UN Comtrade。

5. 从2010年的进口流量看，澳大利亚、南非和阿根廷等是原毛进口大国的主要来源国，新西兰、英国和蒙古等是洗净毛进口大国的主要来源国

2010年原毛进口量居世界前五位的国家依次是中国、印度、捷克、德国和土耳其，这五个国家的原毛总进口量占世界原毛进口总量的86.5%。在这五个国家中，有四个国家的第一大进口来源国都是澳大利亚，仅土耳其的第一进口来源国是罗马尼亚。具体来看，2010年中国全年进口原毛26.51万吨，从澳大利亚进口原毛17.47万吨，占其全年进口量的65.9%，从新西兰、南非、乌拉圭和阿根廷的进口量合计为5.6万吨，占21.2%。印度同年进口原毛4.45万吨，从澳大利亚进口1.58万吨，占35.5%，从南非、阿根廷、乌拉圭和美国合计进口0.74万吨，占16.6%。捷克在2010年进口原毛3.18万吨，从澳大利亚进口1.36万吨，占42.7%，从南非、阿根廷、新西兰和英国合计进口1.67万吨，占52.4%。2010年德国和土耳其的原毛进口量分别为3.16万吨和1.87万吨。德国从澳大利亚进口原毛1.37万吨，占该国原毛总进口量的43.5%，从南非、阿根廷、新西兰和乌拉圭合计进口1.57万吨，占50.0%。土耳其从罗马尼亚进口原毛1.16万吨，占该国原毛总进口的60.6%，从叙利亚、波斯尼亚、黎巴嫩和利比亚四国共进口0.49万吨，占

25.7%（见表6）。

表6 2010年原毛主要进口国的进口来源

进口国	中国	印度	捷克	德国	土耳其
主要进口来源地及占比	澳大利亚（65.9%）	澳大利亚（35.5%）	澳大利亚（42.7%）	澳大利亚（43.5%）	罗马尼亚（60.6%）
	新西兰（11.2%）	南非（8.5%）	南非（27.7%）	南非（28.3%）	叙利亚（11.8%）
	南非（4.4%）	阿根廷（3.1%）	阿根廷（11.5%）	阿根廷（12.5%）	波斯尼亚（4.6%）
	乌拉圭（3.5%）	乌拉圭（2.3%）	新西兰（7.4%）	新西兰（7.4%）	黎巴嫩（4.8%）
	阿根廷（2.1%）	美国（2.8%）	英国（5.8%）	乌拉圭（1.7%）	利比亚（4.5%）

数据来源：UN Comtrade。

2010年洗净毛进口量居世界前五位的国家依次是印度、中国、意大利、比利时和俄罗斯，这五个国家的洗净毛总进口量占世界洗净毛进口总量的58.2%。这五个进口国中，中国和意大利两国的第一进口来源国、印度和比利时的第二进口来源国都是新西兰，俄罗斯的第一进口来源国是乌兹别克斯坦。具体看来，2010年印度洗净毛进口量为4.97万吨，其中，从巴基斯坦进口0.84万吨，占印度全年洗净毛进口的17.0%，从新西兰进口0.82万吨，占16.6%，从澳大利亚、土耳其和叙利亚三国的进口量合计为1.05万吨，占21.1%。2010年中国进口洗净毛4.97万吨，其中从新西兰进口2.16万吨，占43.5%，从蒙古、乌拉圭、土耳其和哈萨克斯坦四国的进口量合计为1.72万吨，占34.5%。意大利主要从新西兰和澳大利亚两个国家进口洗净毛，从这两个国家的进口量合计为0.96万吨，占意大利洗净毛进口的63%，从英国、中国和乌拉圭三国合计进口0.25万吨，占16.2%。比利时在2010年进口洗净毛1.48万吨，其中，从英国进口0.44万吨，占30.0%，从新西兰、中国、荷兰和西班牙四国合计进口0.70万吨，占47.1%。俄罗斯在2010年进口洗净毛0.87万吨，其主要进口来源国分别是乌兹别克斯坦、土库曼斯坦、德国、哈萨克斯坦和蒙古等，进口量依次为0.33万吨、0.25万吨、0.15万吨、0.06万吨和0.05万吨（见表7）。

表 7　2010 年洗净毛主要进口国的进口来源

进口国	印度	中国	意大利	比利时	俄罗斯
主要进口来源国及占比	巴基斯坦（17.0%）	新西兰（43.5%）	新西兰（51.3%）	英国（30.0%）	乌兹别克斯坦（37.8%）
	新西兰（16.6%）	蒙古（14.2%）	澳大利亚（11.7%）	新西兰（23.4%）	土库曼斯坦（29.1%）
	澳大利亚（7.5%）	乌拉圭（7.9%）	英国（6.9%）	中国（11.1%）	德国（17.3%）
	土耳其（6.9%）	土耳其（6.3%）	中国（4.9%）	荷兰（6.9%）	哈萨克斯坦（7.0%）
	叙利亚（6.6%）	哈萨克斯坦（6.2%）	乌拉圭（4.4%）	西班牙（5.7%）	蒙古（6.1%）

数据来源：UN Comtrade。

（四）世界羊绒贸易格局分析

世界羊绒贸易以原绒和无毛绒为主。海关在对羊绒进出口征收关税时，通常将羊绒分为三个税则，即 51021100（未梳喀什米尔山羊绒）、51053100（已梳喀什米尔山羊绒）、51053921（已梳无毛山羊绒）。原绒对应的税则是 51021100（未梳喀什米尔山羊绒），无毛绒对应的是 51053100（已梳喀什米尔山羊绒）、51053921（已梳无毛山羊绒）两类。

1. 2002 年以来世界羊绒贸易呈波动下降趋势

2002 年以来，世界羊绒贸易呈波动下降趋势，原绒与无毛绒贸易方向基本保持同步。如图 13 所示，2002—2006 年，羊绒贸易小幅增长，其中原绒出口贸易由 2002 年的 1.06 万吨增至 2005 年的 1.13 万吨，增长了 6.6%，2006 年小幅下降；无毛绒出口贸易由 2002 年的 1.62 万吨增至 2006 年的 1.79 万吨，增长了 10.5%。自 2007 年开始，世界范围的金融危机愈演愈烈，羊绒贸易量开始明显减少。2009 年随着世界经济的缓慢复苏，羊绒贸易开始恢复，至 2010 年，原绒出口量为 0.58 万吨，较 2002 年下降了 45.0%；无毛绒出口量为 1.58 万吨，较 2002 年下降了 2.7%。

2007 年世界羊绒贸易量大幅下降的主要原因是受世界范围的金融危机影响。以美国次贷危机为导火索的金融危机爆发后，各国经济均出现了不同程度的下滑，欧盟和美国等主要经济体进口需求大幅减少，加上贸易保护主义抬头，国际贸易摩擦增加，汇率风险加大，羊绒贸易受到严重冲击，贸易量明显萎缩。

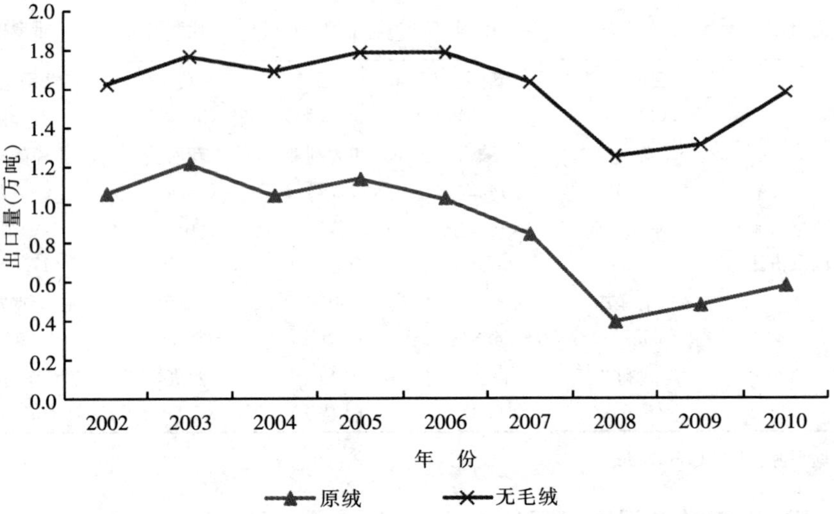

图 13　世界原绒、无毛绒的出口量对比（2002—2010 年）

数据来源：UN Comtrade。

2. 出口方面，原绒主要出口国有蒙古、比利时和美国等，无毛绒出口国主要是中国、秘鲁和南非

2002—2010 年，世界原绒出口国主要有蒙古、美国、南非、英国、比利时和德国等，这六个国家原绒出口量占世界总出口量的比重在 80%以上。从图 14 看，蒙古原绒出口量居世界第一，远远大于其他国家，占世界原绒出口总量的 30%左右。在此期间，美国原绒出口量下降明显，2003 年美国原绒出口量达到最大值，为 2 806 吨，此后逐步下降，到 2010 年美国出口量仅为 610 吨，较 2002 年减少了 72.8%。南非原绒出口量下降幅度也较明显，从 2002 年的 1 751 吨，减至 2010 年的 560 吨，下降了 68%。英国、比利时和德国出口量较小，也均呈现出下降趋势。2002 年这三国的原绒出口量分别为 987.5 吨、924 吨和 680 吨，到 2010 年分别下降了 73.6%、1.9%和 46%。

根据 2002—2010 年各国无毛绒出口总量数据，居前六位的国家依次是中国、秘鲁、南非、阿根廷、法国和蒙古，这六个国家无毛绒出口量占世界总出口量的比重在 80%～90%。其中，中国是世界第一大无毛绒出口国，2002 年中国无毛绒出口量为 0.97 万吨，是当时排名第二的秘鲁的无毛绒出口量的四倍多，此后中国无毛绒出口量逐年减少，到 2010 年中国无毛绒出口为 0.56 万吨，比 2002 年减少了 42.7%。秘鲁年均出口量在世界无毛绒出口国中排名第

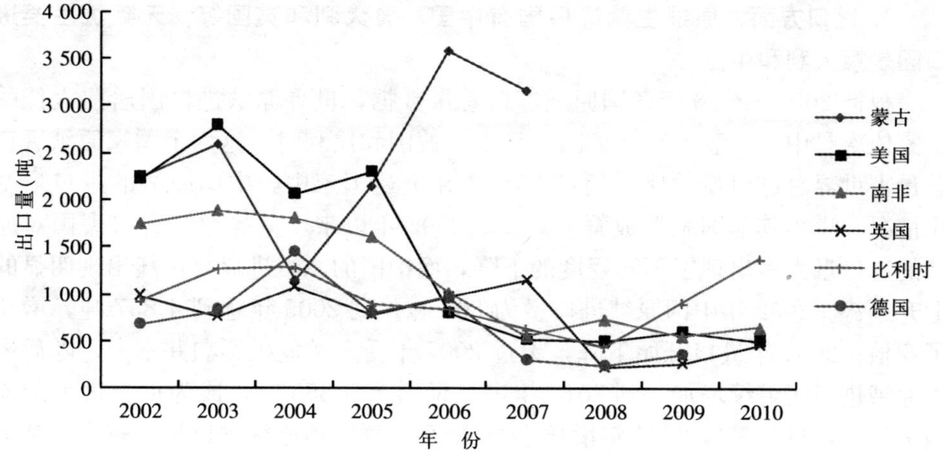

图 14　原绒出口大国的出口量历年变化（2002—2010 年）

数据来源：FAO 数据库。

二，它的出口比较稳定，年平均出口量在 2 800 吨左右。南非无毛绒年均出口量稍低于秘鲁，不过在 2008 年首次超过秘鲁，成为当年世界第二大无毛绒出口国，随后两年又有所回落。其他三个国家无毛绒出口量相对较少，阿根廷和法国的无毛绒出口量均在 1 000 吨以内。阿根廷无毛绒出口呈增长趋势，较 2002 年增长了 89.0%；蒙古和法国无毛绒出口量明显减少（见图 15）。

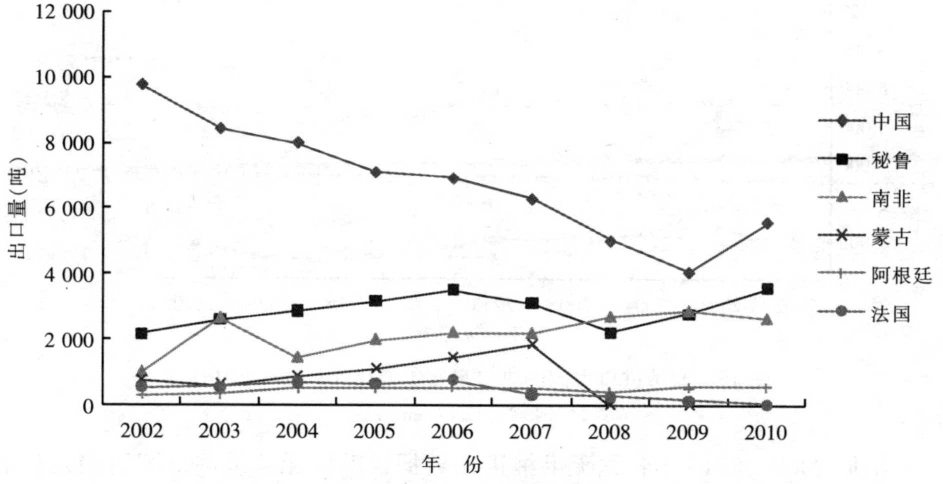

图 15　无毛绒出口大国的出口量历年变化（2002—2010 年）

数据来源：FAO 数据库。

3. 进口方面，原绒主要进口国有中国、意大利和英国等，无毛绒主要进口国是意大利和中国

根据2002—2010年各国原绒进口总量数据，世界原绒进口国居前六位的国家依次是中国、意大利、英国、日本、德国和比利时，这六个国家原绒进口总量占世界总进口量的比重超过85%。在上述国家中，中国原绒的进口量变化情况与世界其他国家形成鲜明对比。2002年以来，世界原绒进口大国对原绒的进口量大多出现了不同程度的下降，而中国的原绒进口数量却出现明显的上升趋势。2002年中国原绒进口量为802吨，到2005年达到4 857吨，增长了5倍；2006年进口开始下降，不过2007年受金融危机影响并不大，随后中国原绒进口仍继续增加，到2010年进口量增至9 355吨，成为世界最大的原绒进口国，进口量较2002年增长了10倍多。意大利原绒进口量比较大，基本维持在4 000吨左右。英国、比利时和日本的原绒进口量均呈现出不同程度的下降，2002年，这三国的原绒进口数量分别为3 540吨、905吨和3 226吨，到2010年，上述三国的进口数量分别降至1 936吨、472吨和238吨。其中日本原绒进口量下降幅度最大，达到92.6%，比利时和英国的原绒进口量分别下降了47.8%和45.3%（见图16）。

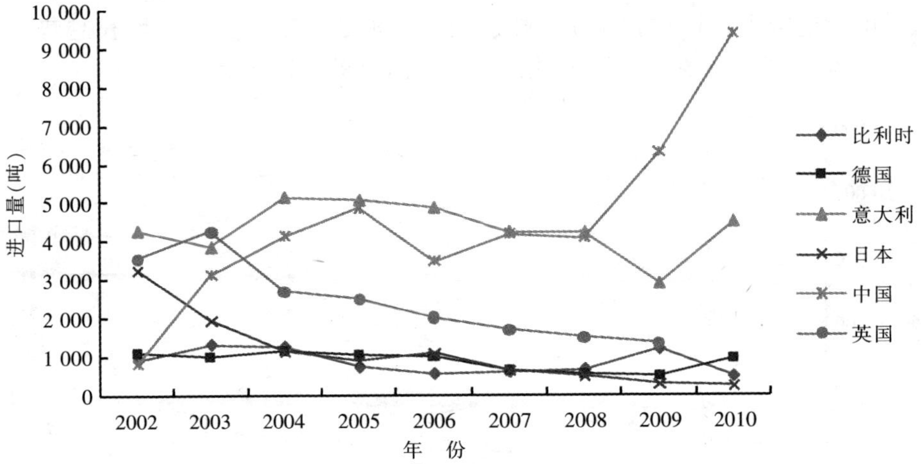

图16 原绒进口大国的进口量历年变化（2002—2010年）
数据来源：UN Comtrade。

根据2002—2010年各国无毛绒进口数据，世界无毛绒进口国居前六位的国家依次是中国、意大利、南非、德国、英国和韩国，这六国无毛绒进口总量占世界总进口量的比重为70%～80%。其中，中国无毛绒进口在2005年达到

4 143 吨，此后有所回落，到 2010 年无毛绒进口为 3 617 吨，较 2002 年增长了 115.2%。意大利无毛绒进口量在此期间稳步增长，至 2010 年进口量为 3 484 吨，较 2002 年增长了 102.0%。南非、德国和英国无毛绒进口量呈下降趋势，截至 2010 年，上述三国无毛绒进口量分别为 47 吨、63 吨和 666 吨，较 2002 年分别减少了 96.7%、94.1%和 20.7%。韩国在 2010 年的无毛绒进口量为 453 吨，较 2002 年增长了 19.3%（见图 17）。

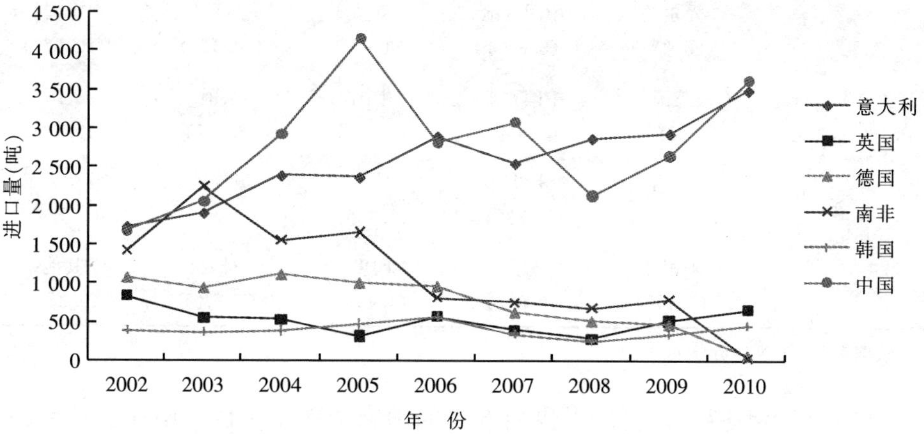

图 17　无毛绒进口大国的进口量历年变化（2002—2010 年）

数据来源：UN Comtrade。

4. 从出口流量看，2010 年羊绒出口大国的目的地集中在西欧（意大利、英国和德国等）**和东南亚**（中国、印度和日本等）**地区**

2010 年原绒出口量居世界前五位的国家依次是比利时、美国、南非、德国和土耳其，其原绒总出口量占世界原绒出口总量的 57.2%。其中，比利时原绒主要出口至德国、爱尔兰、英国、中国和阿根廷，出口德国 542 吨，占 59.9%，出口其他四国合计数量为 341 吨，占 37.7%。美国原绒主要出口至南非，为 564 吨，占 92.4%，出口到其他四个国家和地区的羊绒合计为 46 吨，仅占 7%。2010 年南非共出口原绒 560 吨，出口到意大利的有 309 吨，占 55.2%，出口至英国、中国、日本和印度四个国家合计 238 吨，占 42.6%。德国原绒出口国主要是意大利和土耳其，分别为 233 吨和 52 吨，占 63.4%和 14.4%，还出口至法国、奥地利和丹麦，对这三国合计出口为 59 吨，合占 16.1%。土耳其原绒出口量很小，仅为 297 吨，主要出口至叙利亚和中国，土耳其原绒出口到叙利亚的数量为 169 吨，占 56.7%，出口到中国的数量为 97 吨，占 32.6%，出口到其他几个地区的数量仅占 10.8%

（见表 8）。

表 8　2010 年原绒出口大国的出口流向

出口国	比利时	美国	南非	德国	土耳其
主要出口目的地及占比	德国（59.9%）	南非（92.4%）	意大利（55.2%）	意大利（63.4%）	叙利亚（56.7%）
	爱尔兰（25.3%）	中国内地（3.3%）	英国（34.0%）	土耳其（14.4%）	中国（32.6%）
	英国（7.1%）	中国香港（2.6%）	中国（5.8%）	法国（6.3%）	英国（10.3%）
	中国（4.1%）	牙买加（0.8%）	日本（1.4%）	奥地利（7.1%）	罗马尼亚（0.2%）
	阿根廷（1.2%）	德国（0.3%）	印度（1.4%）	丹麦（2.7%）	其他（0.3%）

数据来源：UN Comtrade。

2010 年无毛绒出口量居世界前五位的国家依次是中国、南非、秘鲁、美国和阿根廷，这五个国家的无毛绒总出口量占世界无毛绒出口总量的 85.3%。其中，中国无毛绒出口目的国家居于前五位的依次是意大利、德国、英国、韩国和日本。2010 年中国出口到意大利的无毛绒为 2 899 吨，占其出口量的 51.9%；出口到德国和英国的无毛绒总和为 1 427 吨，占其出口量的 25.5%；中国对韩国和日本的出口量分别为 531 吨和 222 吨，合计占 13.1%。南非最大的无毛绒出口目的国是意大利，2010 年出口到意大利的无毛绒有 1 137 吨，占 39.8%，；出口至中国的无毛绒有 871 吨，占 30.4%；出口至其他三个国家的无毛绒数量合计为 434 吨，占 15.2%。2010 年秘鲁无毛绒出口量为 2 802 吨，其中对中国出口 1 301 吨，占 46.4%；对意大利出口 1 100 吨，占 39.3%；对其他三个国家的出口量合计为 218 吨，共占 7.8%。2010 年美国无毛绒出口总量为 876 吨，出口目的国中居于前三位的是英国、印度和中国，对其出口量分别为 419 吨、204 吨和 200 吨，分别占 47.8%、23.3%和 22.8%，对韩国和意大利两个国家共出口 40 吨，共占 4.6%。阿根廷无毛绒出口量比较小，仅有 543 吨，主要出口至意大利和土耳其，合计为 361 万吨，占阿根廷无毛绒出口的 66.4%，对英国、德国和南非这三个国家的出口合计仅有 152 吨，占 28%（见表 9）。

表 9　2010 年无毛绒出口大国的出口流向

出口国	中国	南非	秘鲁	美国	阿根廷
主要出口目的地及占比	意大利（51.9%）	意大利（39.8%）	中国（46.4%）	英国（47.8%）	意大利（40.6%）
	德国（14.0%）	中国（30.4%）	意大利（39.3%）	印度（23.3%）	土耳其（25.8%）
	英国（11.5%）	英国（6.6%）	英国（3.7%）	中国（22.8%）	英国（16.3%）
	韩国（9.5%）	韩国（4.6%）	日本（3%）	韩国（2.3%）	德国（9.1%）
	日本（3.6%）	土耳其（4.0%）	韩国（1%）	意大利（2.2%）	南非（2.9%）

数据来源：UN Comtrade。

5. 从进口流量看，2010 年原绒进口大国的主要来源地有中国、蒙古和德国等，无毛绒进口大国的主要来源地有南非和秘鲁等

2010 年原绒进口量居世界前五位的国家依次是中国、意大利、英国、埃及和比利时，这五个国家的原绒总进口量占世界原绒进口总量的 75.5%。中国主要从蒙古进口原绒，2010 年中国从蒙古进口原绒 6 845 吨，占中国进口原绒的 73.2%，从其他四个较大来源国的进口合计为 1 600 吨，占 17.1%。意大利从中国进口原绒 1 769 吨，占该国原绒进口的 60.9%，从其他四个来源国南非、蒙古、德国和英国的进口合计为 1 011 吨，占 34.8%。英国最大的原绒进口地是中国内地，2010 年英国从中国进口原绒 468 吨，占英国原绒总进口的 35.3%，英国从南非、德国、蒙古和我国香港地区进口原绒合计 689 吨，占 52.7%。埃及的原绒进口量为 1 576 吨，它最大的原绒进口来源国是孟加拉国，埃及从孟加拉国进口的原绒数量为 592 吨，占埃及进口原绒总数的 37.6%，从印度进口原绒 516 吨，占其进口原绒总量的 32.7%，从其他三个来源国进口原绒总量为 453 吨，合计占 28.7%。比利时主要从德国进口原绒，2010 年比利时从德国进口原绒 535 吨，占其进口总量的 45.9%，还从中国进口 342 吨原绒，约占 29.4%，从其他三个国家进口原绒数量合计为 244 吨，约占 21%（见表 10）。

表 10　2010 年世界原绒进口大国的进口来源

进口国	中国	意大利	英国	埃及	比利时
主要进口来源地及占比	蒙古（73.2%）	中国（60.9%）	中国内地（35.3%）	孟加拉国（37.6%）	德国（45.9%）
	哈萨克斯坦（6.6%）	南非（11.5%）	南非（26%）	印度（32.7%）	中国（29.4%）
	阿富汗（5.2%）	蒙古（10.8%）	德国（18.7%）	巴基斯坦（20.7%）	阿富汗（14.9%）
	德国（2.8%）	德国（7%）	蒙古（5%）	新西兰（6.1%）	英国（4.6%）
	吉尔吉斯斯坦（2.5%）	英国（5.5%）	中国香港（3%）	德国（1.9%）	匈牙利（1.5%）

数据来源：UN Comtrade。

2010 年无毛绒进口量居世界前五位的国家依次是意大利、中国、英国、法国和土耳其，这五个国家的无毛绒总进口量占世界无毛绒进口总量的 78.6%。意大利 2010 年进口无毛绒 2931 吨，主要从南非和秘鲁进口，其中从南非进口 960 吨，占进口量的 32.7%；从秘鲁进口 805 吨，约占 27.4%；从英国、中国和玻利维亚合计进口 825 吨，共占 28.2%。2010 年中国进口无毛绒 3 617 吨，其中从秘鲁进口 1 911 吨，占总进口的 52.8%；从南非进口 1 035 吨，占总进口的 28.6%；从蒙古、伊朗和新西兰共进口 349 吨，占 9.7%。2010 年英国共进口无毛绒 517 吨，从南非进口 173 吨，占 33.4%；从秘鲁进口 104 吨；占 20.2%，从阿根廷、玻利维亚和法国共进口 178 吨，合占 34.6%。法国和土耳其进口无毛绒的数量均比较少，其进口数量分别为 343 吨和 274 吨。法国的主要进口国家是南非，从南非进口 334 吨，占法国无毛绒总进口额的 97.5%，从其他几个地方进口合计仅占 2.5%。土耳其主要从阿根廷和南非进口，各占 42%，从秘鲁、英国和意大利合计进口占 13.4%（见表 11）。

表 11　2010 年世界无毛绒进口大国的进口来源

进口国	意大利	中国	英国	法国	土耳其
主要进口来源国及占比	南非（32.7%）	秘鲁（52.8%）	南非（33.4%）	南非（97.5%）	阿根廷（42.6%）
	秘鲁（27.4%）	南非（28.6%）	秘鲁（20.2%）	意大利（1.1%）	南非（42.4%）

（续）

进口国	意大利	中国	英国	法国	土耳其
主要进口来源国及占比	英国 （15.1%）	蒙古 （6.2%）	阿根廷 （15.4%）	英国 （0.4%）	秘鲁 （8.6%）
	中国 （7%）	伊朗 （2.3%）	玻利维亚 （11.7%）	德国 （0.3%）	英国 （3.6%）
	玻利维亚 （6%）	新西兰 （1.2%）	法国 （7.5%）	秘鲁 （0.09%）	意大利 （1.1%）

数据来源：UN Comtrade。

二、我国绒毛生产及贸易格局分析

我国是世界绒毛用羊养殖大国，目前羊毛、羊绒产量都位居世界第一，我国还是最大的原毛、原绒进口国。对我国绒毛生产、贸易格局的分析，有助于进一步认清我国绒毛市场在世界绒毛市场中的地位，为促进国产绒毛产业发展提供决策参考。

（一）我国绒毛用羊的存栏量变化特征及产区分布

1. 近 30 年来，我国绒毛用羊存栏量总体上升

1980 年以来，我国绵羊存栏量总体呈现上升趋势，不过从 2006 开始高存栏出现一定的下滑迹象。从图 18 来看，1980—2004 年，我国绵羊存栏量由 1.03 亿只增加至 1.52 亿只，增加了 0.49 亿只，增幅达 47.6%。2005 年我国存栏量继续维持在 1.5 亿只以上，2006 年开始减少，为 1.46 亿只。此后 3 年逐年减量在 1 000 万只左右，2008 年我国绵羊存栏量回落至 1.29 亿只。2009 年开始小幅增长，至 2010 年底，我国绵羊存栏量为 1.39 亿只，较 1980 年增加了 35.5%。

我国山羊存栏量呈波动上升趋势。1980—1986 年，山羊存栏量整体下滑，1986 年山羊存栏量仅有 0.62 亿只，为近 30 年以来的最低水平，比 1980 年的 0.81 亿只减少了 23.4%。1987—2004 年，山羊存栏量开始大幅上升，至 2004 年底，我国山羊存栏量达到 1.52 亿只，这也是近 30 年来的最高水平，比 1986 年增长了 1.5 倍。2005—2010 年间，山羊存栏量先小幅回落后又快速上升。2006 年山羊存栏量回落至 1.38 亿只，比 2004 年下滑近 10%。随后两年快速回升，2008 年再次增至 1.52 亿只，2009 年维持在 1.51 亿只的高位水平，

不过 2010 年小幅回落，至年底存栏量为 1.42 亿只，较 1980 年增长了 75.8%。

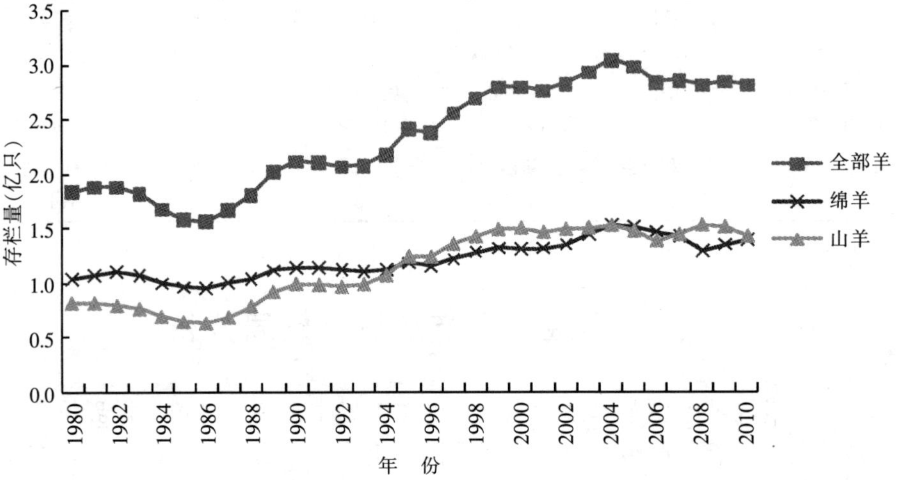

图 18　我国绵羊、山羊存栏量历年变化（1980—2010 年）

数据来源：《中国统计年鉴》。

1980—2010 年，我国全部羊总存栏量最高的年份出现在 2004 年，也是唯一突破 3 亿只的一年，达到 3.04 亿只；全部羊存栏量最少的年份在 1986 年，仅有 1.56 亿只。1994 年之前，我国绵羊存栏量一直高于山羊，1995 年开始，山羊存栏量首次超过绵羊，到 2004 年绵羊存栏量又超过山羊，但是到 2008 年以后，山羊存栏量再次高于绵羊。

2. 我国绵羊养殖地主要分布在内蒙古、新疆、甘肃、青海和西藏五大牧区，山羊养殖大省（自治区）**主要有山东、河南、内蒙古、江苏和四川等**

绵羊养殖地主要分布在内蒙古、新疆、甘肃、青海和西藏五大牧区。从我国主要省份绵羊存栏量排名可以看出，1985 年以来，新疆、内蒙古一直稳居我国绵羊存栏量排名前两位，这两个自治区的绵羊存栏量占全国的 40%左右。青海一般排名第三，西藏一般排名第四或第五，甘肃排名变化较大。具体来看，1985 年，新疆、内蒙古、青海、西藏和甘肃的绵羊存栏量依次占全国的前五位，共计 0.69 亿只，占全国存栏总数的 73%。1990 年这五省（自治区）的排名没有变化，绵羊存栏量均有增长。到 1995 年山东绵羊存栏量增长较快，进入全国前五位，为 0.1 亿只，甘肃退出前五位。2000 年河北替代山东，进入全国前五位。2005 年河北绵羊存栏量保持全国第四。到 2010 年五大牧区绵羊存栏量再次成为前五，内蒙古产量排名第一，新疆排名第二，甘肃超过青海排名第三，西藏排名第五（见表12）。

表12　我国绵羊存栏量省（自治区）排名

单位：百万只

位次	1985		1990		1995		2000		2005		2010	
	省（自治区）	产量	省（自治区）	产量	省（自治区）	产量	省（自治区）	产量	省（自治区）	产量	省（自治区）	产量
1	新疆	20.4	新疆	23.8	新疆	25.4	新疆	31.0	内蒙古	37.1	内蒙古	35.7
2	内蒙古	18.1	内蒙古	20.7	内蒙古	21.3	内蒙古	22.5	新疆	37.0	新疆	24.8
3	青海	12.0	青海	14.0	青海	14.7	青海	13.7	青海	14.8	甘肃	13.7
4	西藏	10.9	西藏	11.1	西藏	11.7	河北	10.9	河北	14.4	青海	13.1
5	甘肃	7.3	甘肃	8.8	山东	10.2	西藏	10.7	西藏	11.9	西藏	11.7

数据来源：《中国统计年鉴》。

2010年，我国绵羊存栏量为1.39亿只，其中，五大牧区的绵羊存栏量达到0.99亿只，占全国绵羊总存栏量的71.3%，其他省份的绵羊存栏量合计仅占全国的28.7%。在五大牧区中，内蒙古的绵羊存栏量最多，为0.36亿只，占全国的25.7%。新疆的绵羊存栏量居全国第二，为0.25亿只，占全国的17.9%。甘肃的绵羊存栏量居全国第三，为0.14亿只，占全国的9.9%。青海和西藏位居第四和第五，存栏量分别为0.13亿只和0.12亿只，各占全国的9.4%和8.4%。

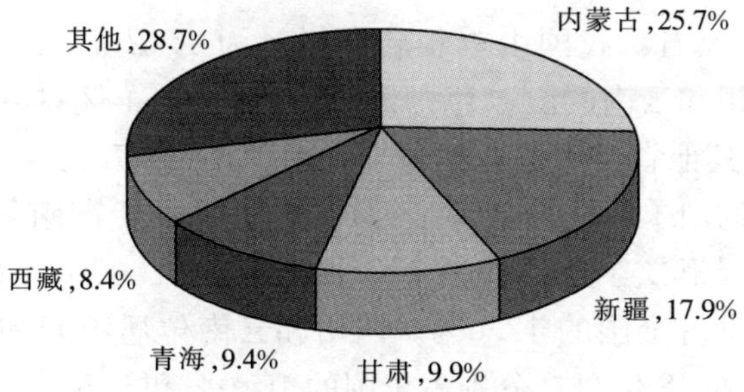

图19　2010年我国五大牧区及其他地区绵羊存栏量占全国的比例

数据来源：《中国统计年鉴》。

从我国山羊存栏量排名可以看出，山东、河南、内蒙古、江苏和四川等省（自治区）在大多数年份里稳居我国山羊存栏量排名前五位，这五省的山羊存栏量占全国的50%左右。具体看来，1985年，内蒙古、山东、云南、西藏和四川的山羊存栏量居前五位，合计为0.29亿只，占全国存栏总数的45%。1990年山羊存栏量快速增长，尤其是山东、河南增速明显，山东存栏量达到0.16亿只，居第一，河南达到0.11亿只，跃至第二。1995年山东和河南山羊存栏量再上新台阶，分别超过0.35和0.20亿只，江苏山羊养殖增长也较为显著，内蒙古则有所下滑。2000年河南山羊养殖超过山东，成为山羊存栏量第一大省，河北山羊存栏量进入前五。2005年河南山羊存栏量超过0.35亿只，其他地区也有较大增长。至2010年前五大省排名变化不大，不过河南和山东的山羊养殖量明显下滑，四川和云南山羊养殖数量增长，分别位居第四和第五位（见表13）。

表13　我国山羊存栏量省（自治区）排名变化情况

单位：百万只

位次	1985		1990		1995		2000		2005		2010	
	省（自治区）	存栏量	省（自治区）	存栏量	省（自治区）	存栏量	省（自治区）	存栏量	省（自治区）	存栏量	省（自治区）	存栏量
1	内蒙古	6.54	山东	15.53	山东	35.03	河南	27.30	河南	35.09	河南	17.95
2	山东	5.60	河南	11.30	河南	20.94	山东	21.60	山东	26.83	山东	17.10
3	云南	5.59	内蒙古	9.49	江苏	12.11	内蒙古	13.04	内蒙古	17.11	内蒙古	17.08
4	西藏	5.41	江苏	7.97	内蒙古	11.93	河北	9.99	四川	12.76	四川	14.21
5	四川	5.37	四川	5.99	四川	8.44	江苏	9.94	江苏	11.55	云南	7.80

数据来源：《中国统计年鉴》。

就2010年情况看，我国山羊年底存栏量为1.42亿只。其中，河南、山东、内蒙古、四川和云南的山羊存栏量合计达到0.74亿只，占全国山羊总存栏量的52.2%，其他省份山羊存栏量合计占全国的47.8%。在上述五省（自治区）中，河南的山羊存栏量最多，为0.18亿只，占全国的12.6%。山东的山羊存栏量居全国第二，为0.17亿只，占全国的12.0%。内蒙古的山羊存栏量与山东接近，也占全国的12.0%。四川和云南位居第四和第五，存栏量分别为0.14亿只、0.08亿只，分别占全国的10.0%和5.5%。

过去30年间，我国山羊养殖地区分布发生了较大的变化。过去以内蒙古、新疆、青海等牧区为主，而近两年以山东、河南和四川等农区和半农区为主。分析原因：一是牧区受禁牧政策影响，饲养数量呈减少趋势，牧民引种积极性受挫；二是由于经济利益的驱使及农区大量的农作物秸秆、丰富的饲草资源以及较好的投入能力，激发了饲养山羊的极大兴趣，农区养羊成为新的亮点（南京羊毛市场，2006）。

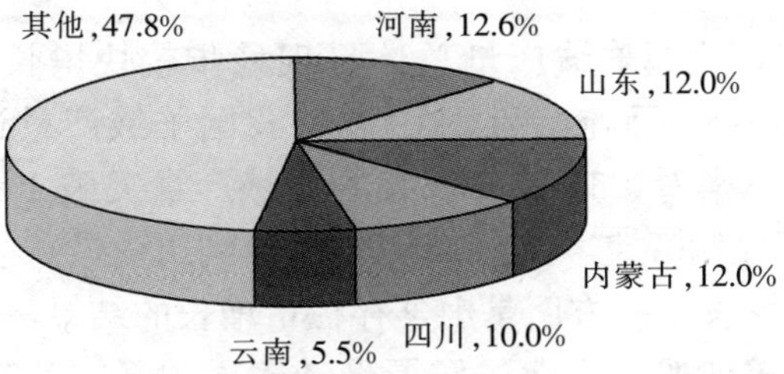

图 20 2010 年我国五大山羊养殖大省及其他地区存栏量占全国的比例

数据来源：《中国统计年鉴》。

（二）我国羊绒、羊毛的产量变化特征及产区分布

1. 1980 年以来，我国羊毛、羊绒的产量增幅均在一倍以上

1980 年以来，我国羊毛产量总体呈现稳步上涨态势，1980 年我国羊毛产量为 17.6 万吨，至 2010 年羊毛产量达到 38.7 万吨，增长了 1.2 倍。其间，在 1990 年我国羊毛产量开始突破 20 万吨，达到 23.9 万吨，此后羊毛产量一直维持在 20 万吨以上，且逐年增加。至 1997 年，受亚洲金融危机影响，我国羊毛织品出口下降、羊毛价格下滑，导致我国羊毛产量出现明显下降，当年为 25.5 万吨，较 1996 年的 29.8 万吨下降了 14%。1997 年以后，随着我国对农

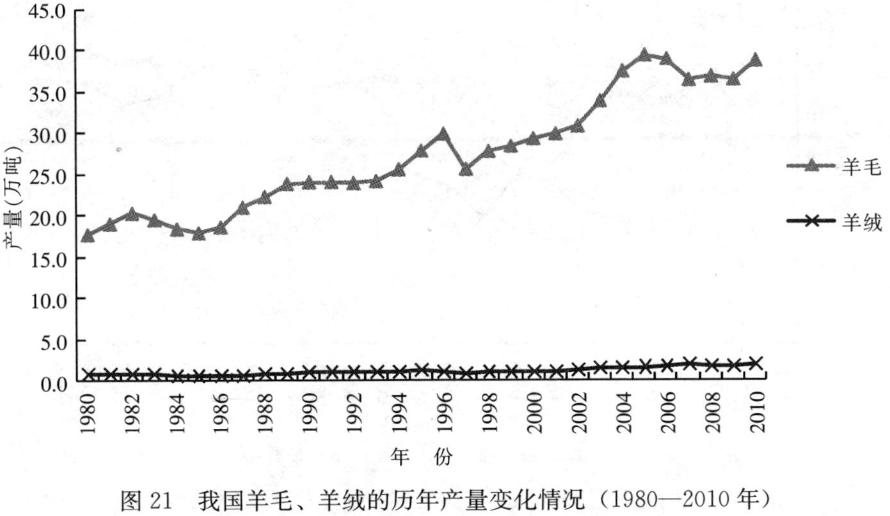

图 21 我国羊毛、羊绒的历年产量变化情况（1980—2010 年）

数据来源：《中国统计年鉴》和 FAO 数据库。

业生产结构的调整，羊毛产量再次回归平稳涨势，2002 年开始突破 30 万吨，2005 年产量达到历史最高 39.3 万吨，此后 5 年我国羊毛年产量一直维持在 36 万吨以上。

1980—2010 年，我国羊绒产量总体呈现稳步较快增长的趋势。1980 年，我国羊绒产量仅有 0.81 万吨，到 2010 年，我国羊绒产量达到了 1.85 万吨，增长了 1.3 倍。具体来看，1999 年，我国羊绒产量突破 1 万吨，此后羊绒产量继续逐年增加，到 2007 年突破 1.8 万吨，达到历史最高水平 1.85 万吨。我国羊绒产量的快速增长，一方面是山羊存栏量增长的结果，另一方面与我国羊绒生产技术进步及羊绒加工行业的发展带动不无关系。2008 年金融危机蔓延全球，当年第四季度山羊绒的出口价格一路下滑，到 2009 年上半年，山羊绒价格降至“冰点”，羊绒行业景气指数也快速下降，加之国内山羊养殖受到国内封山禁牧政策影响，产量出现减少，综上多重因素导致我国羊绒产量在 2008—2009 年出现了较为明显的回落。2010 年受羊绒价格上涨带动和牧民养殖积极性提升，羊绒产量出现小幅上涨。

我国羊毛生产主要是指绵羊毛的生产，绵羊毛占羊毛产量的 88%，山羊毛占羊毛产量的比例较小，仅为 12%。羊绒基本是指山羊绒的生产，数量很少，全国年均产量在 2 万吨以下。在羊毛品种中，随着育种水平的提高和需求的推动，细羊毛和半细羊毛产量也呈现增长趋势。细羊毛在 20 世纪 80 年代中后期增速较快，而半细羊毛在 90 年代末至 21 世纪初增速较快。2010 年，我国细羊毛和半细羊毛的产量分别是 12.3 万吨和 11.5 万吨，其中，细毛羊的产

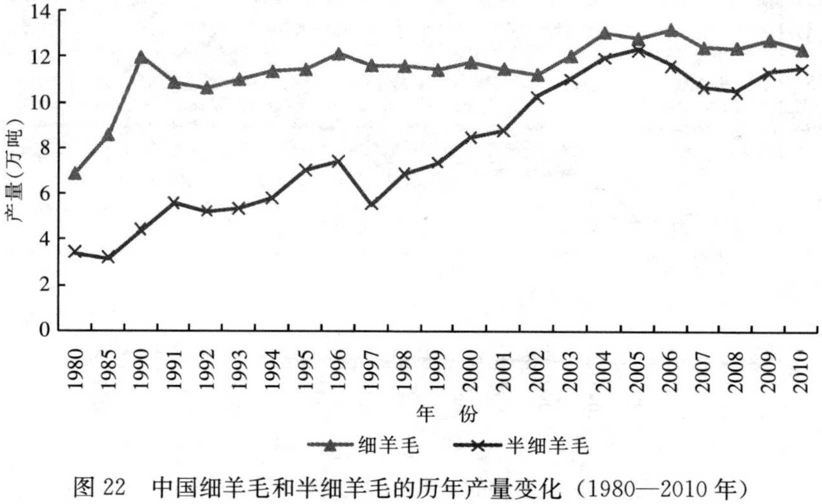

图 22　中国细羊毛和半细羊毛的历年产量变化（1980—2010 年）

数据来源：《中国统计年鉴》。

量比1980年增长了5.4万吨，涨幅达到78.4%；半细羊毛的产量比1980年增加了8.0万吨，增长了2.3倍。

2. 我国羊毛产区主要有内蒙古、新疆、河北、甘肃和黑龙江等省（自治区），**羊绒产区主要有内蒙古、新疆、河北、甘肃和黑龙江等省**（自治区）

我国羊毛产量在1990年以前主要集中在五大牧区，内蒙古和新疆两个自治区一直居我国羊毛产量前两位。山东、河北和吉林等省份的羊毛产量在1990年以后也迅速增长，开始在全国羊毛产量中占据举足轻重的地位。山东省羊毛产量在1990年居全国第三位，河北省羊毛产量在1995年也跻身全国前五位，吉林省在2000年进入全国前五位之列。至2010年，内蒙古、新疆、河北、甘肃、黑龙江依次位居我国羊毛产量前五位（见表14）。

表14　我国羊毛主产省（自治区）历年产量排名

单位：万吨

位次	1985		1990		1995		2000		2005		2010	
	省（自治区）	产量	省（自治区）	产量	省（自治区）	产量	省（自治区）	产量	省（自治区）	产量	省（自治区）	产量
1	内蒙古	4.9	内蒙古	5.9	内蒙古	5.7	新疆	6.7	内蒙古	9.5	内蒙古	10.7
2	新疆	3.9	新疆	4.9	新疆	5.4	内蒙古	6.5	新疆	9	新疆	8.4
3	青海	1.5	山东	2.1	山东	3.6	河北	2.6	河北	3.6	河北	2.9
4	甘肃	1	青海	1.7	甘肃	1.8	吉林	2.1	黑龙江	2.6	甘肃	2.8
5	西藏	0.8	甘肃	1.6	河北	1.7	山东	1.8	山东	2.1	黑龙江	2.7

数据来源：《中国统计年鉴》。

就2010年的羊毛产量情况看，内蒙古、新疆、河北、甘肃、黑龙江、吉林、青海和辽宁八省（自治区）的羊毛产量合计占全国羊毛产量的84.6%。其中，羊毛主产区主要集中在新疆和内蒙古，这两区的羊毛产量分别超过全国羊毛产量的1/4和1/5。内蒙古是我国羊毛第一大主产区，羊毛产量占了全国羊毛产量的27.8%；新疆羊毛产量仅次于内蒙古，占全国羊毛产量的21.7%。河北、甘肃和黑龙江羊毛产量占全国羊毛产量的7%以上。吉林、青海和辽宁羊毛产量合计为5.2万吨，占全国羊毛产量的13.4%。其他省份羊毛产量合计为6万吨，占15.4%（见图23）。

我国山羊绒产量占世界总产量的2/3以上，山羊绒的产区主要分布在长江以北、长城沿线等省区。从我国羊绒产量省区排名可以看出，内蒙古、新疆、河北、山东和甘肃等省区在大多数年份里位列我国山羊存栏量排名前五位，内

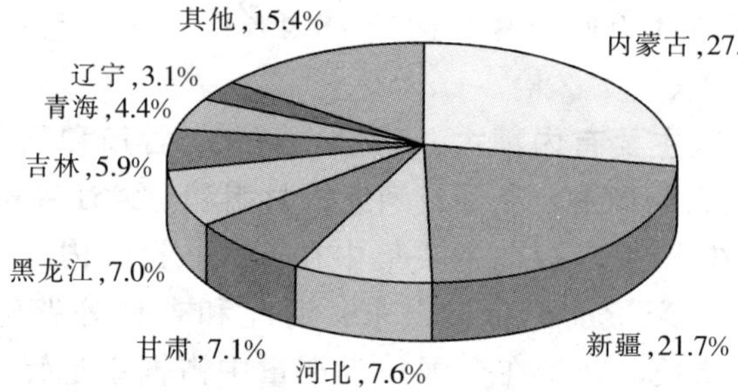

图 23　2010 年我国各羊毛产区产量占全国的比例
数据来源：《中国统计年鉴》。

蒙古以绝对优势占据我国羊绒生产第一大区地位。具体来看，1985 年，我国羊绒产量主要来自内蒙古、新疆、青海、甘肃和西藏这五大牧区，合计为 2 310 吨，占全国羊绒产量的 77.2%。1990 年羊绒增长，尤其是内蒙古增速明显，突破 2 000 吨。1995 年内蒙古羊绒产量再上新台阶，突破 3 000 吨，山东羊绒产量增长也较为显著，突破 1 000 吨，跃至我国羊绒生产第二大省。2000 年内蒙古仍占据第一的地位，新疆、河北羊绒产量增速较快。2005 年内蒙古羊绒产量突破 6 000 吨，辽宁羊绒产量突破 1 000 吨，跃居全国第三。至 2010 年内蒙羊绒产量突破 8 000 吨，占全国羊绒产量的 43.8%，陕西、新疆、辽宁和西藏四省（自治区）的羊绒产量也在 1 000 吨以上（见表 15）。

表 15　我国羊绒主产省（自治区）的产量排名变化情况

单位：吨

位次	1985		1990		1995		2000		2005		2010	
	省（自治区）	产量	省（自治区）	产量	省（自治区）	产量	省（自治区）	产量	省（自治区）	产量	省（自治区）	产量
1	内蒙古	1 362	内蒙古	2 076	内蒙古	3 114	内蒙古	3 815	内蒙古	6 395	内蒙古	8 104
2	新疆	325	新疆	607	山东	1 249	新疆	1 042	新疆	1 258	陕西	1 496
3	河北	217	山东	540	新疆	716	河北	981	辽宁	1 053	新疆	1 324
4	西藏	211	陕西	475	陕西	662	西藏	893	山东	913	辽宁	1 293
5	陕西	195	西藏	448	河北	542	陕西	682	西藏	906	西藏	1 117

数据来源：《中国统计年鉴》。

就 2010 年的羊绒产量情况看，内蒙古、陕西、新疆、辽宁、西藏、河南、山东和黑龙江八省（自治区）的羊绒产量占全国羊绒产量的 85.9%。其中，内蒙古羊绒产量最多，为 8 104 吨，占全国羊绒产量的 43.8%，在国内羊绒生产方面占据绝对优势。其他省（自治区）羊绒产量分布较为平衡，均在 10%以内（见图 24）。

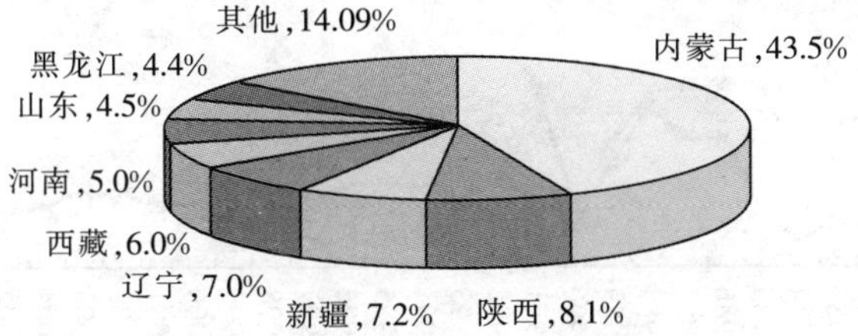

图 24　2010 年我国各羊绒产区产量占全国的比例

数据来源：《中国统计年鉴》。

内蒙古是我国也是世界上绒山羊数量最多、羊绒纤维品质最好的地区之一。此外，内蒙古还具有强大的毛绒加工能力、较好的产业政策和在国际贸易中积累的丰富经验，是全球最大的羊绒制品生产地和加工地，产量占到中国的 40%以上，居全国第一，其中 60%的羊绒制品用于出口。不过内蒙古的羊绒虽然在资源方面有着绝对性的优势，但加工企业却长期处于产业链的低端，羊绒宝贵的资源属性未得到充分发掘。近几年来，随着人工成本的上涨、出口退税削减和人民币不断升值，羊绒制品的出口价格又一直在低位徘徊，企业的出口利润不断下滑，羊绒产业的经济增长方式亟待革新。

（三）我国羊毛贸易格局分析

1. 我国原毛进口呈上升趋势，洗净毛进口相对稳定

我国原毛进口量不稳定，起伏较大，但总体呈上升趋势。1980 年我国原毛进口量为 5.8 万吨，到 1985 年我国原毛进口突破 11 万吨，翻了一番。1990 年原毛进口出现大幅减少，仅进口 3.8 万吨，较 1989 年减少了 52%，但随后的 1991 年快速恢复至 11 万吨，此后原毛进口连年上涨，到 1994 年原毛进口突破 25 万吨。20 世纪 90 年代我国原毛进口逐年增加的主要原因在于我国毛纺业的兴盛，从 90 年代中期开始，我国毛纺织工业取得长足进步（赵春明，2000），羊毛需求和进口随之急剧增加。1998 年的亚洲金融危机和 2003 年的进口羊毛价格暴涨，造成我国进口羊毛量又出现两次快速的回落，但是都维持 13 万吨以上。2004 年我国原毛进口量突破 20 万吨，此后一直维持在 20 万吨以上。2010 年我国原毛进口量为 26.5 万吨，达到历史最高，比 1980 年增长 3.5 倍（见图 25）。

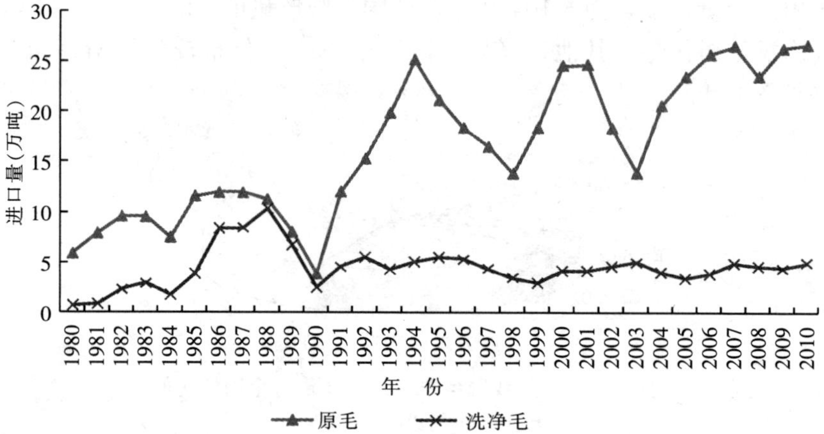

图 25　我国原毛和洗净毛进口量变化对比（1980—2010 年）
数据来源：FAO 数据库。

我国洗净毛进口量相对比较稳定，仅在改革开放初期出现过一次明显的增加，羊毛大战后便回落稳定下来。1980 年我国洗净毛进口量为 0.68 万吨，到 1988 年迅速上升至 10.33 万吨，增加 9.65 万吨，增长了 14.2 倍。随后两年我国洗净毛进口出现快速回落，到 1990 年进口量仅为 2.5 万吨，较 1988 年回落了 3/4。此后，我国洗净毛进口量一般维持在 3 万～5 万吨。2010 年我国洗净毛进口量为 4.97 万吨，较 1980 年增长了 6.3 倍。

在我国羊毛进口中，原毛进口量明显大于洗净毛进口量，主要原因在于洗净毛经过加工后进口成本较高，而原毛进口价格比较低，加上国内对原毛加工过程中的污染问题规定不是太严格，国内加工成本不高，国内进口企业更多愿意选择进口原毛。

2. 我国原毛出口较少，洗净毛出口近几年起伏较大

1980 年以来，我国原毛出口量一直较少，出口量最大的年份出现在 1997 年，为 8 819 吨。此后原毛出口骤减，2006 年开始我国原毛出口一直不足 1 000 吨。2010 年我国原毛出口量仅为 151 吨，较 1980 年的 5 564 吨下降了 97.3%（见图 26）。

我国洗净毛出口量大于原毛，且大体呈现上涨趋势。2002 年以前，我国洗净毛出口增长缓慢，1980 年我国洗净毛出口量为 4 798 吨，2002 年出口量为 1.1 万吨，但从 2002 年开始到 2004 年，我国洗净毛出口量出现井喷式增长，2004 年出口量达到 3.3 万吨，比 2002 年增长了 2 倍。2005 年洗净毛出口数量为 3.4 万吨，再创出口量新高，但增速有所放缓，2006 年开始出现大幅下

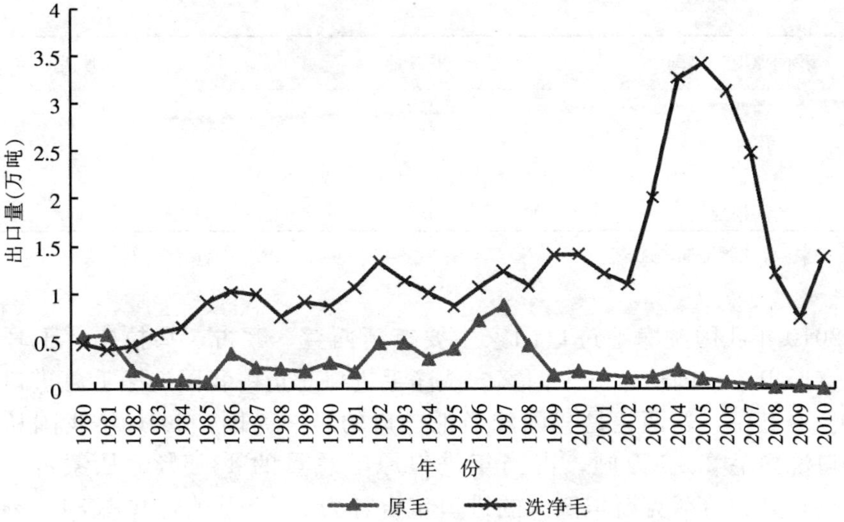

图 26 我国原毛和洗净毛出口量变化（1980—2010 年）

数据来源：FAO 数据库。

降，且逐年减少，一直到 2009 年，洗净毛出口仅为 7 000 吨，又回落至 1988 年的出口水平。这一阶段我国洗净毛出口快速减少的原因主要是 2008 年以来的国际金融危机，导致全球经济衰退，毛纺织业需求大幅萎缩，造成国际用毛需求的快速下降（李敏，2010）。2010 年随着国际羊毛需求的复苏，我国洗净毛出口较 2009 年大幅上涨，达到 1.4 万吨，较 2009 年增长了 86.9%，较 1980 年增长了 1.9 倍。

3. 我国羊毛进口国主要有澳大利亚、新西兰和南非等国家

2010 年我国原毛进口国家主要有澳大利亚、新西兰、南非、乌拉圭和阿根廷，我国从这五个国家的原毛进口总量占我国原毛总进口量的 87.1%。其中，澳大利亚是我国原毛进口的第一大国，2010 年我国从澳大利亚进口原毛 17.5 万吨，占当年进口原毛总量的 65.9%，从新西兰、南非、乌拉圭和阿根廷四国的合计进口量为 5.6 万吨，占 21.2%（见表 16）。

表 16 2010 年我国五大原毛进口国的进口量及比重

单位：万吨，%

我国原毛进口国	进口量	占总进口原毛比重
世界	26.51	100.0
澳大利亚	17.47	65.9

（续）

我国原毛进口国	进口量	占总进口原毛比重
新西兰	2.97	11.2
南非	1.16	4.4
乌拉圭	0.94	3.5
阿根廷	0.55	2.1

数据来源：UN Comtrade。

2010 年我国洗净毛进口国家主要有新西兰、蒙古、乌拉圭、土耳其和哈萨克斯坦，我国从这五个国家的洗净毛进口总量占我国洗净毛总进口量的 78.0%。其中，新西兰是我国洗净毛进口的第一大国，2010 年我国从新西兰进口洗净毛 2.16 万吨，占当年进口原毛总量的 43.5%，从蒙古、乌拉圭、土耳其和哈萨克斯坦四国的进口量合计为 1.71 万吨，共占 34.6%（见表 17）。

表 17　2010 年我国五大洗净毛进口国的进口量及比重

单位：万吨，%

我国洗净毛进口国	进口量	占洗净毛总进口比重
世界	4.97	100.0
新西兰	2.16	43.5
蒙古	0.70	14.2
乌拉圭	0.39	7.9
土耳其	0.31	6.3
哈萨克斯坦	0.31	6.2

数据来源：UN Comtrade。

我国原毛和洗净毛主要进口国一直是澳大利亚和新西兰，比较固定且集中度较高。由于我国毛纺工业规模大且发展迅速，羊毛需求量很大，我国所需羊毛一般从世界羊毛大国进口。特别是目前我国最主要的细羊毛品种不能满足精纺工业的需要，而澳大利亚的高品质羊毛供应充足，所以我国的精纺工业所需细羊毛绝大部分都是从澳大利亚进口的（战英杰，2010）。

澳大利亚和新西兰都是世界著名的羊毛大国，并且两国的出口目的国都是中国，澳大利亚的羊毛产量远大于新西兰，但是近些年来，我国洗净毛从新西兰的进口量大于澳大利亚，原因是原毛加工过程中会产生大量污染，所以近年来澳大利亚为保护环境关闭和转移本国羊毛加工企业，中澳羊毛贸易中的洗净毛下降，原毛贸易量上升（于爱芝，2010）。

4. 我国羊毛出口国主要有尼泊尔、印度、韩国和比利时等国家

2010 年我国原毛总量为 151 吨，全部出口至印度和尼泊尔。其中，对印度的原毛出口量为 88 吨，占我国原毛总出口量的 58.6%，对尼泊尔的原毛出口量为 63 吨，占我国原毛总出口量的 41.4%（见表 18）。

表 18　2010 年我国原毛主要出口国的出口量及比重

单位：吨，%

我国原毛出口国	出口量	占原毛总出口量的比重
世界	151	100.0
印度	88	58.6
尼泊尔	63	41.4

数据来源：UN Comtrade。

我国原毛出口量很少，即使是出口量最大的年份也不足 1 万吨，主要由于不少羊毛进口国的国内防止污染法令限制较严，洗毛加工有困难，因此改为进口洗净毛。

2010 年我国洗净毛出口国家主要是韩国、比利时、尼泊尔、印度和日本，我国对这五个国家的洗净毛出口总量占我国洗净毛总出口量的 64.7%。其中，韩国和比利时分别是我国洗净毛出口的第一和第二大国，2010 年我国对韩国和比利时的洗净毛出口量分别为 0.23 万吨和 0.2 万吨，占当年出口洗净毛总量的 16.3%和 14.5%，对尼泊尔、印度和日本的出口合计为 0.47 万吨，占 33.9%（见表 19）。尼泊尔和韩国都是羊毛主要进口国家，其中韩国服装业比较发达，尼泊尔是世界著名的羊毛地毯出口国家，这两个国家的羊毛原料进口主要是来自新西兰和我国羊毛主产区。近年来，我国洗净毛的出口呈增长趋势，主要是羊毛进口国国内原毛的洗毛和加工等限制较为严格，因此转而进口洗净毛。

表 19　2010 年我国洗净毛五大出口国的出口量及比重

单位：万吨，%

我国洗净毛出口国	出口量	占洗净毛总出口量比重
世界	1.40	100.0
韩国	0.23	16.3

（续）

我国洗净毛出口国	出口量	占洗净毛总出口量比重
比利时	0.20	14.5
尼泊尔	0.19	13.5
印度	0.15	10.9
日本	0.13	9.5

数据来源：UN Comtrade。

（四）我国羊绒贸易格局分析

我国羊绒贸易大类可以分为原绒和无毛绒。在进口贸易中，我国对原绒的进口量大于无毛绒；在出口贸易中，我国无毛绒的出口量远大于原绒的出口量。

1. 我国羊绒进口先增后降，2010 年进口激增

2002—2010 年，我国羊绒进口量整体呈上升趋势。2010 年我国原绒进口量为 9 355 吨，较 2002 年的 802 吨增长了 10.7 倍；2010 年无毛绒进口量为 3 617 吨，较 2002 年的 1 680 吨增长了 1.2 倍。目前我国是世界第一大原绒进口国和第二大无毛绒进口国（见图 27）。

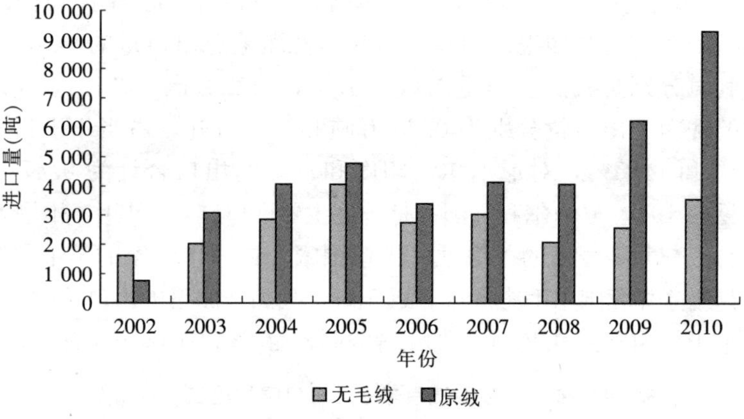

图 27　我国无毛绒和原绒进口量变化（2002—2010 年）

数据来源：UN Comtrade。

进入 21 世纪以来，受劳动力成本优势吸引，国外纺织企业加快向中国转移，我国羊绒加工能力快速提升，羊绒进口逐年增长。2006 年开始，由于世界羊绒市场需求放缓，羊绒产量过剩问题逐渐显现，各个国家对羊绒原毛及其产品的进出口量都有比较明显的下降，尤其是到了 2008 年，羊绒需求量不及总产量的一半，供过于求的矛盾极其突出，同时由于金融危机的影响，我国羊绒进口明显下滑。2010 年随着世界经济走向复苏，羊绒需求逐步恢复，再次带动我国羊绒进口大幅增长。

2. 我国原绒出口较少，无毛绒出口具有明显优势但总体下降

2002 年以来，我国羊绒出口量波动较大，整体呈下降趋势。2010 年我国无毛绒出口量为 5 586 吨，较 2002 年的 9 748 吨减少了 42.7%；2010 年原绒出口量为 39 吨，较 2002 年的 82 吨减少了 52.9%（见图 28）。

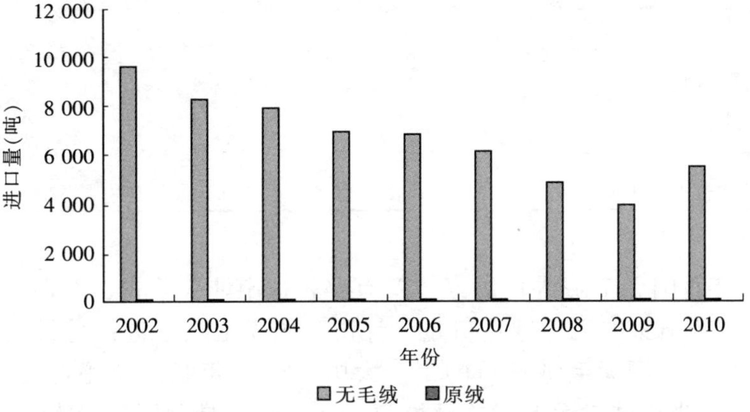

图 28　我国原绒和无毛绒出口量变化（2002—2010 年）
数据来源：UN Comtrade。

由于品质、成本等因素，我国无毛绒出口在羊绒国际贸易中具有明显优势，2010 年我国无毛绒出口量为 5 586 吨，占世界无毛绒出口的 35.4%，居世界无毛绒出口量第一位。但自 2002 年以来无毛绒出口总体呈现下降趋势，主要原因是由于羊绒是我国高档毛纺织品的重要原料和出口创汇的重要商品，国家对羊绒出口实行总量控制，鼓励制成品出口，而减少或控制原料和初级产品出口①，导致我国无毛绒直接出口逐年减少。2010 年随着世界经济的缓慢复苏，羊绒消费需求增加，欧美等传统消费区域重新进入世界市场，采购力度加大，加之羊绒价格连创新高，促进我国羊绒企业积极出口创汇。

① 国务院办公厅关于加强羊绒产销管理的通知．国办发〔1995〕52 号，1995 - 10 - 19.

3. 2010 年我国原绒主要进口国是蒙古，无毛绒主要进口国是秘鲁和南非

2010 年我国原绒的进口国家有蒙古、哈萨克斯坦、阿富汗、德国和吉尔吉斯斯坦等，我国从这五个国家进口的原绒合计占我国原绒总进口量的 90.3%。其中，蒙古是我国第一大原绒进口国，2010 年我国从蒙古进口原绒 6 845 吨，占当年进口原绒总量的 73.2%，从哈萨克斯坦、阿富汗、德国和吉尔吉斯斯坦四国进口合计仅为 1 600 吨，占 17.1%（见表 20）。

表 20　2010 年我国原绒主要进口国的进口量及比重

单位：吨，%

我国原绒进口国	进口量	占总进口原绒比重
世界	9 354.87	100.0
蒙古	6 845.09	73.2
哈萨克斯坦	621.10	6.6
阿富汗	483.41	5.2
德国	259.81	2.8
吉尔吉斯斯坦	236.10	2.5

数据来源：UN Comtrade。

2010 年我国无毛绒进口国家主要有秘鲁、南非、蒙古、新西兰和伊朗，我国从这五个国家的无毛绒进口量合计占我国无毛绒总进口总量的 91.1%。其中，秘鲁是我国无毛绒进口的第一大国，2010 年我国从秘鲁进口无毛绒 1 911 吨，占当年进口无毛绒总量的 52.8%。南非是我国第二大无毛绒进口国，2010 年我国从南非进口无毛绒 1 035 吨，占当年进口无毛绒总量的 28.6%；同年我国从蒙古、新西兰和伊朗三国的进口量合计为 349 吨，占 9.7%（见表 21）。

表 21　2010 年我国无毛绒主要进口国的进口量及比重

单位：吨，%

我国无毛绒进口国	进口量	占无毛绒总进口比重
世界	3 616.98	100.0
秘鲁	1 910.78	52.8
南非	1 035.13	28.6
蒙古	225.27	6.2
伊朗	81.44	2.3
新西兰	42.38	1.2

数据来源：UN Comtrade。

我国原绒和无毛绒进口比较集中，原绒主要从蒙古进口，无毛绒主要从秘鲁和南非进口。蒙古的羊绒产量占世界总羊绒产量的23%，大约每年在6 000～7 000吨，这些产量的80%以免税形式出口到中国（春柳，2011），极大地促进了我国从蒙古进口原绒。

4. 2010年我国羊绒出口目的国主要有意大利、日韩和英德等国家

我国原绒出口量很少，2010年仅有39吨，全部出口至尼泊尔、日本、意大利、比利时和匈牙利。其中，我国对尼泊尔的原绒出口为22吨，占我国原绒总出口量的56.3%；对日本出口9吨，占我国原绒总出口量的24.2%。对意大利出口5吨，占我国原绒总出口量的14.2%。对比利时和匈牙利合计出口2吨，仅占5.3%（见表22）。

表22　2010年我国原绒主要出口国的出口量及比重

单位：吨,%

我国原绒出口目的国	出口量	占总出口原绒比重
世界	38.72	100.0
尼泊尔	21.81	56.3
日本	9.37	24.2
意大利	5.49	14.2
比利时	1.05	2.7
匈牙利	1.00	2.6

数据来源：UN Comtrade。

我国原绒出口量很少，即使是出口量最大的年份也不足100吨。主要原因是由于国外劳动力等成本较高，许多国家纺织业纷纷将工厂搬到中国生产，而我国羊绒具有明显的资源优势和劳动力优势。目前世界超过90%的羊绒原料在中国完成初加工处理，带动中国羊绒制品加工能力迅速增强。原绒在我国大部分被直接加工，主要以已梳加工或制成品方式出口。

2010年我国无毛绒出口目的国主要有意大利、德国、英国、韩国和日本，我国对这五个国家的无毛绒出口量合计占我国无毛绒总出口总量的90.5%。其中，意大利是我国无毛绒的主要出口国家，2010年我国对意大利的无毛绒出口量为2 899吨，占当年出口无毛绒总量51.9%；对德国的出口量为785吨，占当年出口无毛绒总量14.0%；对其他几个出口国（英国、韩国和日本）的出口合计为1 374吨，占24.6%（见表23）。

表 23　2010 年我国无毛绒主要出口国的出口量及比重

单位：吨，%

我国无毛绒出口目的国	出口量	占无毛绒总出口比重
世界	5 585	100.0
意大利	2 899	51.9
德国	785	14.0
英国	642	11.5
韩国	531	9.5
日本	202	3.6

数据来源：UN Comtrade。

欧美等发达地区是山羊绒的传统消费地，如上表所述，意大利、英国和德国等是山羊绒的进口大国，其羊绒进口主要来自我国。美国从我国进口羊绒数量也较多，不过在 2007 年金融危机爆发后，该国经济持续衰退，羊绒等纺织品进口明显下滑。我国羊绒加工出口数量较多，但自主品牌尤其是名牌产品较少，在国际贸易中受欧洲市场影响较大。

三、主要结论及对策建议

（一）主要结论

1. 世界羊毛、羊绒的生产分布不均衡，在国际贸易中形成了显著的贸易流，进口国对出口国的依赖性较强

受绵羊养殖区域分布影响，世界羊毛的产区主要分布在亚洲、大洋洲、欧洲大陆以及非洲北部等地，亚洲羊毛总产量超过欧洲、非洲和美洲三大洲羊毛产量之和。羊毛的主产国家有澳大利亚、中国和新西兰等，这三个国家的羊毛产量约占世界羊毛产量的 1/2。1980 年以来，世界绵羊存栏量和羊毛的产量均呈现出先增长后下降的变化趋势，经过 20 世纪 80 年代末至 90 年代初的大幅上涨之后，世界绵羊存栏量和羊毛产量开始持续下滑，到目前仍维持在历史较低水平。羊毛产量下降主要有两方面原因：一是绵羊存栏量下降。进入 21 世纪以来，绵羊主要养殖国家如澳大利亚、新西兰、阿根廷、南非和乌拉圭等持续遭受干旱等不利天气因素影响，草场质量下降，羊养殖数量持续走低。此外，受消费习惯改变和经济利益驱使，部分产毛绵羊逐步向肉羊“倒改”，直接影响羊毛产出。二是羊毛替代品的快速发展，导致羊毛需求下降，产量下滑。20世纪90年代开始，由于化纤工业的发展，日益丰富的化纤产品代替了很大一部分羊毛制品，羊毛需求量呈下降趋势，造成羊毛价格持续走低，牧民的养羊积极性减退。

世界羊毛进出口贸易集中在亚洲、大洋洲和欧洲地区。大洋洲是传统的羊毛生产地区，依据其资源禀赋优势在国际贸易中以输出羊毛为主，是羊毛的净出口地区；亚洲和欧洲是羊毛的主要加工和消费地，在国际贸易中以输入羊毛为主，是羊毛的净进口地区。就贸易国来看，澳大利亚和新西兰是主要出口国家，这两国的羊毛生产情况对世界羊毛的供给和贸易形势可产生举足轻重的影响。中国、印度以及欧洲部分国家是当前世界上羊毛的主要进口国家，由于这些国家羊毛生产在数量或质量方面满足不了本国毛纺加工需求，往往比较依赖进口，对出口国家的依存度比较高。

世界羊绒产量很少，基本在2万～2.5万吨之间，被誉为“软黄金”。羊绒的主产国主要是中国和蒙古，这两国的羊绒产量约占世界的90％以上。中国的羊绒产量居世界第一，约占75％；蒙古的羊绒产量居世界第二，约占15％。此外，伊朗、阿富汗、巴基斯坦和俄罗斯等国也生产羊绒，不过数量很少。羊绒的加工和消费大国主要有中国、意大利、英国以及尼泊尔等。由于世界70％以上的羊绒在中国国内自产自用，所以世界羊绒的国际贸易量并不大，主要贸易流集中发生在中国与周边国家以及中国与欧洲等局部范围。中国的羊绒在数量和质量方面占据绝对优势，这也导致羊绒进口国对中国羊绒的依赖程度非常高。

2. 我国羊毛、羊绒的生产大而不强，羊毛进口对外依赖性高，羊绒深加工薄弱，在国际贸易中均处于不利地位

我国羊毛生产大而不强，进口依赖性非常高。目前我国羊毛产量居世界第一位，但羊毛进口量占国内羊毛产量的比例高达80％以上。由于质量、技术等方面的原因，我国巨大的羊毛生产量并不能满足当前国内毛纺织业的加工消费需求，导致我国每年仍需要大量进口羊毛，羊毛的对外依存度很高，尤其是精细羊毛需求基本完全依赖进口。澳大利亚和新西兰分别是我国原毛和洗净毛的主要进口国。出口方面，由于羊毛生产及初级加工属劳动密集型产业，我国洗净毛出口在国际贸易中具有一定的价格优势，近年来出口量持续呈现增长趋势，韩国、比利时、尼泊尔、印度和日本等周边邻国是我国洗净毛的主要出口市场。

我国羊绒生产大部分用来满足国内毛纺加工的需求，原绒和无毛绒的出口数量不大，主要以初级加工品或再加工品形式出口。近两年由于羊绒价格上涨，我国原绒直接出口数量有所增长，不过占我国羊绒产量的比例仍不足1%。就羊绒制品出口来看，美欧市场是我国最大的绒制品出口市场，占出口市场总额的2/3。但是我国羊绒制品在出口中存在的主要问题是品牌缺失，相当一部分加工企业靠贴牌生存，真正使用自有品牌在市场上销售的不足10%（张世伟，2010），这就使得羊绒的深加工利润大量被国外企业掌控，在国际贸易中处于被动不利地位，极大地浪费了我国羊绒的宝贵资源。

（二）对策建议

就我国羊毛生产来说，为提高国产羊毛的综合竞争力，改善国际贸易中羊毛对外依存度过高的局面，首先，要从生产入手，加强科学放牧，提高绵羊的生产管理水平，通过良种改进，加快生产适销对路的羊毛，提高国产羊毛的竞争力；第二，要积极调整我国羊养殖方式和羊毛生产结构，加快优势产区建设，鼓励毛纺企业与牧民签订购销合同，积极为工牧直交创造条件，促进牧区生产适销对路的羊毛品种；第三，要加快细羊毛品种选育，在保证羊毛质量的基础上进一步提高单产水平，并在产区制定明确的奖惩措施，严格控制种羊品种退化现象。

就我国羊毛贸易来说，结合对世界羊毛主产国和我国主要羊毛进口国对比分析可知，我国从澳大利亚进口的原毛规模已经超过其全年出口的80%，继续扩大从该国进口羊毛的潜力不大。对亚洲和欧洲的羊毛产区可进一步开拓进口市场，但其产量有限。所以，为改善我国羊毛进口形势，目前唯一适宜的有效途径即是充分发挥我国产毛大国的优势，积极提高自产羊毛的利用率。为促进企业提高对国毛的利用，在提高国产羊毛质量的基础上，要加强以下几方面的管理：第一，加大对羊毛流通环节的管理，完善羊毛的分级收购，改革羊毛流通体系，建立国家和地方的羊毛拍卖市场，加快第三方公检等，引导羊毛分级计价，促进优质羊毛的分拣和产出水平；第二，建立健全国产羊毛的分级标准和分级体系，大力引导羊毛在生产和交易过程中实行分级计价和优质优价，将净毛计价作为行业强制交易准则，坚决杜绝优质羊毛的污染和浪费，为毛纺企业提供优质的原料供给，吸引企业加大对国产羊毛的采购力度和利用率；第三，加强政府的宏观调控，通过制定优惠政策等，引导国内企业在满足产品质量的前提下提高国产羊毛利用率，同时要健全和规范对外贸易保护机制，提高我国国产羊毛的贸易水平。

从羊绒的生产和贸易看，由于我国占据羊绒资源禀赋优势，因此应该更加重视羊绒这一特色产业的发展，通过政策扶持、配套服务建设等引导产业做大做强，并不断巩固其发展后劲。首先，要制定国家羊绒发展长期规划，出台相关政策进一步引导生产者与企业发挥资源优势，提升羊绒的品质与规模，增强国际竞争力；其次，鼓励技术创新，提高羊绒核心竞争力。促进羊绒产业发展，加工企业的地位和作用不可忽视，当前，需要在巩固毛纺加工企业现有分梳能力的前提下，鼓励企业加快技术提升与创新，加快羊绒精深加工的发展，鼓励高附加值羊绒制品的生产，从整体上提高我国羊绒产业的核心竞争力；第三，要支持和鼓励国内羊绒企业实施品牌战略，进一步培育和壮大龙头企业，充分发挥“鄂尔多斯”、“圣雪绒”等羊绒企业的品牌带动作用，引导企业整合资源，提高竞争实力；第四，通过制定产业政策，形成制度体系，在羊绒产品设计、科技创新、风险投资、贷款贴息、税收、出口贸易、原料收购、仓储等多方面制定一系列完备的制度或政策，鼓励机制创新、管理创新、产品创新，加快创造具有中国特色的羊绒品牌，促进羊绒产业由大变强。

参　考　文　献

[1] 宝音都仍，满达，王治国．2006. 我国山羊绒生产、出口状况及未来发展分析［J］. 中国畜牧杂志（10）.

[2] 楚晓，叶得明，陈秉谱．2005. 中国羊毛生产现状与市场分析［J］. 甘肃农业大学学报（5）.

[3] 春柳．2011. 蒙古筹集资金支持羊毛部门［EB/OL］.［2011－05－19］. 中国纺织网．

[4] 高雪峰，邢玉梅．2011. 我国绒山羊种质资源现状及发展趋势［J］. 农村养殖技术（17）.

[5] 黄圆圆．2008. 羊绒行业有望迎来发展的春天［EB/OL］.［2008－10－31］全球羊毛衫网．

[6] 贾兴国．2006. 我国羊毛产业的现状、存在问题及发展前景［C］. 2006 中国羊业进展——第三届中国羊业发展大会论文集．

[7] 姜怀志，郭丹，陈洋，张世伟．2009. 中国绒山羊产业现状与发展前景分析［J］. 畜牧与饲料科学（10）.

[8] 李敏，毛婷婷．2009. 金融危机下中国纺织服装产业的升级问题［J］. 上海毛麻科技（4）.

[9] 梁春年，牛春娥，王宏博，梁丽娜．2006. 世界羊毛生产贸易现状及我国相关对策研究［J］. 家畜生态学报（3）.

[10] 刘慧 . 2010. 中国羊毛贸易发展情况分析 [J]. 农业展望 (6).
[11] 刘武兵，章颖 . 2011. 世界羊毛贸易对中国羊毛产业的影响 [J]. 世界农业 (7).
[12] 满达，阿勇嘎，赖美霞，斯日古楞 . 2009. 羊毛的生产、进口及其存在的问题 [J]. 畜牧与饲料科学 (6).
[13] 南京羊毛市场 . 2006. 2006 年羊绒羊毛生产预测及市场分析 [EB/OL]. 南京羊毛市场信息，2006 - 06 - 15.
[14] 浦亚斌，马月辉 . 2009. 世界羊绒生产与贸易概况 [C]. 当代畜牧 (增刊).
[15] 王丽娜 . 2004. 世界羊毛生产与贸易的经济分析 [D]. 杭州：浙江大学 .
[16] 杨建青 . 2009. 国际羊毛市场状况与中国细毛羊发展分析 [J]. 农业展望 (2).
[17] 于爱芝 . 2009. 中澳双边羊毛贸易与趋势展望 [J]. 农业展望 (1).
[18] 战英杰 . 2010. 中国羊毛产业：路在何方 [J]. 中国经济，(10).
[19] 张世伟 . 2010. 我国绒山羊产业发展现状及思考 [R]. 第七届中国羊业发展大会 .

专题二

我国绒毛用羊养殖中生产要素投入及其对绒毛产量的影响研究

孙致陆　肖海峰

绒毛用羊的养殖离不开各种生产要素的投入，这些生产要素主要包括：草场，包括天然草场与人工草场；劳动，包括农牧户自有劳动的投入以及雇工的劳动投入；固定资产，具体包括圈舍、围栏、相关农业机械以及设备设施等；技术，主要包括农牧户的养殖方式、饲养管理、圈舍修建、饲草料使用与营养管理、疫病防治与消毒、剪羊毛和抓羊绒等方面的技术。农牧户在绒毛用羊养殖过程中，对这些生产要素的投入状况和利用效率在很大程度上影响和决定着绒毛用羊的生长情况，进而影响绒毛用羊个体的绒毛产量。所以，通过对我国绒毛用羊养殖过程中农牧户对各种生产要素的投入和利用情况以及各种生产要素投入对绒毛产量的影响进行研究，可以了解这些生产要素的投入和利用的现状，得出的研究结论可以为改善这些生产要素的投入组合和提高这些生产要素的利用效率的政府决策及科研机构的科研活动提供依据。为此，本研究首先对我国绒毛用羊养殖中各种生产要素的投入状况进行研究；其次，测算并分析我国绒毛用羊养殖过程中各种生产要素投入对绒毛产量的影响即产出弹性；最后，基于研究结论，提出改善我国绒毛用羊养殖过程中各种生产要素的投入组合和提高这些生产要素的利用效率的政策建议。

一、我国绒毛用羊养殖中各种生产要素投入状况

为了了解我国绒毛用羊养殖过程中草场、劳动、资金、技术等生产要素的投入和利用情况，本专题对我国绒毛用羊养殖过程中这些生产要素的投入状况分别进行了研究。

（一）草场投入状况

1. 我国草原的总体情况

（1）草原的面积和分布情况。目前，我国草原总面积近 4 亿公顷（其中，可利用草原面积 3.3 亿公顷），约占全国国土总面积的 41.7%。我国天然草原主要集中分布在北方干旱半干旱区和青藏高原，其中，内蒙古、广西、重庆、四川、贵州、云南、西藏、陕西、甘肃、青海、宁夏、新疆等西部十二省（自治区、直辖市）共有天然草原面积约 3.3 亿公顷，占全国草原总面积的 84.4%；辽宁、吉林、黑龙江等东北三省共有天然草原面积约 0.17 亿公顷，占全国草原总面积的 4.3%；其他省（自治区、直辖市）共有天然草原面积约 0.45 亿公顷，占全国草原总面积的 11.3%。西藏、内蒙古、新疆、青海、甘肃、四川、宁夏、辽宁、吉林、黑龙江被称为我国草原面积连片分布的十大牧区，草原面积占全国草原总面积的 49.17%[①]。

表 1　2008 年我国牧草地面积分布情况

地　区	总面积（万公顷）	人均面积（公顷/人）	占土地总面积的比例（%）	占农用地总面积的比例（%）	占全国牧草地总面积的比例（%）
全　国	26 183.48	0.363 0	27.541 5	39.860 6	100.000 0
北　京	0.20	0.000 8	0.124 5	0.186 4	0.000 8
天　津	0.00	0.000 0	0.000 0	0.000 0	0.000 0
河　北	79.86	0.019 7	4.238 2	6.104 5	0.305 0
山　西	65.78	0.035 1	4.197 7	6.485 3	0.251 2
内蒙古	6560.89	5.628 8	57.294 3	68.895 5	25.057 4
辽　宁	34.85	0.020 2	2.354 0	3.104 2	0.133 1
吉　林	104.35	0.081 6	5.460 1	6.365 7	0.398 6
黑龙江	220.75	0.129 4	4.877 0	5.821 0	0.843 1
上　海	0.00	0.000 0	0.000 0	0.000 0	0.000 0
江　苏	0.11	0.000 0	0.010 0	0.015 9	0.000 4
浙　江	0.00	0.000 0	0.000 0	0.000 0	0.000 0
安　徽	2.83	0.000 8	0.202 2	0.253 2	0.010 8
福　建	0.26	0.000 1	0.021 1	0.024 4	0.001 0

① 杜青林．中国草业可持续发展战略［M］．北京：中国农业出版社，2006：34.

（续）

地　区	总面积（万公顷）	人均面积（公顷/人）	占土地总面积的比例（%）	占农用地总面积的比例（%）	占全国牧草地总面积的比例（%）
江　西	0.38	0.000 1	0.022 7	0.026 7	0.001 4
山　东	3.40	0.000 7	0.216 3	0.293 8	0.013 0
河　南	1.44	0.000 2	0.086 9	0.117 1	0.005 5
湖　北	4.44	0.001 4	0.238 6	0.302 7	0.016 9
湖　南	10.35	0.002 8	0.488 6	0.578 3	0.039 5
广　东	2.72	0.000 8	0.151 1	0.182 4	0.010 4
广　西	71.61	0.024 0	3.014 4	4.008 1	0.273 5
海　南	1.94	0.004 4	0.548 6	0.687 2	0.007 4
重　庆	23.72	0.016 7	2.883 4	3.427 7	0.090 6
四　川	1 371.10	0.269 1	28.325 3	32.338 7	5.236 5
贵　州	159.78	0.059 4	9.070 6	10.480 3	0.610 2
云　南	78.19	0.025 7	2.040 4	2.461 8	0.298 6
西　藏	6 444.14	29.013 4	53.608 6	83.036 5	24.611 5
陕　西	306.44	0.140 7	14.890 5	16.584 3	1.170 4
甘　肃	1 261.28	0.707 3	31.212 8	52.818 8	4.817 1
青　海	4 034.75	12.327 4	56.234 9	92.277 3	15.409 5
宁　夏	226.42	0.665 9	43.581 0	54.244 8	0.864 8
新　疆	5 111.38	3.974 2	30.700 8	81.023 9	19.521 4

注：牧草地面积指牧区和农区用于放牧牲畜或割草且植被盖度在5%以上的草原、草坡、草山等面积，包括天然及人工种植或改良的草地面积；人均面积＝牧草地总面积/农村年末总人口数。

数据来源：《中国统计年鉴（2011年）》。

2008年，全国牧区和农区的牧草地总面积近2.6亿公顷，约占我国国土总面积的27.54%。根据表1可知，我国牧草地的分布情况与草原的分布情况具有一致性，也主要分布在内蒙古、四川、贵州、云南、西藏、陕西、甘肃、青海、宁夏、新疆等西部省（自治区）。2008年，牧草地面积在1 500万公顷以上的省（自治区）有：内蒙古、西藏、青海和新疆；1 000万～1 500万公顷的省份有：四川和甘肃；100万～1 000万公顷的省（自治区）有：吉林、黑龙江、贵州、陕西和宁夏；10万～100万公顷的省（自治区、直辖市）有：河北、山西、辽宁、湖南、广西、云南和重庆；1万～10万公顷的省份有：安徽、山东、河南、湖北和广东；小于1万公顷的省（直辖市）有：北京、天津、上海、江苏、浙江、福建和江西。

（2）草原的资源现状。

①草原类型。根据中国草地资源调查的分类原则，我国的草原可以划分为18个大类、53个组、824个草原类型。18个大类的草原按面积从大到小分别是：高寒草甸类、温性荒漠类、高寒草原类、温性草原类、低地草甸类、温性荒漠草原类、热性灌草丛类、山地草甸类、温性草甸草原类、热性草丛类、暖性灌草丛类、温性草原化荒漠类、高寒荒漠草原类、高寒荒漠类、高寒草甸草原类、暖性草丛类、沼泽类和干热稀树灌草丛类。前5位的草原类面积之和占全国草原总面积的55.2%，第6～10位的草原类占20.8%，其余8类及零星草地占24%[①]。根据表2以及其他相关研究可知，温带草甸草原、温性草原（典型草原、干草原）、温性荒漠草原、温性草原化荒漠和温性荒漠大致由东北西部经内蒙古高原至甘新地区顺序分布；高寒草甸、高寒草甸草原、高寒草原、高寒荒漠草原和高寒荒漠集中分布于青藏高原，大致由东南至西北依序分布；热性草丛、热性灌草丛和干热稀树灌草丛分布于长江以南热带和亚热带地区的低山丘陵和云贵高原的干热河谷地区；暖性草丛和暖性灌草丛主要分布于冀辽山地、黄土高原和云贵高原；山地草甸、低地草甸和沼泽属于隐性植被，分布地带性规律不强[②]。

表2　四种代表性草原的主要特征

草原类型	分部地区	年平均降水量（毫米）	气候类型	植被平均覆盖率（%）	干草单产（千克/公顷）
温性草甸草原	东北西部、内蒙古东部	350～500	半湿润气候	60～65	1 200～1 800
温性草原	内蒙古中部	250～350	半干旱气候	30～60	600～1 200
温性荒漠草原和温性草原化荒漠	内蒙古西部和甘新地区	100～250	干旱气候	30以下	300～600
温性荒漠	内蒙古西部和甘新地区	100以下	极度干旱的荒漠气候	非常低	300以下

资料来源：农业部畜牧兽医局．中国草地资源［M］．北京：中国科学技术出版社，1996.

②草原产草情况。根据农业部2008年对河北、山西、内蒙古、辽宁、吉

① 杜青林．中国草业可持续发展战略［M］．北京：中国农业出版社，2006：37.

② 韩建国，孙洪仁．怎样保护和利用好草原［M］．北京：中国农业大学出版社，2008：10.

林、黑龙江、山东、河南、湖北、江西、广西、重庆、四川、云南、贵州、西藏、陕西、甘肃、青海、宁夏、新疆等21个主要草原省（自治区、直辖市）开展的全国草原监测可知，2008年全国天然草原鲜草总产量为94 715.5万吨，折合干草约29 626.8万吨，与2007年基本持平，载畜能力约23 178万个羊单位。产草量居前十位的省（自治区）分别是内蒙古、西藏、四川、新疆、青海、云南、甘肃、黑龙江、广西和湖北，其天然草原干草产量约20 725.3万吨，约占全国天然草原干草产量的70%。内蒙古、西藏、四川、新疆、青海、甘肃等六大牧区天然草原干草产量为16 438.4万吨，约占全国天然草原干草产量的55.5%①。

根据《2008年全国草原监测报告》，从区域来看，2008年，我国西部12省（自治区、直辖市）的干草产量为20 904.3万吨，占全国天然草原干草产量的70.6%；东北三省的干草产量为2 107.3万吨，占全国天然草原干草产量的7.1%；中部六省的干草产量为3 907.3万吨，占全国天然草原产草量的13.2%；东部十省市的干草产量为2 707.9万吨，占全国天然草原干草产量的9.1%。与2007年相比，产草量明显提高的区域主要分布在内蒙古中部和东部、新疆南部、西藏东部等地区；产草量明显下降的区域主要分布在新疆北部、宁夏大部、甘肃西部等地区。2008年，六大牧区中内蒙古中部和东部雨水条件较好，全区增产18.7%，西藏增产8.5%；新疆北部草原遭受历史性罕见旱灾，全区干草产量下降22.7%；四川、甘肃和青海基本持平。其他地区中，河北、吉林和辽宁略有增产；河南、湖北和贵州略有减产；广西、重庆、云南、宁夏减产明显，减产幅度在10%～20%之间。

表3 2007年和2008年重点监测省（自治区、直辖市）**产草量情况**

省（自治区、直辖市）	2007年		2008年	
	鲜草产量（万吨）	干草产量（万吨）	鲜草产量（万吨）	干草产量（万吨）
河　北	2 287.6	709.5	2 454.6	761.3
山　西	1 679.9	520.5	1 925.2	596.5
内蒙古	14 213.7	4 737.9	17 662.6	5 624.0
辽　宁	1 508.8	455.3	1 615.8	487.6
吉　林	1 858.3	542.5	1 960.3	572.3
黑龙江	3 332.0	1 041.3	3 741.8	1 047.4

① 农业部.2008年全国草原监测报告［EB/OL］. http：//www.moa.gov.cn/.

（续）

省（自治区、直辖市）	2007年		2008年	
	鲜草产量（万吨）	干草产量（万吨）	鲜草产量（万吨）	干草产量（万吨）
山　东	702.1	209.5	685.2	204.4
河　南	1 864.4	581.0	1 761.8	549.0
湖　北	2 884.3	896.7	2 665.1	828.6
广　西	3 620.5	1 131.4	3 044.8	951.5
重　庆	1 402.7	436.1	1 249.8	388.5
四　川	8 579.6	2 638.8	8 346.3	2567.1
贵　州	2 583.5	806.2	2 440.3	761.5
云　南	6 240.2	1 642.2	4 694.0	1 459.5
西　藏	7 377.6	2 374.1	8 008.1	2 576.0
陕　西	2 395.9	758.8	2 383.9	755.0
甘　肃	3 725.9	1 173.5	3 559.8	1 121.2
青　海	7 173.2	2 287.7	6 861.2	2 188.2
宁　夏	458.6	183.4	374.6	149.8
新　疆	9 250.0	3 056.1	7 460.1	2 361.9

数据来源：《2008年全国草原监测报告》。

③草原利用总体现状。近年来，我国各省（自治区、直辖市）都采取有力措施积极推进草原畜牧业生产方式转变，改良天然草场，加强饲草料基地建设，推广禁牧休牧轮牧和舍饲半舍饲养殖，加大草原保护建设工作力度，草畜平衡状况进一步改善。根据《2008年全国草原监测报告》，截至2007年底，全国累计人工种草保留面积2 867万公顷，围栏面积5 467万公顷，禁牧休牧轮牧草原面积9 000万公顷。2008年全国重点天然草原的牲畜超载率为32%，其中，西藏、内蒙古、新疆、青海、四川和甘肃的牲畜超载率分别为38%、18%、40%、37%、39%和39%。从牧区、半农半牧区县（旗）情况看：全国266个牧区、半牧区县（旗）中，牲畜超载率大于20%的仍有176个县（旗），但超载程度较重的县旗个数有所减少。近年来，国家在河北、山西、内蒙古、四川、贵州、云南、西藏、甘肃、青海、宁夏、新疆等12个省（自治区、直辖市）和新疆建设兵团的230个县（旗、团场）陆续实施了退牧还草、京津风沙源治理、西南岩溶地区草地治理试点等工程项目，采取了草原围栏、补播改良、人工种草等工程措施，工程区内植被逐步恢复，生态环境明显改

善。对全国 11 个省区 127 个项目县旗监测结果显示，与非工程区相比，工程区内植被盖度平均提高 16 个百分点；植被高度平均增加 9 厘米，提高 63%；鲜草产量每公顷平均增加 2 213 千克，提高 80%；可食鲜草产量每公顷平均增加 1966 千克，提高 83%。

近年来，伴随着天然草原植被恢复与建设、退牧还草、京津风沙源治理、岩溶地区草地治理试点工程等草原保护建设工程项目的先后启动和实施，棚圈建设、青贮窖、饲草加工机械、人工种草等工程配套措施逐步落实，部分牲畜从完全依赖天然草原放牧转变为舍饲半舍饲圈养，项目县天然草原承载压力逐渐减轻，植被盖度和高度显著增加，草场生产力明显提高，草群结构不断优化，草原生态系统功能逐步恢复，生态环境状况趋于好转。然而，目前，草原超载过度放牧问题依然较为严重，开垦、乱征滥占、乱采滥挖等破坏草原的行为仍有发生。根据表 4 可知，2010 年我国草原鼠虫灾害发生面积仍然居高不下；草原退化、沙化、盐碱化、石漠化等问题依然严重。所以，我国草原生态环境治理任务仍然十分艰巨。

表 4　2010 年我国各地区草原建设利用情况

单位：千公顷

地区	草原总面积	可利用草原面积	累计种草保留面积	当年新增种草面积	草原鼠害		草原虫害		草原火灾
					危害面积	治理面积	危害面积	治理面积	受害面积
全　国	392 832.7	330 995.4	21 350.0	7 502.3	38 678.0	6 415.6	18 066.6	5 285.3	5.3
北　京	394.8	336.3	11.1	6.8	—	—	—	—	—
天　津	146.6	135.4	7.0	6.5	—	—	—	—	—
河　北	4 712.1	4 085.3	668.5	138.6	493.3	268.1	526.8	239.4	—
山　西	4 552.0	4 552.0	365.7	90.4	478.7	116.7	353.0	87.4	—
内蒙古	78 804.5	63 591.1	4 368.1	1 901.1	6 548.0	1 567.9	7 962.8	2 146.3	1.8
辽　宁	3 388.8	3 239.3	575.9	362.8	271.3	140.6	290.7	144.1	
吉　林	5 842.2	4 379.0	702.4	363.9	500.0	466.7	386.0	156.0	0.9
黑龙江	7 531.8	6 081.7	1 328.1	381.2	604.7	110.7	678.0	139.1	0.2
上　海	73.3	37.3	1.2	—	—	—	—	—	—
江　苏	412.7	325.7	39.9	31.9	—	—	—	—	—
浙　江	3 169.9	2 075.2	50.5	34.9	—	—	—	—	—
安　徽	1 663.2	1 485.2	127.5	70.3	—	—	—	—	—
福　建	2 048.0	1 957.1	54.4	32.2	—	—	—	—	—

（续）

地区	草原总面积	可利用草原面积	累计种草保留面积	当年新增种草面积	草原鼠害		草原虫害		草原火灾
					危害面积	治理面积	危害面积	治理面积	受害面积
江西	4 442.3	3 847.6	247.5	134.2	—	—	—	—	—
山东	1 638.0	1 329.2	180.2	82.0	—	—	—	—	—
河南	4 433.8	4 043.3	293.0	52.7	—	—	—	—	—
湖北	6 352.2	5 071.5	179.1	82.0	—	—	—	—	—
湖南	6 372.7	5 666.3	226.2	58.9	—	—	—	—	—
广东	3 266.2	2 677.2	36.6	22.1	—	—	—	—	—
广西	8 698.3	6 500.3	86.2	19.5	—	—	—	—	—
海南	949.8	843.3	18.2	0.2	—	—	—	—	0.1
重庆	2 158.4	1 867.2	81.1	35.6	—	—	—	—	—
四川	20 380.4	17 753.1	1 818.4	1 082.5	2 918.0	459.7	810.1	361.3	0.9
贵州	4 287.3	3 759.7	491.4	174.5	—	—	—	—	—
云南	15 308.4	11 925.6	657.9	212.8	—	—	—	—	—
西藏	82 051.9	70 846.8	1 176.1	220.0	5 933.3	360.7	196.8	52.0	—
陕西	5 206.2	4 349.2	856.0	91.8	1 200.0	186.7	400.7	63.3	—
甘肃	17 904.2	16 071.6	3 409.4	583.2	5 272.7	492.2	1 342.9	305.2	0.3
青海	36 369.7	31 530.7	799.3	580.2	8 072.0	802.1	1 802.3	312.0	1.0
宁夏	3014.1	2 625.6	831.6	236.6	621.3	44.7	616.6	101.1	—
新疆	54 504.2	45 902.2	1 527.6	391.0	5 483.3	1 252.3	2 363.5	1 018.0	0.1
兵团	2 754.6	2 104.6	133.7	21.6	281.3	146.7	336.4	160.1	—

注："—"表示数据缺失。

数据来源：《2011 年中国统计年鉴》。

2. 我国农牧户草场利用现状

对我国农牧户草场利用现状分析所用数据来源于农牧户问卷调研数据。为了了解我国农牧户（下文均简称"农户"）绒毛用羊养殖现状，国家绒毛用羊产业技术体系产业经济研究团队于 2011 年 7—9 月开展了绒毛用羊养殖农户问卷调查，具体分别就细毛羊、半细毛羊和绒山羊进行了调研。其中，细毛羊的调研地点包括：赤峰细毛羊综合试验站的敖汉旗和乌审旗、吉林松源试验站的前郭县和通榆县以及拜城试验站的拜城县和温宿县；半细毛羊的调研地点包括：毕节试验站的威宁县和赫章县以及西昌试验站的昭觉县和金阳县；绒山羊的调研地点包括：鄂尔多斯试验站的鄂托克前旗和杭锦旗、保定试验站的涞水县和易县以及赤峰绒山羊试验站的巴林右旗和阿鲁科尔沁旗。

为了客观真实地反映我国当前绒毛用羊生产动态，在调研过程中，主要在上述每个示范县中选取2个乡，每个乡中选取1个村，在每个村中根据养殖规模情况选取10户，其中，规模场、养殖场或大规模3户，中等规模4户，小规模3户（养殖规模主要根据当地农户的实际养殖情况确定）；每个示范县的样本量是20户，细毛羊合计120户，半细毛羊合计80户，绒山羊合计120户。最后，经过整理和筛选，有效样本农户数量为：细毛羊122户，半细毛羊合计80户，绒山羊合计119户。本次调查通过深入乡村，采用了实地考察、集中座谈与逐一上门访问的方式，受访农户基本都是绒毛用羊养殖家庭的主要决策者，因而调查结果具有较强的代表性与科学性。农户问卷调研内容主要涉及农户2010年和2011年绒毛用羊的养殖、生产要素投入、成本收益、养殖行为与意愿、技术的运用与需求、收入等。

本研究根据上述绒毛用羊农户问卷调查数据，分别从农户的草场承包情况、人工种草情况、草场“三化”情况等方面分析了绒毛用羊养殖农户的草场利用现状，以期了解我国绒毛用羊养殖过程中草场利用的实际情况。

（1）草场承包情况。

①总体情况。对于受访的细毛羊养殖农户，根据表5可知，到2011年7月底，41.80%的农户承包了草场，还有58.20%的农户未承包草场。从不同省（自治区）的情况来看，在内蒙古，22.50%的农户承包了草场，77.50%的农户未承包草场；在新疆，所有受访农户均承包了草场；在吉林，所有受访农户均未承包草场。

表5　样本总体及不同省（自治区）受访绒毛用羊养殖农户是否承包草场情况（2011年7月底）

绒毛用羊种类	样本总体及各省区	样本农户数量（户）	承包草场的农户所占比例（%）	未承包草场的农户所占比例（%）
细毛羊	样本总体	122	41.80	58.20
	内蒙古	40	22.50	77.50
	新疆	40	100.00	0.00
	吉林	42	0.00	100.00
半细毛羊	样本总体	80	91.20	8.80
	贵州	38	81.60	18.40
	四川	42	100.00	0.00
绒山羊	样本总体	119	62.18	37.82
	内蒙古	81	82.72	17.28
	河北	38	18.42	81.58

数据来源：根据调研数据整理计算得到，下同。

对于受访的半细毛羊养殖农户，到2011年7月底，91.20%的农户承包了草场，还有8.80%的农户未承包草场。从不同省区的情况来看，在贵州，81.60%的农户承包了草场，18.40%的农户未承包草场；在四川，所有受访农户均承包了草场。

对于受访的绒山羊养殖农户，到2011年7月底，62.18%的农户承包了草场，还有37.82%的农户未承包草场。从不同省区的情况来看，在内蒙古，82.72%的农户承包了草场，17.28%的农户未承包草场；在河北，18.42%的农户承包了草场，81.58%的农户未承包草场。

②草场的承包面积和承包年限情况。根据表6可知，到2011年7月底，在受访的承包草场的细毛羊养殖农户中，草场承包面积未超过1 000亩的农户占19.72%，草场承包面积在1 000～5 000亩之间的农户占26.76%，草场承包面积在5 000～10 000亩之间的农户占36.62%，草场承包面积在10 000～20 000亩之间的农户占11.27%，草场承包面积超过20 000亩的农户占5.63%。可见，由于内蒙古、吉林等省（自治区）的草场资源非常丰富，承包草场的细毛羊养殖农户所承包的草场面积都非常大，大部分农户的草场承包面积在500亩以上，其中，最大的草场承包面积达到了55 000亩。

根据表7可知，到2011年7月底，在受访的承包草场的半细毛羊养殖农户中，草场承包面积未超过20亩的农户占35.62%，草场承包面积在20～40亩之间的农户占30.13%，草场承包面积在40～60亩之间的农户占23.29%，草场承包面积在60～100亩之间的农户占6.85%，草场承包面积超过100亩的农户仅占4.11%。可见，在贵州和四川，由于受到自然地理条件的限制，可供半细毛羊养殖农户承包使用的草场资源与北方的内蒙古等畜牧大省相比还较为缺乏，大部分农户承包的草场面积都低于60亩。

表6　承包草场的细毛羊养殖农户承包草场的面积分布情况（2011年7月底）

草场承包面积分布范围（亩）	样本农户数量（户）	样本农户所占比例（%）
[10，500]	6	8.45
(500，1 000]	8	11.27
(1 000，5 000]	19	26.76
(5 000，10 000]	26	36.62
(10 000，20 000]	8	11.27
(20 000，55 000]	4	5.63

表7　承包草场的半细毛羊养殖农户承包草场的面积分布情况（2011年7月底）

草场承包面积分布范围（亩）	样本农户数量（户）	样本农户所占比例（%）
[5，20]	26	35.62
(20，40]	22	30.13
(40，60]	17	23.29
(60，80]	4	5.48
(80，100]	1	1.37
(100，370]	3	4.11

根据表8可知，到2011年7月底，在受访的承包草场的绒山羊养殖农户中，草场承包面积未超过100亩的农户占6.75%，草场承包面积在100～500亩之间的农户占20.27%，草场承包面积在500～1 000亩之间的农户占14.87%，草场承包面积在1 000～5 000亩之间的农户占43.24%，草场承包面积在5 000～10 000亩之间的农户占12.16%，草场承包面积超过10 000亩的农户占2.70%。可见，在内蒙古和河北，由于当地的草场资源非常丰富，承包草场的绒山羊养殖农户所承包的草场面积都比较大，大部分农户的草场承包面积在500亩以上，其中，最大的草场承包面积达到了60 000亩。

表8　承包草场的绒山羊养殖农户承包草场的面积分布情况（2011年7月底）

草场承包面积分布范围（亩）	样本农户数量（户）	样本农户所占比例（%）
[28，100]	5	6.75
(100，500]	15	20.27
(500，1 000]	11	14.87
(1 000，5 000]	32	43.24
(5 000，10 000]	9	12.16
(10 000，60 000]	2	2.70

根据调研了解到，绝大多数承包草场的绒毛用羊养殖农户的草场承包年限均为30年；还有少部分农户的草地由于是用耕地改造而成的，因而实际承包年限为70年。

③草场转包情况。根据表9可知，2011年1—7月，在受访的承包草场的细毛羊养殖农户中，22.54%的农户转包入草场，77.46%的农户未转包入草

场；在受访的承包草场的半细毛羊养殖农户中，16.44%的农户转包入草场，83.56%的农户未转包入草场；在受访的承包草场的绒山羊养殖农户中，16.22%的农户转包入草场，83.78%的农户未转包入草场。可见，在细毛羊、半细毛羊和绒山羊养殖过程中，均有部分农户由于自有草场不够用而通过转包入草场的方式来满足养殖的绒毛用羊对饲草料的需求。根据表9还可知，所有受访的承包草场的绒毛用羊养殖农户在2011年1—7月均未转包出草场。

表9　承包草场的绒毛用羊养殖农户草场转包情况（2011年1—7月）

类型	样本农户数量及所占比例	是否转包入草场		是否转包出草场	
		是	否	是	否
细毛羊养殖农户	样本农户数量（户）	16	55	0	71
	样本农户所占比例（%）	22.54	77.46	0.00	100.00
半细毛羊养殖农户	样本农户数量（户）	12	61	0	73
	样本农户所占比例（%）	16.44	83.56	0.00	100.00
绒山羊养殖农户	样本农户数量（户）	12	62	0	74
	样本农户所占比例（%）	16.22	83.78	0.00	100.00

（2）人工种草情况。根据表10可知，在受访的承包草场的细毛羊养殖农户中，除了草场上自然生长的牧草以外，64.79%的农户还进行人工种草，以满足自己养殖的细毛羊对饲草料的需求；根据调研还了解到，这些农户的人工种草都是在当地政府畜牧部门的组织和指导下进行的，并且种植的牧草主要包括紫花苜蓿、白三叶、黑麦草、无芒雀麦、老芒麦、苏丹草等适合在当地进行广泛种植的牧草品种。

表10　承包草场的绒毛用羊养殖农户人工种草情况

类　型	样本农户数量及所占比例	是	否
细毛羊养殖农户	样本农户数量（户）	46	25
	样本农户所占比例（%）	64.79	35.21
半细毛羊养殖农户	样本农户数量（户）	73	0
	样本农户所占比例（%）	100.00	0.00
绒山羊养殖农户	样本农户数量（户）	33	41
	样本农户所占比例（%）	44.59	55.41

在受访的承包草场的半细毛羊养殖农户中，除了草场上自然生长的牧草以外，所有农户都进行人工种草，以满足自己养殖的半细毛羊对饲草料的需求；

根据调研还了解到，这些农户的人工种草也都是在当地政府畜牧部门或专门设立的草地中心的组织和指导下进行的，并且种植的牧草主要包括光叶紫花苕、白三叶、黑麦草、鸭毛草、紫花苜蓿等适合在当地进行广泛种植的牧草品种。

在受访的承包草场的绒山羊养殖农户中，除了草场上自然生长的牧草以外，44.59％的农户还进行人工种草，以满足自己养殖的绒山羊对饲草料的需求；根据调研还了解到，这些农户的人工种草也都是在当地政府畜牧部门的组织和指导下进行的，并且种植的牧草主要包括紫花苜蓿、大白宁条、杨柴、沙大旺等适合在当地进行广泛种植的牧草品种。

(3) 草场“三化”情况。根据调研了解到，在受访的承包草场的细毛羊养殖农户中，仅有少部分农户表示近年来自己承包的草场出现了一定的沙化、盐碱化和退化问题，并且其主要原因是降水偏少；大部分农户表示自己承包的草场未出现沙化、盐碱化、退化等问题。

在受访的承包草场的半细毛羊养殖农户中，有少部分农户表示近年来自己承包的草场出现了一定的石漠化问题，并且其主要原因是降水过多而导致的水土流失；大部分农户表示自己承包的草场未出现石漠化、退化等问题。

在受访的承包草场的绒山羊养殖农户中，仅有少部分农户表示近年来自己承包的草场出现了一定的沙化、盐碱化和退化问题，并且其主要原因是降水偏少；大部分农户表示自己承包的草场未出现沙化、盐碱化、退化等问题。

(二) 劳动投入状况

农户的劳动投入是绒毛用羊养殖过程中一种非常重要的投入要素，具体包括了农户的自有劳动投入和雇工劳动投入。而目前，相关统计资料中还缺乏专门关于绒毛用羊养殖过程中农户的劳动力投入情况的数据，所以，本研究根据上述绒毛用羊农户问卷调查数据，对绒毛用羊养殖过程中农户的自有劳动和雇工劳动的投入现状进行分析。

1. 绒毛用羊养殖农户自有劳动投入现状

(1) 家庭主要决策者的基本特征。对于受访的细毛羊养殖农户家庭主要决策者，根据表 11 可知，从性别来看，92.62％的农户为男性，可见，农户家庭主要决策者基本都为男性；从年龄来看，19.67％的农户年龄在 20～40 岁之间，80.33％的农户年龄在 40 岁以上，其中，57.38％的农户年龄在 40～50 岁之间，可见，农户家庭主要决策者的年龄结构不合理；从受教育程度来看，80.33％的农户受教育程度在初中及以下，19.67％的农户为高中或中专，受访农户均未接受过大专、本科及以上程度的教育，可见，农户家庭主要决策者的受教育程度总体上较低；只有13.93%的农户参加了细毛羊养殖专业合作社，农户细毛羊养殖的组织化程度较低。

表11　绒毛用羊养殖农户家庭主要决策者的基本特征及其自有劳动投入情况

农户家庭主要决策者特征及自有劳动投入情况		样本农户所占比例（%）		
		细毛羊养殖农户	半细毛羊养殖农户	绒山羊养殖农户
性别	男	92.62	90.00	93.28
	女	7.38	10.00	6.72
年龄（岁）	[20，40]	19.67	42.50	28.57
	(40，50]	57.38	36.25	41.18
	(50，63]	22.95	21.25	30.25
受教育程度	未受过教育	3.28	1.25	0.84
	小学	31.15	11.25	34.45
	初中	45.90	58.75	44.54
	高中或中专	19.67	27.50	17.65
	大专、本科及以上	0.00	1.25	2.52
是否参加绒毛用羊养殖专业合作社	是	13.93	38.75	12.61
	否	86.07	61.25	87.39
全年养羊自有劳动投入天数（天）	[20，210]	5.74	47.50	26.89
	(210，300]	24.59	35.00	19.33
	(300，365]	69.67	17.50	53.78

对于受访的半细毛羊养殖农户家庭主要决策者，根据表11可知，从性别来看，90.00%的农户为男性，可见，农户家庭主要决策者基本都为男性；从年龄来看，42.50%的农户年龄在20～40岁之间，36.25%的农户年龄在40～50岁之间，21.25%的农户年龄在50岁以上，可见，农户家庭主要决策者的年龄结构较为合理；从受教育程度来看，71.25%的农户受教育程度在初中及以下，27.50%的农户为高中或中专，仅有1.25%的农户为大专、本科及以上，可见，农户家庭主要决策者的受教育程度总体上较低；38.75%的农户参加了半细毛羊养殖专业合作社，可见，农户半细毛羊养殖的组织化程度初具规模，但总体上还不高。

对于受访的绒山羊养殖农户家庭主要决策者，根据表11可知，从性别来看，93.28%的农户为男性，可见，农户家庭主要决策者基本都为男性；从年龄来看，28.57%的农户年龄在20～40岁之间，41.18%的农户年龄在40～50

岁之间，30.25%的农户年龄在50岁以上，可见，农户家庭主要决策者的年龄结构较为合理；从受教育程度来看，79.83%的农户受教育程度在初中及以下，17.65%的农户为高中或中专，仅有2.52%的农户为大专、本科及以上，可见，农户家庭主要决策者的受教育程度总体上较低；12.61%的农户参加了绒山羊养殖专业合作社，可见，农户绒山羊养殖的组织化程度较低。

（2）家庭主要决策者自有劳动投入情况。对于受访的细毛羊养殖农户，根据表11可知，从全年养羊自有劳动投入天数来看，94.26%的家庭主要决策者的自有劳动投入在200天以上，其中，69.67%在300天以上，可见，细毛羊养殖过程中农户自有劳动投入量非常大。

对于受访的半细毛羊养殖农户，根据表11可知，从全年养羊自有劳动投入天数来看，52.50%的家庭主要决策者的自有劳动投入在200天以上，其中，17.50%在300天以上。可见，半细毛羊养殖过程中农户自有劳动投入量要低于细毛羊养殖农户；可能的原因是，通过调研了解到，细毛羊养殖农户的养殖规模总体上均大于半细毛羊养殖农户，所以，细毛羊养殖对农户的劳动投入需求也要大于半细毛羊养殖。

对于受访的绒山羊养殖农户，根据表11可知，从全年养羊自有劳动投入天数来看，73.11%的家庭主要决策者的自有劳动投入在200天以上，其中，53.78%在300天以上。可见，绒山羊养殖过程中农户自有劳动投入量也要高于半细毛羊养殖农户；可能的原因是，通过调研了解到，绒山羊养殖农户的养殖规模总体上也均大于半细毛羊养殖农户，所以，绒山羊养殖对农户的劳动投入需求也要大于半细毛羊养殖。

通过调研还了解到，绒毛用羊养殖农户的其他部分或全部家庭成员实际上也都参与了绒毛用羊的养殖，因而，农户家庭自有劳动投入总量实际上要更大。

2. 绒毛用羊养殖农户雇工劳动投入现状

考虑到绒毛用羊的养殖往往需要大量的劳动力投入，而绒毛用羊养殖农户自身及其家庭的劳动投入量相对有限，对于养殖规模较大的农户自有劳动则更加不足，因而，部分农户往往需要再雇用部分雇工。本研究根据绒毛用羊养殖农户问卷调查数据，对绒毛用羊养殖农户雇工的基本情况以及雇工的劳动投入的现状进行了分析。

（1）雇工的基本特征。对于受访的细毛羊养殖农户，根据表12可知，63.12%的农户雇工；可见，大部分细毛羊养殖农户在养殖管理过程中都存在着自有劳动投入不足的问题，进行了雇工。根据表13可知，对于雇工的细毛羊养殖农户，从雇工的数量来看，84.42%的农户的雇工数量少于5人，仅有

5.19%的农户的雇工数量超过10人，农户的雇工数量最多为19人；从雇工的平均年龄来看，90.92%的农户的雇工的平均年龄未超过50岁，其中，42.86%未超过40岁；从雇工的平均受教育程度来看，87.01%的农户的雇工的平均受教育程度为初中及以下，其余12.99%平均受教育程度均为高中，可见，雇工的整体受教育程度较低。

表12　绒毛用羊养殖农户“是否雇工”情况

类　型	样本农户数量及在样本总体中所占比例	是	否
细毛羊养殖农户	样本农户数量（户）	77	45
	样本农户所占比例（%）	63.12	36.88
半细毛羊养殖农户	样本农户数量（户）	8	72
	样本农户所占比例（%）	10.00	90.00
绒山羊养殖农户	样本农户数量（户）	61	58
	样本农户所占比例（%）	51.26	48.74

表13　绒毛用羊养殖农户的雇工的基本特征及劳动投入情况

雇工及其劳动投入情况		样本农户所占比例（%）		
		细毛羊养殖农户	半细毛羊养殖农户	绒山羊养殖农户
雇工数量（人）	[1，5]	84.42	75.00	77.05
	(5，10]	10.39	25.00	16.39
	(10，40]	5.19	0.00	6.56
雇工平均年龄（岁）	[20，40]	42.86	87.50	49.28
	(40，50]	48.06	12.50	42.62
	(50，60]	9.08	0.00	8.10
雇工平均受教育程度	未受过教育	9.09	12.50	4.92
	小学	37.66	37.50	49.18
	初中	40.26	50.00	32.79
	高中	12.99	0.00	13.11
雇工合计劳动投入天数（天）	[1，30]	29.87	87.50	29.51
	(30，120]	6.49	0.00	14.75
	(120，210]	16.88	0.00	24.59
	(210，300]	15.58	0.00	24.59
	(300，1 095]	31.17	12.50	6.56

对于受访的半细毛羊养殖农户，根据表12可知，只有10.00%的农户雇工；其可能的主要原因是半细毛羊养殖农户的半细毛羊养殖规模一般都不大，养殖管理过程中面临的劳动投入不足问题并不突出。根据表13可知，对于少部分雇工的半细毛羊养殖农户，从其雇工的数量来看，75.00%的农户的雇工数量未超过5人，农户的雇工数量最多为10人；从雇工的平均年龄来看，87.50%的农户的雇工的平均年龄未超过40岁；从雇工的平均受教育程度来看，所有农户的雇工的平均受教育程度都为初中及以下，可见，雇工的整体受教育程度很低。

对于受访的绒山羊养殖农户，根据表12可知，51.26%的农户雇工；可见，超过半数的绒山羊养殖农户在养殖管理过程中都存在着自有劳动投入不足的问题，进行了雇工。根据表13可知，对于雇工的绒山羊养殖农户，从其雇工的数量来看，77.05%的农户的雇工数量未超过5人，雇工超过10人的农户占6.65%，农户的雇工数量最多为35人；从雇工的平均年龄来看，91.90%的农户的雇工的平均年龄未超过50岁，其中，49.18%未超过40岁；从雇工的平均受教育程度来看，86.89%的农户的雇工的平均受教育程度为初中及以下，其余13.11%平均受教育程度均为高中，可见，雇工的整体受教育程度较低。

（2）雇工的劳动投入情况。对于受访的细毛羊养殖农户，根据表13可知，从其雇工的合计劳动投入天数来看，29.87%的农户的雇工的合计劳动投入天数未超过30天，超过120天的占63.63%，其中，超过300天的占31.17%；通过调研还了解到，雇用天数较短的雇工从事的主要工种包括：剪羊毛、人工种草、收割牧草、修建圈舍、制作青贮饲料等，而雇用天数较长的雇工从事的主要工种包括：饲养管理、放羊等。

对于受访的半细毛羊养殖农户，根据表13可知，从其雇工的合计劳动投入天数来看，87.50%的农户的雇工的合计劳动投入天数未超过30天，超过300天的仅占12.50%；通过调研还了解到，雇用天数较短的雇工从事的主要工种包括：剪羊毛、人工种草、收割和晾晒牧草或秸秆等，而雇用天数最长的雇工从事的主要工种是放羊。

对于受访的绒山羊养殖农户，根据表13可知，从其雇工的合计劳动投入天数来看，29.51%的农户的雇工的合计劳动投入天数未超过30天，雇工的合计劳动投入天数在120～300天的农户占49.18%，超过300天的占6.56%，合计劳动投入天数最长的为1 059天；通过调研还了解到，雇用天数较短的雇工从事的主要工种包括：抓绒、人工种草、收割和晾晒牧草或秸秆等，而雇用天数较长的雇工从事的主要工种包括：饲养管理、放羊等。

（三）资本投入状况

在绒毛用羊养殖过程中，农户的资本规模以及对资本的使用会在很大程度上影响和制约着农户的绒毛用羊养殖规模、对各种养羊机械设备的购置和采用、对各种养殖管理先进实用技术的采用、雇工等方面的养殖行为和养殖决策。本研究根据上述绒毛用羊养殖农户问卷调查数据，分别从生产性固定资产现状、资金借贷情况等方面对绒毛用羊养殖过程中农户的资本投入现状进行了分析。

1. 生产性固定资产现状

（1）生产性固定资产总值。对于受访的细毛羊养殖农户，根据表 14 可知，94.26％的农户的生产性固定资产总值超过 1 万元，其中，37.70％的农户在 1 万～3 万元之间，在 3 万～10 万元之间的农户占 33.61％，22.95％的农户超过了 10 万元，仅有 5.74％的农户的生产性固定资产总值未超过 1 万元。可见，细毛羊养殖农户的生产性固定资产规模总体上均较大。

对于受访的半细毛羊养殖农户，根据表 14 可知，31.25％的农户的生产性固定资产总值未超过 1 万元，36.25％的农户在 1 万～3 万元之间，超过了 10 万元的农户仅占 5.00％。可见，半细毛羊养殖农户的生产性固定资产规模总体上要小于细毛羊养殖农户。

对于受访的绒山羊养殖农户，根据表 14 可知，25.21％的农户的生产性固定资产总值未超过 1 万元，31.05％的农户在 1 万～3 万元之间，在 3 万～10 万元之间的农户占 35.62％，10.08％的农户超过了 10 万元。可见，绒山羊养殖农户的生产性固定资产规模总体上也较大。

表 14　绒毛用羊养殖农户生产性固定资产总值及各类生产性固定资产拥有情况

具体项目		样本农户所占比例（％）		
		细毛羊养殖农户	半细毛羊养殖农户	绒山羊养殖农户
生产性固定资产总值（万元）	1 及以下	5.74	31.25	25.21
	（1，3]	37.70	36.25	31.09
	（3，6]	22.13	17.50	24.37
	（6，10]	11.48	10.00	9.25
	10 以上	22.95	5.00	10.08
是否有草料架、盐槽等饲喂设施	是	85.25	82.50	55.46
	否	15.75	17.50	44.54

（续）

具体项目		样本农户所占比例（%）		
		细毛羊养殖农户	半细毛羊养殖农户	绒山羊养殖农户
是否有分羊栏、活动围栏等围栏设施	是	64.75	60.00	36.13
	否	35.25	40.00	63.87
是否有药浴池、药浴车等消毒防疫设施	是	17.21	13.75	18.49
	否	82.79	86.25	81.51
是否有电动剪毛机、机械剪毛机、气动剪毛机等剪毛工具或稀梳、密梳等抓绒工具	是	9.02	2.50	92.44
	否	90.98	97.50	7.56
是否有饲料粉碎机、铡草机、饲料混合机等饲料加工设备	是	53.28	23.75	52.10
	否	46.72	76.25	47.90
是否有拖拉机、四轮车、三轮车等运输工具	是	74.59	20.00	65.55
	否	25.41	80.00	34.45

（2）各类生产性固定资产拥有情况。对于受访的细毛羊养殖农户，根据调研了解到，农户都建有细毛羊圈舍，且由于修建圈舍的资金投入很大，因而圈舍的资产价值在农户的生产性固定资产总值中均占有很高比例。根据表 14 可知，85.25％的农户有草料架、盐槽等基本的饲喂设施，由于饲喂设施修建的资金投入较低且大多数为农户自建，因而其在农户的生产性固定资产总值中所占比例很低；修建分羊栏、活动围栏等围栏设施的资金投入往往较大，基于养殖规模、草地面积、自有资金等方面的考虑，64.75％的农户修建了这些围栏设施，还有 35.25％的农户没有这些围栏设施；修建药浴池或购置药浴车等消毒防疫设施的资金投入也较大，只有 17.21％的农户有这些消毒防疫设施，并且大多是与其他农户集资修建或购置的；仅有 9.02％的农户有电动剪毛机、机械剪毛机、气动剪毛机等剪毛工具，所有农户都有专门用于剪羊毛的剪刀；53.28％的农户有铡草机、饲料粉碎机、饲料混合机等饲料加工设备，由于这些饲料加工设备的购置价格均较高，因而其在农户的生产性固定资产总值中也占有较高比例；74.59％的农户有拖拉机、四轮车、三轮车等运输工具，运输工具在农户的生产性固定资产总值中也占有较高比例。

对于受访的半细毛羊养殖农户，根据调研了解到，农户都建有半细毛羊圈舍，且由于修建圈舍的资金投入很大，因而圈舍的资产价值在农户的生产性固定资产总值中也均占有很高比例。根据表 14 可知，82.50％的农户有草料架、盐槽等基本的饲喂设施，60.00％的农户有分羊栏、活动围栏等围栏设施；有药浴池、药浴车等消毒防疫设施以及电动剪毛机、机械剪毛机、气动剪毛机等剪毛工具的农户所占比例均非常低，分别为13.75％和2.50％；有饲料粉碎机、铡草机、饲料混合机等饲料加工设备以及拖拉机、四轮车、三轮车等运输工具的农户所占比例也均比较低，分别为23.75％和20.00％。

对于受访的绒山羊养殖农户，根据调研了解到，农户都建有绒山羊圈舍，且由于修建圈舍的资金投入很大，因而圈舍的资产价值在农户的生产性固定资产总值中也均占有很高比例。根据表14可知，55.46％的农户有草料架、盐槽等基本的饲喂设施，36.13％的农户有分羊栏、活动围栏等围栏设施；有药浴池、药浴车等消毒防疫设施的农户所占比例较低，为18.49％；92.44％的农户有稀梳、密梳等抓绒工具；有饲料粉碎机、铡草机、饲料混合机等饲料加工设备以及拖拉机、四轮车、三轮车等运输工具的农户所占比例则较高，分别为52.10％和65.55％。

2. 资金借贷情况

在绒毛用羊养殖过程中，修建圈舍、围栏等设施或购置剪毛机、饲料粉碎机等设备时的资金投入往往都较大，农户的自有资金规模可能在短时期内无法满足资金需求，因而，农户往往需要通过借贷资金的方式来弥补自有资金规模的不足。

（1）资金借贷和使用的基本情况。对于受访的细毛羊养殖农户，根据表15可知，54.92％的农户表示自己在近三年中借贷过资金；在借贷过资金的农户中，70.14％的农户的资金借贷额未超过3万元，其中，25.37％的农户未超过1万元；根据调研还了解到，农户借贷的资金主要用于购买羔羊、饲草料、各种设备等以及修建圈舍等。

对于受访的半细毛羊养殖农户，根据表15可知，37.50％的农户表示自己在近三年中借贷过资金；在借贷过资金的农户中，76.67％的农户的资金借贷额未超过3万元，其中，56.67％的农户未超过1万元；根据调研还了解到，农户借贷的资金主要用于购买羔羊、母羊、饲草料、草种以及修建圈舍等。

对于受访的绒山羊养殖农户，根据表15可知，65.55％的农户表示自己在近三年中借贷过资金；在借贷过资金的农户中，50.00％的农户的资金借贷额超过3万元，其中，15.95％的农户超过7万元；根据调研还了解到，农户借贷的资金主要用于购买羔羊、饲草料以及修建圈舍等。

（2）农户对资金借贷难易程度的评价。对于受访的细毛羊养殖农户，根据表15可知，66.40％的农户表示获得借贷资金非常困难或比较困难，20.49％

的农户表示获得借贷资金比较容易。可见，细毛羊养殖农户在总体上还较难获得借贷资金。

对于受访的半细毛羊养殖农户，根据表 15 可知，90.00％的农户表示获得借贷资金非常困难或比较困难，仅有 1.25％的农户表示获得借贷资金比较容易。可见，半细毛羊养殖农户获得借贷资金非常困难。

对于受访的绒山羊养殖农户，根据表 15 可知，84.61％的农户表示获得借贷资金非常困难或比较困难，仅有 10.26％的农户表示获得借贷资金比较容易或非常容易。可见，绒山羊养殖农户获得借贷资金也非常困难。

表 15　绒毛用羊养殖农户对借贷资金的需求与使用

具体项目		样本农户所占比例（％）		
		细毛羊养殖农户	半细毛羊养殖农户	绒山羊养殖农户
近三年中是否借贷过资金	是	54.92	37.50	65.55
	否	45.08	62.50	34.45
近三年中借贷过资金的农户的借贷资金数额（万元）	1 及以下	25.37	56.67	12.82
	(1，3]	44.77	20.00	37.18
	(3，7]	14.93	16.66	32.05
	(7，10]	11.94	6.67	12.10
	10 以上	2.99	0.00	3.85
对获得借贷资金的难易程度的评价	非常困难	32.79	56.25	52.99
	比较困难	33.61	33.75	31.62
	一般	12.11	8.75	5.13
	比较容易	20.49	1.25	8.55
	非常容易	0.00	0.00	1.71
目前是否有资金借贷需求	是	68.03	78.75	74.79
	否	31.97	21.25	25.21
目前有资金借贷需求的农户需要借贷的资金数额（万元）	1 及以下	10.59	53.97	5.61
	(1，3]	30.59	20.63	23.60
	(3，7]	34.12	12.70	26.97
	(7，10]	18.82	7.94	33.71
	10 以上	5.88	4.76	10.11

（3）农户当前的资金借贷需求情况。对于受访的细毛羊养殖农户，根据表 15 可知，68.03％的农户表示自己目前有资金借贷需求；在有资金借贷需求的

农户中，89.41%的农户需要借贷的资金数额在1万元以上，其中，58.82%的农户需要借贷的资金数额在3万元以上，5.88%的农户在10万元以上。可见，农户在细毛羊养殖过程中面临的自有资金不足问题较为突出，且资金需求规模较大。

对于受访的半细毛羊养殖农户，根据表15可知，78.75%的农户表示自己目前有资金借贷需求；在有资金借贷需求的农户中，74.60%的农户需要借贷的资金数额未超过3万元，53.97%的农户需要借贷的资金数额在1万元及以下。可见，农户在半细毛羊养殖过程中面临的自有资金不足问题也较为突出，但资金需求规模在总体上要小于细毛羊养殖农户。

对于受访的绒山羊养殖农户，根据表15可知，74.79%的农户表示自己目前有资金借贷需求；在有资金借贷需求的农户中，94.39%的农户需要借贷的资金数额在1万元以上，其中，70.79%的农户需要借贷的资金数额在3万元以上，10.11%的农户在10万元以上。可见，农户在绒山羊养殖过程中面临的自有资金不足问题也较为突出，且资金需求规模也较大。

（4）农户借贷资金的途径。对于受访的细毛羊养殖农户，根据表16可知，在近三年中借贷过资金的农户中，58.21%的农户通过农村信用社借贷资金，14.93%的农户通过银行借贷资金，可见，金融机构是细毛羊养殖农户借贷资金的主要途径；29.85%的农户从亲戚朋友处借贷资金；14.93%的农户通过高利贷借贷资金；还有4.78%的农户从养羊场处借贷资金。

对于受访的半细毛羊养殖农户，根据表16可知，在近三年中借贷过资金的农户中，65.52%的农户从亲戚朋友处借贷资金，可见，该渠道是半细毛羊养殖农户借贷资金的主要途径；26.67%的农户通过农村信用社借贷资金，还有13.33%的农户通过银行来借贷资金。

表16　借贷过资金的绒毛用羊养殖农户的资金借贷途径（多选）

单位：%

途　　径	样本农户所占比例		
	细毛羊养殖农户	半细毛羊养殖农户	绒山羊养殖农户
农村信用社	58.21	26.67	69.23
银行	14.93	13.33	23.08
亲戚朋友	29.85	65.52	32.05
高利贷	14.93	0.00	8.97
养羊场	4.78	0.00	0.00

对于受访的绒山羊养殖农户，根据表 16 可知，在近三年中借贷过资金的农户中，69.23％的农户通过农村信用社借贷资金，23.08％的农户通过银行借贷资金，可见，金融机构是绒山羊养殖农户借贷资金的主要途径；亲戚朋友也是绒山羊养殖农户借贷资金的一个重要途径，占 32.05；还有 8.97％的农户通过高利贷借贷资金。

（四）技术投入状况

在绒毛用羊养殖过程中，农户对涉及养殖过程的各个方面和环节的各项技术的采用情况会在很大程度上决定着绒毛用羊个体的生长和羊毛及羊绒的产量，进而决定着绒毛用羊养殖的经济效益。本研究根据上述绒毛用羊养殖农户问卷调查数据，分别从农户接受技术培训情况、农户对各项技术的采用情况、农户获取技术信息的意愿情况、影响农户技术采用的因素、农户对技术培训及技术作用的评价和对技术的进一步需求等方面对绒毛用羊养殖过程中农户的技术现状进行了分析。

1. 农户接受技术培训情况

对于受访的细毛羊养殖农户，根据表 17 可知，61.48％的农户或其家庭成员中的劳动力接受过养殖技术培训，还有 38.52％的农户未接受过相关技术培训；可见，接受过技术培训的农户所占比例较高。从技术培训组织方来看，89.33％的农户参加的技术培训的主要组织方是政府相关部门，还有 9.33％是养羊场，仅有 1.34％是合作社或公司；从技术培训的内容来看，主要包括疾病防治、圈舍修建、饲草料的配制与使用、配种与繁育、放牧管理等方面的内容。

对于受访的半细毛羊养殖农户，根据表 17 可知，85.00％的农户或其家庭成员中的劳动力接受过养殖技术培训，还有 15.00％的农户未接受过相关技术培训；可见，接受过技术培训的农户所占比例很高。从技术培训组织方来看，81.16％的农户参加的技术培训的主要组织方是政府相关部门，66.67％是合作社或公司，还有 36.23％是种羊场；从技术培训的内容来看，主要包括疾病防治、人工种草、圈舍修建、饲草料的配制与使用、放牧管理、配种与繁育等方面的内容。

对于受访的绒山羊养殖农户，根据表 17 可知，69.75％的农户或其家庭成员中的劳动力未接受过养殖技术培训，只有 30.25％的农户接受过相关技术培训；可见，接受过技术培训的农户所占比例较低。从技术培训组织方来看，94.44％的农户参加的技术培训的主要组织方是政府相关部门，还有 30.56％是种羊场，仅有 5.56％是合作社或公司；从技术培训的内容来看，主要包括疾病防治、配种与繁育、饲草料的配制与使用、放牧管理等方面的内容。

表 17　绒毛用羊养殖农户或其家庭成员中的劳动力是否接受技术培训情况

单位：%

具体项目		样本农户所占比例		
		细毛羊养殖农户	半细毛羊养殖农户	绒山羊养殖农户
是否接受技术培训	是	61.48	85.00	30.25
	否	38.52	15.00	69.75
技术培训组织方（多选）	政府相关部门	89.33	81.16	94.44
	合作社或公司	1.34	66.67	5.56
	种羊场	9.33	36.23	30.56

2. 农户的技术采用情况

本研究根据绒毛用羊养殖农户问卷调查数据，分别从养殖方式、饲养管理、圈舍修建、饲草料等的使用、防疫与消毒、穿“羊衣”、剪毛与抓绒、羊毛与羊绒的分级等方面对农户的技术采用现状进行了分析。

（1）养殖方式。羊是以放牧为主的草食家畜，天然牧草是羊的重要饲料来源。放牧养羊既符合羊的生物学特性，又可以节约粮食，降低饲养成本和管理费用，增加养羊的经济效益。在我国大部分养羊地区，由于受到气候的季节性变化的影响，牧草的产量和质量均呈现出明显的季节性变化特征。因此，必须根据气候的季节性变化、牧草生长规律、草场的地形地势及水源等具体情况选择适宜的养殖及放牧方式。

根据表 18 可知，91.80%的受访细毛羊养殖农户采用的是半舍饲的养殖方式，还有 8.20%的农户采用的完全舍饲的养殖方式；81.25%的受访半细毛羊养殖农户采用的是半舍饲的养殖方式，还有 12.50%的农户采用的是完全舍饲的养殖方式；82.35%的受访绒山羊养殖农户采用的是舍饲的养殖方式，还有 17.65%的农户采用的是完全舍饲的养殖方式。可见，农户绒毛用羊的养殖方式主要是半舍饲。

表 18　绒毛用羊养殖农户的技术现状

单位：%

具体项目		样本农户所占比例		
		细毛羊养殖农户	半细毛羊养殖农户	绒山羊养殖农户
养殖方式	完全舍饲	8.20	12.50	17.65
	半舍饲	91.80	81.25	82.35
	完全放养	0.00	6.25	0.00

（续）

具体项目		样本农户所占比例		
		细毛羊养殖农户	半细毛羊养殖农户	绒山羊养殖农户
饲养管理	混群饲养	22.95	81.25	53.78
	分群饲养	77.05	18.75	46.22
分群饲养时的分群标准（多选）	羊的年龄	95.75	86.67	96.30
	羊的性别	14.89	53.33	51.85
	羊的品种	22.13	20.00	5.56
是否有圈舍	是	100.00	100.00	98.32
	否	0.00	0.00	1.68
是否混合使用饲草料	是	40.98	31.25	36.97
	否	59.02	68.75	63.03
是否在饲草料中加入适量的盐	是	44.26	92.50	79.83
	否	55.74	7.50	20.17
是否在饲草料中加入适量的维生素等营养物质	是	19.67	12.50	19.33
	否	80.33	87.50	80.67
是否清扫圈舍	是	97.54	97.50	99.16
	否	2.56	2.50	0.84
是否给圈舍消毒	是	89.34	88.75	75.63
	否	10.66	11.25	24.37
是否检查羊的个体健康状况	是	94.26	100.00	96.64
	否	5.74	0.00	3.36
是否按期注射羊痘、口蹄疫等传染病疫苗	是	100.00	92.50	97.48
	否	0.00	7.50	2.52
是否用驱虫兽药灭杀羊体外和体内的寄生虫	是	100.00	97.50	100.00
	否	0.00	2.50	0.00
是否给羊穿“羊衣”	是	27.05	2.50	—
	否	72.95	97.50	—
剪毛或抓绒前，是否清理羊体表的碎草等杂质	是	90.16	100.00	81.51
	否	9.84	0.00	18.49
剪毛或抓绒前后，是否在一定时间内对羊禁食	是	85.25	76.25	86.55
	否	14.75	23.75	13.45
剪毛或抓绒后，是否对羊毛或羊绒进行分级	是	48.36	41.25	4.20
	否	51.64	58.75	95.80

（2）饲养管理。在绒毛用羊养殖过程中，羊群中的每只羊在性别、品种、生长阶段、体质等方面往往存在着一定的差异，这就对农户的饲养管理提出了较高的要求。根据羊群中不同羊只的实际情况，采用科学的养殖管理方法对羊群进行适当的分群管理，有利于促进羊群中每一只羊的健康成长，从而可以获得更大的养殖经济收益。

对于受访的细毛羊养殖农户，根据表18可知，77.05%的农户对羊群实行了分群饲养，但还有22.95%的农户实行的是混群饲养。在实行分群饲养的农户中，95.75%的农户按照羊的年龄对羊群进行分群，22.13%的农户按照羊的品种对羊群进行分群，14.89%的农户按照羊的性别对羊群进行分群。

对于受访的半细毛羊养殖农户，根据表18可知，81.25%的农户对羊群实行的是混群饲养，只有18.75%的农户实行分群饲养。在实行分群饲养的农户中，86.67%的农户按照羊的年龄对羊群进行分群，53.33%的农户按照羊的性别对羊群进行分群，20.00%的农户按照羊的品种对羊群进行分群。

对于受访的绒山羊养殖农户，根据表18可知，53.78%的农户对羊群实行了混群饲养，还有46.22%的农户实行的是分群饲养。在实行分群饲养的农户中，96.30%的农户按照羊的年龄对羊群进行分群，51.58%的农户按照羊的性别对羊群进行分群。

（3）圈舍修建。绒毛用羊圈舍的修建，应根据目前的羊群数量和今后发展规模、资金状况、当地自然地理条件、气候、修建成本等来统筹规划。一般来说，圈舍应建在地势较高、排水良好、通风干燥、向阳透光、水源充足的地方，并且在圈舍内应搭建有简易的草料架、食槽、盐槽、饮水装置等设施。

表19　绒毛用羊养殖农户的羊舍是否符合关于圈舍修建的相关具体要求情况

单位：%

圈舍修建的相关具体要求		样本农户所占比例		
		细毛羊养殖农户	半细毛羊养殖农户	绒山羊养殖农户
地势较高	是	87.70	81.25	95.72
	否	12.30	18.75	4.28
排水良好	是	84.43	86.25	96.58
	否	15.57	13.75	3.42
通风干燥	是	96.72	88.75	98.29
	否	3.28	11.25	1.71

（续）

圈舍修建的相关具体要求		样本农户所占比例		
		细毛羊养殖农户	半细毛羊养殖农户	绒山羊养殖农户
水源清洁	是	72.13	87.50	98.29
	否	27.87	12.50	1.71
接近放牧地或饲草料地	是	63.11	77.50	97.44
	否	36.89	22.50	2.56
坐北朝南	是	90.16	67.50	67.52
	否	9.84	32.50	32.48
搭建有简易食槽和草料架	是	88.52	90.00	90.60
	否	11.48	10.00	9.40
备有水槽等饮水设施	是	74.59	81.25	91.45
	否	25.41	18.75	8.55

对于受访的细毛羊养殖农户，根据表18可知，所有农户都修建有圈舍。根据表19可知，87.70%的农户的圈舍地势较高；84.43%的农户的圈舍排水良好；96.72%的农户的圈舍通风干燥；72.13%的农户的圈舍水源清洁；63.11%的农户的圈舍接近放牧地或饲草料地；90.16%的农户的圈舍坐北朝南；88.52%的农户的圈舍中搭建有简易的食槽和草料架；74.59%的农户的圈舍中备有水槽等饮水设施。可见，细毛羊养殖农户修建的圈舍大多满足了圈舍修建的一般要求。

对于受访的半细毛羊养殖农户，根据表18可知，所有农户都修建有圈舍。根据表19可知，81.25%的农户的圈舍地势较高；86.25%的农户的圈舍排水良好；88.75%的农户的圈舍通风干燥；87.50%的农户的圈舍水源清洁；77.50%的农户的圈舍接近放牧地或饲草料地；67.50%的农户的圈舍坐北朝南；90.00%的农户的圈舍中搭建有简易的食槽和草料架；81.25%的农户的圈舍中备有水槽等饮水设施。可见，半细毛羊养殖农户修建的圈舍也大多基本满足了圈舍修建的一般要求。

对于受访的绒山羊养殖农户，根据表18可知，98.32%的农户修建有圈舍。根据表19可知，95.72%的农户的圈舍地势较高；96.58%的农户的圈舍排水良好；98.29%的农户的圈舍通风干燥；98.29%的农户的圈舍水源清洁；97.44%的农户的圈舍接近放牧地或饲草料地；67.52%的农户的圈舍坐北朝南；90.60%的农户的圈舍中搭建有简易的食槽和草料架；91.45%的农户的圈舍中备有水槽等饮水设施。可见，绒山羊养殖农户修建的圈舍也大多满足了圈舍修建的一般要求。

（4）饲草料、饲盐、营养物质等的使用。在绒毛用羊养殖过程中，农户给羊饲喂的各种饲草料在纤维结构、营养物质含量、含水量等方面往往存在着较大的差异，因此，如果按照科学的标准将不同类型的饲草料进行混合和搭配后再给羊饲喂，更有利于羊对饲草料的消化和对饲草料中的营养物质的吸收。盐是羊生长发育不可或缺的物质，有助于维持体细胞的渗透作用和对饲草料的消化与吸收；当羊的饲盐进食量不足时，会导致食欲下降、体重减轻、被毛粗化脱落等。此外，由于饲草料大多难以完全满足羊的生长和代谢对营养物质的需求，所以，给羊补充适量的维生素、微量元素等营养物质，有利于促进羊的生长发育，改善代谢机能，预防疾病。

对于受访的细毛羊养殖农户，根据表 18 可知，40.98%的农户在使用饲草料时，将不同的饲草料混合在一起来进行饲喂，并且混合使用饲草料的农户基本都是按照多年的养殖经验来进行的，不同的饲草料的混合或搭配没有固定的比例；44.26%的农户将饲盐加入到饲草料中一起进行饲喂，其余 55.74%的农户也大多利用专门的盐槽给羊饲喂饲盐；仅有 19.67%的农户在饲草料中加入了适量的维生素、微量元素等营养物质。

对于受访的半细毛羊养殖农户，根据表 18 可知，31.25%的农户在使用饲草料时，将不同的饲草料混合在一起来进行饲喂，并且混合使用饲草料的农户也基本都是按照多年的养殖经验来进行的，不同的饲草料的混合或搭配没有固定的比例；92.50%的农户将饲盐加入到饲草料中一起进行饲喂，其余 7.50%的农户也大多利用专门的盐槽给羊饲喂饲盐；仅有 12.50%的农户在饲草料中加入了适量的维生素、微量元素等营养物质。

对于受访的绒山羊养殖农户，根据表 18 可知，36.97%的农户在使用饲草料时，将不同的饲草料混合在一起来进行饲喂，并且混合使用饲草料的农户也基本都是按照多年的养殖经验来进行的，不同的饲草料的混合或搭配没有固定的比例；79.83%的农户将饲盐加入到饲草料中一起进行饲喂，其余 20.17%的农户也大多利用专门的盐槽给羊饲喂饲盐；仅有 19.33%的农户在饲草料中加入了适量的维生素、微量元素等营养物质。

（5）防疫与消毒。圈舍与羊群的日常防疫工作是保障羊群健康、预防疾病发生的重要措施。对羊的日常防疫措施主要包括：定期消毒、驱虫药浴、检疫检测及预防接种等。

对于受访的细毛羊养殖农户，根据表 18 可知，97.54%的农户定期清扫圈舍；根据表 20 可知，在对圈舍进行清扫的农户中，89.82%的农户的清扫周期小于等于 30 天，其中，51.26%的农户的清扫周期小于等于 7 天。89.34%的农户定期对圈舍进行消毒；在对圈舍进行消毒的农户中，85.32%的农户的消毒周期小于等于 30 天，其中，22.02%的农户的消毒周期小于等于 7 天。94.26%的农户定期检查养羊的个体健康状况；在定期检查羊的个体健康状况的农户中，64.35%的农户的检查周期小于等于 30 天。所有农户都按期给羊注射预防羊痘、口蹄疫等传染病的疫苗；所有农户都使用灭虫丁等驱虫兽药灭杀羊体外和体内的寄生虫。

表 20　绒毛用羊养殖农户对羊舍进行清扫和消毒及对羊的健康状况进行检查情况

具体项目		样本农户所占比例（%）		
		细毛羊养殖农户	半细毛羊养殖农户	绒山羊养殖农户
对羊舍进行清扫的农户一般清扫一次的天数	[1，7]	51.26	71.80	94.93
	(7，30]	38.56	19.23	1.69
	(30，90]	5.04	0.00	0.00
	(90，180]	1.68	0.00	2.54
	(180，365]	3.36	8.97	0.84
对羊舍进行消毒的农户一般消毒一次的天数	[1，7]	22.02	50.70	32.22
	(7，30]	63.30	40.85	47.78
	(30，90]	9.18	5.63	7.78
	(90，180]	5.50	1.41	3.33
	(180，365]	0.00	1.41	8.89
对羊的健康状况进行检查的农户一般检查一次的天数	[1，7]	64.35	92.50	100.00
	(7，30]	0.00	7.50	0.00
	(30，90]	0.86	0.00	0.00
	(90，180]	26.09	0.00	0.00
	(180，365]	8.70	0.00	0.00

对于受访的半细毛羊养殖农户，根据表 18 可知，97.50%的农户定期清扫圈舍；根据表 20 可知，在对圈舍进行清扫的农户中，91.03%的农户的清扫周期小于等于 30 天，其中，71.80%的农户的清扫周期小于等于 7 天。88.75%的农户定期对圈舍进行消毒；在对圈舍进行消毒的农户中，91.55%的农户的消毒周期小于等于 30 天，其中，50.70%的农户的消毒周期小于等于 7 天。所有农户都定期检查羊的个体健康状况。92.50%的农户按期给羊注射预防羊痘、口蹄疫等传染病的疫苗；97.50%的农户使用灭虫丁等驱虫兽药灭杀羊体外和

体内的寄生虫。

对于受访的绒山羊养殖农户，根据表18可知，99.16%的农户定期清扫圈舍；根据表20可知，在对圈舍进行清扫的农户中，94.93%的农户的清扫周期小于等于7天。75.63%的农户定期对圈舍进行消毒；在对圈舍进行消毒的农户中，80.00%的农户的消毒周期小于等于30天，其中，32.22%的农户的消毒周期小于等于7天。96.64%的农户定期检查羊的个体健康状况；所有定期检查羊的个体健康状况的农户的检查周期小于等于7天。97.48%的农户按期给羊注射预防羊痘、口蹄疫等传染病的疫苗；所有农户都使用灭虫丁等驱虫兽药灭杀羊体外和体内的寄生虫。

（6）穿“羊衣”。通过给羊穿“羊衣”，可以提高羊毛的净度与质量并减少放羊过程中因灌木丛枝条刮带而造成的羊毛掉落，目前，该项技术已经在澳大利亚、新西兰等世界羊毛主产国进行推广实施。近年来，我国也在逐步推广使用该项技术。

对于受访的细毛羊养殖农户，根据表18可知，只有27.05%的农户采用穿“羊衣”技术，还有72.95%的农户未采用该项技术；可见，采用穿“羊衣”技术的农户比例不高。根据表21可知，在未采用穿“羊衣”技术的农户中，56.18%的农户因为不清楚该技术而未采用该技术，21.35%的农户认为该技术的作用不大，11.24%的农户认为该技术的成本较高，还有8.99%的农户认为羊在穿“羊衣”后会引起羊的体温过高，不利于羊的代谢和生长。

对于受访的半细毛羊养殖农户，根据表18可知，仅有2.50%的农户采用穿“羊衣”技术，可见，采用穿“羊衣”技术的农户很低。根据表21可知，在未采用穿“羊衣”技术的农户中，85.90%的农户因为不清楚该技术而未采用该技术；此外，分别有6.41%和6.41%的农户认为“羊衣”成本较高和“羊衣”作用不大，因此而未采用该技术。

表21　细毛羊及半细毛羊养殖农户没有给羊穿“羊衣”的原因的选择比例情况

单位：%

原　　因	样本农户所占比例	
	细毛羊养殖农户	半细毛羊养殖农户
不清楚该技术	56.18	85.90
“羊衣”成本较高	11.24	6.41
“羊衣”较难买到	2.24	1.28
“羊衣”作用不大	21.35	6.41
穿“羊衣”后温度过高	8.99	0.00

（7）剪毛与抓绒。细毛羊和半细毛羊一般每年剪毛一次；剪毛时间主要取决于当地的气候条件和羊的生长情况，北方地区和西南高寒山区通常在每年的5月中下旬剪毛，而在气候较温暖的地区，一般在每年的4月中下旬剪毛；绵羊剪毛的技术要求高，劳动强度大，在澳大利亚、新西兰等世界羊毛主产国已经完全实现了机械剪毛。山羊抓绒的时间一般在每年的4月份，一般应在羊绒的毛根开始出现松动时进行，常通过检查山羊耳根、眼圈四周毛绒的脱落情况来判断抓绒的时间；抓绒时，需将羊的头部及四肢固定好，先用稀梳顺毛沿颈肩、背、腰、股等部位由上而下将毛梳顺，再用密梳作反方向梳刮。为了降低羊毛或羊绒中的杂质含量和提高羊毛或羊绒净度，可在剪毛或抓绒前对羊被毛表面的碎草等杂质进行清理；此外，为了在剪毛或抓绒时保证羊的安全，在剪毛或抓绒前后几天还应对羊进行禁食。

对于受访的细毛羊养殖农户，根据表18可知，90.16%的农户在剪毛前，对羊被毛表面的碎草等杂质进行了清理；85.25%的农户在剪毛前后，对羊进行了禁食。根据表22可知，41.80%的农户采用了机械剪毛方式剪羊毛，58.20%的农户仍然用剪刀手工剪毛；49.18%的农户的剪羊毛工作由农户自己或其家庭成员完成，48.36%的农户的剪羊毛工作由专业剪羊毛人员完成。

对于受访的半细毛羊养殖农户，根据表18可知，所有农户在剪毛前，都对羊被毛表面的碎草等杂质进行了清理；76.25%的农户在剪毛前后，对羊进行了禁食。根据表22可知，97.50%的农户用剪刀手工剪毛，仅有2.50%的农户采用了机械剪毛方式剪羊毛，可见，农户剪羊毛方式仍然非常传统；所有农户的剪羊毛工作均由农户自己或其家庭成员完成。

对于受访的绒山羊养殖农户，根据表18可知，81.51%的农户在抓绒前，对羊被毛表面的碎草等杂质进行了清理；86.55%的农户在抓绒前后，对羊进行了禁食。根据表22可知，所有农户均采用手工抓绒的方式抓绒；69.75%的农户的抓绒工作由自己或家庭成员完成，还有26.89%的农户的抓绒工作由专业抓绒人员完成。

表22　绒毛用羊养殖农户的剪毛或抓绒情况

单位：%

具体项目		样本农户所占比例		
		细毛羊养殖农户	半细毛羊养殖农户	绒山羊养殖农户
剪毛或抓绒方式	机械剪毛或抓绒	41.80	2.50	0.00
	手工剪毛或抓绒	58.20	97.50	100.00
	药物脱毛	0.00	0.00	0.00
剪毛或抓绒工作的实际完成人	农户或其家庭成员	49.18	100.00	69.75
	专业剪毛或抓绒人员	48.36	0.00	26.89
	其他农户	2.46	0.00	3.36

（8）羊毛与羊绒的分级。根据表 18 可知，48.36%的受访的细毛羊养殖农户在剪羊毛后，对羊毛进行了分级；41.25%的受访的半细毛羊养殖农户在剪羊毛后，对羊毛进行了分级；仅有 4.20%的受访的绒山羊养殖农户在抓绒后，对羊绒进行了分级。根据调研还了解到，农户对羊毛或羊绒的分级主要还是凭自己的经验进行，缺乏进行科学的羊毛分级所必需的相关设备、仪器和专业知识，并且由于农户在向商贩等收购方出售羊毛或羊绒时，其大多未对羊毛或羊绒有分级的要求，因而大部分绒毛用羊养殖农户未对自产的羊毛或羊绒进行严格分级。

3. 农户主动了解和获取技术信息情况

对于受访的细毛羊养殖农户，根据表 23 可知，除了通过政府部门、合作社等组织的技术培训获得关于细毛羊养殖的技术信息外，82.79%的农户在细毛羊养殖过程中会主动去了解和获取关于细毛羊养殖的各种技术信息；根据调研了解到，这些农户关注的主要是关于疫病防治与消毒、配种与繁育、饲草料加工等方面的技术信息。

对于受访的半细毛羊养殖农户，根据表 23 可知，除了通过政府部门、合作社等组织的技术培训获得关于半细毛羊养殖的技术信息外，81.25%的农户在半细毛羊养殖过程中会主动去了解和获取关于半细毛羊养殖的各种技术信息；根据调研了解到，这些农户关注的主要是关于疫病防治、配种与繁育、人工种草、饲草料加工等方面的技术信息。

对于受访的绒山羊养殖农户，根据表 23 可知，除了通过政府部门、合作社等组织的技术培训获得关于绒山羊养殖的技术信息外，55.46%的农户在绒山羊养殖过程中会主动去了解和获取关于绒山羊养殖的各种技术信息；根据调研了解到，这些农户关注的主要是关于疫病防治、配种与繁育、饲草料加工等方面的技术信息。

表 23　绒毛用羊养殖农户是否主动去了解和获取相关养殖技术信息

单位：%

绒毛用羊养殖农户	是	否
细毛羊养殖农户	82.79	17.21
半细毛羊养殖农户	81.25	18.75
绒山羊养殖农户	55.46	44.54

4. 影响农户技术采用的因素

在绒毛用羊养殖过程中，农户对各项技术的采用会不可避免地受到很多主客观因素的影响。

对于受访的细毛羊养殖农户，根据表24可知，分别有76.23%和39.34%的农户表示技术所能带来的收益以及能否提高细羊毛产量会影响自己是否采用该项技术，31.15%的农户表示技术的成本也是重要因素，还有21.21%的农户表示政府是否给予相应的补贴也会在很大程度上影响自己对技术的采用。可见，技术所能带来的经济效益是影响细毛羊养殖农户技术采用的主要因素。

对于受访的半细毛羊养殖农户，根据表24可知，分别有81.25%和45.00%的农户表示技术所能带来的收益以及能否提高半细羊毛产量会影响自己是否采用该项技术，41.25%的农户表示技术的成本也是重要因素，还有20.00%的农户表示政府是否给予相应的补贴也会在很大程度上影响自己对技术的采用。可见，技术所能带来的经济效益也是影响半细毛羊养殖农户技术采用的主要因素。

对于受访的绒山羊养殖农户，根据表24可知，分别有80.67%和26.05%的农户表示技术所能带来的收益以及能否提高羊绒产量会影响自己是否采用该项技术，还有26.05%的农户表示技术的成本也是重要因素。可见，技术所能带来的经济效益也是影响绒山羊养殖农户技术采用的主要因素。

表24　绒毛用羊养殖农户对技术采用影响因素的选择比例（多选）

单位：%

影响因素	样本农户所占比例		
	细毛羊养殖农户	半细毛羊养殖农户	绒山羊养殖农户
技术的成本	31.15	41.25	26.05
技术带来的收益	76.23	81.25	80.67
政府是否给予相应的补贴	21.21	20.00	13.45
技术能否提高羊毛或羊绒产量	39.34	45.00	26.05
技术能否降低劳动力投入	15.57	11.25	9.24

5. 农户对技术的评价和需求

本研究根据绒毛用羊养殖农户问卷调查数据，分析了农户对政府技术培训和技术作用的评价情况以及对技术的进一步需求。

（1）对政府技术培训的评价。对于受访的细毛羊养殖农户，根据表25可知，61.47%的农户对政府组织的技术培训比较满意或非常满意，还有18.86%的农户表示十分不满意或比较不满意。根据调研了解到，部分农户表示不满意的主要原因包括：部分农户认为培训组织的次数过少，难以满足农户的需求；技术培训的内容过于理论化，缺少结合培训内容的实际操作演示，很多内容难以理解；技术培训过程中介绍的技术虽然对细毛羊养殖实践有很大帮助，但不适合在本地区目前的条件下推广实施。

表 25　绒毛用羊养殖农户对政府技术培训满意程度的评价

单位：%

绒毛用羊养殖农户	十分不满意	比较不满意	一般	比较满意	非常满意
细毛羊养殖农户	7.38	11.48	19.67	50.00	11.47
半细毛羊养殖农户	11.91	11.91	23.81	42.86	9.52
绒山羊养殖农户	15.97	13.44	42.86	23.53	4.20

对于受访的半细毛羊养殖农户，根据表 25 可知，52.38%的农户对政府组织的技术培训比较满意或非常满意，还有 23.82%的农户表示十分不满意或比较不满意。根据调研了解到，部分农户表示不满意的主要原因包括：技术培训的场所设施简陋，缺乏演示设备、仪器、工具等，并且部分培训人员在讲授知识时不仔细、不认真，导致技术培训大多流于形式，对农户半细毛羊养殖的实际促进作用不大；培训组织的次数和培训内容均过少，难以满足农户的需求。

对于受访的绒山羊养殖农户，根据表 25 可知，27.73%的农户对政府组织的技术培训比较满意或非常满意，还有 29.41%的农户表示十分不满意或比较不满意。根据调研了解到，部分农户表示不满意的主要原因包括：近年来本地区的技术培训工作实际上已经基本处于停滞状态，培训组织的次数和培训内容均非常少。

（2）对已有技术作用的评价。对于受访的细毛羊养殖农户，根据表 26 可知，59.02%的农户认为疾病防控技术是对细羊毛生产促进作用最大的第一项技术，35.25%的农户认为饲料营养补给技术是对细羊毛生产促进作用最大的第二项技术，分别有 12.30%和 12.30%的农户认为繁育类技术和防寒保暖技术是对细羊毛生产促进作用最大的第三项技术。通过调研了解到，在细毛羊养殖过程中，口蹄疫、羊快疫等疫病是农户面临的最大养殖风险，疾病防控技术在确保农户的羊群的健康进而保障农户的养殖利益方面具有非常重要的作用，因而，农户认为该项技术是对细羊毛生产的促进作用最大的第一项技术；繁育类技术对确保农户细毛羊养殖的持续发展也具有重要的作用；饲料营养补给技术有利于促进羊的健康生长；由于细毛羊的养殖主要位于低温时间持续较长的北方地区，因而防寒保暖技术对于细毛羊养殖也具有重要作用。

表 26　绒毛用羊养殖农户认为对羊毛或羊绒生产促进作用最大的三项技术的选择比例（多选）

单位：%

技　术	细毛羊养殖农户			半细毛羊养殖农户			绒山羊养殖农户		
	第一项	第二项	第三项	第一项	第二项	第三项	第一项	第二项	第三项
疾病防控技术	59.02	18.03	6.56	71.43	11.91	7.14	63.87	20.17	4.20
繁育类技术	15.57	25.41	12.30	14.29	30.95	7.14	24.37	34.45	16.81
圈舍设计与修建技术	2.46	4.10	8.20	2.38	14.29	19.05	4.20	5.04	7.56
饲料营养补给技术	13.12	35.25	27.05	7.14	26.19	26.19	17.65	19.33	22.69
手工剪毛或抓绒技术	0.00	0.00	0.00	0.00	0.00	0.00	0.84	0.00	2.52
机械剪毛或抓绒技术	0.82	1.64	0.00	4.76	0.00	0.00	0.00	0.00	1.68
羊毛或羊绒分级技术	0.82	0.00	3.28	0.00	0.00	0.00	0.00	0.00	2.52
圈舍消毒技术	0.00	1.64	4.92	0.00	4.76	16.67	0.00	0.84	5.88
防寒保暖技术	2.46	5.74	12.30	0.00	4.76	11.91	0.00	1.68	7.65
饲草料加工技术	0.00	3.28	4.92	0.00	7.14	9.52	3.36	2.52	11.76
放牧技术	0.82	0.82	7.38	0.00	0.00	2.38	0.00	0.84	4.20
穿“羊衣”等技术	0.00	0.00	0.00	0.00	0.00	0.00	3.36	0.84	0.84

对于受访的半细毛羊养殖农户，根据表 26 可知，71.43%的农户认为疾病防控技术是对半细羊毛生产促进作用最大的第一项技术，30.95%的农户认为繁育类技术是对半细羊毛生产促进作用最大的第二项技术，26.19%的农户认为饲料营养补给技术是对半细羊毛生产促进作用最大的第三项技术。通过调研了解到，口蹄疫、羊快疫等疫病也是半细毛羊养殖农户面临的最大养殖风险，疾病防控技术对于确保农户的羊群的健康和保障农户的养殖利益具有非常重要的作用，因而，农户认为该项技术是对半细羊毛生产的促进作用最大的第一项技术。

对于受访的绒山羊养殖农户，根据表 26 可知，63.87%的农户认为疾病防控技术是对羊绒生产促进作用最大的第一项技术，34.45%的农户认为繁育类技术是对羊绒生产促进作用最大的第二项技术，22.69%的农户认为饲料营养补给技术是对羊绒生产促进作用最大的第三项技术。通过调研了解到，口蹄疫、羊快疫等疫病也是绒山羊养殖农户面临的最大养殖风险，疾病防控技术在确保农户的羊群的健康进而保障农户的养殖利益方面具有非常重要的作用，因而，农户认为该项技术是对羊绒生产的促进作用最大的第一项技术。

（3）对技术的进一步需求。对于受访的细毛羊养殖农户，根据表 27 可知，分别有80.33%和62.30%的农户表示疾病防控技术和饲料营养补给技术是当前最需要培训的技术；此外，分别有39.34%、22.13%、18.03%和18.03%的农户表示繁育类技术、饲草料加工技术、圈舍设计与修剪技术和防寒保暖技术也是当前急需培训的技术。

对于受访的半细毛羊养殖农户，根据表27可知，分别有91.25%、65.82%和60.00%的农户表示疾病防控技术、饲料营养补给技术和繁育类技术是当前最需要培训的技术；此外，分别有36.25%、31.25%、25.00%和20.00%的农户表示圈舍设计与修剪技术、饲草料加工技术、圈舍消毒技术和防寒保暖技术也是当前急需培训的技术。

对于受访的绒山羊养殖农户，根据表27可知，分别有71.43%、52.94%和49.58%的农户表示疾病防控技术、饲料营养补给技术和繁育类技术是当前最需要培训的技术；此外，19.33%的农户表示饲草料加工技术也是当前急需培训的技术。

表27　绒毛用羊养殖农户对目前最需要培训的养殖技术的选择比例（多选）

单位：%

技　　术	细毛羊养殖农户	半细毛羊养殖农户	绒山羊养殖农户
疾病防控技术	80.33	91.25	71.43
繁育类技术	39.34	60.00	49.58
圈舍设计与修建技术	18.03	36.25	14.29
饲料营养补给技术	62.30	65.82	52.94
手工剪毛或抓绒技术	2.46	2.50	8.40
机械剪毛或抓绒技术	4.10	1.25	4.20
羊毛或羊绒分级技术	2.46	2.50	8.40
圈舍消毒技术	1.64	25.00	10.92
防寒保暖技术	18.03	20.00	10.92
饲草料加工技术	22.13	31.25	19.33
放牧技术	4.92	3.75	12.61
穿“羊衣”等技术	3.28	1.25	14.29

二、我国绒毛用羊养殖中各生产要素投入对绒毛产量的影响分析

为了深入分析我国绒毛用羊养殖中各种生产要素投入对绒毛产量的影响，

本研究根据国家绒毛用羊产业技术体系产业经济研究团队组织的绒毛用羊养殖农户问卷调查获取的相关数据，对绒毛用羊养殖中各种生产要素投入对绒毛产量影响的弹性进行了测算。本部分的具体研究内容包括：首先，对用于测算各种生产要素投入对绒毛产量的影响的方法进行介绍；其次，确定用于测算各种生产要素投入对绒毛产量的影响的产出指标和投入指标以及生产函数设定形式；最后，根据农户问卷调查获取的相关数据，分别测算细毛羊、半细毛羊和绒山羊养殖过程中各种生产要素投入对绒毛产量影响的弹性，并在此基础上分析各种生产要素投入变动对绒毛产量变动的具体影响。

（一）研究方法

本部分的研究主要基于对绒毛用羊的羊毛产量或羊绒产量的生产前沿的估计和分析。Aigner 和 Chu 在 1968 年系统地提出了生产前沿的基本概念，即在既定的生产条件下，一定的要素投入所能得到的最大可能产出曲线。目前，关于生产前沿的估计方法主要有两种：第一种方法是非参数法，它无需估计样本的生产函数，从而避免了因错误的函数设定形式所带来的问题，但需要大量的个体样本数据且对算法的要求也较高，但对生产函数没有任何描述；第二种是参数法，它首先需要估计一个随机前沿生产函数（Stochastic Frontier Approach，SFA），并考虑随机扰动项对技术效率的干扰，还可以对传统的统计假设进行检验，参数法的最大优点在于有一定的经济理论基础，可以通过估计生产函数中的各个参数实现对生产过程的精确描述。考虑到我国畜牧业生产的实际特点，为了更好地分析绒毛用羊养殖农户的养殖行为，本研究采用 Battese 和 Coelli（1995）提出的 SFA 生产函数模型来进行分析，该模型的基本函数表达式为：

$$Y_{it} = \beta X_{it} + (V_{it} - U_{it}) \qquad i = 1,2,\cdots,n\,;\, t = 1,2,\cdots,n \qquad (1)$$

式（1）中，Y_{it} 表示第 i 个生产单位在第 t 年的产量（或其对数），X_{it} 表示与之对应的 n 种要素的投入数量（或其对数），β 表示投入要素的待估计参数（$1\times k$ 维向量）。V_{it} 为服从正态分布的随机变量，其均值为零，方差为 σ_v^2，并且独立于 U_{it}，即 $V \sim N(0,\sigma_v^2)$。U_{it} 表示第 i 个生产单位在第 t 年的技术效率损失的随机变量，其服从均值为 m_{it}、方差为 σ_u^2 的独立半正态分布，即 $U_{it} \sim N^+(m_{it},\sigma_u^2)$。其中，技术效率反映了生产单位的实际产量与生产前沿之比。

由于 SFA 生产函数的误差项不同于最小二乘古典假定，因而不能用这一方法来直接估计有关参数。根据 Battese 和 Corra（1977）提出的建议，本研究利用 $\sigma^2 = \sigma_v^2 + \sigma_u^2$ 和 $\gamma = \sigma_u^2/(\sigma_v^2 + \sigma_u^2)$ 分别代替 σ_v^2 和 σ_u^2，然后利用非线性估

计技术来估计得到所有参数的极大似然法估计量。其中，σ^2 表示复合方差项，γ 表示 σ^2 中技术无效率项所占的比例且 $\gamma \in [0,1]$。所以，对 γ 估计值的统计显著性进行的检验可以反映出生产单位的技术效率损失是否具有统计显著性。

（二）指标选择与生产函数模型确定

1. 投入产出指标的选择

根据 SFA 生产函数对投入产出指标的要求，本研究在测算我国绒毛用羊养殖中各种生产要素投入对绒毛产量影响的弹性时，选取的产出指标分别是细羊毛产量、半细羊毛产量和山羊绒产量（Y，千克）。选取的投入指标包括：（1）精饲料投入量（X_1，千克），主要是指玉米、荞麦、麸皮、配合饲料等的饲喂量；（2）粗饲料投入量（X_2，千克），主要是指秸秆、干草、青贮饲料等的饲喂量；（3）劳动力投入（X_3，工日），主要指生产过程中农户（包括其家庭成员）和雇工直接劳动的天数；（4）其他物质费用投入（X_4，元），主要是指在生产过程中直接消耗的其他各种投入的费用支出之和，具体包括：饲盐费、饲料加工费、燃料动力费、医疗防疫费等。考虑到我国农户绒毛用羊养殖的实际特点，在本研究中，上述各个指标均采用以农户为单位的整群核算的方法进行取值。

2. SFA 生产函数模型的确定

SFA 生产函数模型主要有两种设定形式，即柯布—道格拉斯（Cobb-Douglas）生产函数和超对数（Translog）生产函数。其中，Cobb-Douglas 生产函数在实际研究中使用最为广泛，但是其模型形式决定了要素投入的产出弹性是不变的，要素间的替代弹性严格限制为 1；Translog 生产函数则更加灵活，它作为任意未知形式的生产函数的二阶近似形式，有更灵活的产出对投入的弹性系数和更灵活的投入替代弹性。本研究主要基于 Translog 形式 SFA 生产函数，其具体表达式为：

$$\mathrm{Ln}Y_i = \beta_0 + \sum_i \beta_i \mathrm{Ln}X_i + \frac{1}{2}\left(\sum_i \sum_j \beta_{ij} \mathrm{Ln}X_i \mathrm{Ln}X_j\right) + V_i - U_i \quad (2)$$

式（2）中，Y_i 表示第 i 个农户养殖的绒毛用羊的羊毛或羊绒产量，X_i 和 X_j 分别表示第 i 或第 j 种要素的投入量。当所有的 β_{ij} 的估计值均等于 0 时，上述 Translog 形式 SFA 生产函数就转化为 Cobb-Douglas 形式 SFA 生产函数，即：

$$\mathrm{Ln}Y_i = \beta_0 + \sum_i \beta_i \mathrm{Ln}X_i + V_i - U_i \quad (3)$$

在实际研究过程中，对于不同类型的数据，可以采用最大似然值比值检验法来在这两种不同的模型设定形式中确定合适的模型进行估计。最大似然值比值检验法的原假设 H_0 为："所有的 β_{ij} 的估计值均等于 0，即应采用 Cobb-Douglas 生产函数来进行估计"；备选假设 H_1 为："至少有一个 β_{ij} 的估计值不等于 0，即应采用 Translog 生产函数来进行估计"。该检验法的检验统计量可表示为：

$$LR = -2\mathrm{Ln}[L(H_0)/L(H_1)] = -2\{\mathrm{Ln}[L(H_0)] - \mathrm{Ln}[L(H_1)]\} \sim \chi^2(q) \tag{4}$$

式（4）中，$L(H_0)$ 和 $L(H_1)$ 分别表示 SFA 生产函数在原假设 H_0 和备选假设 H_1 下的对数似然函数值；q 表示原假设 H_0 中零约束的个数。当 LR 大于临界值时，拒绝原假设 H_0，即应采用 Translog 生产函数来进行估计；当 LR 小于临界值时，接受原假设 H_0，即应采用 Cobb-Douglas 生产函数来进行估计。

3. 数据说明

本研究所使用的数据来自绒毛用羊养殖农户问卷调查数据，各个指标取值的时间段均为 2011 年 1—7 月。本研究接下来分别对细毛羊、半细毛羊和绒山羊养殖中各种生产要素投入对细羊毛产量、半细羊毛产量和山羊绒产量的影响进行分析。

（三）细毛羊养殖中各种生产要素投入对细羊毛产量的影响分析

1. 生产函数设定形式检验

本研究在分析细毛羊养殖中各种生产要素变动对细羊毛产量变动的影响时，先采用最大似然值比值检验法在 Cobb-Douglas 生产函数和 Translog 生产函数之间确定合适的生产函数设定形式。经计算得到的 LR 检验统计量为：

$$\begin{aligned} LR &= -2\times[(-100.4971)-(-95.2577)] \\ &= 10.4788 < \chi^2_{0.01}(10) = 23.21 \end{aligned} \tag{5}$$

根据最大似然值比值法的检验结果可知，应当采用 Cobb-Douglas 形式 SFA 生产函数来分析细毛羊养殖过程中各种投入要素变化对细羊毛产量变化影响的产出弹性。

2. 估计结果分析

对 Cobb-Douglas 形式 SFA 生产函数的参数估计结果如表 28 所示。根据表 28 可知，在 SFA 生产函数方程中，技术无效率的方差占复合方差项的比例 γ 等于 0.8615，并且其在 1%的水平上是统计显著的。这表明，农户在细毛羊养殖过程中存在着显著的技术效率损失。所以，大部分农户的细毛羊的实际生产水平均低于生产前沿，农户在细毛羊养殖过程中对各种投入要素的使用效率总体上都比较低。

表 28 估计结果

解释变量	参数符号	估计系数	t 统计量值
常数项	β_0	1.821 8**	2.243 6
$\text{Ln}X_1$	β_1	0.423 0***	3.026 6
$\text{Ln}X_2$	β_2	0.197 7***	3.933 7
$\text{Ln}X_3$	β_3	−0.081 0***	−7.517 3
$\text{Ln}X_4$	β_4	0.256 4***	4.823 2
	σ^2	0.719 4***	5.434 0
	γ	0.861 5***	14.331 6
对数似然函数值		−100.497 1	
LR 单边检验误差		12.518 3	

注：＊＊＊和＊＊分别表示估计系数和检验统计量在1%和5%的水平上是统计显著的。

在根据Cobb-Douglas形式SFA生产函数模型得到的估计结果中，各个投入要素的系数估计值即表示该要素的变动引起的产出变动也即产出弹性值。所以，根据表28中的估计结果可知，精饲料投入量（X_1）的产出弹性为0.423 0，即精饲料投入量每增加1个百分点，细羊毛产量将增加0.423 0个百分点；粗饲料投入量（X_2）的产出弹性为0.197 7，即粗饲料投入量每增加1个百分点，细羊毛产量将增加0.197 7个百分点；劳动力投入量（X_3）的产出弹性为−0.081 0；其他物质费用投入（X_4）的产出弹性为0.256 4，即其他物质费用投入每增加1个百分点，细羊毛产量将增加0.256 4个百分点。

从各种投入要素的产出弹性看，精饲料的产出弹性最大，这说明各种投入要素增加相同百分比时，精饲料使细羊毛产量增加的效果最大，大于粗饲料的效果。劳动力投入的产出弹性为负，这说明在细毛羊养殖过程中农户的劳动力投入可能过多，此外，伴随着细毛羊养殖的劳动生产率以及细羊毛产量的提高，技术和资本的投入也在一定程度上替代了农户的劳动力投入，从而导致劳动力投入在总体上对细羊毛产量呈现出了负向效应。其他物质费用投入的产出弹性则较大，并且大于粗饲料的产出弹性；可能的原因在于，适当增加饲盐费的投入和增加饲料加工费、燃料动力费、医疗防疫费等的投入有助于细毛羊的饲草料质量、生长环境、卫生条件等的改善和提高，从而有利于促进细毛羊个体的健康生长和细羊毛产量的提高。

(四) 半细毛羊养殖中各种生产要素投入对半细羊毛产量的影响分析

1. 生产函数设定形式检验

本研究在分析半细毛羊养殖中各种生产要素投入变动对半细羊毛产量变动的影响时，先采用最大似然值比值检验法在 Cobb-Douglas 生产函数和 Translog 生产函数之间确定合适的生产函数设定形式。经计算得到的 LR 检验统计量为：

$$LR = -2\times[(-84.4657)-(-68.6406)] = 31.6502 > \chi^2_{0.01}(10) = 23.21 \tag{6}$$

根据最大似然值比值法的检验结果可知，应当采用 Translog 形式 SFA 生产函数来测算半细毛羊养殖过程中各种投入要素变化对半细羊毛产量变化影响的产出弹性。

2. 估计结果分析

对 Translog 形式 SFA 生产函数的参数估计结果如表 29 所示。根据表 29 可知，在 SFA 生产函数方程中，技术无效率的方差占复合方差项的比例 γ 等于 0.925 0，并且其在 1%的水平上是统计显著的。这表明，农户在半细毛羊养殖过程中存在着显著的技术效率损失。所以，大部分农户的半细毛羊的实际生产水平均低于生产前沿，农户在半细毛羊养殖过程中对各种投入要素的使用效率总体上还都比较低。

表 29　估计结果

解释变量	参数符号	估计系数	t 统计量值
常数项	β_0	43.146 4***	2.915 3
$\text{Ln}X_1$	β_1	0.296 0***	4.808 5
$\text{Ln}X_2$	β_2	−0.235 7***	−7.796 0
$\text{Ln}X_3$	β_3	0.122 4***	3.462 0
$\text{Ln}X_4$	β_4	−0.105 5	−0.606 9
$(\text{Ln}X_1)^2$	β_5	0.433 2***	2.717 5
$(\text{Ln}X_2)^2$	β_6	−0.629 6	−0.606 9
$(\text{Ln}X_3)^2$	β_7	0.331 2***	3.124 5
$(\text{Ln}X_4)^2$	β_8	0.041 6	0.841 0

（续）

解释变量	参数符号	估计系数	t 统计量值
$\mathrm{Ln}X_1\times\mathrm{Ln}X_2$	β_9	0.874 9	1.559 4
$\mathrm{Ln}X_1\times\mathrm{Ln}X_3$	β_{10}	0.032 6**	2.120 0
$\mathrm{Ln}X_1\times\mathrm{Ln}X_4$	β_{11}	−0.165 4**	−2.334 6
$\mathrm{Ln}X_2\times\mathrm{Ln}X_3$	β_{12}	−0.075 1**	−2.175 7
$\mathrm{Ln}X_2\times\mathrm{Ln}X_4$	β_{13}	−0.396 1***	−3.474 1
$\mathrm{Ln}X_3\times\mathrm{Ln}X_4$	β_{14}	0.753 4***	2.852 9
σ^2		0.729 1***	5.536 2
γ		0.925 0***	20.336 3
对数似然函数值		−68.640 6	
LR 单边检验误差		16.644 1	

注：＊＊＊和＊＊分别表示估计系数和检验统计量在1%和5%的水平上是统计显著的。

由于Translog模型能够反映出要素之间可能存在的复杂的替代或互补关系，在这种情况下，投入产出关系可以更好地用各种投入要素的生产弹性来反映。但Translog模型估计结果中各种生产要素的估计系数不能直接用来反映投入与产出之间的关系，因此，本研究通过对各种生产要素求偏导数的方法来计算各种投入要素的产出弹性。半细毛羊养殖过程中第 i 种投入要素 X_i 的产出弹性公式为：

$$e_{X_i}=\partial\mathrm{Ln}Y/\partial\mathrm{Ln}X_i \tag{7}$$

具体的计算公式可以分别表示为：

$$e_{X_1}=\beta_1+\beta_5\mathrm{Ln}X_1+\frac{1}{2}\beta_9\mathrm{Ln}X_2+\frac{1}{2}\beta_{10}\mathrm{Ln}X_3+\frac{1}{2}\beta_{11}\mathrm{Ln}X_4 \tag{8}$$

$$e_{X_2}=\beta_2+\beta_6\mathrm{Ln}X_2+\frac{1}{2}\beta_9\mathrm{Ln}X_1+\frac{1}{2}\beta_{12}\mathrm{Ln}X_3+\frac{1}{2}\beta_{13}\mathrm{Ln}X_4 \tag{9}$$

$$e_{X_3}=\beta_3+\beta_7\mathrm{Ln}X_3+\frac{1}{2}\beta_{10}\mathrm{Ln}X_1+\frac{1}{2}\beta_{12}\mathrm{Ln}X_2+\frac{1}{2}\beta_{14}\mathrm{Ln}X_4 \tag{10}$$

$$e_{X_4}=\beta_4+\beta_8\mathrm{Ln}X_4+\frac{1}{2}\beta_{11}\mathrm{Ln}X_1+\frac{1}{2}\beta_{13}\mathrm{Ln}X_2+\frac{1}{2}\beta_{14}\mathrm{Ln}X_3 \tag{11}$$

其中，X_1、X_2、X_3 和 X_4 分别表示精饲料投入、粗饲料投入、劳动力投入和其他物质费用投入的几何平均值，估算结果如表30所示。

表 30　半细毛羊养殖中各要素投入的产出弹性

生产要素	X_1	X_2	X_3	X_4
产出弹性	0.288 6	0.104 1	−0.139 9	0.383 6

根据表 30 可知，精饲料投入量（X_1）的产出弹性为 0.288 6，即精饲料投入量每增加 1 个百分点，半细羊毛产量将增加 0.288 6 个百分点；粗饲料投入量（X_2）的产出弹性为 0.104 1，即粗饲料投入量每增加 1 个百分点，半细羊毛产量将增加 0.104 1 个百分点；劳动力投入量（X_3）的产出弹性为 −0.139 9；半细羊毛产量关于其他物质费用投入（X_4）的产出弹性为 0.383 6，即其他物质费用投入每增加 1 个百分点，半细羊毛产量将增加 0.383 6 个百分点。

从各种投入要素的产出弹性来看，其他物质费用投入的产出弹性最大，这说明各种投入要素增加相同百分比时，其他物质费用投入使半细羊毛产量增加的效果最大。精饲料的产出弹性也较大且超过了粗饲料的效果。劳动力投入的产出弹性也为负，这说明在半细毛羊养殖过程中农户的劳动力投入也可能过多，此外，伴随着半细毛羊养殖的劳动生产率以及半细羊毛产量的提高，技术和资本的投入也在一定程度上替代了农户的劳动力投入，从而导致劳动力投入在总体上对半细羊毛产量也呈现出了负向效应。

（五）绒山羊养殖中各种生产要素投入对山羊绒产量的影响

1. 生产函数设定形式检验

本研究在分析绒山羊养殖中各种生产要素投入变动对山羊绒产量变动的影响时，先采用最大似然值比值检验法在 Cobb-Douglas 生产函数和 Translog 生产函数之间确定合适的生产函数设定形式。经计算得到的 LR 检验统计量为：

$$LR = -2\times[(-102.8924)-(-91.9060)] = 21.9728 < \chi^2_{0.01}(10) = 23.21 \quad (12)$$

根据最大似然值比值法的检验结果可知，应当采用 Cobb-Douglas 形式 SFA 生产函数来测算绒山羊养殖过程中各种投入要素变化对山羊绒产量变化影响的产出弹性。

2. 估计结果分析

对 Cobb-Douglas 形式 SFA 生产函数的参数估计结果如表 31 所示。根据表 31 可知，在 SFA 生产函数方程中，技术无效率的方差占复合方差项的比例 γ 等于 0.789 7，并且其在 1%的水平上是统计显著的。这表明，农户在绒山羊养殖过程中存在着显著的技术效率损失。所以，大部分农户的绒山羊的实际生产水平均低于生产前沿，农户在绒山羊养殖过程中对各种投入要素的使用效率总体上都比较低。

表 31　估计结果

解释变量	参数符号	估计系数	t 统计量值
常数项	β_0	−4.494 4***	−4.845 5
$\mathrm{Ln}X_1$	β_1	0.388 7***	3.121 3
$\mathrm{Ln}X_2$	β_2	0.084 1***	4.474 2
$\mathrm{Ln}X_3$	β_3	−0.028 0***	−6.359 3
$\mathrm{Ln}X_4$	β_4	0.301 5***	3.406 4
σ^2		0.480 7***	3.727 8
γ		0.789 7***	13.867 8
对数似然函数值		−102.892 4	
LR 单边检验误差		13.676 6	

注：＊＊＊表示估计系数和检验统计量在 1％的水平上是统计显著的。

根据表 31 中的估计结果可知，精饲料投入量（X_1）的产出弹性为 0.388 7，即精饲料投入量每增加 1 个百分点，山羊绒产量将增加 0.388 7 个百分点；粗饲料投入量（X_2）的产出弹性为 0.084 1，即粗饲料投入量每增加 1 个百分点，山羊绒产量将增加 0.084 1 个百分点；劳动力投入量（X_3）的产出弹性为－0.028 0；其他物质费用投入（X_4）的产出弹性为 0.301 5，即其他物质费用投入每增加 1 个百分点，山羊绒产量将增加 0.301 5 个百分点。

从各种投入要素的产出弹性看，精饲料的产出弹性最大，这说明各种投入要素增加相同百分比时，精饲料使山羊绒产量增加的效果最大，大于粗饲料的效果。劳动力投入的产出弹性为负，这说明在绒山羊养殖过程中农户的劳动力投入也可能过多，此外，伴随着绒山羊养殖的劳动生产率以及山羊绒产量的提高，技术和资本的投入也在一定程度上替代了农户的劳动力投入，从而导致劳动力投入在总体上对山羊绒产量也呈现出了负向效应。其他物质费用投入的产出弹性则较大，并且大于粗饲料的产出弹性；可能的原因是适当增加饲盐费投入和增加饲料加工费、燃料动力费、医疗防疫费等的投入有助于绒山羊的饲草料质量、养殖条件等的改善和疫病发生概率的降低，从而有利于绒山羊个体的生长并促进山羊绒产量的提高。

三、改善我国绒毛用羊养殖中生产要素投入的对策建议

根据对我国绒毛用羊养殖过程中各种生产要素投入变化及现状的分析可知，近年来，伴随着草原植被恢复与建设、退牧还草、人工种草、岩溶地区草地治理试点工程等草原生态保护建设工程项目的先后启动和实施，草原生态系统功能逐步恢复，草场生产力有所提高，生态环境状况趋于好转，但草原超载过度放牧问题依然较为严重，草原退化、沙化、盐碱化、石漠化等问题依然不同程度地存在着。通过农户调研了解到，因为养殖规模扩大、养殖环境改善、圈舍修建、机械设备购置等方面原因，绒毛用羊养殖农户普遍有着较强的资金需求，但借贷资金的难度仍然较大。通过农户调研还了解到，在绒毛用羊养殖过程中，除了农户大量投入的自有劳动，还有部分农户进行了雇工，但农户及其雇工的受教育程度普遍都不高。根据农户调研数据，对细毛羊、半细毛羊和绒山羊养殖过程中各种要素投入对绒毛产量影响的产出弹性进行的测算结果则表明，劳动力投入对细羊毛、半细羊毛和山羊绒产量均呈现出负向效应，而饲草料、物质费用等要素投入对细羊毛、半细羊毛和山羊绒产量呈现出的正向效应也较弱。对绒毛用羊养殖过程中农户技术现状的分析表明，目前，农户大多还只是粗略地了解和掌握了关于绒毛用羊养殖的一些基本技术，各种先进技术、机械、相关设备设施等还非常缺乏，农户绒毛用羊养殖的技术水平距离发展科学化现代化的绒毛用羊产业所要求的技术水平还有非常大的差距。所以，我国绒毛用羊养殖过程中各种生产要素的利用现状亟待改善，以进一步改善和提高各种生产要素的使用效率，促进绒毛用羊产业的可持续发展。

1. 稳定和完善草原承包经营制度，加大草原保护建设力度

加快推进出台稳定和完善草原承包经营制度的政策性文件。积极推进草原确权和承包经营制度落实，明确草原属性和范围，依法发放草原所有权证和使用权证。严格规范草原承包经营权流转，健全草原家庭承包经营管理制度。完善推进草原承包和强化承包管理的工作机制，加快推进草原承包经营制度的落实。加快治理荒漠化、石漠化等草原退化问题，大力发展灌溉草场，恢复草原生态植被。加快建立草原生态补偿制度，逐步完善草原生态补偿的补偿内容、补偿标准、补偿主体和补偿方式。积极推进制定出台专门针对草原生态保护的支持政策，对绒毛用羊养殖农户实施人工种草、禁牧休牧等方面的补贴政策，

实现绒毛用羊养殖和农牧区草原生态环境的协调可持续发展。

2. 加强绒毛用羊养殖实用技术的研究与开发

绒毛用羊养殖过程中各种投入要素使用效率的提高以及绒毛用羊产业的可持续发展需要可靠的技术体系来提供支撑，但目前，我国绒毛用羊产业的技术水平总体上还比较低。所以，应加强适合各地区生态环境、绒毛用羊品种等方面实际情况的养殖实用技术的研究与开发，建立健全绒毛用羊养殖配套技术体系，为绒毛用羊养殖过程中各种投入要素使用效率的提高提供强大的技术支持。如根据绒毛用羊的生长发育规律和对营养的需要，制定出科学的饲草料加工制作技术、饲草料使用技术和饲养管理方法，均衡不同养殖阶段的营养水平；针对绒毛用羊养殖过程中的各种重大疫病，加强有效治疗药物及相关技术的研究与开发，建立健全各级兽医防疫体系，保障绒毛用羊的健康状况。

3. 加强对农户的养殖技术和养殖管理的培训

目前，我国农户还主要是依靠自己多年积累的养殖经验来进行绒毛用羊养殖，农户的绒毛用羊养殖还普遍存在着技术水平低、管理方式落后等方面的突出问题，这在很大程度上制约了绒毛用羊养殖过程中各种生产要素投入的使用效率的提高。所以，应切实加强对农户的养殖技术和养殖管理的培训，提高农户的养殖技术水平，逐步实现科学养殖。加大对必要的培训设施建设和设备、教材等购置的资金投入力度，为培训工作的有效开展构建必要的环境和条件。创新培训工作的方式和方法，进一步提高培训工作的实际效果。从培训工作的具体内容来看，当前，主要应加强绒毛用羊养殖过程中急需的一些实用技术的培训，如疾病防治技术、繁育配种技术、饲草料加工与制作技术、圈舍设计与修建技术等。

4. 加大对改善绒毛用羊养殖农户的养殖条件和养殖设施的补贴资金投入力度，加强银行和农村信用社对农户的信贷支持力度

加大对绒毛用羊养殖农户养殖设施建设的各项补贴投入力度，加快推广各种先进养殖机械、设备、设施等在绒毛用羊养殖过程中的使用，促进农户养殖条件和养殖设施的改善，为农户绒毛用羊养殖业的发展提供良好的环境和条件，提高各种投入要素在实际养殖过程中的使用效率。加强银行或非银行金融机构的农村基层网点建设，满足绒毛用羊养殖农户的资金需求，为农户绒毛用羊养殖规模的扩大和养殖条件等的改善提供强有力的信贷支持。

参　考　文　献

[1] 杜青林．2006. 中国草业可持续发展战略 [M]. 北京：中国农业出版社．

[2] 韩建国，孙洪仁．2008. 怎样保护和利用好草原 [M]. 北京：中国农业大学出版社．

[3] 农业部畜牧兽医局．1996. 中国草地资源 [M]. 北京：中国科学技术出版社．

[4] 农业部．2008 年全国草原监测报告 [EB/OL]. http://www.moa.gov.cn.

[5] Aigner D J, Chu S F. 1968. On Estimating the Industry Production Function [J]. American Economic Review, 58 (4): 826-839.

[6] Battese G E, Coelli T J. 1995. A Model for Technical Inefficiency Effects in a Stochastic Frontier Production Function for Panel Data [J]. Empirical Economics, 20 (2): 325-332.

[7] Battese G E, Corra G S. 1977. Estimation of a Production Frontier Model: With Application to the Pastoral Zone of Eastern Australian [J]. Australian Journal of Agricultural Economics, 21 (3): 169-179.

专题三

我国绒毛用羊养殖的技术水平及全要素生产率研究

孙致陆　肖海峰

绒毛用羊产业是我国畜牧业的重要组成部分，绒毛用羊养殖也是我国中西部地区农牧民从事的主要产业，羊毛和羊绒均是我国毛纺工业的重要原料。所以，绒毛用羊产业的发展，不仅关系到我国绒毛用羊养殖地区的经济发展和社会稳定，而且关系到我国毛纺工业的发展。但是目前，我国绒毛用羊个体的产毛量和产绒量以及绒毛用羊养殖的经济效益还都不高，并且自加入世界贸易组织以来，我国绒毛用羊产业面临的国际竞争压力也越来越大。在这些背景下，我国绒毛用羊产业的综合生产能力亟待进一步增强，绒毛用羊养殖的经济效益也亟待进一步提高。然而，我国的现实国情以及经济资源的稀缺性和生态环境的压力决定了绒毛用羊产业综合生产能力的提高不能依赖于各种生产要素投入的无限增加，而应主要依靠绒毛用羊养殖的技术水平和生产率的不断提高。为了检验现有的技术和生产政策的实施效果，本专题对我国绒毛用羊养殖的技术水平及全要素生产率进行了研究。首先，对我国绒毛用羊养殖的技术水平现状进行分析，并与世界其他主要国家进行比较分析；其次，对我国绒毛用羊养殖的全要素生产率进行测算和分析；最后，根据研究结论，提出进一步提高我国绒毛用羊养殖的技术水平及全要素生产率的政策建议。

一、我国绒毛用羊养殖的技术水平分析

新中国成立以来，经过长期的国外优质品种引进以及国内品种选育和改良工作，目前，我国已经培育出数十种具有优良生产性能的绒毛用羊优质新品种，我国的细羊毛、半细羊毛和羊绒的产量与新中国成立初期相比均有了较大幅度的提高，反映绒毛用羊技术水平的各项主要生产性能也均有了较大幅度的

改善。为了考察我国绒毛用羊养殖的技术水平现状以及与世界其他主要国家的主要绒毛用羊品种在技术水平方面的差距，本部分主要对反映我国绒毛用羊技术水平的绒毛用羊个体产毛（绒）产量、羊毛（绒）的长度和细度等主要生产性能指标的现状进行分析，并与世界其他主要国家或地区的主要绒毛用羊品种的主要生产性能指标进行比较，分别对细毛羊、半细毛羊和绒山羊进行了研究。

（一）细毛羊技术水平分析

目前，澳大利亚、中国、新西兰、乌拉圭等国家是世界细羊毛主产国。根据表1可知，目前，我国细羊毛细度范围主要在60～64支（21.6～25.0微米）之间，其主要原因是我国的细毛羊育种工作一直偏重于产毛量高、适应性强的60～64支的品种。而根据毛纺工业对原料用毛的品质要求，我国所产的细羊毛还只适合于纺织一般毛料，因而，我国细羊毛的纺织价值和市场价位均不高。目前，我国现有的细毛羊品种中，只有中国美利奴羊在产毛量、羊毛质量等方面接近或达到世界先进水平，其他细毛羊品种与世界先进水平的差距还较大①。可见，我国细毛羊技术水平总体上还不高。此外，在20世纪90年代末期以来肉羊价格持续高位运行而引起的羊毛羊肉比价不合理的背景下，再加上我国各地区特别是基层细毛羊品种选育工作总体上还较为滞后，出现了越来越多的农户用细毛羊和土种公羊进行无序杂交的“倒改”现象，导致我国细毛羊品种基因退化现象较为严重，细毛羊技术水平总体上出现了一定程度的下降。

表1　国内外主要品种细毛羊生产性能概况

产地	品　种	成年公羊			成年母羊			羊毛细度（支）	净毛率（%）
		剪毛量（千克）	平均毛长（厘米）	平均体重（千克）	剪毛量（千克）	平均毛长（厘米）	平均体重（千克）		
中国	中国美利奴羊	15.0	10.48	91.8	6.41	10.2	43.1	64～70	60
	新疆细毛羊	12.2	8.8	93	5.2	10.9	46	64	49.8～54.0
	东北细毛羊	13.44	9.33	83.66	6.10	7.37	45.36	60～64	35～40
	内蒙古细毛羊	11.0	10.0	91.4	5.5	8.5	45.9	60～70	38～50
	敖汉细毛羊	10.7	9.8	91.0	6.9	7.5	50.0	64	36～42
	鄂尔多斯细毛羊	11.4	9.5	76	5.6	8.0	38	66	66
	甘肃高山细毛羊	7.5	8.20	75.0	4.3	7.58	40	60～64	50

① 张英杰．羊生产学［M］．北京：中国农业大学出版社，2010：6.

（续）

产地	品　种	成年公羊			成年母羊			羊毛细度（支）	净毛率（%）
		剪毛量（千克）	平均毛长（厘米）	平均体重（千克）	剪毛量（千克）	平均毛长（厘米）	平均体重（千克）		
澳大利亚新西兰	澳洲美利奴羊（超细型）	7～8	7.0～8.7	50～60	4.0～4.5	7.0～8.7	34～40	≥70	65～70
	澳洲美利奴羊（细毛型）	7.5～8	8.5	60～70	4.5～5.0	8.5	34～42	64～70	63～68
	澳洲美利奴羊（中毛型）	8～12	9.0	65～90	5～6	9.0	40～44	60～64	62～65
澳大利亚	波尔华斯羊	5.5～9.5	10～15	58～77	3.6～5.5	10～15	45～56	56～64	65～70
俄罗斯	苏联美利奴羊	16.1	10.0	86.3	10.8	9.4	53.1	64	38～40
	阿尔泰细毛羊	10～12	7.0～7.5	100～120	6.0～6.5	7.0～7.5	60～70	64～70	42～45
德国	德国美利奴羊	10～11	7.5～9.0	90～100	4.5～17.5	7.5～9.0	60～65	60～64	45～52

资料来源：毛怀志，岳文斌，冯旭芳．绵、山羊品种资源及利用大全［M］．北京：中国农业出版社，2006：88－99，142－152；张英杰．羊生产学［M］．北京：中国农业大学出版社，2010：101－107，111－113；石国庆，杨永林，倪建宏，万鹏程，等．中国美利奴——超细毛羊品系培育［J］．草食家畜（季刊），2010（2）：1－7.

（二）半细毛羊技术水平分析

目前，世界半细毛羊主要分布在中国、新西兰、澳大利亚以及南美洲的乌拉圭、智利和阿根廷等国家，这些国家的半细羊毛生产基本代表了世界半细羊毛产量的绝大部分。根据表2可知，我国半细羊毛在净毛率方面与国外相差不大；而在剪毛量、羊毛长度、体重等其他重要生产性能方面，与其他国家相比还存在着一定的差距①。可见，我国半细毛羊技术水平总体上还不高。此外，同样受20世纪90年代末期以来肉羊价格持续高位运行而引起的羊毛羊肉比价不合理的影响，再加上我国各地区特别是基层半细毛羊品种选育工作总体上也较为滞后，用半细毛羊和土种公羊进行无序杂交的“倒改”问题越来越突出，导致我国半细毛羊品种基因的退化现象也较为严重，半细毛羊技术水平总体上出现了一定程度的下降。

① 张英杰．羊生产学［M］．北京：中国农业大学出版社，2010：6.

表 2　国内外主要品种半细毛羊生产性能概况

产地	品　种	成年公羊			成年母羊			羊毛细度（支）	净毛率（%）
		剪毛量（千克）	平均毛长（厘米）	平均体重（千克）	剪毛量（千克）	平均毛长（厘米）	平均体重（千克）		
中国	凉山半细毛羊	6.6	17.3	85.3	4.1	14.2	48.1	44～50	67.0
	贵州半细毛羊	5.86	11.76	56.24	4.34	10.26	41.17	56～58	50～55
	东北半细毛羊	5.4	9.4	63.4	3.7	8.9	43.1	56～58	50
	青海高原半细毛羊	5.98	11.7	76.08	3.10	10.01	38.1	50～56	60.8
	云南半细毛羊	6.6	14～16	65	4.8	14～16	47	48～50	66～70
澳大利亚	罗姆尼羊	7.23	15.5	87	3.5	13	43	40～48	60
	波德代羊	7～8	10～15	85～95	4～5	10～15	50～60	48～52	70
新西兰	罗姆尼羊	7.5	15	77.5	4	12.5	43	44～46	58～60
	考力代羊	10～12	12～14	100～115	5～6	12～14	60～65	50～56	60～65
英国	罗姆尼羊	7	13	80	3.5	11.5	41	50～60	45.5～53
	边区莱斯特羊	5～9	20～25	70～85	3～5	20～25	55～65	44～48	65～68

资料来源：毛怀志，岳文斌，冯旭芳．绵、山羊品种资源及利用大全［M］．北京：中国农业出版社，2006：99-103，152-158；张英杰．羊生产学［M］．北京：中国农业大学出版社，2010：107-110，113-118；李丽娟，申小云．贵州半细毛羊的培育历程与养殖现状［J］．贵州农业科学，2010（11）：182-184.

（三）绒山羊技术水平分析

目前，全球山羊绒的主要产区在亚洲的内陆地区。我国是世界最大的山羊绒生产国，山羊绒产量占世界总产量的 2/3 以上，其他主要山羊绒生产国还有蒙古、伊朗、阿富汗等。根据表 3 和表 4 可知，与世界其他国家或地区绒山羊的主要生产性能相比，我国的山羊绒具有细度细（平均约为 14.71 微米）且细度均匀（变异系数为 18%～20%）的优点①；但与此同时，在其他主要生产性能指标方面，我国绒山羊还存在着较多的不足，主要表现为个体产绒量偏低、山羊绒长度偏短、羊的体重偏低等。可见，我国绒山羊技术水平还亟待进一步提高。

① 毛怀志，岳文斌，冯旭芳．绵、山羊品种资源及利用大全［M］．北京：中国农业出版社，2006：373.

表 3　世界主要国家和地区山羊绒的品质概况

产地	山羊绒		其中的有髓毛			羊绒色泽
	细度（微米）	长度（厘米）	净绒率（%）	细度（微米）	长度（厘米）	
中国	13.5～18.0	3.0～7.0	68～82	65～75	12.0～16.0	白、青、紫
蒙古	14.5～18.0	5.0	72～84	75～85	12.0～15.0	白、青、紫
俄罗斯	16.0～18.0	5.0～10.0	72～84	75～85	5.2～7.7	白、青、紫
伊朗	17.5～19.0	5.0～10.0	66～78	65～80	5.2～7.7	白、青、紫
克什米尔	12.5～15.0	2.5～9.0	66～78	65～80	12	白
印度	14.5～16.0	2.5～9.0	66～78	65～80	12	白
土耳其	16.0～17.0	2.5～9.0	66～78	65～80	12	白
阿富汗	16.5～17.5	2.5～9.0	66～78	65～80	12	白

资料来源：张英杰．羊生产学［M］．北京：中国农业大学出版社，2010：58.

表 4　国内外主要品种绒山羊生产性能概况

产地	品　种	成年公羊		成年母羊		羊绒长度（厘米）	羊绒细度（微米）	净绒率（%）
		产绒量（克）	平均体重（千克）	产绒量（克）	平均体重（千克）			
中国	辽宁绒山羊	570	52	490	45	8～9	16.5	≥70
	内蒙古绒山羊	400～600	47.8	350～450	27.4	5.0～6.5	12.1～15.1	72
	河西绒山羊	323.5	38.51	279.9	26.03	4～5	14～16	56
	新疆白绒山羊（北疆型）	544	51.4～46.7	351	32.97～34.82	5.88～8.12	12～16	≥70
	新疆南疆绒山羊	603.09	42.95	372.68	22.18	4.7	14.43～15.61	88
	罕山白绒山羊	753.7	60	500.4	45	5.4～6	13～16	≥65
蒙古	戈壁—古尔班赛汗绒山羊	600	60	400	45	9	16	—
	巴音乌拉盖绒山羊	700～750	60	550	45	9	16～19	—
俄罗斯	阿尔泰山地绒山羊	700～900	63～64	500～600	40～42	8～9	16～19	—
	奥伦堡山羊	300～400	75～80	200	43～46	7.2	15.9	—

注："—"表示相关指标数据资料缺失。

资料来源：毛怀志，岳文斌，冯旭芳．绵、山羊品种资源及利用大全［M］．北京：中国农业出版社，2006：373；张英杰．羊生产学［M］．北京：中国农业大学出版社，2010：119－128；王若军．世界各地的绒山羊及其生产性能［J］．草食家畜，1990（3）：1－5；张培业，高娃．蒙古国绒山羊及其研究现状［J］．当代畜禽养殖业，1994（1）：28－29；张富全，刘武军，胡登林，张西顺．南疆绒山羊表型性状的相关性分析［J］．家畜生态学报，2009（1）：26－33；张廷虎，黄锡霞，刘武军，田可川，等．南疆绒山羊主要经济性状的相关性分析［J］．家畜生态学报，2009（2）：15－17。

（四）小结

目前，与世界其他绒毛用羊主要国家或地区的主要绒毛用羊品种相比，我国绒毛用羊在个体产毛（绒）量、羊毛（绒）的长度、个体体重等主要生产性能指标方面，还存在着一定的差距，绒毛用羊技术水平总体上还不高；并且由于地区之间存在的经济发展差距以及中央资金投入方向存在的地区分布不均衡等问题与绒毛用羊品种选育和改良工作对资金投入的持续大量需求之间存在的矛盾，目前在我国部分地区，因为资金投入不足等问题，导致绒毛用羊的品种引进、选育、改良、扩繁等方面的工作已经难以有效开展，这些地区已经出现了不同程度的绒毛用羊品种退化问题，绒毛用羊的技术水平总体上出现了一定程度的下降。为了促进绒毛用羊产业的可持续发展，绒毛用羊的技术水平亟待进一步提高。

二、我国绒毛用羊养殖的全要素生产率测算

在本部分中，本研究主要通过对我国绒毛用羊养殖的全要素生产率（Total Factor Productivity，TFP）进行测算，来分析绒毛用羊养殖过程中各种要素的投入产出效率，从而深入探究我国现有绒毛用羊相关技术和生产政策的实施效果。本研究在测算我国绒毛用羊 TFP 时，所用的数据均来源于国家发展与改革委员会价格司编撰的《全国农产品成本收益资料汇编》。根据 Coelli、Rao 和 Battese（1998）构建的农业 TFP 增长测算与分解的分析框架，并且考虑到我国农业生产统计中普遍存在的产品及投入要素价格不全、价格信号失真等实际情况，本研究在选择相关指标时，尽量选取产出和投入的实物量指标来对绒毛用羊的 TFP 进行测算与分析。在《全国农产品成本收益资料汇编》中，将绒毛用羊分为本种绵羊、改良绵羊和绒山羊，本研究分别对这三种绒毛用羊的全要素生产率情况进行测算和分析。本部分的具体研究内容包括：首先，基于对不同 TFP 测算方法的比较，确定用于测算我国绒毛用羊养殖的 TFP 的方法；然后，根据《全国农产品成本收益资料汇编》中的相关指标数据，以我国部分绒毛用羊主要养殖省（自治区）为例，分别从时间和省份的角度，对我国绒毛用羊养殖的 TFP 进行测算，并在此基础上对我国绒毛用羊养殖的 TFP 的变化特征及变动规律进行分析和探讨。

（一）研究方法

早期的生产率度量主要是通过对产出和投入的各变量进行汇总形成指数并

计算其比值来进行，并且测算的是单要素生产率（李京文，钟学义，2006）。然而由于生产过程中各投入要素之间存在着不同程度的替代关系，所以单要素生产率并不能全面地反映生产率综合水平及其变动情况和经济增长过程，而通过将投入与产出限定在一定的函数关系下进行的 TFP 测算则可以在很大程度上弥补单要素生产率存在的这些缺陷和不足（张军，施少华，陈诗一，2003）。目前，TFP 已被广泛运用于各个国家或地区的产业或行业以及微观的企业和农户的生产率测算。常用的 TFP 测度方法是基于生产非效率假设的生产前沿面（Production Frontier）方法，其具体估算方法包括：以随机前沿生产函数（Stochastic Frontier Approach，SFA）为代表的参数方法（Parameter Estimation）、半参数方法（Semi-parameter Estimation）和以数据包络分析（Data Envelopment Analysis，DEA）为代表的非参数方法（Non-parameter Estimation），其中，参数方法和非参数方法研究非常成熟，运用也非常广泛，目前已经成为主流的 TFP 估计方法（李谷成，2010），而基于参数方法的 SFA 和基于非参数方法的 DEA 所得出的结果一般而言是相似的，且差别并不会太大（Lovell，1996）。所以，本研究利用 DEAP2.1 软件，采用基于非参数面板数据的 DEA-Malmquist 指数法，来对我国绒毛用羊的 TFP 指数及其分解指数进行测算和分析。

1. DEA 模型

DEA 模型是由 Charnes、Cooper 和 Rhodes（1978）创立的，它是一种使用一组决策单元（Decision Making Unit，DMU）的投入及产出数据来构造这些数据点的分段线性面的线性规划方法，其中，分段线性面又被称为生产前沿面，它是通过对一系列线性规划（Linear Program，LP）问题的求解来进行构造。数据点与前沿面之间的距离代表了每个 DMU 技术非效率情况（Coelli，Rao，2003；Coelli，et al，2005）。

DEA 模型可以是投入主导型（Input-orientated）或者产出主导型（Output-orientated）。投入主导型 DEA 模型定义了产出不变条件下投入按比例减少的生产前沿面，它是由 Farrell（1957）在 Debreu（1951）和 Koopmans（1951）相关研究的基础上提出的一种效率测度方法，Farrell（1957）认为效率可以分为技术效率和配置效率，前者反映了投入既定时获得最大产出的能力，后者反映了各自投入价格既定时使用最优投入比例的能力，两种效率结合起来即可得到总经济效率；产出主导型 DEA 模型则定义了投入不变条件下产出按比例增加的生产前沿面。当采用规模报酬不变（Constant Returns to Scale，CRS）的技术时，这两种 DEA 模型求出的技术效率是相等的；当采用规模报酬可变（Variable Returns to Scale，VRS）的技术时，这两种 DEA 模型求出的技术效率不相等。已有的国内外相关研究表明（Coelli，Rao，2003），农业生产者通常都是在给定投入下进行产出最大化的决策，而不是在既定产出下进行最小投入的决策，所以在本研究中采用产出主导型 DEA 模型。假定有一组特定时期内的 N 个 DMU 的 K 种投入和 M 种产出的面板数据，则此时的线性规划问题就是在产出主导型 DEA 模型下求解其中的第 i 个 DMU 的技术效率，且该产出主导型 DEA 模型为：

$$
\begin{aligned}
&\max \phi \\
&s.t. \quad -\phi y_i + Y\lambda \geqslant 0 \\
&\qquad\qquad x_i - X\lambda \geqslant 0 \\
&\qquad\qquad\qquad \lambda \geqslant 0
\end{aligned}
\tag{1}
$$

在式（1）中，ϕ 表示标量（Scalar）；y_i 表示第 i 个 DMU 的 $M \times 1$ 维产出向量；x_i 表示第 i 个 DMU 的 $K \times 1$ 维投入向量；Y 表示所有 N 个 DMU 的 $N \times M$ 维产出矩阵；X 表示所有 N 个 DMU 的 $N \times K$ 维投入矩阵；λ 表示 $N \times 1$ 维的权重向量。ϕ 的取值大于等于 1，$\phi - 1$ 即表示既定投入下第 i 个 DMU 的产出可增加的比例；同时，可以将 $1/\phi$ 定义为技术效率，其取值在 0 和 1 之间。该线性规划问题需要进行 N 次求解，每个 DMU 都要求解一次，且每个线性规划会求得一个 ϕ 和一个 λ，其中，ϕ 提供了关于第 i 个 DMU 的技术效率的信息，λ 则提供了关于第 i 个 DMU 与处在前沿面上的其他 DMU 相比较的技术无效率情况（Coelli，Rao，2003）。

2. DEA-Malmquist 指数法

Malmquist 指数由 Malmquist 在 1953 年提出，该指数最初用于消费分析。Caves、Christensen 和 Diewert（1982）首次将该指数用于生产率变化的测算；此后，Fare、Grosskopf 和 Lovell（1994）与 Coelli、Rao 和 Battese（1998）将 Malmquist 指数与 Charnes、Cooper 和 Rhodes（1978）创立的 DEA 理论结合，形成了目前被广泛运用于 TFP 测算的 DEA-Malmquist 指数法，测算得到的 TFP 指数称为 Malmquist TFP 指数。

假设用 $P(x)$ 表示第 i 个 DMU 在某一技术下投入要素 x_i 所能带来的产出 y_i 的所有集合，即：$P(x_i) = \{y_i : x_i \rightarrow y_i\}$。假定该技术满足 Coelli、Rao 和 Battese（1998）提出的规范性定理，则产出集合 $P(x_i)$ 的产出距离函数可定义为：$d_i(y_i, x_i) = \min\{\delta : (y_i/\delta) \in P(x_i)\}$。当 y_i 位于生产可能性集合 $P(x_i)$ 中时，产出距离函数 $d_i(y_i, x_i)$ 的取值将小于或等于 1；当 y_i 位于生产可能性集合 $P(x_i)$ 外边界时，产出距离函数 $d_i(y_i, x_i)$ 的将取某一特定值；当 y_i 位于

产出集合 $P(x_i)$ 之外时，产出距离函数 $d_i(y_i, x_i)$ 的取值将大于 1。

Malmquist TFP 指数主要通过估算每个数据点到某一共同生产可能性边界的距离的比率，来测度两个相邻数据点之间 TFP 的变化情况（Coelli, 1996）。根据 Fare、Grosskopf 和 Lovell（1994）的研究，第 i 个 DMU 从时期 s 到时期 t 的产出主导型 Malmquist TFP 指数可定义为：

$$m_i(y_i^s, x_i^s, y_i^t, x_i^t) = \left[\frac{d_i^s(y_i^t, x_i^t \mid C)}{d_i^s(y_i^s, x_i^s \mid C)} \times \frac{d_i^t(y_i^t, x_i^t \mid C)}{d_i^t(y_i^s, x_i^s \mid C)}\right]^{1/2} \tag{2}$$

在式（2）中，$d_i^s(y_i^t, x_i^t \mid C)$ 和 $d_i^s(y_i^s, x_i^s \mid C)$ 分别表示规模报酬不变时，以时期 s 的技术作为参照的第 i 个 DMU 在时期 t 及时期 s 的产出距离函数；$d_i^t(y_i^t, x_i^t \mid C)$ 和 $d_i^t(y_i^s, x_i^s \mid C)$ 则分别表示规模报酬不变时，以时期 t 的技术作为参照的第 i 个 DMU 在时期 t 及时期 s 的产出距离函数。当 $m_i(y_i^s, x_i^s, y_i^t, x_i^t)$ 的取值大于 1 时，表明 TFP 从时期 s 到时期 t 出现增长；而当 $m_i(y_i^s, x_i^s, y_i^t, x_i^t)$ 的取值小于 1 时，表明 TFP 从时期 s 到时期 t 出现下降。式（2）实际上表示两个 TFP 的几何平均值，其等价形式可改写为：

$$\begin{aligned} m_i(y_i^s, x_i^s, y_i^t, x_i^t) &= \frac{d_i^t(y_i^t, x_i^t \mid C)}{d_i^s(y_i^s, x_i^s \mid C)}\left[\frac{d_i^s(y_i^t, x_i^t \mid C)}{d_i^t(y_i^t, x_i^t \mid C)} \times \frac{d_i^s(y_i^s, x_i^s \mid C)}{d_i^t(y_i^s, x_i^s \mid C)}\right]^{1/2} \\ &= Effch_i^t \times Techch_i^t \end{aligned} \tag{3}$$

在式（3）中，$Effch_i^t$ 表示从时期 s 到时期 t 的产出主导型 Farrell 技术效率的变化，它等于时期 t 的技术效率与时期 s 的技术效率之比；$Techch_i^t$ 表示从时期 s 到时期 t 的产出主导型 Farrell 技术变化率即技术进步的变化。根据 Banker、Charnes 和 Cooper（1984）提出的 VRS 模型，第 i 个 DMU 的 $Effch_i^t$ 可以进一步分解为纯技术效率（Pure Technical Efficiency，Pech）变化和规模效率（Scale Efficiency，Sech）变化，也即：

$$\begin{aligned} Effch_i^t &= \frac{d_i^t(y_i^t, x_i^t \mid C)}{d_i^s(y_i^s, x_i^s \mid C)} = \frac{d_i^t(y_i^t, x_i^t \mid V)}{d_i^s(y_i^s, x_i^s \mid V)} \times \frac{d_i^t(y_i^t, x_i^t \mid C)/d_i^t(y_i^t, x_i^t \mid V)}{d_i^s(y_i^s, x_i^s \mid C)/d_i^s(y_i^s, x_i^s \mid V)} \\ &= \frac{d_i^t(y_i^t, x_i^t \mid V)}{d_i^s(y_i^s, x_i^s \mid V)} \times \frac{Se_i^t(y_i^t, x_i^t)}{Se_i^s(y_i^s, x_i^s)} = Pech_i^t \times Sech_i^t \end{aligned} \tag{4}$$

在式（4）中，$d_i^t(y_i^t, x_i^t \mid V)$ 表示规模报酬可变时，以时期 t 的技术作为参照的第 i 个 DMU 在观察期 t 的产出距离函数；$d_i^s(y_i^s, x_i^s \mid V)$ 表示规模报酬可变时，以时期 s 的技术作为参照的第 i 个 DMU 在观察期 s 的产出距离函数。所以，第 i 个 DMU 的 Malmquist TFP 指数可表示为：

$$m_i(y_i^s, x_i^s, y_i^t, x_i^t) = Effch_i^t \times Techch_i^t = Pech_i^t \times Sech_i^t \times Techch_i^t \tag{5}$$

所以，Malmquist TFP 指数可表示为纯技术效率指数、规模效率指数和技术进步指数的乘积；其中，纯技术效率反映了对各种生产要素的合理配置、对现有技术的适应性改良、扩散及推广运用等的变化情况，规模效率反映了规模、管理方法等的变化情况，技术进步反映了新技术、新品种研发及引进等的变化情况，TFP 则综合反映了这些方面的总体变化情况。当 Malmquist TFP 指数等于 1 时，表示 TFP 没有发生变化，大于（或小于）1 时，表示 TFP 发生改进（或退化）；对 TFP 指数的分解指数可作同样的解释。根据 Fare、Grosskopf 和 Lovell（1994）的研究，在面板数据下，可以采用 DEA 线性规划计算距离函数的方式来测度 Malmquist TFP 指数。具体来说，为了测度第 i 个 DMU 从时期 s 到时期 t 的 Malmquist TFP 指数变化情况，需要计算四个距离函数，也即要求解四个线性规划问题（Coelli，1996）。根据 Fare、Grosskopf 和 Lovell（1994）的研究，在 CRS 技术下，这四个线性规划问题为：

$$\begin{aligned}[d_i^t(y_i^t,x_i^t \mid C)]^{-1} &= \max\phi \\ s.t. \quad -\phi y_{it} + Y_t\lambda &\geqslant 0 \\ x_{it} - X_t\lambda &\geqslant 0 \\ \lambda &\geqslant 0\end{aligned} \tag{6}$$

$$\begin{aligned}[d_i^s(y_i^s,x_i^s \mid C)]^{-1} &= \max\phi \\ s.t. \quad -\phi y_{is} + Y_s\lambda &\geqslant 0 \\ x_{is} - X_s\lambda &\geqslant 0 \\ \lambda &\geqslant 0\end{aligned} \tag{7}$$

$$\begin{aligned}[d_i^t(y_i^s,x_i^s \mid C)]^{-1} &= \max\phi \\ s.t. \quad -\phi y_{is} + Y_t\lambda &\geqslant 0 \\ x_{is} - X_t\lambda &\geqslant 0 \\ \lambda &\geqslant 0\end{aligned} \tag{8}$$

$$\begin{aligned}[d_i^s(y_i^t,x_i^t \mid C)]^{-1} &= \max\phi \\ s.t. \quad -\phi y_{it} + Y_s\lambda &\geqslant 0 \\ x_{it} - X_s\lambda &\geqslant 0 \\ \lambda &\geqslant 0\end{aligned} \tag{9}$$

（二）本种绵羊全要素生产率的测算与分析

1. 指标选取与数据说明

在测算我国本种绵羊 TFP 时，本研究选取的产出指标是本种绵羊的羊毛产量，该指标只包括实际出售及自用的羊毛产量。选取的投入指标包括：①劳动力投入，主要指生产过程中生产者（包括其家庭成员）和雇佣工人直接劳动的天数；②物质费用投入，具体包括：饲料、饲盐费，主要指自产和购买的精饲料和饲盐的费用；饲草费，是指生产过程中发生的饲草支出；医疗防疫费，包括治疗用药、防疫用药等方面的支出；放牧用具费，主要指放牧用的防寒、防雨用具及鞭子、叉子、电筒、剪子、套马杆等用具的费用；修理维护费，是指调查期内修理或维护畜牧业机械、设备和生产用房等发生的材料支出和修理费；固定资产折旧，是指各种生产用具和设备在实际使用年限内计提的折旧。

本研究中用于测算本种绵羊 TFP 的指标数据均来源于《全国农产品成本

收益资料汇编（2002—2010 年）》，且为每百只本种绵羊的成本收益数据，研究的时间跨度为 2001—2009 年。本研究在《全国农产品成本收益资料汇编》中选取了内蒙古、青海、宁夏和新疆这四个相关指标数据记录均完整的本种绵羊主要养殖省（自治区）作为研究样本。根据《2009 年中国畜牧业统计》，2009 年内蒙古、青海、宁夏和新疆的绵羊毛总产量为 193 874 吨，占全国绵羊毛总产量的 53.26%。为了消除价格因素对价值量指标的影响，本研究还采用调整后的各省（自治区）农产品生产价格总指数（以 2001 年为基期）对所有的价值量指标值进行了平减处理。对选取的非价值量指标数据和平减处理后的价值量指标数据的描述统计分析结果如表 5 所示。

表 5　每百只本种绵羊投入产出指标数据描述统计分析结果

指标	单位	样本数	最小值	最大值	均值	标准差
羊毛产量	千克	36	95.89	252.78	160.43	45.42
用工数量	日	36	113.36	1 440.57	260.39	215.96
饲料、饲盐费	元	36	51.00	6 357.41	1 812.61	1 992.53
饲草费	元	36	162.00	4 276.81	1 324.86	1 165.60
医疗防疫费	元	36	95.98	705.66	273.19	148.86
放牧用具费	元	36	22.88	278.84	109.14	66.17
修理维护费	元	36	10.82	385.12	166.74	114.88
固定资产折旧	元	36	153.68	1 205.96	373.97	246.77

2. 本种绵羊 TFP 指数及其分解指数的测算与分析

本研究根据内蒙古、青海、宁夏和新疆四个本种绵羊主要养殖省（自治区）的数据，对 2001—2009 年本种绵羊 TFP 指数及其分解指数进行了测算和分析，测算结果及对测算结果的分析如下。

（1）本种绵羊 TFP 指数及其分解指数变化分析。

①本种绵羊 TFP 年均增长率为正且总体上呈现出“W”状变化特征。根据表 6 和图 1 可知，2001—2009 年本种绵羊 TFP 指数年均增长 1.7%。可见，本种绵羊 TFP 总体上保持增长，个体生产能力总体上有了一定程度的提高。从各年具体变化情况来看，2001—2009 年本种绵羊 TFP 经历了“降→升→降→升”的“W”型变化过程。其中，2003—2004 年、2006—2007 年和 2007—2008 年本种绵羊 TFP 指数出现了一定程度的下降；在 2001—2002 年、2002—2003 年、2004—2005 年、2005—2006 年和 2008—2009 年，本种绵羊 TFP 指数均大于 1，TFP 保持增长，且增长率分别为 6.2%、0.8%、9.1%、12.8%和 25.3%。

②本种绵羊技术进步与技术效率不变并存。根据表6和图1还可知，在总体上，2001—2009年本种绵羊技术进步指数以年均1.7%的速度在增长，而技术效率指数在总体上未发生变化；纯技术效率指数和规模效率指数总体上也均未发生变化。其中，2003—2004年、2006—2007年和2007—2008年本种绵羊技术进步指数出现了一定的下降；在其他年份里，本种绵羊技术进步增长率分别为6.2%、0.8%、12.3%、9.6%和25.3%，且均超过技术效率指数增长率，即这些年份里TFP增长主要来源于技术进步。所以，本种绵羊在总体上出现了技术进步与技术效率不变并存的现象，本种绵羊TFP的增长主要来源

表6　本种绵羊TFP指数及其分解指数（2001—2009年）

年份	技术效率（Effch）	Effch增长率	纯技术效率（Pech）	Pech增长率	规模效率（Sech）	Sech增长率	技术进步（Techch）	Techch增长率	TFP	TFP增长率
2001—2002	1.000	0.000	1.000	0.000	1.000	0.000	1.062	0.062	1.062	0.062
2002—2003	1.000	0.000	1.000	0.000	1.000	0.000	1.008	0.008	1.008	0.008
2003—2004	1.000	0.000	1.000	0.000	1.000	0.000	0.953	−0.047	0.953	−0.047
2004—2005	0.972	−0.028	1.000	0.000	0.972	−0.028	1.123	0.123	1.091	0.091
2005—2006	1.029	0.029	1.000	0.000	1.029	0.029	1.096	0.096	1.128	0.128
2006—2007	1.000	0.000	1.000	0.000	1.000	0.000	0.812	−0.188	0.812	−0.188
2007—2008	1.000	0.000	1.000	0.000	1.000	0.000	0.892	−0.108	0.892	−0.108
2008—2009	1.000	0.000	1.000	0.000	1.000	0.000	1.253	0.253	1.253	0.253
均值	1.000	0.000	1.000	0.000	1.000	0.000	1.017	0.017	1.017	0.017

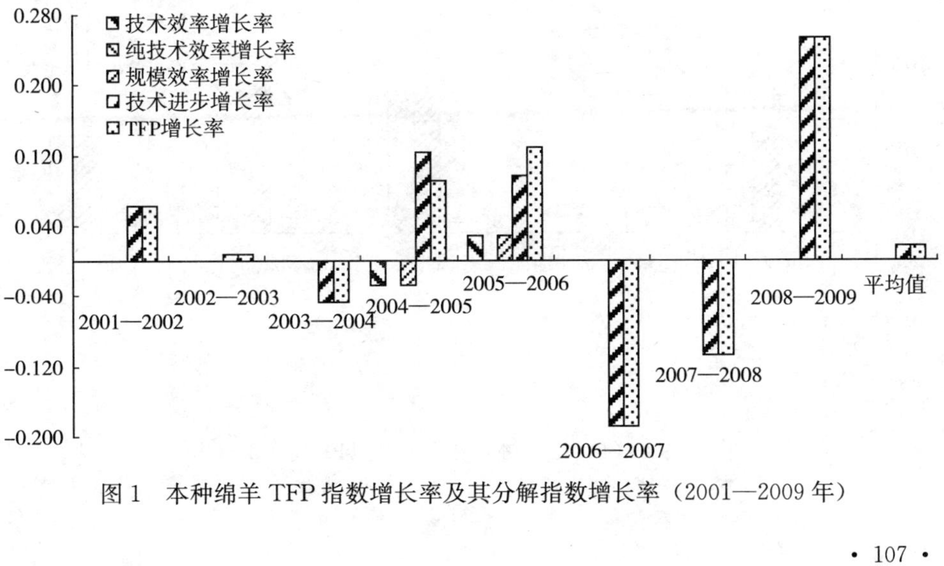

图1　本种绵羊TFP指数增长率及其分解指数增长率（2001—2009年）

于技术进步的作用。这表明，本种绵羊在优良品种引进和培育、相关配套技术研发等方面确实取得了一定改善，但在现有品种和技术的适应性改良和推广、规模化养殖和管理方法等方面还需进一步加强。

（2）各省（自治区）本种绵羊年均 TFP 指数及其分解指数变化分析。根据表 7 和图 2 可知，2001—2009 年，在测算的四个本种绵羊主要养殖省（自治区）中，内蒙古、宁夏和新疆本种绵羊年均 TFP 指数均大于 1，TFP 出现了不同程度的增长，只有青海本种绵羊年均 TFP 指数小于 1，出现了下降。从增长速度来看，本种绵羊 TFP 的省际差异较为明显，增长最快的是内蒙古和新疆，年均增长率都是 3.0%，其次是宁夏，年均增长率为 2.5%，青海最低，为−1.8%。从各省（自治区）本种绵羊年均 TFP 指数分解指数的变化情

表 7　各省（自治区）**本种绵羊年均 TFP 指数及其分解指数**（2001—2009 年）

省（自治区）	技术效率（Effch）	Effch 增长率	纯技术效率（Pech）	Pech 增长率	规模效率（Sech）	Sech 增长率	技术进步（Techch）	Techch 增长率	TFP	TFP 增长率
内蒙古	1.000	0.000	1.000	0.000	1.000	0.000	1.030	0.030	1.030	0.030
青海	1.000	0.000	1.000	0.000	1.000	0.000	0.892	−0.108	0.982	−0.018
宁夏	1.000	0.000	1.000	0.000	1.000	0.000	1.030	0.030	1.030	0.030
新疆	1.000	0.000	1.000	0.000	1.000	0.000	1.025	0.025	1.025	0.025
均值	1.000	0.000	1.000	0.000	1.000	0.000	1.017	0.017	1.017	0.017

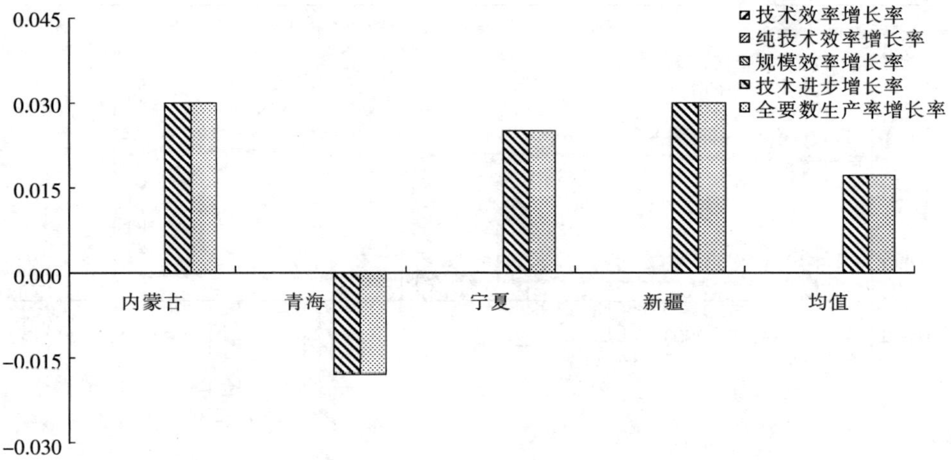

图 2　各省（自治区）本种绵羊年均 TFP 指数增长率
及其分解指数增长率（2001—2009 年）

况来看，四个省（自治区）本种绵羊年均技术效率指数均未发生变化，其原因在于四个省（自治区）本种绵羊年均纯技术效率和规模效率均未发生变化；内蒙古、宁夏和新疆本种绵羊均实现了技术进步且技术进步指数的年均增长率分别为3.0%、2.5%和3.0%；只有青海本种绵羊出现了技术退化且技术进步年均增长率为-1.8%。可见，在总体上，四个省（自治区）本种绵羊在规模化集中养殖和管理方法、对各种投入要素的合理配置、对现有品种和技术的适应性改良和推广等方面均未取得改善，内蒙古、宁夏和新疆本种绵羊TFP的增长主要来源于在优良品种引进和培育、相关配套技术研发等方面取得的改善。

(3) 主要结论。根据2001—2009年内蒙古、青海、宁夏和新疆四个本种绵羊主要养殖省（自治区）的本种绵羊成本收益数据，本研究分别从时间和省（自治区）的角度对本种绵羊TFP指数及其分解指数进行了测算，并根据测算结果对本种绵羊TFP指数及其分解指数的总体变化特征和各省（自治区）变动规律进行了分析和探讨，得到以下主要结论：

第一，从本种绵羊TFP总体情况来看，本种绵羊TFP年均增长率为正且总体上呈现出"W"状的变化特征。2001—2009年本种绵羊TFP指数年均增长1.7%，本种绵羊个体生产能力总体上得到了一定程度的提高；从各年具体变化情况来看，2001—2009年本种绵羊TFP在总体上经历了"降→升→降→升"的"W"状变化过程。

第二，从本种绵羊TFP构成来看，本种绵羊技术进步与技术效率不变并存。在总体上，2001—2009年本种绵羊技术进步指数以年均1.7%的速度在增长，而技术效率指数则未发生变化；本种绵羊纯技术效率指数和规模效率指数也均未发生变化。所以，本种绵羊在总体上出现了技术进步与技术效率不变并存的现象，本种绵羊TFP的增长主要来源于技术进步的作用。

第三，从各省（自治区）本种绵羊TFP总体情况来看，2001—2009年，内蒙古、宁夏和新疆本种绵羊年均TFP均实现了不同程度的增长，只有青海出现了下降。从各省（自治区）本种绵羊年均TFP构成来看，在总体上，各省（自治区）本种绵羊技术效率未发生变化；内蒙古、宁夏和新疆本种绵羊均实现了技术进步，只有青海出现了技术退化；各省（自治区）本种绵羊年均纯技术效率指数和规模效率指数均未发生变化。

（三）改良绵羊全要素生产率的测算与分析

1. 指标选取与数据说明

在测算改良绵羊TFP时，本研究选取的产出指标是改良绵羊的羊毛产量，该指标只包括实际出售及自用的羊毛产量。选取的投入指标包括：①劳动力投入；②物质费用投入，具体包括饲料及饲盐费、饲草费、医疗防疫费、放牧用具费、修理维护费和固定资产折旧。

本研究中用于测算改良绵羊 TFP 的指标数据均来源于《全国农产品成本收益资料汇编（2002—2010 年）》，且为每百只改良绵羊的成本收益数据，研究的时间跨度为 2001—2009 年。本研究在《全国农产品成本收益资料汇编》中选取了内蒙古、甘肃、青海和新疆这四个相关指标数据记录均完整的改良绵羊主要养殖省（自治区）作为研究样本。根据《2009 年中国畜牧业统计》，2009 年内蒙古、甘肃、青海和新疆的绵羊毛总产量为 214 327 吨，占全国绵羊毛总产量的 58.89%。为了消除价格因素对价值量指标的影响，本研究还采用经过调整的各省（自治区）农产品生产价格总指数（以 2001 年为基期）对所有的价值量指标值进行了平减处理。对选取的非价值量指标数据和平减处理后的价值量指标数据的描述统计分析结果如表 8 所示。

表 8　每百只改良绵羊投入产出指标数据描述统计分析结果

指标	单位	样本数	最小值	最大值	均值	标准差
羊毛产量	千克	36	136.70	449.18	257.90	91.54
用工数量	日	36	126.49	672.02	235.59	122.40
饲料、饲盐费	元	36	117.79	5 133.96	1 167.43	1 174.59
饲草费	元	36	170.90	4 163.76	1 082.29	1 008.99
医疗防疫费	元	36	71.77	3 277.15	438.78	658.23
放牧用具费	元	36	21.43	589.92	122.72	116.75
修理维护费	元	36	24.00	420.29	120.68	95.70
固定资产折旧	元	36	52.00	647.97	253.51	150.80

1. 改良绵羊 TFP 指数及其分解指数的测算与分析

本研究根据内蒙古、甘肃、青海和新疆四个改良绵羊主要养殖省（自治区）的数据，对 2001—2009 年改良绵羊 TFP 指数及其分解指数进行了测算和分析，测算结果及对测算结果的分析如下。

（1）改良绵羊 TFP 指数及其分解指数变化分析。

①改良绵羊 TFP 年均增长率为负且总体上呈现出“W”状变化特征。根据表 9 和图 3 可知，改良绵羊 TFP 指数在 2001—2009 年年均增长－1.6%。可见，在总体上，改良绵羊 TFP 呈下降趋势，个体生产能力并未得到进一步提高。从各年具体变化情况来看，2001—2009 年改良绵羊 TFP 经历了“降→

升→降→升”的“W”状变化过程。其中，在2003—2004年和2004—2005年改良绵羊TFP出现了较显著的下降；改良绵羊TFP指数只在2001—2002年、2002—2003年和2005—2006年大于1，且增长率分别为22.5%、9.1%和11.7%；2006—2007年、2007—2008年和2008—2009年改良绵羊年均TFP指数分别为0.966、0.974和0.997，这表明，2007年以来改良绵羊TFP相对有了一定程度的提高。

表9　改良绵羊TFP指数及其分解指数（2001—2009年）

年份	技术效率（Effch）	Effch增长率	纯技术效率（Pech）	Pech增长率	规模效率（Sech）	Sech增长率	技术进步（Techch）	Techch增长率	TFP	TFP增长率
2001—2002	1.017	0.017	0.999	−0.001	1.018	0.018	1.204	0.204	1.225	0.225
2002—2003	1.001	0.001	1.003	0.003	0.998	−0.002	1.090	0.090	1.091	0.091
2003—2004	0.962	−0.038	1.000	0.000	0.962	−0.038	0.835	−0.165	0.803	−0.197
2004—2005	1.000	0.000	1.000	0.000	1.000	0.000	0.783	−0.217	0.783	−0.217
2005—2006	0.975	−0.025	0.998	−0.002	0.977	−0.023	1.146	0.146	1.117	0.117
2006—2007	1.003	0.003	1.000	0.000	1.003	0.003	0.963	−0.037	0.966	−0.034
2007—2008	1.064	0.064	1.000	0.000	1.064	0.064	0.915	−0.085	0.974	−0.026
2008—2009	1.000	0.000	1.000	0.000	1.000	0.000	0.997	−0.003	0.997	−0.003
均值	1.002	0.002	1.000	0.000	1.002	0.002	0.982	−0.018	0.984	−0.016

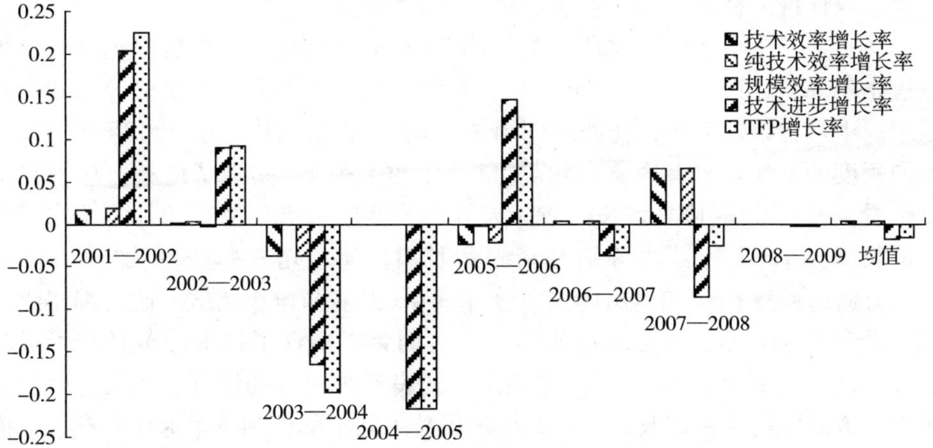

图3　改良绵羊TFP指数增长率及其分解指数增长率（2001—2009年）

②改良绵羊技术效率提高与技术退化并存。根据表9和图3还可知，在总

体上，2001—2009 年改良绵羊技术效率指数以年均 0.2％的速度在增长，而技术进步指数则以年均－1.8％的速度在下降；改良绵羊纯技术效率未发生变化，规模效率则以年均 0.2％的速度在增长。其中，2001—2002 年、2002—2003 年和 2005—2006 年改良绵羊技术进步指数均大于 1 且超过技术效率指数，技术进步增长率分别为 20.4％、9.0％和 14.6％，这表明这些年份里 TFP 的提高主要来源于技术进步；2003—2004 年改良绵羊的技术效率指数和技术进步指数均小于 1；2004—2005 年、2006—2007 年、2007—2008 年和 2008—2009 年改良绵羊技术效率指数均大于或等于 1，这表明这些年份里改良绵羊 TFP 的提高主要源自于技术效率的提高，并且考虑到这些年份里纯技术效率指数均等于 1，所以，这些年份里改良绵羊 TFP 的提高实际来源于规模效率的提高，可见，改良绵羊在规模化集中养殖等方面确实取得了一定的成效，从而使得改良绵羊的规模效率有了一定程度的提高。所以，改良绵羊在总体上出现了技术效率提高与技术退化并存的现象，技术效率的提高在一定程度上促进了改良绵羊 TFP 的增长，而技术退化则对 TFP 的增长造成了较强的不利影响，导致改良绵羊 TFP 在总体上呈现下降趋势。改良绵羊出现技术效率提高与技术退化并存现象的可能原因是，长期以来，我国农业科研的重点还主要集中于以粮食作物为代表的种植业，畜牧业所能获得的能够实现大规模产业化的新技术较少，大幅度提高包括改良绵羊在内的各畜牧品种的生产率的技术也较少。所以，改良绵羊在优良品种引进和培育、相关配套技术研发等方面还需要进一步加强，以促进改良绵羊的技术水平和生产率的提高。

（2）各省（自治区）改良绵羊年均 TFP 指数及其分解指数变化分析。根据表 10 和图 4 可知，2001—2009 年，在测算的四个改良绵羊主要养殖省（自治区）中，甘肃、青海和新疆改良绵羊年均 TFP 指数均小于 1，TFP 出现了不同程度的下降，只有内蒙古年均 TFP 指数大于 1，实现了增长。从增长速度来看，改良绵羊 TFP 增长的省际差异较为明显，增长最快的是内蒙古，年均增长率为 1.4％，其次分别是新疆和甘肃，年均增长率分别为－0.9％和－1.9％，青海最低，年均增长率为－4.5％。从各省（自治区）改良绵羊年均 TFP 指数分解指数的变化情况来看，只有内蒙古实现了技术进步且技术进步指数年均增长率为 1.2％，即在改良绵羊优良品种引进和培育、相关配套技术研发等方面取得了一定改善。青海出现了技术效率降低和技术退化并存；规模效率指数以年均 0.1％的速度提高，但由于纯技术效率指数在以 0.1％的速度降低，造成技术效率指数以年均 0.1％的速度在降低，技术进步指数则以年均 4.4％的速度在降低。甘肃和新疆改良绵羊年均 TFP 指数分解指数的变化特征基本一致，均出现了技术效率提高与技术退化；甘肃改良绵羊纯技术效率指数未发生变化，规模效率指数以年均0.9%的速度在增长，可见，甘肃改良绵羊年均技术效率的提高主要来源于规模化集中养殖等的改善；新疆改良绵羊规模效率指数未发生变化，纯技术效率指数以年均0.2%的速度在增长，可见，新疆改良绵羊技术效率的提高则主要来源于对各种投入要素的合理配置、对现有技术和品种的适应性改良和推广等。

表10　各省（自治区）改良绵羊年均TFP指数及其分解指数（2001—2009年）

省（自治区）	技术效率（Effch）	Effch增长率	纯技术效率（Pech）	Pech增长率	规模效率（Sech）	Sech增长率	技术进步（Techch）	Techch增长率	TFP	TFP增长率
内蒙古	1.000	0.000	1.000	0.000	1.000	0.000	1.014	0.014	1.014	0.014
甘肃	1.009	0.009	1.000	0.000	1.009	0.009	0.972	−0.028	0.981	−0.019
青海	0.999	−0.001	0.999	−0.001	1.001	0.001	0.956	−0.044	0.955	−0.045
新疆	1.002	0.002	1.002	0.002	1.000	0.000	0.989	−0.011	0.991	−0.009
均值	1.002	0.002	1.000	0.000	1.002	0.002	0.982	−0.018	0.984	−0.016

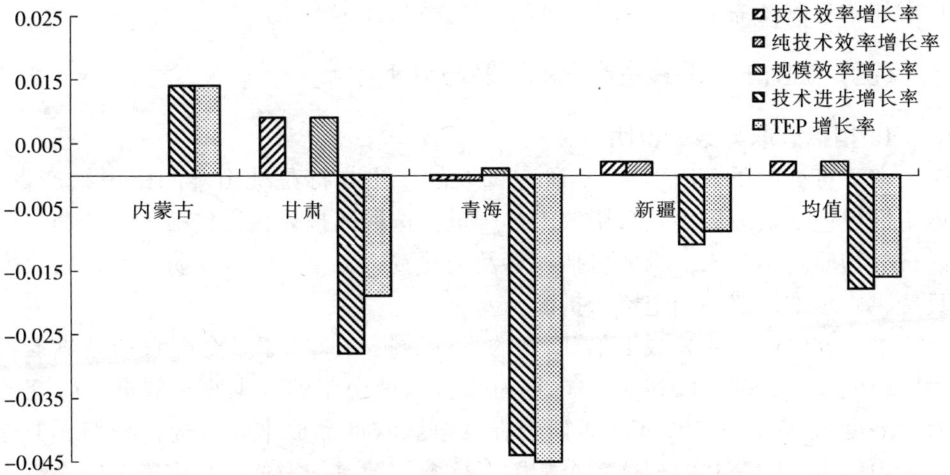

图4　各省（自治区）改良绵羊年均TFP指数增长率及其分解指数增长率（2001—2009年）

（3）主要结论。根据2001—2009年我国四个改良绵羊主要养殖省（自治区）的改良绵羊成本收益数据，本研究分别从时间和省（自治区）的角度对改良绵羊的TFP指数及其分解指数进行了测算，并根据测算结果对TFP指数及其分解指数的总体变化特征和各省（自治区）变动规律进行了分析和探讨，得到以下主要结论：

第一，从改良绵羊 TFP 总体情况来看，改良绵羊 TFP 年均增长率为负且总体上呈“W”状。在总体上，2001—2009 年改良绵羊 TFP 指数年均增长 −1.6%，改良绵羊个体生产能力总体上未得到进一步提高；从各年的具体变化情况来看，2001—2009 年改良绵羊 TFP 经历了“降→升→降→升”的“W”状变化过程。

第二，从改良绵羊 TFP 构成来看，改良绵羊技术效率提高与技术退化并存。2001—2009 年改良绵羊技术效率指数以年均 0.2%的速度在增长，但技术进步指数以年均 −1.8%的速度在降低，即在总体上出现了技术效率提高与技术退化并存的现象。所以，技术效率的提高在一定程度上促进了改良绵羊 TFP 的增长，而技术退化则对 TFP 的增长造成了较强的不利影响。

第三，从各省（自治区）改良绵羊 TFP 总体情况来看，2001—2009 年，甘肃、青海和新疆改良绵羊年均 TFP 都出现了不同程度的下降，只有内蒙古实现了增长。从各省（自治区）改良绵羊年均 TFP 构成来看，只有内蒙古改良绵羊实现了技术进步；青海改良绵羊出现了技术效率降低和技术退化并存；甘肃和新疆改良绵羊均出现了技术效率提高与技术退化。

（四）绒山羊全要素生产率的测算与分析

1. 指标选取与数据说明

在测算绒山羊 TFP 时，本研究选取的产出指标是绒山羊的山羊绒产量，该指标只包括实际出售及自用的山羊产量。选取的投入指标包括：①劳动力投入；②物质费用投入，具体包括饲料及饲盐费、饲草费、医疗防疫费、放牧用具费、修理维护费和固定资产折旧。

本研究中用于测算绒山羊 TFP 的指标数据均来源于《全国农产品成本收益资料汇编（2004—2010 年）》，且为每百只绒山羊的成本收益数据，研究的时间跨度为 2003—2009 年。本研究在《全国农产品成本收益资料汇编》中选取了内蒙古、宁夏和西藏这三个相关指标数据记录均完整的绒山羊主要养殖省（自治区）作为研究样本。根据《2009 年中国畜牧业统计》，2009 年内蒙古、宁夏和西藏的山羊绒总产量为 5743 吨，占当年全国山羊绒总产量的 95.23%。为了消除价格因素对价值量指标的影响，本研究还采用经过调整的各省（自治区）农产品生产价格总指数（以 2003 年为基期）对所有的价值量指标值进行了平减处理。对选取的非价值量指标数据和平减处理后的价值量指标数据的描述统计分析结果如表 11 所示。

表 11　每百只绒山羊投入产出指标数据描述统计分析结果

指标	单位	样本数	最小值	最大值	均值	标准差
山羊绒产量	千克	21	15.50	58.10	29.84	11.51
用工数量	日	21	120.00	376.10	241.19	74.51
饲料、饲盐费	元	21	165.00	5 205.71	2 261.60	1 641.56
饲草费	元	21	85.70	1 995.07	976.99	604.34
医疗防疫费	元	21	41.82	387.05	186.94	111.41
放牧用具费	元	21	0.00	465.15	87.27	108.58
修理维护费	元	21	9.39	209.53	69.69	61.16
固定资产折旧	元	21	89.27	651.13	254.07	136.99

2. 绒山羊 TFP 指数及其分解指数的测算与分析

本研究根据内蒙古、宁夏和西藏三个绒山羊主要养殖省（自治区）的数据，对 2003—2009 年绒山羊的 TFP 指数及其分解指数进行测算和分析，测算结果及对测算结果的分析如下。

（1）绒山羊年均 TFP 指数及其分解指数变化分析。

①绒山羊 TFP 年均增长率为负且总体上呈现出“N”状变化特征。根据表 12 和图 5 可知，绒山羊 TFP 指数在 2003—2009 年年均增长－7%。可见，绒山羊 TFP 总体呈下降趋势，绒山羊个体生产能力总体上并未得到进一步提高。从各年的具体变化情况来看，2003—2009 年绒山羊 TFP 经历了“升→降→升”的“N”状变化过程。其中，在 2003—2004 年、2004—2005 年、2007—2008 年和 2008—2009 年绒山羊年均 TFP 发生了一定程度的下降；2005—2006 年和 2006—2007 年，绒山羊 TFP 指数均大于 1，且增长率分别为 8.8%和 32.9%。

②绒山羊技术效率提高与技术退化并存。根据表 12 和图 5 还可知，在总体上，2003—2009 年绒山羊技术进步指数以年均 9.7%的速度在下降，技术效率指数以年均 3.0%的速度在增长；纯技术效率指数以及规模效率指数分别以 2.8%和 0.2%的速度在增长。其中，在 2003—2004 年、2004—2005 年和 2008—2009 年绒山羊技术进步指数均小于 1，即发生了技术退化；2005—2006 年绒山羊技术进步指数增长率为 25.6%，技术效率指数增长率为－13.4%，即 TFP 的提高主要来源于技术进步；2006—2007 年技术效率指数和技术进步指数的增长率均大于 1，即技术效率和技术进步同时促进了 TFP 的提高。所以，绒山羊在总体上出现了技术效率提高与技术退化并存的现象，绒山羊

TFP 的增长主要来源于技术效率提高和改善的作用，而技术退化则对 TFP 的增长造成了较强的不利影响。这表明，绒山羊在现有技术的适应性改良及推广运用、规模化养殖等方面确实取得了一定的成效，而在优良品种引进和培育、相关配套技术研发等方面还需要进一步加强。

表 12　绒山羊 TFP 指数及其分解指数（2003—2009 年）

年份	技术效率（Effch）	Effch 增长率	纯技术效率（Pech）	Pech 增长率	规模效率（Sech）	Sech 增长率	技术进步（Techch）	Techch 增长率	TFP	TFP 增长率
2003—2004	0.943	−0.057	0.967	−0.033	0.975	−0.025	0.683	−0.317	0.643	−0.357
2004—2005	1.115	0.115	1.296	0.196	0.861	−0.139	0.729	−0.271	0.813	−0.187
2005—2006	0.866	−0.134	0.847	−0.133	1.023	0.023	1.256	0.256	1.088	0.088
2006—2007	1.308	0.308	1.111	0.111	1.177	0.177	1.016	0.016	1.329	0.329
2007—2008	0.865	−0.135	0.977	−0.023	0.886	−0.114	1.052	0.052	0.910	−0.090
2008—2009	1.154	0.154	1.021	0.021	1.130	0.130	0.814	−0.186	0.940	−0.060
均值	1.030	0.030	1.028	0.028	1.002	0.002	0.903	−0.097	0.930	−0.070

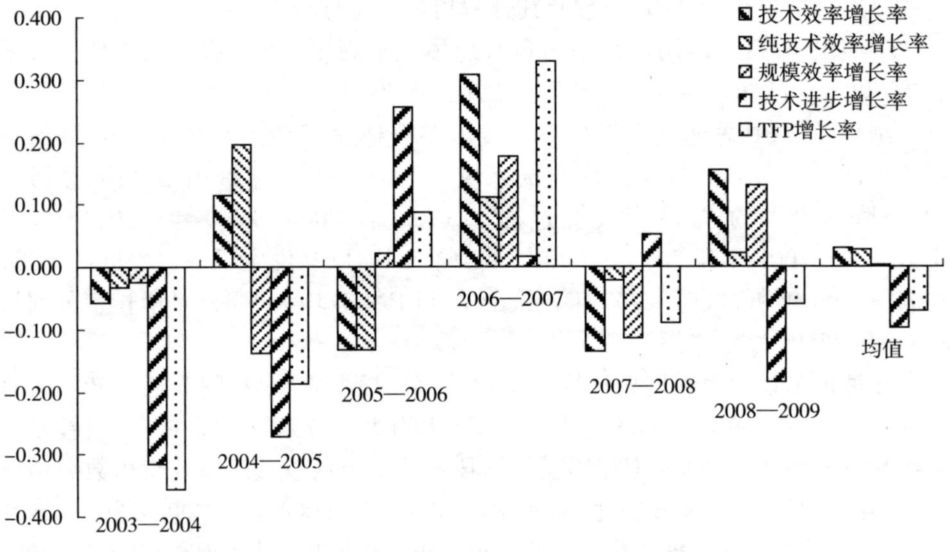

图 5　绒山羊 TFP 指数增长率及其分解指数增长率（2003—2009 年）

（2）各省（自治区）绒山羊年均 TFP 指数及其分解指数变化分析。根据表 13 和图 6 可知，在总体上，2003—2009 年，在三个绒山羊主要养殖省（自治区）中，宁夏和西藏绒山羊年均 TFP 指数均小于 1，即 TFP 在总体上出现了下降，只有内蒙古年均 TFP 指数小于 1，即 TFP 在总体上实现了增长；从增长速度来看，绒山羊 TFP 的省际差异较为明显，增长最快的是内蒙古，年均增长率为 6.3%，宁夏和西藏的年均增长率分别为－7.2%和－18.5%。从各省（自治区）绒山羊年均 TFP 指数分解指数的变化情况来看，只有内蒙古绒山羊的技术效率指数实现了增长，技术效率的改善使得 TFP 实现增长，但同时出现了技术退化；宁夏绒山羊技术效率指数和技术进步指数均小于 1，导致 TFP 出现下降；西藏绒山羊技术效率指数等于 1，即技术效率未发生变化，而技术进步指数小于 1 导致 TFP 出现下降。可见，只有内蒙古绒山羊在规模化集中养殖、养殖管理技术以及对各种生产要素的合理配置、对现有技术的适应性改良、扩散及推广运用等方面在总体上均取得了一定改善，宁夏和西藏在这些方面亟待进一步改善；三个省（自治区）绒山羊在优良品种引进和培育、相关配套技术研发等方面均亟待进一步加强。

表 13　各省（自治区）绒山羊年均 TFP 指数及其分解指数（2003—2009 年）

省（自治区）	技术效率（Effch）	Effch 增长率	纯技术效率（Pech）	Pech 增长率	规模效率（Sech）	Sech 增长率	技术进步（Techch）	Techch 增长率	TFP	TFP 增长率
内蒙古	1.126	0.126	1.120	0.120	1.006	0.006	0.944	−0.056	1.063	0.063
宁夏	0.969	−0.031	0.969	−0.031	1.000	0.000	0.958	−0.042	0.928	−0.072
西藏	1.000	0.000	1.000	0.000	1.000	0.000	0.815	−0.185	0.815	−0.185
均值	1.030	0.030	1.028	0.028	1.002	0.002	0.903	−0.097	0.930	−0.070

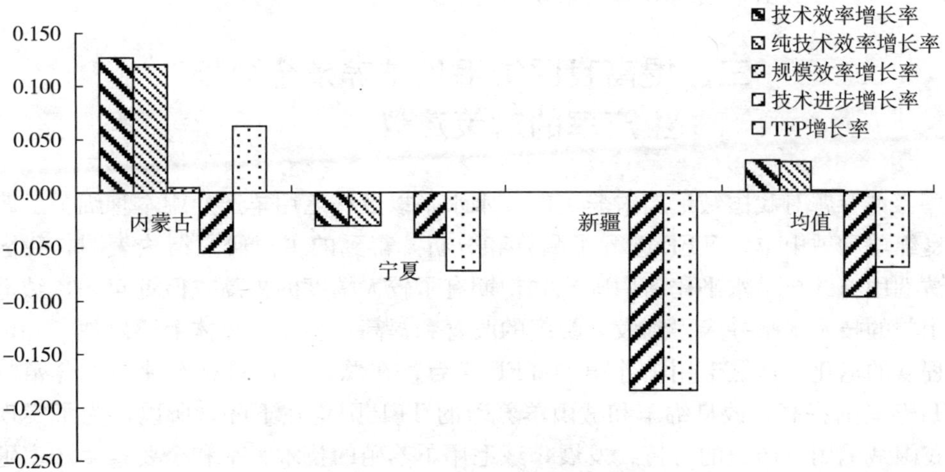

图 6　各省（自治区）绒山羊年均 TFP 指数增长率及其分解指数增长率（2003—2009 年）

（3）主要结论。根据2003—2009年我国三个绒山羊主要养殖省（自治区）的绒山羊成本收益数据，本研究分别从时间和省（自治区）的角度对绒山羊的TFP指数及其分解指数进行了测算，并根据测算结果对TFP指数及其分解指数的总体变化特征和各省（自治区）变动规律进行了分析和探讨，得到以下主要结论：

第一，从绒山羊TFP总体情况来看，绒山羊TFP年均增长率为负且总体上呈“N”状。2003—2009年绒山羊TFP指数年均增长率为－7％，绒山羊个体生产能力总体上不仅未得到进一步提高，反而出现下降；从各年的具体变化情况来看，2003—2009年绒山羊TFP经历了“升→降→升”的“N”状变化过程。

第二，从绒山羊TFP构成来看，绒山羊技术效率提高与技术退化并存。在总体上，2003—2009年绒山羊技术进步指数以年均9.7％的速度在下降，技术效率指数则以年均3.0％的速度在增长，绒山羊TFP的增长主要来源于技术效率提高和改善的作用，而技术退化则对TFP的增长造成了较强的不利影响。

第三，从各省（自治区）绒山羊TFP总体情况来看，2003—2009年，宁夏和西藏的绒山羊TFP均出现了不同程度的下降，只有内蒙古实现了增长。从省（自治区）绒山羊TFP构成来看，三个省（自治区）绒山羊都出现了技术退化；内蒙古绒山羊技术效率得到了提高和改善，宁夏绒山羊技术效率出现降低，西藏绒山羊技术效率则未发生变化。

三、提高我国绒毛用羊养殖全要素生产率的对策建议

本专题对我国绒毛用羊养殖的技术水平以及绒毛用羊产业中本种绵羊、改良绵羊和绒山羊的TFP进行了测算和分析，得到的主要研究结论表明，我国绒毛用羊的技术水平比新中国成立初期有了较大幅度的提高，但近年来，绒毛用羊的技术水平并未得到较大幅度的改善和提高，相反，总体上还出现了一定程度的退化；从绒毛用羊养殖的TFP来看，在总体上，只有本种绵羊养殖的TFP有所提高，改良绵羊和绒山羊养殖的TFP则均在下降。所以，为了实现我国绒毛用羊产业的可持续发展，绒毛用羊养殖的技术水平和全要素生产率亟待进一步提高。当前，应加快转变绒毛用羊产业的发展方式，大力推行科学化、规模化和专业化养殖以及标准化管理，加快构建绒毛用羊现代产业技术体

系，逐步由主要依靠扩大养殖规模的数量型发展方式向主要依靠提高养殖技术水平和全要素生产率的质量型发展方式转变。

（一）大力开展绒毛用羊优良新品种的培育和引进以及现有品种的选育和改良

为了缩小我国绒毛用羊品种与国外优质绒毛用羊品种在个体的产毛（绒）量、羊毛（绒）的长度和细度、体重等主要生产性能方面存在的差距并有效地应对目前在部分地区出现的不同程度的品种退化问题，应大力开展优良新品种的国内培育和国外引进以及现有品种的选育和改良工作，以提高绒毛用羊产业的技术水平和实现绒毛用羊产业的可持续发展。加大对优良新品种的培育和引进工作的投入力度，进一步提高绒毛用羊个体在产毛（绒）率、羊毛（绒）的长度和细度、体重等方面的生产性能。推动各地区绒毛用羊的品种选育、改良、推广等方面工作的开展，健全和完善包括原种场、种羊场、扩繁场等在内的相对完善的品种繁育和推广体系，特别应加强对各级基层改良站、扩繁站等品种培育和推广站（所）设施建设、设备购置、优良新品种引进等的资金投入，以使各种优良新品种能较快地实现本地化，提高优良品种的养殖普及率。

（二）加强绒毛用羊养殖实用技术研发并建立健全养殖配套技术体系

绒毛用羊养殖技术水平和全要素生产率的提高以及绒毛用羊产业的可持续发展需要可靠的配套技术体系来提供支撑，但目前，我国绒毛用羊养殖的相关配套技术体系还不健全或较为落后。以饲养技术为例，我国细毛羊饲养标准有《中国美利奴羊饲养标准》，仅局限在细度为60～64支的细毛羊。所以，应加强适合各地区生态环境等方面实际情况的各种绒毛用羊养殖实用技术的研发，建立健全绒毛用羊养殖配套技术体系。应根据绒毛用羊的生长发育规律和对营养的需要，制定出科学的饲草料加工制作技术、饲草料使用技术和饲养管理方法，均衡不同养殖阶段的营养水平，促进羊毛（绒）综合品质的提高。建立健全各级兽医防疫体系，加强诊治绒毛用羊重大疫病的有效药物和相关技术的研发，保障畜群的健康状况。推广健康养畜、生产无公害畜产品，确保质量安全和保护生态环境。研究开发适合我国现实国情的机械剪毛、科学分级、品质检验等现代化操作技术，提高羊毛（绒）的质量和商业价值，增强市场竞争力。

（三）加强基层专业技术人才队伍的建设

在绒毛用羊产业发展过程中，基层专业技术人员是农户获取各种养殖技术和养殖管理方面的知识和信息的主要来源，但目前，我国基层专业技术人才队伍还存在着知识和年龄结构不合理、新型人才缺乏等问题，这些问题的存在制约了我国绒毛用羊养殖技术水平的提高，不利于我国绒毛用羊产业的健康发展。因此，应加强基层专业技术人才队伍的建设，加强现有专业技术人员的培训工作以及新型专业技术人才的引进工作。加快开展现有基层专业技术人员的培训工作，包括遗传育种、疾病防治、草场建设、饲养管理等方面知识的培训，改善现有专业技术人员的知识结构，提高现有专业技术人员的业务能力，为绒毛用羊产业发展提供有力的技术支持。积极制定优惠政策，大力引进各类优秀专业技术人才，优化专业技术人才队伍结构，同时还应为引进人才提供良好的工作条件和环境，确保“引得来、留得住”优秀专业技术人才。此外，还应积极与从事绒毛用羊的遗传育种、疾病防控、优质饲草品种培育等方面研究工作的高校、科研院所及企业加强交流和合作，吸引这些单位在当地建立各种研发实验基地，开展相关的科研工作，来为当地绒毛用羊产业的发展提供更强大的技术和智力支持，并带动当地专业技术人员业务能力的提高。

（四）加大对农牧户养殖条件和养殖方式改善的扶持力度

目前，我国农牧户的绒毛用羊养殖的科学化和现代化水平还非常低，主要表现在：养殖方式非常传统、养殖条件和养殖技术水平非常落后，这导致绒毛用羊养殖过程中各种投入要素使用效率非常低，不利于绒毛用羊养殖的技术水平和全要素生产率的提高。如在饲草料加工方面，各种饲草料制作加工机械设备还非常缺乏，导致饲草料的利用效率非常低，饲草料的浪费现象非常严重；在圈舍消毒和疾病防治方面，用于消毒和治疗的各种药浴或药淋设施、工具或设备非常缺乏；传统的养殖方式及落后的养殖条件和养殖技术也极大地制约了劳动投入生产效率的提高。所以，应在资金、实物等方面，加大对农牧户养殖条件和养殖方式改善的扶持力度，加快推广各种养殖机械、设备、设施等在绒毛用羊养殖过程中的使用，以进一步提高各种投入要素在实际养殖过程中的使用效率，促进绒毛用羊养殖的技术水平和全要素生产率的提高。

（五）加强对农牧户的养殖技术和养殖管理的培训和宣传

尽管近年来，很多地区都已开展了绒毛用羊养殖技术和养殖管理方面的培训和宣传工作，但由于受到资金、场所和设备缺乏、设施不完善、专业技术人员缺乏等方面因素的制约，相关培训和宣传工作大多还存在着“形式大于实效”的问题，并未真正地发挥指导农牧户进行科学养殖的作用，导致花费大量人力和物力研发出的各种绒毛用羊养殖配套新技术未能真正地运用到农牧户的实际养殖中。目前，在实际的绒毛用羊养殖过程中，农牧户还主要是依靠自己多年积累的养殖经验来进行养殖。以饲草料使用为例，不论是在放养阶段，还是在冬春季节的舍饲阶段，农牧户在所用饲草料的品种和数量、各种饲草料之间的搭配比例等方面都难以达到科学的标准，往往存在着“量多却缺营养”的问题，不仅饲草料浪费较多，而且使用效率还较低，影响了绒毛用羊的正常生长以及羊毛（绒）产量和质量的提高。所以，应切实加强对农牧户的养殖技术和养殖管理的培训和宣传工作。加大对必要的培训设施建设和设备购置等的资金投入力度，为培训和宣传工作的顺利和有效开展构建必要的环境和条件。创新和改革目前的培训和宣传工作的方式和方法，鼓励农牧户主动参与到培训和宣传工作中，进一步提高培训和宣传工作的实际效果。从培训和宣传工作的具体内容来看，当前，主要应加强绒毛用羊实际养殖过程中急需的一些实用技术的培训和宣传，如疾病防治技术、繁育配种技术、饲草料加工与制作技术、圈舍设计与修建技术等。

参　考　文　献

[1] 李谷成．2010. 转型视角下的中国农业生产率研究［M］. 北京：科学出版社．

[2] 李京文，钟学义．2006. 中国生产率分析前沿［M］. 北京：社会科学文献出版社．

[3] 李丽娟，申小云．2010. 贵州半细毛羊的培育历程与养殖现状［J］. 贵州农业科学（11）：182－184.

[4] 毛怀志，岳文斌，冯旭芳．2006. 绵、山羊品种资源及利用大全［M］. 北京：中国农业出版社．

[5] 石国庆，杨永林，倪建宏，万鹏程，等．2010. 中国美利奴——超细毛羊品系培育［J］. 草食家畜（季刊）（2）：1－7.

[6] 王若军．1990. 世界各地的绒山羊及其生产性能［J］. 草食家畜（3）：1－5.

[7] 张富全，刘武军，胡登林，张西顺．2009. 南疆绒山羊表型性状的相关性分析［J］. 家畜生态学报（1）：26－33.

[8] 张军，施少华，陈诗一．2003. 中国的工业改革与效率变化——方法、数据、文献和现有的结果［J］. 经济学（季刊）（1）：1－38.

[9] 张培业，高娃．1994. 蒙古国绒山羊及其研究现状［J］. 当代畜禽养殖业（1）：28－29.

[10] 张廷虎，黄锡霞，刘武军，田可川，等. 2009. 南疆绒山羊主要经济性状的相关性分析 [J]. 家畜生态学报 (2)：15-17.

[11] 张英杰. 2010. 羊生产学 [M]. 北京：中国农业大学出版社.

[12] Banker R D, Charnes A, Cooper W W. 1984. Some Models for Estimating Technical and Scale Inefficiencies in Data Envelopment Analysis [J]. Management Science, 30 (9): 1078-1092.

[13] Caves D W, Christensen L R, Diewert W E. 1982. The Economic Theory of Index Numbers and the Measurement of Input, Output, and Productivity [J]. Econometrica, 50 (6): 1393-1414.

[14] Charnes A, Cooper W W, Rhodes E. 1978. Measuring the Efficiency of Decision Making Units [J]. European Journal of Operations Research, 2 (6): 429-444.

[15] Coelli T J. 1996. A Guide to DEAP Version 2.1: A Data Envelopment Analysis (Computer) Program [D]. University of Queensland Centre for Efficiency and Productivity Analysis Working Paper Series No. 08/1996.

[16] Coelli T J, Rao D S P. 2003. Total Factor Productivity Growth in Agriculture: A Malmquist Index Analysis of 93 Counties, 1980—2000 [D]. University of Queensland Centre for Efficiency and Productivity Analysis Working Paper Series No. 02/2003.

[17] Coelli T J, Rao D S P, Battese G E. 1998. An Introduction to Efficiency and Productivity Analysis [M]. Boston: Kluwer Academic Publishers.

[18] Coelli T J, Rao D S P, O' Donnell C J, Battese G E. 2005. An Introduction to Efficiency and Productivity Analysis [M]. New York: Springer Science & Business Media Inc.

[19] Debreu G. 1951. The Coefficient of Resource Utilisation [J]. Econometrica, 19 (3): 273-292.

[20] Fare R, Grosskopf S, Lovell C A K. 1994. Production Frontiers [M]. Cambridge: Cambridge University Press.

[21] Farrell M J. 1957. The Measurement of Productive Efficiency [J]. Journal of the Royal Statistical Society, Series A (General), 120 (3): 253-290.

[22] Koopmans T C. 1951. An Analysis of Production as an Efficient Combination of Activities. Koopmans T. C. Activity Analysis of Production and Allocation [C]. Cowles Commission for Research in Economics, Monograph No. 13, Wiley, New York.

[23] Lovell C A K. 1996. Applying Efficiencies Measurement Techniques to the Measurement of Productivity Chang [J]. Journal of Productivity Analysis, 7 (2-3): 329-340.

[24] Malmquist S. 1953. Index Numbers and Indifference Surfaces [J]. Trabajos de Estadística y de Investigación Operativa, 4 (2): 209-242.

专题四

我国绒毛市场交易模式研究

冯凯慧　肖海峰

目前我国绒毛流通市场正处于传统市场向现代市场转变的过渡时期，多种交易模式并存，既有传统的贩子收购模式交易，又有独具中国特色的工牧直交，还有基于现代科技的拍卖交易和远期电子交易等。在原毛、原绒的首次销售阶段，牧民一般将羊毛、羊绒直接卖给上门收购的商贩，买卖双方一手交钱一手交货，这便是传统的贩子收购交易模式。部分地区牧民在当地合作社或协会组织下，还可通过地方市场或者与加工企业直接签订合同，进行工牧直交。拍卖交易和远期现货电子交易主要以净毛或者无毛绒计价交易，参与主体一般是贸易商和加工企业。上述几种交易方式各具特色、各有优缺点，在一定程度上还存在交叉和替代性，如拍卖交易和工牧直交都为企业与生产者直接交易提供便利，拍卖交易和远期电子交易都是以实物交易为目的等。不过与澳大利亚等羊毛业发达国家相比，我国绒毛流通市场仍存在很大的差距。比较不同交易模式的优劣和发展条件，并为其指明未来的发展方向和对策，有利于推动我国绒毛流通市场的改革和规范发展，引导现代化的养殖和生产，从而提高行业的整体竞争力，推动我国绒毛用羊产业的健康稳定发展。

一、目前我国绒毛市场的交易模式及优缺点分析

（一）我国绒毛市场的交易模式

1. 贩子收购模式

贩子收购模式是产区牧民销售羊毛、羊绒的主要方式。每年抓绒或剪毛后，绒毛进入销售旺季，流动商贩便集中进入产区收购。他们通过走街串巷吆喝、挨家挨户上门询问或者聘请村里介绍人等途径收购，也有部分地区（如内蒙古乌审旗）的收购商在产区设立多个收购站，方便牧民就近将羊毛或羊绒直

接运往收购站销售。在贩子收购模式下，牧民以家庭为单位分散交易，由于数量较少，主要以污毛或原绒计价，混同销售。在售价方面，牧民基本没有定价权，只能根据贩子报价选择卖或者不卖，信息传递非常不透明，存在不同程度的压级压价现象。贩子收购原毛、原绒后，再将其转卖给大商贩，或者运至地方交易市场进行二次销售，或者直接卖给南方加工企业。目前贩子收购模式仍是羊毛、羊绒进入流通市场最直接和最主要的方式，普遍存在于我国广大绒毛产区。据调研数据显示，在内蒙古绒山羊和细毛羊主产区、河北绒山羊产区、贵州和四川半细毛羊产区，80%以上的牧民都是将自产羊毛或者羊绒直接以污毛（绒）形式销售给贩子。

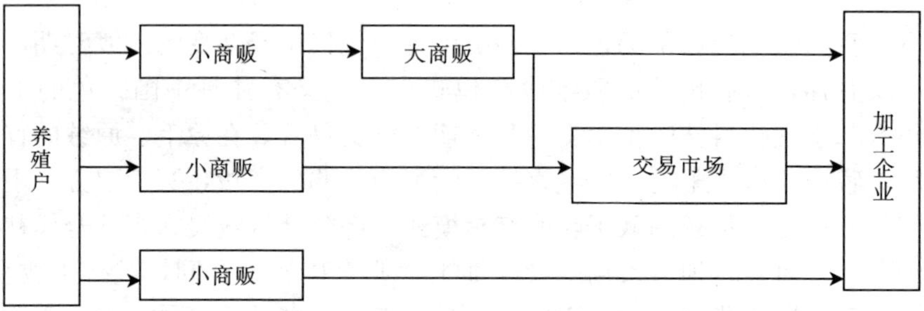

图1　贩子收购模式

2. 工牧直交模式

工牧直交是指牧民将羊毛、羊绒直接卖给加工企业，不经过中间流通环节的交易模式，这种交易模式近几年在产区推广发展得比较快。目前我国绒毛工牧直交主要有两种方式，一种是加工企业与牧民通过地方交易市场作为平台进行直接交易，另一种是加工企业直接与牧民签订购销协议。根据第一种方式，当绒毛进入销售期时，地方专业协会或合作社将牧民的羊毛（绒）组织起来，运至当地交易市场，统一进行分级、筛选、打包和质检；同时，以南方沿海地区为主的毛绒加工企业组织收购公司进入产区，他们直接在地方交易市场购进优质绒毛，按净毛（绒）计价，与牧民钱货两讫。利用地方交易市场的工牧直交方式主要在优势产区推广，由于成交的绒毛质量较高，又缩短了流通环节，成交价格一般高于市场价格。交易市场是由地方政府出资设立，兼具打包、储运和交易等多种功能。如内蒙古乌审旗细羊毛储运交易中心，自 2007 年设立后，迅速成为当地细羊毛储运中心和交易平台，每年吸引大批省外毛纺企业前来采购，工牧直交模式在当地快速发展，目前基本可覆盖全旗牧民。

第二种工牧直交方式是指绒毛加工企业直接与牧民签订购销协议，在协议中规定牧民必须使用的种公羊品种、绒毛的质量标准、交易规模及交易价格等，不经过中间流通环节和第三方，以协议来约束交易行为。在这种交易模式下，加工企业一般是当地的知名企业，以信誉为保障，买卖双方存在长期合作的基础。在内蒙古巴彦淖尔地区，维信羊绒集团就与当地牧民建立了稳定的直接购销关系。维信羊绒集团首先投资建立了内蒙古二狼山白绒山羊研究中心和种羊基地，在白绒山羊主要产区利用种羊基地选育优良种公羊，然后同牧民签订使用种公羊、购销羊绒合同。在收购羊绒时，实行“最低保护价，二次结算，高补低不退”的办法（李艳，2005)，极大地提高了牧民的交易热情，还促使其自觉按照合同进行生产。

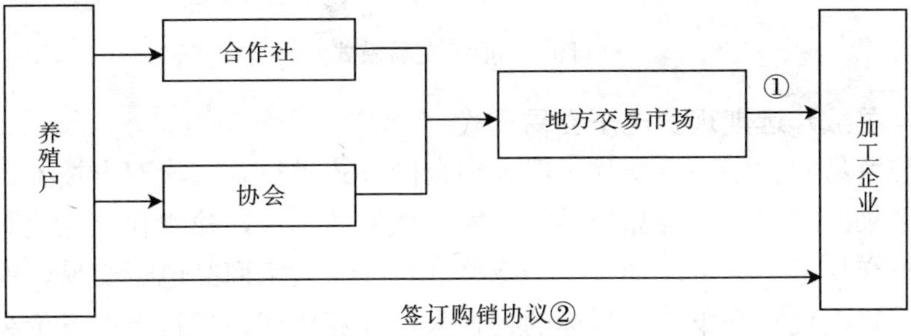

图 2　工牧直交模式

3. 拍卖交易模式

拍卖交易是世界羊毛贸易的主要形式，在澳大利亚、新西兰、南非等国家，拍卖制已成羊毛交易的惯例。在我国，拍卖交易不仅用于羊毛拍卖，还被引入羊绒市场，而且发展非常迅速。目前我国羊毛拍卖市场主要指南京羊毛市场，该市场在张家港保税区设有“外毛拍卖场”，在内蒙古乌审旗等地还设有国毛的异地拍卖会。我国的羊绒拍卖中心仍未建立，不过宁夏精品山羊绒拍卖交易会已经取得很大成功和业内肯定，宁夏也在积极筹建全国首家羊绒交易拍卖中心。

我国绒毛拍卖均依据拍卖市场交易条款及有关交易细则，按“以质论价，净毛（绒）计价，优毛（绒）优价”的原则进行。以羊毛拍卖为例，为了参加拍卖交易，牧民首先要对剪下来的羊毛进行分级整理，由当地牧民协会和牧民经纪人把分级后的羊毛组织起来，交到当地畜牧局仓库，然后集中送给当地纤检局检验，最后将检验样本附上纤检证书送至南京羊毛市场展样，参与拍卖。在羊毛拍卖中心，举牌竞拍的商家主要是毛纺加工企业，他们在拍卖市场直接采购原料，不仅质量有保障，而且减少了中间流通环节的费用。拍卖交易与工牧直交的第一种方式有一定的相似性，但参与主体更为广泛，不局限于生产者和加工企业，也允许贸易商参与。此外，拍卖流程更为复杂，尤其是质检要求非常严格，只有达到一定品级的羊毛（绒）才能入场进行拍卖交易。

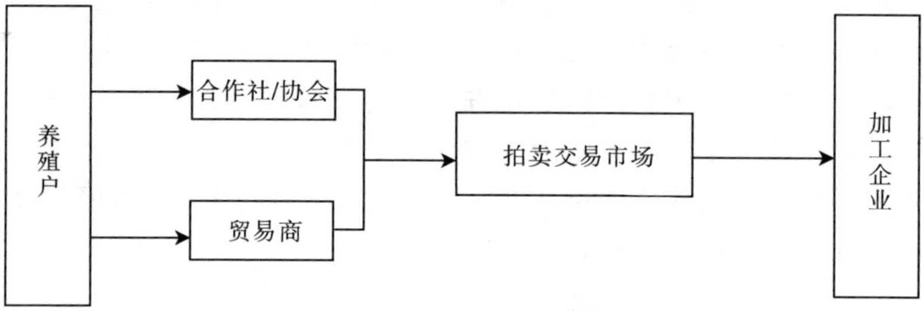

图 3　拍卖交易模式

4.（羊绒）远期现货电子交易模式

传统贸易的大宗商品交易一般采用合同方式进行，买卖双方按签订合同的内容在未来的时间进行商品交易。随着互联网的出现，建立在信息化基础上的现货电子交易走上舞台。现货电子交易（也称为大宗商品电子交易，或现货仓单交易）是以现货仓单为交易标的物，采用计算机网络进行集中竞价买卖，统一撮合成交，统一结算付款，价格行情实时显示的交易方式，其本质就是现货商品的电子商务。远期现货电子交易是现货电子交易发展的高级阶段，买卖双方不见面，以电子交易市场为交易平台，通过买入或卖出远期电子合约，来进行平仓交易或者实物交割，达到交易目的。这种交易模式是一种网上和网下相结合，现实与虚拟相结合，传统经济与网络经济相结合的新型交易模式，充分解决了现货商品交易的货源、客户源、在线结算、物流配送等众多难题的交易形式。

我国清河羊绒（国际）交易中心在世界上首开羊绒远期现货电子交易先河。目前该中心有山羊绒 1 号合约、山羊绒 2 号合约、山羊绒 3 号合约、绵羊绒合约和羊绒纱线合约共五个交易品种，还没有羊毛的远期电子交易合约。根据河清河羊绒（国际）交易中心规定，个人或企业如要进行羊绒远期现货电子交易，首先需要通过经纪人向交易中心提交相应材料，开立摊位账户，在与银行账户绑定银商转账后，即可进行购销交易。该中心交易规则显示，买卖交易均实行 20%的保证金制，按“价格优先、时间优先”的原则对买卖指令进行排序成交。为控制风险，该中心还制定了当日涨跌限制和订货量限制制度。当日涨跌幅以上一交易日的结算价为基准价，上下浮动 7%，超过涨跌幅限制的指令为无效指令不能成交，这有利于控制日内价格波动风险。根据订货量限制制度，每个交易商的单月份合约订货量不能超出市场规定，否则市场有权调整其订货量，可有效避免大户操控市场。对于到期合约，交易商可以根据规定平仓了结或者进行实物交收。实物交收后，买方取得货物，卖方取得货款。目前由于我国羊绒远期电子交易市场刚起步，每日成交量较少，功能主要表现为价格公开与信息指导作用。

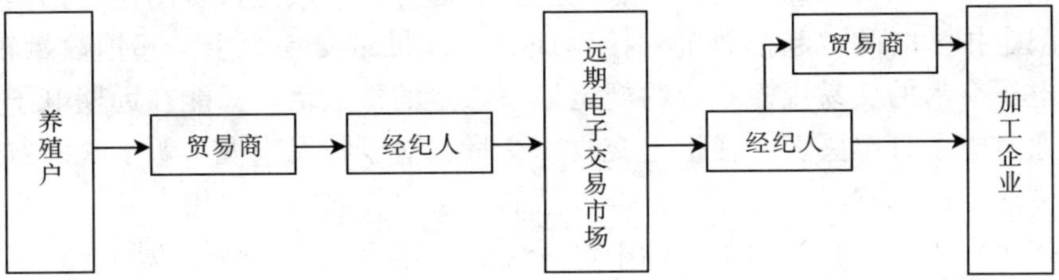

图 4　远期电子交易模式

（二）各种交易模式优缺点对比分析

本部分对我国绒毛市场四种交易模式的优缺点进行对比分析，共选取十个指标，涉及交易规模、交易时间、交易地点、交收方式、资金占用、盈利情况、风险转移、交易成本、信息传递及信用保证等多个方面，来对各种交易模式的优缺点进行全面对比。

表 1　我国绒毛市场四种交易模式的优缺点对比

指标	贩子收购	工牧直交	拍卖交易	（羊绒）远期电子交易
交易规模	规模小，没有数量限制	规模较大，数量不限制	规模大，有起拍数量	规模大，规定数量的整数倍
交易时间	不限制	有所限制	固定	合约规定
交易地点	牧民家，产区	交易市场，产区	拍卖市场	指定交收库
交收方式	一手交钱一手交货	钱货两讫或按协议规定	按拍卖流程规定	按合约交易规则规定
资金占用	全款全货	全款全货	全款全货	20%保证金、周转快
盈利情况	价格上涨才赚钱	优质优价，互利共赢	优质优价，有一定风险	双向操作，都可赚钱
风险转移	风险大，无法转移	风险小	风险较小	规避风险，锁定利润
交易成本	中间环节成本高	交易成本最低	拍卖费用较低	买卖合约交易费较低
信息传递	价格不透明，闭塞	供需信息直接交流	信息及时，价格透明	信息及时，价格透明
信用保证	信誉度低	基本履约	履约	严格履约

1. 交易规模、交易时间、交易地点和交收方式的比较

选定这四个指标旨在从交易基本要素方面对各种交易方式进行分析，它们是决定当前我国羊毛交易存在形式的基本原因。贩子收购方式是“一对一”交易，对交易规模和交易时间没有任何限制，贩子直接到牧民的家里收购，一手交钱一手交货。工牧直交通过交易市场或协议交易，对单个牧民的交易规模没有限制，双方只要在约定的时间、地点交易即可，一般是钱货两讫。拍卖交易通常限定拍卖时间、起拍数量和拍卖地点，以批量交易为主，起拍数量较大。远期电子交易的交易规模是合约规定最小数量的整数倍，只能在远期电子交易市场通过电子订单买卖，在指定交收库交货。对于牧民来说，贩子收购方式简单、灵活自由，省时省力，可根据自己的意愿出售或者不出售产品，成交后即可直接拿到货款，在这四个指标中最具优势，这也是当前贩子收购方式在我国广大产区普遍存在的主要原因。工牧直交对四个指标的限制也较为灵活，但从协议或者成交条件看，企业对牧民在种羊选择和生产管理等方面限制较高。拍卖交易起拍数量大，单户牧民无法直接参与拍卖，由于拍卖交易还需要履行质检、送样参展等一系列拍卖程序，拍卖结束后才能取得相应货款，对牧民来说灵活性较差。远期电子交易对四个指标均有限制，灵活性相对最差，但从企业角度来看，该交易方式打破时间和地点限制，将分散的市场融为一体，可以在现在或未来、当地或外地交收库，仅通过买卖远期电子合约就能实现交易，在这一点上它的灵活性又是其他交易方式无法比拟的。

2. 资金占用情况的比较

在贩子收购交易、工牧直交以及拍卖交易中，买卖双方必须全款全货，不能进行预付保证金等信用交易，企业采购资金占用较多（从牧民角度来看可全额收款是优点）。相比之下，远期电子交易市场实行“以小搏大”的保证金制度，20％的保证金交易放大了交易规模，相当于无息贷款。对于采购规模较大的加工企业来说，可以用较少的资金成本来进行较大规模的现货交易；对于供货方来说，可以将货物存储于指定仓库，领取现货仓单，该仓单可以在市场内自由转让、买卖，也可进行实物交收，降低了交易成本。同时，由于远期电子交易既可以通过实物交收也可以通过网上对冲平仓来实现交易，一旦交易商想结束交易，可直接在电子交易市场做相反的操作对冲平仓来完成交易，释放交易款项，资金周转非常快。所以在资金占用指标中，远期电子交易具有较为明显的优势。

3. 赢利情况的比较

通过对四种交易方式的赢利对比分析可知，工牧直交和远期电子交易在盈利指标方面更具优势。工牧直交是供需双方直接面对面交易，大大减少了流通环节，价格让利全部转移至交易双方，能够实现优质优价和工牧双方的互利共赢，牧民参与积极性较高。远期电子交易市场可以双向交易，即卖出远期合约或者买入远期合约，如果价格下降，卖出远期合约可以获利，反之如果价格上涨，建立买入远期合约的头寸则可以赚钱。不过如果双向操作不是基于现货交易，就有投机之嫌，投机则存在一定的风险。拍卖交易可以实现优质优价，也有利于缩短流通环节，降低交易费用，但拍卖需要一定的过程，还受市场价格波动影响，而牧民通常更希望尽快拿到现钱，故参与积极性较工牧直交低。在贩子收购方式中，牧民只有在羊毛价格上涨过程中才能赢利，价格下跌情况出现后，只能被动承担损失。

4. 风险转移的比较

在贩子收购方式中，生产者对产品价格下跌的市场风险无法转移，牧民只能被动承受价格下跌带来的利润损失。生产者在工牧直交和拍卖交易中面临的价格风险相对较小，不过一旦发生，价格下跌造成的损失也无处转移，只能被动承受。只有远期电子交易可以规避现货价格下跌的风险。比如，如果预期未来半年羊毛价格下跌，那么可按当前价格在电子交易市场建立一个半年后卖出一定数量羊毛的远期合约，如果半年后现货市场羊毛价格下跌，可以以建仓时较高的价格卖出羊毛实物，或者以较低的价格在电子市场撮合交易中买入该合约对冲平仓，锁定半年前的销售利润。

5. 交易成本的比较

在贩子收购交易方式下，由于市场存在众多大小不等的中间贸易商，流通损耗不断增加，同时各个贸易商还要参与产品利润分配，而且分配的比例要远大于一般生产者——牧民。流通环节越多和交易时间越长，损耗就越高，成本也就越高。这样一来，交易成本大幅增加，对羊毛产业各环节的经营者来说都降低了交易收益，尤其是广大牧民。拍卖交易和远期电子交易能快速实现批量交易，降低交易成本，提高交易效率，不过拍卖交易有一定的拍卖费用，远期电子交易也存在一定数量的二级市场交易费用。所以从交易成本指标看，只有工牧直交是供需双方真正面对面的交易，交易成本最低，交易效率最高。

6. 信息传递的比较

在贩子收购方式下，由于中间环节很多，生产者收集市场信息比较困难，渠道闭塞，造成交易双方信息不对称、市场不确定性因素较多，无形中就增加了交易成本。工牧直交是供需双方直接交易，因此基本不存在信息传递偏误的问题。拍卖交易的最大特点是交易过程公开，“一分价钱一分货”，按净毛率报价，有利于杜绝弄虚作假，此外，整个拍卖过程有工商、税务、公证等部门监督，信息公开透明，成交双方都可受益。远期电子交易所形成的行情信息具有及时、准确、公开和权威的特点，远期电子交易的成交价格在公开媒体上发布，均可以实时查询，非常透明，对羊毛现货的生产和加工双方有重大的参考意义。

7. 信用保证的比较

远期电子交易因全国范围的远程电子交易优势和保证金制度、每日无负债结算制度以及严格的惩罚措施，在交易范围中突破空间限制，且保证了高履约率和社会信誉，在四个交易方式中优势凸显，但针对牧民的可操作不大。贩子上门收购方式信誉度最差，如果羊毛价格较高，贩子可能到产区抢购羊毛，但是如果行情不好，则没有贩子上门收购，甚至出现“有价无市”或者“无价无市”的局面。拍卖交易受拍卖制度和拍卖流程限制，有一定的时空局限性，但履约性高，信誉保证一般不存在问题。工牧直交在产区发展比较迅速，由于操作可行，执行起来便捷，加上政府因势利导，影响力甚至超过拍卖方式，而且由于以长期合作为基础，买卖双方的信誉度都很高。

（三）各交易模式在当前发展过程中存在的主要问题

1. 贩子收购模式存在的问题

我国养羊业仍是千家万户分散饲养模式，决定了绒毛购销零星分散的商贩行为。从目前我国绒毛收购情况看，采用该模式交易的主要问题有以下几个方面：第一，分散、流动的绒毛收购商贩，造成羊毛流通环节无序化，购销不稳定。当羊毛、羊绒市场紧俏时，收购者不惜采用种种非法手段抢购原料，销售者不惜掺杂使假，谋求高额收益。当绒毛市场疲软时，收购者压级压价甚至停止收购，生产者降价出售效益大跌。这种混乱无序的羊毛市场使生产者和用毛企业利益都受到损害，可能只富了个别的羊毛贩子（刘枫，2006）。第二，从整个产业角度看，流通环节复杂，难以实现行业整体的利润升值。由于羊毛生产者与加工企业没有建立直接有效的联系，主要通过中间流通环节进行原料传送，增加了流通费用，牧民不能享受到提高价格带来的利润升值，加工企业也难以得到廉价和稳定的原料供给。第三，信息透明度低。牧民对市场信息了解较少，基本没有定价权，而加工企业由于没有直接参与收购，对原料来源及质量无法保证，造成流通环节掺杂使假现象时有发生。

2. 工牧直交模式存在的问题

工牧直交促进产业利润向上下游转移，提高了整个产业的价值升值，是目前我国羊毛主产区大力提倡和鼓励的羊毛交易方式。不过该模式处于推广阶段，目前存在的问题主要表现在以下方面：第一，协会或合作社带头组织交易有利于产业发展和牧民增收，但囿于利益分配，有些牧场、农场并不太配合。在羊毛积压时，他们会积极把羊毛全部交给协会销售；一旦羊毛紧俏，如果羊毛贩子哄抬价格抢购，一些经不起诱惑的会员就会不履行章程，给协会不交或者少交羊毛，而选择以更高的价格直接卖给市场，冲击了协会的规范运作。第二，协会或合作社对会员没有较强的约束力，会员不需要交纳会费，参不参与交易也没相应的制约或惩罚措施，导致协会或合作社与企业的交易能否实现存在一定的不稳定性。

3. 拍卖交易模式存在的问题

绒毛拍卖市场的发展有利于建立一个公开、透明、公平的市场竞争环境，也是促进我国羊毛市场与国际接轨的重要途径，是未来我国羊毛进出口贸易的主要发展方向。目前绒毛拍卖交易面临的主要问题有：第一，进入我国羊毛拍卖市场的卖方，基本上都是国有牧场，广大牧民以分散的家庭经营为主，组织化程度低，自己的经济组织又并未进入，羊毛拍卖指导生产的作用并未真正发挥。第二，由于羊毛拍卖以净毛计价，如果送检后的羊毛净毛率偏低，将影响参与拍卖牧民的整体收益，即存在拍卖风险，从而导致牧民在参与羊毛拍卖的态度上并不是特别坚定，许多牧民更愿意将污毛按市场价直接卖给贩子。第三，目前我国的羊毛拍卖制度和国外相比，还较不完善，拍卖体系尚没有完全形成，参加拍卖的绒毛数量太少，羊毛市场不规范，法律法规不健全，地方政府支持力度不够，对羊毛质量监督和查处不力等，最终导致正规的拍卖交易难以与非正规经营者竞争，大批羊毛通过各种非正常渠道流失，给国家税收、牧民利益和纺织厂效益造成极大损失。

4. （羊绒）远期电子现货交易模式存在的问题

我国羊绒远期电子现货交易市场目前面临的主要问题是：由于刚刚成立，尚处于发展初期，交易中心上市的品种有限，限制门槛较多，市场参与主体较少等。目前清河羊绒（国际）交易中心的交易合约仅有山羊绒 1 号、山羊绒 2 号、山羊绒 3 号、绵羊绒和羊绒纱线合约共五个合约，且只有在规定时间才可完成实物交易，而产销形势变化较难预料。在调研中发现，为了控制市场风险，清河羊绒（国际）交易中心的成立目的和最终发展方向只是为了促进羊绒现货交易，而不鼓励投机，该限定从客观上制约了电子市场交易主体的参与范围。由于不能大范围吸引投机者入市，造出市场成交不活跃、现货价格风险不能有效转移、市场自身的优势功能难以充分发挥等，从而导致市场发展缓慢。

二、澳大利亚羊毛市场交易模式及其对我国的启示

我国是羊绒的生产和加工大国，羊绒交易市场在世界也占据领先之势，清河（国际）羊绒交易中心更是开创了国际羊绒远期电子交易的先河，所以本部分重点对国外先进的羊毛市场交易模式进行分析。目前，国际市场的羊毛交易普遍采用规范的市场拍卖制，如在澳大利亚、新西兰、美国、南非等国家，羊毛拍卖制已成羊毛交易的惯例。澳大利亚羊毛拍卖市场是世界上最发达、最完善的交易典范，在澳大利亚的羊毛流通领域起着主体作用，每年85%的澳毛通过这种公开拍卖方式出售（Jackson，2006）。澳大利亚羊毛产业从羊群饲养、剪毛、洗毛、称重、烘干到最终的分级、检测等都有完善的配套产业链和严格的市场规范制度，为羊毛拍卖交易搭建了完备的平台基础，这对我国羊毛交易有较强的借鉴意义。

（一）澳大利亚羊毛市场交易模式分析

1. 羊毛拍卖是主要交易方式

澳大利亚的羊毛流通体系大体上由生产者、流通业者（羊毛交易商、个体贩运商、生产者营销合作社、出口商）、纺织业需求者、相关配套服务机构4大部分组成。羊毛拍卖市场（由羊毛交易商、羊毛交易所及其拍卖中心、检验所三部分组成）是流通领域的核心组成部分，在澳大利亚羊毛流通体系中起着

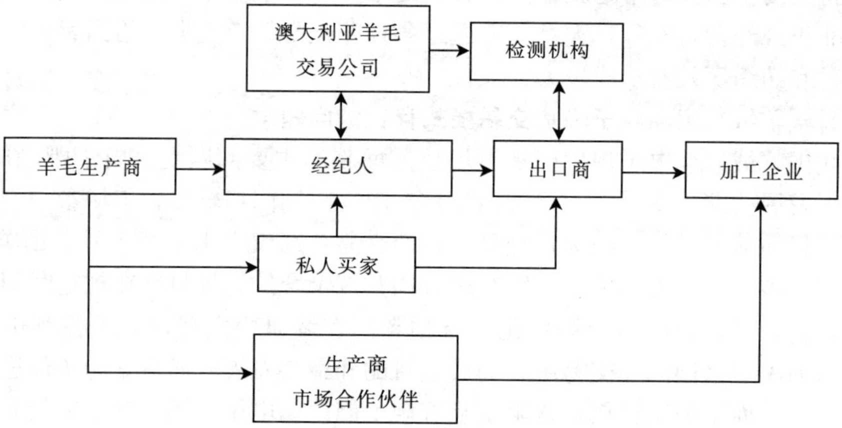

图5　澳大利亚羊毛交易市场

资料来源：澳大利亚羊毛交易公司。

举足轻重的作用。澳大利亚羊毛拍卖市场在羊毛流通领域中占主导地位，羊毛拍卖主要集中于澳大利亚羊毛交易公司（AWEX）下属的五大拍卖中心。其中，澳大利亚羊毛交易公司（AWEX）又是拍卖市场的核心，自1993年成立起，它就接管了澳大利亚羊毛拍卖市场的管理和报告工作，每年95%的新羊毛购买商都是AWEX的成员，包括羊毛经纪人、出口商、私有合约商、加工商、羊毛生产商和其他合作伙伴。

2. 羊毛拍卖规模很大

澳大利亚羊毛主要通过拍卖市场交易，拍卖交易规模大，覆盖面广，发展完善。澳大利亚羊毛公司下属的五大拍卖中心分布在澳大利亚的北部、南部和西部三个地区，北部地区有悉尼和纽卡斯尔两个中心，南部地区有墨尔本和朗塞斯顿两个中心，西部地区有弗里曼特尔一个中心。其中悉尼、墨尔本和弗里曼特尔三个中心的交易规模较大，它们的成交量占到全国拍卖市场交易量的95%左右。据澳大利亚羊毛公司网站公布数据，澳大利亚有超过3万名羊毛生产商遍布全国各地，每年有80%～90%的新剪羊毛由羊毛生产商通过羊毛经纪人在五大拍卖中心出售，仅有10%%～20%的羊毛由生产商通过合约销售，或由私人直接从牧场购买。

3. 羊毛质量检验体系完善

澳大利亚羊毛拍卖市场十分重视羊毛的售前检验，通过拍卖渠道销售的羊毛几乎全部接受客观检验，其中95%的羊毛在交易前检验，5%的羊毛在交易后检验，客观检验制使澳大利亚羊毛交易顺利步入凭样出售的轨道。在羊毛拍卖市场上，澳大利亚羊毛检测局对每一批羊毛都进行检测，每一只绵羊的耳朵上都有一个标签，上面有所属牧场的唯一编号，由分析仪进行扫描，或者是进行激光扫描检测，让消费者对羊毛的种类和特点通过标签可以了解，确保羊毛的质量和可追溯性。澳大利亚羊毛协会（AWTA）已要求从2001年7月起，所有羊毛检验、交易证书中的细度指标均以激光细度仪检测的数据为准。

4. 羊毛分级员负责制权责明晰

为鼓励竞争和保证羊毛质量判定公平准确，澳大利亚羊毛交易所通过制订方法和标准并培训、注册、管理羊毛分级员，使所制订的规则通过这些有资质分级员得到有效的执行。澳大利亚的羊毛分级员根据其资格和从事的工作，分为澳大利亚羊毛分级员（AW，Australian Woolclasser）、物主分级员（OC，Owner Classer）和副分级员（CA，Classer Associate）。这三类分级员的权限各不一样，但无论哪一类分级员都必须通过澳大利亚羊毛交易所的资质认定并注册。这些分级员每人都有一个不同的注册分级标识，含印戳、图章和身份证件。当羊毛包盖有这些印戳或图章时，则表示该羊毛分级员已按要求对包中的货物进行相应的分级。目前，澳大利亚注册的羊毛分级员共有2万多名，分别在澳大利亚3万多家牧场执行统一标准的分级工作。同时这些羊毛分级员还负有现场指导和帮助牧民正确理解标准，收集建议和交流信息以及监督检查剪羊毛工作的责任。

（二）对我国羊毛市场交易模式发展的启示

1. 拍卖交易是促进羊毛规范流通和规模交易的有效方式

澳大利亚是世界最大的羊毛生产国和出口国，其羊毛生产总量的95%以上用于出口（王丽娜，2003），年出口贸易量非常大。贸易能否畅通，交易方式的选择至关重要。通过对澳大利亚羊毛交易市场的分析可以发现，拍卖交易是澳大利亚羊毛贸易的主要方式。“参与拍卖、出口赢利”是该国羊毛生产的主要目的，所以从上游的羊群饲养、剪毛、洗毛、称重、烘干到最终的分级、检测等，牧民都严格按规定生产以便于参加拍卖交易。由于进入拍卖交易的羊毛有严格的质量检验要求，充分体现了分级计价和优质优价，使得通过拍卖交易的羊毛更易于被市场认可，并成为批量交易和国际进出口贸易的质量通行证，所以拍卖交易被广泛应用于羊毛的规模交易和国际进出口贸易中。我国羊毛拍卖交易起步较早，但发展缓慢，一方面受千家万户分散饲养的落后生产方式所限，另一方面也与我国毛纺加工企业数量繁多，规模较小，没有形成稳定的规模贸易需求有关。所以拍卖交易的功能在我国远没有被发挥出来。

2. 拍卖交易必须有完善的检测体系作为配套服务设施

从澳大利亚羊毛流通体系可以看出，澳毛的质量在各个环节都经过严格把关，需求企业可随时获得可靠的羊毛质量信息。从农场开始肉眼初步分级，到进入拍卖市场的样品仪器测定，到发往毛纺企业时的大包（混合包）的检验证书，均有严格的质检体系和流程。相比看来，我国羊毛在生产阶段开始就不太注重分级，混毛销售，增加了羊毛进入流通市场后的检验难度。此外，流通市场也缺乏配套的检测体系，部分羊毛质量检验机构还缺乏先进的专业检测设备，难以对羊毛质量进行权威鉴定。检测体系的缺位不仅限制羊毛进入拍卖市场进行拍卖交易，也是造成流通市场混乱难以管理的主要原因之一。

3. 拍卖交易需要有羊毛的质量保证为前提条件

质量是产品得以流通的保证。我国是毛纺工业大国，洗毛、毛条加工和纺纱能力都名列世界前茅，每年消费大量的羊毛。虽然我国是世界第二大羊毛生产国，但国产羊毛无论在产量上还是在质量上都远远不能满足国内毛纺工业的需要，特别是国产羊毛品质不能满足我国精纺原料的要求，细羊毛大部分依靠进口。企业在原料采购时，往往选择进口澳大利亚羊毛，即使国产羊毛比进口羊毛便宜。他们认为，如果把羊毛价格和羊毛质量联系起来考虑的话，购买进口羊毛还是比购买国产羊毛合算。这种宁要进口羊毛、不要国产羊毛的现象近年来也开始出现在一些粗纺企业（李平，2005）。可见，羊毛质量是降低国产羊毛国际竞争力的首要因素，也是我国羊毛参与市场流通首先要解决的问题。

4. 提高羊毛产业竞争力，必须选择适合我国产业发展的交易模式

生产状况决定交易模式的采用，而交易模式又反过来对生产提供指导作用。澳大利亚先进发达的羊毛拍卖市场发展至今，已经开始对羊毛生产环节形成指导和约束，牧民要顺利卖出羊毛，实现养殖收益，必须按照市场交易模式来进行生产和组织原料供给。可见，指导羊毛科学生产、提高羊毛质量的动力不光在于生产环节，同样也在于流通环节，交易方式的选择和建立对生产的反作用很大。根据澳大利亚交易市场发展启示，我国应尝试考虑通过规范流通环节及交易模式来反向培养生产者的质量意识，促进其生产方式及其他配套环节的转变，达到提高羊毛产业竞争力的目的。

三、完善我国绒毛市场交易模式的对策建议

本部分综合上文对我国绒毛市场交易模式优缺点及存在问题的分析和澳大利亚羊毛市场交易模式对我国的启示，并依据我国当前绒毛市场实际发展情况，首先对我国绒毛市场交易模式的整体发展方向进行初步判断，在此基础上得出完善绒毛市场交易模式的对策建议。

（一）对我国绒毛市场交易模式发展情况的整体判断

1. 当前我国绒毛交易市场正处于由低级向高级、从混乱向规范转变的过渡时期，多种交易模式并存是当前的发展选择

目前我国绒毛交易市场以分散化的贩子收购模式为主，多种交易模式并存，无序发展，导致流通体系混乱和低效率。为加快我国绒毛的产业化进程，密切上下游之间的协作关系，提高行业竞争力，必须推动交易市场由低级向高级、由混乱向规范转变，而该过程主要是通过交易模式的改进和完善来实现。通过上文分析可知，工牧直交是适应我国当前产业发展实际而迅速发展起来的新生交易模式，出现时间不长，但发展迅速；拍卖交易是借鉴国际先进羊毛产业经验而引入的交易模式，引进时间很长但发展缓慢；远期电子现货交易是仿

效其他大宗商品成熟交易模式而建立的现代化交易平台，处于刚刚起步阶段。与贩子收购模式相比，这三种交易方式均代表了商品经济发展的更高一级形态。显然，未来我国绒毛交易方式转变将是由贩子收购模式为主向这三种交易方式转变。

2. 工牧直交将取代贩子收购，进而为拍卖交易创造条件，最终实现绒毛的现代化交易

我国既是绒毛生产大国，又是加工大国，牧民与企业之间存在直接联系的客观条件，但目前上下游之间合作并不密切，加强牧企一体化协作，大力发展工牧直交，刚好可以使供需双方需求互补，充分发挥我国绒毛产业的生产和加工优势，使上下游受益增加，还有利于提高整个产业的价值。此外，工牧直交模式流程简便，在产区一经推广便发展迅速，易于取代贩子收购模式成为牧民销售羊毛的主要方式。拍卖交易是当前世界羊毛现代化交易的主要模式，它引导优质优价，有利于建立公开、透明、公平的市场竞争环境，也是促进我国羊毛市场与国际接轨的重要途径。不过根据当前我国实际情况，由于羊毛生产环节仍然薄弱，组织化程度较低，交易规模小，加之羊毛分级不科学，批量交易困难较大，而且拍卖交易增加了运费、仓储费和价格风险等，牧民参与拍卖交易的积极性较工牧直交低。可见，通过工牧直交引导科学生产和规模养殖的发展，进而为批量拍卖交易创造条件是必由之路。远期电子现货交易是现代化商品交易市场的必要组成，目前我国羊绒远期现货电子交易以实物交易为目的，限制投机，一定程度上制约了市场的参与规模，从长期看，最终发展方向应是扩大交易规模和市场容量，吸引投机，进行期货交易，从而为现货企业提供有效规避风险的场所。

（二）对策建议

1. 积极推进科学养羊发展，促进标准化生产，提高绒毛质量

质量是进入流通交易的必要前提，拍卖交易、远期电子现货交易都对进入市场的产品质量有一定的规定，工牧直交也选定优质产区推行。所以，要推动国产绒毛进入先进交易模式交易，首先要提高绒毛的质量水平。从目前我国养羊业生产情况看，牧区仍以小规模家庭散养为主，牧民养羊主要是根据自己的养殖经验，科技应用普及率低，还存在盲目杂交现象，造成绒毛质量明显下降。为提高绒毛质量，可以：第一，培养牧民科学的养羊观念，使其坚持分群饲养，分级剪毛，分级销售；第二，逐步转变千家万户的分散饲养经营模式，积极鼓励牧民向标准化养殖方向发展，提高羊养殖环节的科技含量，从而提高绒毛质量；第三，建立健全畜种监测管理体系，杜绝不合格种羊流入市场，进一步遏制绒毛用羊品种退化的现象；第三，完善以政府为主导的科技服务体系，加强科技培训的力度，利用电视、网络、广播、报纸等多种媒体，采用授课、参观学习等多种方式，以各种现代化养殖技术为重点，加快牧民养殖技能培训，使其掌握绒毛用羊养殖新技术。

2. 完善售前检验制，积极推广公检制度和净毛（绒）计价，促进优质优价

推行绒毛公证检验是绒毛产业健康发展不可或缺的重要环节，也是质量保证的重要措施。为进一步完善售前检验制，积极推广公检制度和净毛（绒）计价：第一，要规范客观检验机构出具的检验证书，使其能公正、客观地反映绒毛的真实品质，具有权威性，以维护牧民、供应商和需方的利益；第二，可建立以细度（直径）定量，结合长度为基础的质量标准，改变现行的商业收购标准，调整目前国家标准细度公差的范围，真正体现优质优价，调动牧民对绒毛品质优化培育的积极性，不给某些不法商人造成可乘之机；第三，完善绒毛检验的质量保证体系，加强绒毛检验流程中的质量控制，使条形码在检验流程中得以应用，同时增加样品平行试验次数，确保监测数据准确可靠，此外，要强化对样品的质量控制，保证样品的代表性；第四，认真学习国际上各种先进的绒毛加工及测试技术，努力提高国产绒毛的净毛（绒）率和净毛（绒）量，实行统一剪毛（抓绒）、统一分级、统一标准、统一出售，建立绒毛分级、整理、打包、检验的现代绒毛质量管理制度等。

3. 鼓励养羊生产者协会和专业合作社建设，扩大参与绒毛市场交易的规模和程度

养羊生产者协会是牧民进入拍卖市场销售绒毛的基础。养羊生产者协会通过组织牧民主动进行绒毛改良、标准化饲养、机械化剪毛、分选及打包，通过纤维检验局实施的公证检验，直接将绒毛推向拍卖市场。可见，通过协会的形式有利于将分散的养羊生产者组织起来，形成利益共同体，分散饲养，规模经营，把数量优势转变为质量优势和竞争优势，提升国产绒毛参与市场交易的竞争力。建立养羊专业合作组织，也可以提高羊养殖的组织化程度，增加牧民共同参与市场交易和抵御市场风险的能力。鼓励协会和合作社建设的具体措施有：第一，通过政策引导和贷款优惠等援助政策，帮助产区建立适合各地发展的羊毛生产者协会或合作社，指导金融机构对其加大信贷投入，主动地调整信贷结构、优化信贷投向，增加对协会或合作社的信贷支持等；第二，建立由当地种羊场或规模养殖户牵头成立的绒山羊养殖协会或合作社，由其统一规定社员的生产设施及投入状况，指导社员科学饲养与管理，并统一组织销售，提高集体议价能力，保证养殖收益；第三，对现有养羊合作社加强管理，指导其建章立制，规范经营，健全组织结构，密切利益联盟，提高合作与抗风险能力。

4. 支持产区增建绒毛交易市场，大力整顿和规范绒毛流通秩序

要建立规范化、权威、相对集中的绒毛销售流通体制，围绕市场需求，积极开展绒毛检测服务，以质量效益为纽带，使绒毛生产者、经营者、毛纺加工企业协调一致，共同推动我国的绒毛业发展。具体措施有：第一，由国家主管部门统一领导，研究制定适应中国特点的绒毛市场交易监督管理办法，重点是通过法规和政策指导支持地方政府或企业在全国毛纺中心地区或重点产毛区建立国家级高起点的绒毛交易市场；第二，对当前绒毛流通市场的秩序加强管理整顿，尤其是对国家已发布的法规政策要加强执法力度监督，对不符合国家标准与规定的市场进行严厉处罚等；第三，加强宣传和引导，对首先进入规范市场交易的绒毛生产者或经营者要给予一定的优惠政策，为进一步加强绒毛市场的建设，还应健全和完善绒毛交易条款、管理办法、市场准入条件等各项制度。

5. 增加信贷资金支持和政策引导，积极发展工牧直交

目前我国绒毛产业的生产和加工业分离现象明显，毛纺加工企业主要分布在东部沿海地区，接近消费市场和出口港口，而绒毛产区主要集中在内陆地区，客观上增加了工牧直交的难度。但随着市场的开放和融通，不少毛纺加工企业也选择西部建厂或者与牧民签订购销合同或者直接建立生产基地等，无形中增加了企业的生产成本。为促进工牧直交模式发展，政府也要采取措施，提供一定的税收优惠和信贷支持等政策，鼓励工业联手牧业，将我国的绒毛业做大做强。相关政策建议有：第一，进一步完善企业基地和农牧户之间的利益联结机制，鼓励龙头企业和牧民以多种方式共同搞好基地建设，采取购销合、保护价收购、二次结算、高补低不退等方式最大限度保护牧民的利益，形成工牧直交，互惠互利的共同体；第二，对贸工牧一体化试点，在资金投入、信贷等方面给予优惠，鼓励有条件的地方组建交易市场，方便产区牧民进行规模交易；第三，责成自治区家畜改良站承担种羊质量检测鉴定任务，在主产区由专业纤维检验机构承担羊绒质量第三方检测鉴定工作，促进工牧直交工作的开展。

6. 加强羊毛市场分级员队伍建设，促进羊毛拍卖交易

羊毛进行拍卖交易的前提是进行科学分级，我国羊毛拍卖交易的制约因素主要是羊毛缺乏分级整理。羊毛的分级整理工作需要专门的技术和专业的分级人员，澳大利亚的羊毛分级员培训经验值得我国借鉴，培养羊毛分级员是对我国羊毛市场进行科学分级的迫切需求。对此，第一，由于我国的羊毛分级员多是由羊毛协会来组织培训和考核，可以规定相关企业必须具有一定数量的羊毛分级员，尤其是羊毛经销和加工企业，对大型生产牧场，也需要一定数量的羊毛分级员，由协会来统一组织培训和管理。第二，建立我国的羊毛分级员职业资格证制度。羊毛分选整理是一项质量基础工作，在羊毛质量控制过程中起着非常重要的作用，建议国家建立羊毛分级师执业资格制度，通过培训考核，取得羊毛分级师资格，经过培训注册，服务于从剪毛到拍卖出售前的有关质量工作。通过分级员队伍建设，提高我国羊毛分级整理人员整体素质，从而促进羊毛业各个环节对羊毛科学分级整理的意识和行为，为羊毛拍卖交易的开展提供条件。

参　考　文　献

[1] 胡占莉．2008. 羊绒业交易方式的一次突破 [N]. 中国纺织报，2008-01-21.

[2] 黄珺，顾海英，朱国玮．2005. 畜禽产品流通交易方式选择研究 [J]. 中国畜牧杂志 (2).

[3] 李平，赵玉田．2005. 澳大利亚羊毛流通体系及对我国羊毛流通的启示 [J]. 中国畜牧杂志 (1).

[4] 李艳．2005. 高品质是生产出来的 [N]. 中国质量报，2005-10-26.

[5] 林祥金．1991. 我国羊毛产销形势分析及政策性建议 [J]. 农业经济问题 (12).

[6] 刘枫．2006. 新疆细羊毛如何避免被澳毛“PK” [N]. 新疆日报，2006-02-07.

[7] 史瑞芝．1989. 羊毛拍卖的启示和思考 [J]. 新疆畜牧业 (2).

[8] 王丽娜，施康生，顾国达．2003. 澳大利亚的羊毛生产与贸易 [J]. 世界农业 (9).

[9] 王梅芳，简盖元．2008. 中国农产品批发市场与拍卖制度 [J]. 科技信息 (2).

[10] 赵德海．2003. 农产品分类流通方式研究 [J]. 市场营销导刊 (2).

[11] Henry Haszler. 1998. Raw wool production and marketing in China: ACIAR project 8811 [R]. Impact Assessment Series (IAS) with number 47193.

[12] Jackson, Elizabeth, Quaddus, Mohammed, Islam, Nazrul, Stanton, John. 2006. Farmer-To-Farmer Advice: What's the Best Way to Sell Raw Wool in Australia? [R]. International Association of Agricultural Economists, 2006 Annual Meeting, August 12-18, Queensland, Australia with number 25470.

专题五

我国羊毛价格波动特征、影响因素及稳定对策研究

曹　佳　茅建新　朱晓霞

随着我国国民经济的发展和人民生活水平的提高，城乡居民对羊毛制品的需求和关注度越来越高；羊毛收入是牧民收入的主要来源之一，并且羊毛作为毛纺织企业的主要原料，其价格的波动也影响着企业的兴衰。因此，可以说羊毛价格波动对羊毛生产者、居民生活、毛纺织企业生产都有显著的影响。在上述背景下，本专题首先研究了我国羊毛价格波动的规律特征，然后分析其影响因素，最后提出稳定我国羊毛价格的对策建议。

一、我国羊毛价格波动的特征分析

（一）我国羊毛价格走势分析

从图1可以看出，2008年1月以来我国国毛条66S和64S[①]的价格都呈现总体上震荡上升的趋势。其中，国毛条66S的价格高，波动幅度大，其价格由2008年1月的75.75元/千克上升至2011年12月的87.28元/千克，涨幅为15.21%；在2008年1月至2011年12月这个时间段内，价格最低为2009年3月的45.13元/千克，最高点是2011年7月的114.66元/千克。国毛条64S的价格稍低，波动幅度稍小，其价格由2008年1月的64.40元/千克上升至2011年12月的76.93元/千克，涨幅为19.45%；在2008年1月至2011年12月这个时间段内，价格最低点为2009年3月的41.31元/千克，最高点是2011年7月的91.26元/千克。这两个品种的价格最低点均出现在2009年3月是因为受到国际

① 国毛条66S的细度为21.0微米，国毛条64S的细度为22.6微米。由于66S、64S是我国国毛条的主体，其余品种较少，故而本专题主要侧重于对国毛条66S、64S的分析。

金融危机的影响，2008年的金融危机使得我国羊毛价格一跌再跌，羊毛生产面临十年以来最严重的打击。价格最高点出现在2011年7月主要是由于2010年10月以后，金融危机中退出市场的欧洲纱线厂和毛条厂大规模重返市场，给细支羊毛市场增添了压力，羊毛的产量没有增加，但是需求量增加，导致供应量短缺，国际羊毛市场的价格上涨，进一步影响了中国羊毛市场的价格。

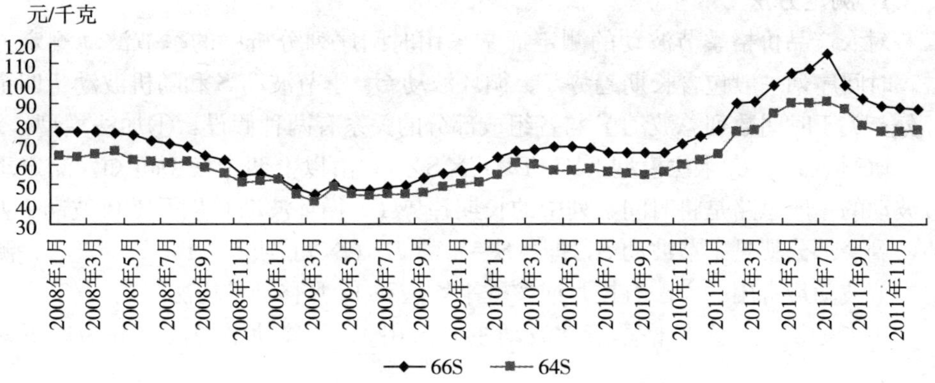

图1　2008年1月至2011年12月不同品种国毛条价格走势

数据来源：张家港羊毛市场（中国羊毛信息网）。

从图2可以看出，澳毛条在我国市场的价格变化趋势和我国国毛条的变动趋势基本一致，都呈现总体上震荡上升的趋势，价格最高点出现在2011年6月或者7月，最低点出现在2009年3月。其中，澳毛条70S的价格最高，66S的涨幅最大。澳毛条70S的价格由2008年1月的109.45元/千克上涨至2011年12月的128.55元/千克，涨幅为17.45%；澳毛条66S的价格由2008年1

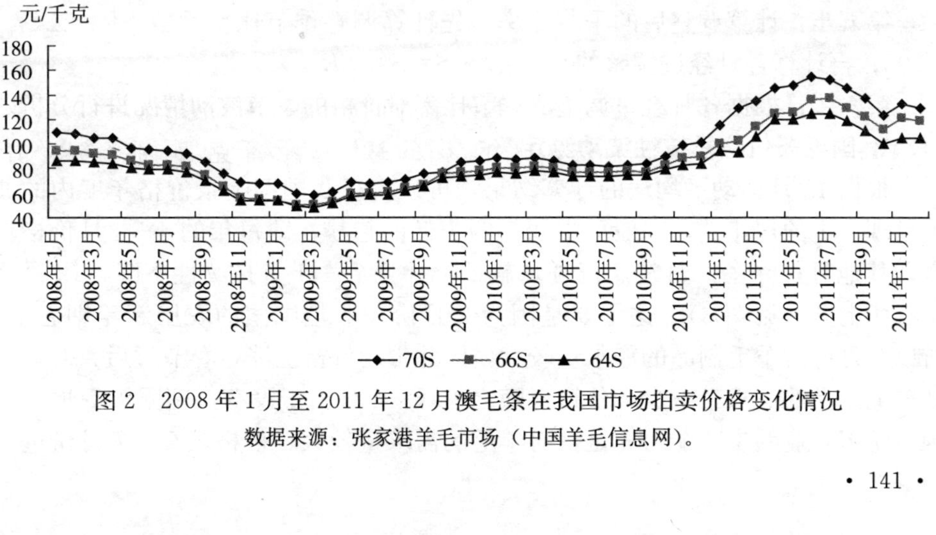

图2　2008年1月至2011年12月澳毛条在我国市场拍卖价格变化情况

数据来源：张家港羊毛市场（中国羊毛信息网）。

月的 94.63 元/千克上涨至 2011 年 12 月的 118.55 元/千克，涨幅为 25.28%；澳毛条 64S 的价格由 2008 年 1 月的 86.58 元/千克上涨至 2011 年 12 月的 104.45 元/千克，涨幅为 20.65%。

（二）我国羊毛价格季节性波动的测定

1. 测定方法

对农产品价格季节波动的测定通常采用时间序列分析中的季节波动测定方法。时间序列一般包含长期趋势 T、循环波动 C、季节波动 S 和随机波动 I 四个部分；关于时间数列总波动 Y 与各组成部分的关系有两种假设：①加法模型：$Y=T+C+S+I$；②乘法模型：$Y=T\times C\times S\times I$；由以上两个模型可知，测定季节波动的一般思路是将时间数列中的长期趋势 T、循环波动 C 以及随机波动 I 去掉，剩余部分就是季节波动 S，即：$S=Y/(T\times C\times I)$ 或 $S=Y-T-C-I$；测定季节波动最常用的方法有按月或按季平均法和 12 月移动平均法。

本专题测定羊毛价格季节性波动主要采用 12 月移动平均法，分为以下六个步骤：

第一步：用移动平均法测定时间数列的长期趋势 T（为消除季节波动的影响，移动平均的项数应该为 12）；

第二步：用相除法去掉各月的长期趋势的影响，求得各月的季节比率，即：各月季节比率＝各月实际价格/各月长期趋势值；

第三步：计算各月的平均季节比率，也就是未经调整的季节比率 S^*；

第四步：将 12 个月的未经调整的季节比率加总，如果 $\sum S^*=1\ 200$，对季节比率不需要调整，如果 $\sum S^*\neq 1\ 200$，则需要对季节比率进行调整；

第五步：计算调整后的季节比率，先计算调整季节比率系数 $SR=\sum S^*/1\ 200$；再计算各月经过调整的季节比率 $S=S^*/SR$；

第六步：根据各月经过调整的季节比率对价格的季节波动情况进行分析。

2. 国毛条价格季节性波动测定

根据 12 月移动平均法的计算结果，可以发现我国国毛条价格年度内的波动呈现一定的规律性，一般呈中间高两头低的趋势，即每年的 4—6 月价格较高，其他月份除了 2 月较高以外均较低，并且 7—11 月持续性下降，12 月略微有所上升（见图 3）。这主要是因为 2 月份一般是中国的农历新年即春节，所以 2 月份对羊毛制品的需求量较大，因此带动价格上涨，春节过后，对羊毛及羊毛制品的需求量减少，价格也随之下降；4 月由于没有拉闸限电等情况出现，纺织企业的生产能力充足，对羊毛的需求量较大，价格较高；7 月份进入用电高峰期，企业拉闸限电现象加剧，不少纺织企业因限电而停产，导致原料需求减少；另外随着不少农民工返乡务农，企业招工困难，纺织企业季节性劳动力短缺的现象在各地普遍出现，导致连续几个月羊毛原料价格下降；12 月进入冬季，由于需求增加，价格有所回升。

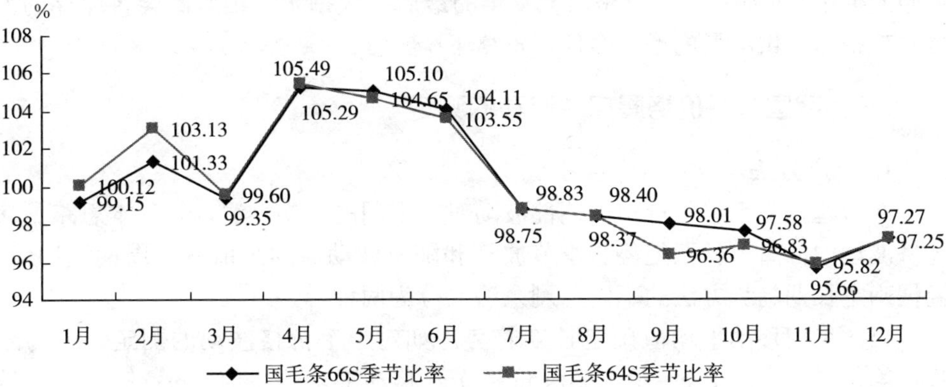

图 3　我国国毛条 66S、64S 价格季节比率

数据来源：根据张家港羊毛市场（中国羊毛信息网）价格数据计算。

3. 澳毛条价格季节性波动测定

澳毛条各个品种的羊毛在我国市场的拍卖价格也呈现出一定的规律性，也

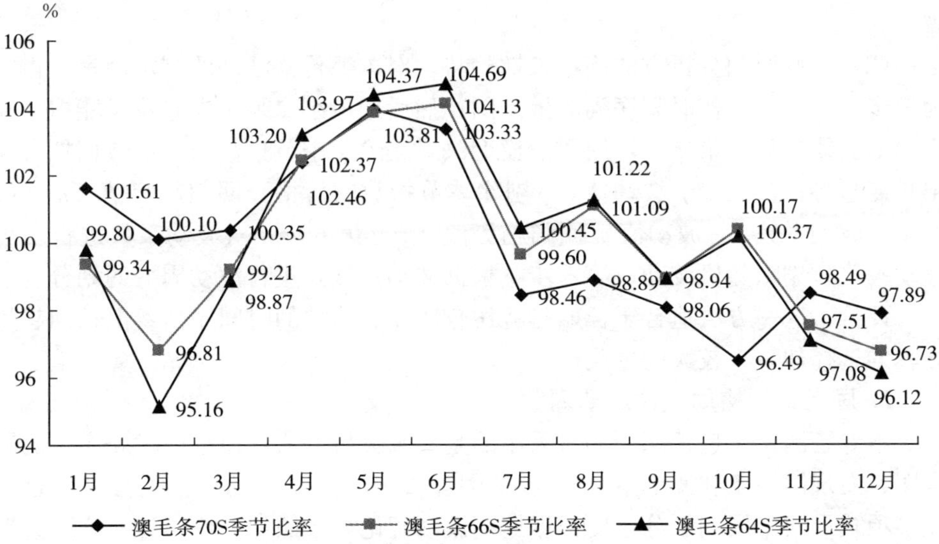

图 4　澳毛条 70S、66S、64S 价格季节比率

数据来源：根据张家港羊毛市场（中国羊毛信息网）价格数据计算。

是两头低中间高的趋势，但是与国毛条不一样的是澳毛条的价格最高点出现在6月（澳毛条66S、64S）或者5月（澳毛条70S），在中国农历春节的2月份其价格较临近的两个月是较低的，并且12月是呈下降的趋势（见图4）。这主要是因为澳毛条5月受到劳动节节日效应的影响，需求量增加，价格提高；而按照澳毛市场的惯例，7月是旧毛本年的最后一次拍卖，拍卖商会将库存的大量羊毛拍卖，供给量的增加会使得价格下降。

（三）我国羊毛价格周期性波动的测定

1. 测定方法

本专题在测定羊毛价格周期性波动时，采用的是剩余法，其基本思路是从经济波动中分离出长期趋势、季节波动和随机波动后的余值就是周期波动值。根据确定长期趋势方法的不同，剩余法又分为两种：

（1）采用移动平均值确定长期趋势。如对羊毛价格波动的测定，分为三步：第一步，波动值c=羊毛实际价格Y－移动平均趋势值Tm；第二步，波动系数a－波动值c/移动平均趋势值Tm；第三步，根据波动系数a进行波动周期的划分。

评价：这种方法适用于长期趋势较为复杂、且不规则波动较大的时间数列的处理，缺点是会使数据信息量减少，并且时间长度的选择具有较大的主观性。

（2）采用回归分析方法确定长期趋势。对羊毛价格波动的测定而言，也分为三步：第一步，作时间序列的散点图，然后用最小二乘法去寻找最能拟合原序列的曲线方程；第二步，用回归模型法对剔除了季节指数的价格数据拟合算出长期趋势；第三步，波动值c=剔除季节指数的价格－回归趋势值Tm；第四步，波动系数a=波动值c/回归趋势值Tm；第五步，对波动系数进行三项移动平均，剔除随机波动；第六步，根据波动系数a进行波动周期的划分。

评价：这一方法适合于长期趋势比较明显、简单的时间序列，但长期趋势方程的选择却带有较大的主观性。

2. 国毛条价格周期性波动测定

本专题测定羊毛长期趋势时采用的是回归分析方法，通过做时间序列的散点图，发现国毛条和澳毛条2008年1月至2011年12月的价格走势都符合二项多项式形式。周期划分主要根据周期波动理论，按照从“峰—谷—峰”的形态特征，幅差大于5%，且持续时间至少在12个月以上作为一个完整的周期的标准划分各品种羊毛价格的波动周期。

国毛条 66S 的拟合方程为：$Y = 0.0699T^2 - 2.6046T + 79.5473$，其中 T 为时间趋势，表示月份（2008 年 1 月＝1，2008 年 2 月＝2，…，2011 年 12 月＝48），方程的拟合优度 $R^2 = 0.8246$，说明方程拟合得较好。

国毛条 64S 的拟合方程为：$Y = 0.0547T^2 - 2.0589T + 68.6845$，$T$ 的含义同前，方程的拟合优度 $R^2 = 0.8309$，说明方程拟合得较好。

分别根据拟合方程，在剔除了季节指数的价格数据的基础上，计算出国毛条 66S 和 64S 价格的长期趋势，然后消去长期趋势，运用三项移动平均消去随机波动的影响，得到 2008 年 2 月至 2011 年 11 月的波动指数，国毛条 66S 和 64S 的波动指数很接近，2008 年 1 月以来的变化如图 5。

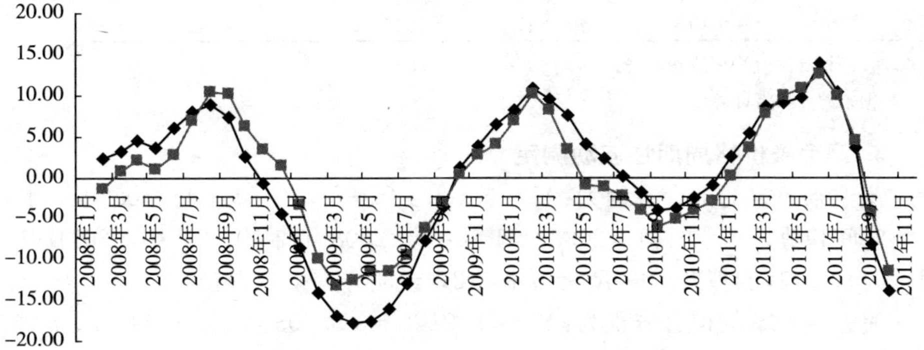

图 5　国毛条 66S、64S 价格波动指数变化曲线（2008—2011 年）

数据来源：根据张家港羊毛市场（中国羊毛信息网）价格数据计算。

根据划分周期的标准，将我国国毛条 66S 价格波动情况分为两个半周期（见表 1）。2008 年以来，国毛条 66S 的价格平均以 17 个月为一个周期波动，其中第一个周期是 18 个月，第二个周期为 16 个月；国毛条 66S 的波幅较大，平均振幅为 11.62%，但是从纵向发展变化而言，国毛条 66S 的振幅呈缩小的趋势。

表 1　国毛条 66S 价格波动的周期长度和振幅（2008—2011 年）

周期	起止时间	月距	波峰	波谷	振幅
第一	2008.8—2010.2	18	10.71	−17.82	14.27
第二	2010.2—2011.6	16	13.82	−4.12	8.97
第三	2011.6—	—	—	—	—
	平均	17	12.27	−10.97	11.62

注：振幅＝（波峰－波谷）/2。

数据来源：作者计算。

根据划分周期的标准，我国国毛条 64S 价格波动情况也分为两个半周期（见表 2）。2008 年以来，国毛条 64S 的价格平均以 17 个月为一个周期波动，其中第一个周期是 18 个月，第二个周期是 16 个月；国毛条 64S 的波幅较 66S 较小，平均振幅为 10.53%，比 66S 的振幅低 1.09 个百分点。从纵向发展变化而言，国毛条 64S 的振幅也呈现缩小的趋势。

表 2　国毛条 64S 价格波动的周期长度和振幅（2008—2011 年）

周期	起止时间	月距	波峰	波谷	振幅
第一	2008.8—2010.2	18	10.33	−13.18	11.76
第二	2010.2—2011.6	16	12.50	−6.10	9.30
第三	2011.6—	—	—	—	—
	平均	17	11.42	−9.64	10.53

注：振幅＝（波峰－波谷）/2。

数据来源：作者计算。

3. 澳毛条价格周期性波动测定

澳毛条 70S 的拟合方程为：$Y=0.1091T^2-4.0327T+110.0855$，其中 T 为时间趋势，表示月份（2008 年 1 月＝1，2008 年 2 月＝2，…，2011 年 12 月＝48），方程的拟合优度 $R^2=0.8412$，说明方程拟合得较好。

澳毛条 66S 的拟合方程为：$Y=0.0913T^2-3.3034T+94.9336$，$T$ 的含义同前，方程的拟合优度 $R^2=0.8310$，说明方程拟合得较好。

澳毛条 64S 的拟合方程为：$Y=0.0749T^2-2.6366T+86.3904$，$T$ 的含义同前，方程的拟合优度 $R^2=0.7987$，说明方程拟合得较好。

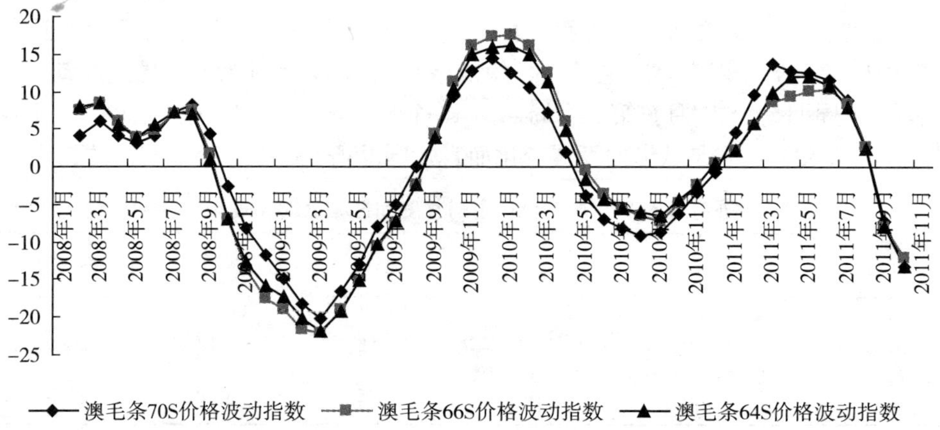

图 6　澳毛条 70S、66S、64S 价格波动指数变化曲线（2008—2011 年）

数据来源：根据张家港羊毛市场（中国羊毛信息网）价格数据计算。

从图 6 可以看出，澳毛条 70S、66S、64S 波动指数变化情况基本相似，经历的周期也基本相同。根据划分周期的标准，澳毛条 70S、66S、64S 价格波动情况均为两个半周期。其中，澳毛条 70S 的价格平均以 15.5 个月为一个周期波动，澳毛条 66S 和 64S 的平均价格均以 17 个月为一个周期波动。澳毛条 70S 的波幅是三个品种中最小的，平均振幅为 14.60%，分别比澳毛条 66S 和 64S 少 1.51 和 0.51 个百分点。就纵向发展来看，澳毛条三个品种的振幅均缩小，但是变化的幅度不大。

通过对国毛条和澳毛条周期性波动的比较可以得知：第一，相同品种的毛条，澳毛条的周期性波动会稍快于国毛条，如澳毛条 66S 的第一周期为 2008 年 8 月至 2010 年 1 月，而国毛条 66S 持续到 2010 年 2 月；第二，澳毛条的平均振幅要高于国毛条，澳毛条 66S 的平均振幅为 16.11%，比国毛条 66S 高出 4.49 个百分点，澳毛条 64S 的平均振幅为 15.11%，比国毛条 64S 高出 4.58 个百分点。这主要是因为由于运输成本较高以及澳毛质量较好，其价格一般要高于国毛条，并且澳大利亚是第一大羊毛生产国，其羊毛的价格波动会影响到其他国家的羊毛价格。

表 3　澳毛条 70S 价格波动的周期长度和振幅（2008—2011 年）

周期	起止时间	月距	波峰	波谷	振幅
第一	2008.8—2009.12	16	14.47	−20.28	17.38
第二	2009.12—2011.3	15	14.47	−9.18	11.83
第三	2011.3—	—	—	—	—
	平均	15.5	14.47	−14.73	14.60

注：振幅＝（波峰－波谷）/ 2。

数据来源：作者计算。

表 4　澳毛条 66S 价格波动的周期长度和振幅（2008—2011 年）

周期	起止时间	月距	波峰	波谷	振幅
第一	2008.8—2010.1	17	17.48	−22.23	19.86
第二	2010.1—2011.6	17	17.48	−7.26	12.37
第三	2011.6—	—	—	—	—
	平均	17	17.48	−14.75	16.11

注：振幅＝（波峰－波谷）/ 2。

数据来源：作者计算。

表 5　澳毛条 64S 价格波动的周期长度和振幅（2008—2011 年）

周期	起止时间	月距	波峰	波谷	振幅
第一	2008.7—2010.1	18	16.07	−21.87	18.97
第二	2010.1—2011.5	16	16.07	−6.43	11.25
第三	2011.5—	—	—	—	—
	平均	17	16.07	−14.15	15.11

注：振幅=（波峰−波谷）/ 2。

数据来源：作者计算。

二、我国羊毛价格波动的影响因素分析

波动性是畜牧业的特征之一，这种不稳定性以价格和生产的周期运动模式显现出来。羊毛市场的周期性波动有一定的规律性，此规律的背后是供求关系变化这个杠杆在起决定作用，按照供求法则，只要产品的价格不是“市场出清”价格，供给量和需求量就处于自我调整和波动之中，直至供求均衡，但由于自然条件、社会环境的变化，绝对的市场均衡是不可能出现的，从而波动就不可避免。

通过对近几年来羊毛价格周期性和季节性波动的分析，可以归纳出以下几点影响我国羊毛价格波动的因素：

（一）供给因素是影响我国羊毛价格变化的最根本因素

供给量和需求量是直接影响价格高低的因素，根据市场供求规律，产品供不应求时价格就会升高，供过于求时价格就会降低。羊毛价格波动的影响因素里，供给量的变动是最根本的因素。1991—2009 年，近 10 年间我国的羊毛产量提高了 70%，到 2008 年末，我国原毛产量达 36.76 万吨，仅低于澳大利亚，产量的提高有效缩小了之前的供需缺口，价格保持平稳小幅上涨。但是由于我国羊毛生产结构不合理，近 10 年来羊毛产量的增加主要表现在半细毛及粗毛产量的增加上，毛纺工业主要需求的细羊毛产量低，不到国内羊毛总产量的 1/3，尤其是 19 微米以细的细羊毛几乎全部依赖进口。据海关统计数据显示，2009 年我国进口羊毛约 32.65 万吨，比 2008 年增加近 2 万吨，增幅达到 7.10%。因而，要解决影响我国羊毛价格波动的问题，归根到底是要解决我国细羊毛生产供给的缺口问题。

（二）羊毛需求量的变化也是影响羊毛价格变动的主要因素

需求因素和供给因素一样，都是影响羊毛价格的主要因素。具体而言，需求因素对于羊毛需求的影响，主要是通过居民收入水平和替代品价格两个方面进行影响。

1. 居民收入的影响

羊毛是正常品，居民收入提高会增加对羊毛制品的消费需求，从而最终推动羊毛及羊毛制品价格上涨。自改革开放以来，人民生活水平有了很大提高，羊毛制品以其轻盈、吸汗效果好、保暖效果佳的特点占服装类消费的比例也在不断提高，从而促进羊毛产量的增加，价格的上涨。

2. 替代品的价格

棉花和羊毛一样也是服装制品的主要原材料，两者在很大程度上存在着替代性，棉花价格的提高可能导致一部分原来对棉花的需求转向羊毛，从而使羊毛价格也因需求量的增加而提高。如自 2010 年 10 月起，国内棉花价格就一路走高，到 2011 年 3 月，国内棉花价格更突破了 30.00 元/千克的大关，达到了 10 年来的最高值，与此同时，我国羊毛的价格也一路上涨，国毛条 66S 由 2010 年 10 月的 65.80 元/千克上升至 2011 年 3 月的 91.00 元/千克，涨幅达 38.30%；之后棉花价格一路下跌，2011 年 10 月，棉花价格最低价格跌至 20.00 元/千克左右，较最高点时跌了近四成，而羊毛价格也跌至 88.80 元/千克，较最高点下降了 22.55%。

（三）国际羊毛市场拍卖价格的变化对我国羊毛价格也具有重要影响

澳大利亚是世界上养羊业最发达的国家，其羊毛交易的价格影响着整个羊毛市场的价格走势，中国羊毛市场也不例外，中国羊毛价格自 1991 年市场开放以来，尤其是加入 WTO 后，便逐渐与国际羊毛价格接轨，国产羊毛价格紧随澳大利亚羊毛拍卖价格上下波动。通过对 2011 年 1—12 月澳大利亚拍卖市场和我国拍卖市场的比较，可以看出，澳大利亚拍卖市场羊毛拍卖的价格指数的变化趋势和我国羊毛拍卖价格的变动趋势是类似的，但是澳大利亚羊毛拍卖市场的拍卖时间通常会比我国早 1～2 天，成为我国羊毛市场拍卖价格变动的风向标；并且国产羊毛价格一般比澳大利亚羊毛价格低 10.00 元/千克左右，虽然中国是世界羊毛最大的买家（占世界羊毛产量的 45%以上），但并没有羊毛定价权，这与中国的羊毛进口商结构有关，各羊毛进口商各自为政，缺乏统一的行会约束，在国外市场上购买羊毛时互相竞争，导致价格上涨，自身利益受损。

（四）汇率是羊毛价格变化的又一重要因素

汇率对价格的影响主要是从进口消费品和原材料来看，汇率的下降会引起进口商品在国内的价格上涨。反之，本币升值，其他条件不变，进口品的价格有可能降低，从而可以起抑制物价总水平的作用。2008 年以来，人民币兑换美元的汇率一直持续升高，由 2008 年的 1∶6.95 上升至 2010 年的 1∶6.77，上升了 2.53%，对我国而言，本币升值相对降低了进口国商品的价格，有利于羊毛进口企业的进口贸易，而我国羊毛的价格却下降，国毛条 66S 的价格从 2008 年的 68.65 元/千克下降至 2010 年的 67.55 元/千克，降幅为 1.60%；国毛条 64S 的价格从 2008 年的 60.08 元/千克下降至 2010 年的 57.24 元/千克，降幅为 4.73%。

（五）国际经济形势对羊毛价格变化具有一定的影响

受 2008 年下半年逐渐开始袭击我国的金融危机的影响，包括羊毛在内的许多畜产品的外部需求明显不足，订单不足，出口受挫。与此同时，我国消费者的收入预期和购买力也因为金融危机的影响有所下降，对羊毛制品的有效需求相对不足。这些原因与上述其他因素交织在一起导致 2009 年上半年我国羊毛价格总体表现为下降趋势。随着我国经济在国家出台的一系列相关政策的推动下逐渐企稳回升，相关产业的发展也明显好转，同时消费者信心也明显提高，羊毛价格也在 2009 年后半年出现回升态势。

2011 年 8 月以来，在标准普尔下调美国国债信用评级、债务危机向欧元区核心国家蔓延的双重阴影下，全球经济陷入动荡阴影，这次由欧债、美债而引发的国际经济危机对绒毛羊这个弱势产业的影响较大，直接导致纺织品价跌量缩，进而影响原材料羊毛的价格，2011 年 8 月以来我国国毛条不同品种的价格均持续下跌，国毛条 66S 的价格由 2011 年 8 月的 98.83 元/千克下降至 11 月的 89.00 元/千克，降幅为 9.94%；国毛条 64S 的价格由 2011 年 8 月的 87.13 元/千克下降至 11 月的 74.60 元/千克，降幅为 14.38%。

（六）突发性事件对羊毛价格也有影响

影响羊毛价格的突发事件主要包括自然灾害、疫病、社会事件等。如 2011 年 2 月 22 日新西兰南岛最大城基督城克莱斯特彻奇发生 6.3 级强震，造成至少 76 人死亡，建筑严重毁损，港口被迫关闭，市中心遭封锁，地震灾情的发生使得新西兰羊毛市场取消了一周的羊毛拍卖，而新西兰是我国第二大羊毛进口国，其市场价格的变动会在较大程度上影响到我国。2011 年 7 月，受夏季用电高峰所困，我国国内纺织企业拉闸限电，纺织品产量下降，由此导致对羊毛原材料的需求减少，进而影响羊毛价格。2011 年 9 月南非受到裂谷热病的影响，从暴发裂谷热病地区过来的羊毛价格下降幅度最大，南非羊毛拍卖市场是国际上几个主要的羊毛拍卖市场之一，其价格的变化也在一定程度上影响我国羊毛拍卖市场。

三、稳定我国羊毛价格的对策建议

通过以上对我国羊毛价格波动特征及其影响因素的分析，特提出以下稳定我国羊毛价格的对策建议：

（一）进一步完善羊毛生产和市场监测预警体系

为稳定羊毛市场，确保羊毛的有效供给，避免羊毛价格和生产发生剧烈波动，政府应进一步完善绒毛羊生产和市场预警体系。在建立准确和可靠数据采集系统的基础上，强化对绒毛羊生产形势的分析，定期进行信息发布和预警，引导养殖户进行合理养殖决策，政府也能根据羊毛价格和生产变化情况，及时采取相应政策措施，维护羊毛市场健康稳定的发展。

（二）建立羊毛保护价收购制度

根据调查①，2009 年度新疆巩乃斯种羊场细羊毛的价格仅为 16 元/千克，部分产区因羊毛价格过低，羊场及农牧民惜售，羊毛积压，出现“卖难”问题，很大程度上影响了农牧民的养殖积极性。相反，近 10 年来，我国每年进口羊毛耗资都超过 10 亿美元，2009 年度我国进口羊毛耗资达 15.41 亿美元。如果国家每年支出 10 亿元人民币，用于细羊毛生产补贴，我国的细毛羊业必将出现很大的改观。因此，为了有效地稳定羊毛生产和价格波动，保护养殖户的利益，有必要建立与完善羊毛保护价收购制度。羊毛保护价收购制度会发挥一种托市的作用，保证羊毛的市场价格不会低于政府确定的保护价格，这样就

① 张艳花，田可川，等．羊毛供求趋势及我国毛用羊产业发展的思考［J］．中国畜牧杂志，2010（16）：27－37.

可以在保证广大养殖户利益不受侵害的同时，保证羊毛的生产和价格不至于发生较大幅度的波动。羊毛保护价水平的确定要根据养殖户的养殖成本、收益以及国家财政负担能力等因素来综合考虑。

（三）警惕毛纺产业链条崩溃的危险，从容应对国际经济形势

面对2011年度由于欧债、美债而引发的国际经济危机给养羊业带来的影响，必须警惕羊毛制品需求下降导致国内毛纺产业链条崩溃的危险。我国有1 500家左右的毛纺企业，有相当一部分是依靠国际市场生存的，国际市场繁荣与否自然决定了他们的生死存亡。为此，政府有必要保持合理的货币政策，进行汇率机制调节，同时考虑汇率变动通过进出口对国内羊毛市场的影响；对于外贸依存度过高的毛纺企业，在危机的情况下，建议政府出台贴息、税收等优惠政策予以扶持，同时进一步拉动内需，降低这些毛纺企业的外贸依存度。

（四）建立羊毛突发事件应急管理机制，及时处理突发事件

虽然国家和很多地方政府都积极制定了畜牧业突发事件应急工作预案或管理办法，但是这些管理办法都主要针对生猪等大宗产品，针对羊毛这个品种的应急预案和管理办法还很缺乏。针对近些年发生的自然灾害、疫病、社会事件等影响羊毛生产和价格波动的突发事件，国家有必要建立羊毛突发事件应急管理机制，加强风险评估和应急处置，及时报告和公布信息，及时有效处理各类羊毛突发事件，切实保护养殖户的财产安全，促进养殖业持续健康发展。

（五）进一步加强绒毛羊疫病防控工作

动物疫病是影响我国畜牧业健康稳定发展的关键因素之一，因此在任何时候都必须重视动物疫病的防控工作，特别是对口蹄疫、小反刍兽疫等羊的传染病、寄生虫病和普通病的防控工作。要把春秋集中免疫和日常补免有机结合，以中小规模养殖场为重点，以畜禽流通环节为关键，以边境防控为突出环节，切实做好动物疫病防控工作。牢固树立“预防为主，防重于治”的观念。健全基层兽医组织和培训基地，提升基层疫病防治能力。加快动物疫病防治基础设施建设，建立健全动物疫病诊断测报、动物疫病预防、重大动物疫病控制和动物保护监督四大体系。

参　考　文　献

[1] 冯晓赟．我国主要畜产品价格波动分析［D］．北京：中国农业大学，2009.

[2] 张克荣，刘武艺．2011．价格波动的研究方法及其模型［J］．统计与决策（7）：44-47.

[3] 张艳花，田可川，等．2010．羊毛供求趋势及我国毛用羊产业发展的思考［J］．中国畜牧杂志（16）：27-37.

[4] 赵玉田．2009．金融危机对中国羊毛产业的影响［J］．中国牧业通讯（1）：21-23.

专题六

我国羊绒价格波动特征、影响因素及稳定对策研究

李瑞锋

羊绒是一种名贵稀有的特种动物纤维，属于高档的纺织原料，与其他纺织原料相比，羊绒具有极其优良的品质和特性，光泽自然、柔和、纯正、艳丽，所以被人们称之为“纤维宝石”、“纤维钻石”、“纤维皇后”、“软黄金”。以羊绒为原料的纺织制品因其具有穿着舒适、外观漂亮、色彩高雅、绒面丰满、手感柔软、滑爽、保暖性强等独特风格，而成为享誉世界的高档毛纺织品，一直受到高收入阶层的青睐。随着世界羊绒加工业的不断发展，以及人民生活水平的提高，人们对羊绒纺织制品的需求和关注度也越来越高，羊绒产业显示出广阔的发展前景。我国是羊绒生产大国和出口大国，在世界羊绒产业中占有一定的地位，全球75%以上的羊绒原料产自中国，90%的羊绒原料在中国完成初加工处理，中国羊绒及制品加工数量位居世界第一。

羊绒作为我国纺织业的重要原料和农牧民的主要收入来源，在我国羊绒产业发展和农牧区畜牧业的发展中具有重要的作用，其价格的波动对纺织加工企业和羊绒生产者都会产生显著的影响，历史上多次出现的羊绒价格大幅波动曾给当时我国许多羊绒加工企业、流通企业及个人、羊绒生产者造成了较大的影响。

本研究首先对我国近年来羊绒价格的波动特征和规律进行分析，然后在此基础上进一步对影响羊绒价格波动的因素进行分析，最后提出稳定羊绒价格的对策建议。

一、我国羊绒价格波动特征

近年来，我国羊绒价格波动明显，为了全面了解和把握近几年我国羊绒价

格的波动特征和变化规律，采用确定性时间序列分析方法对羊绒价格变化进行分解。一般的时间序列可分解为：长期趋势、季节波动、周期波动和随机波动，羊绒价格的波动分析也不例外。长期趋势是一个时间序列在较长时间内的总的变动趋势，是某些固定因素长期作用于社会经济变量而形成的，一般可以用回归模型法或平滑法进行分析。季节波动是一个时间序列受季节性固有规律的作用而引起的有固定周期的变动，变动规律在每个周期内重复出现，变动的幅度有一定规律，一般用季节指数进行分析。周期波动是一个时间序列发生的周期比较长且周期长度不固定的涨落起伏变动，变动周期往往不固定，变化幅度也不固定。随机变动是一个时间序列除去长期趋势、季节变动和周期变动后剩余的部分。

在经典时间序列分析理论中，一般认为上述四种经济波动形态的组合可以有两种理论模型：乘法模型和加法模型。加法模型描述经济波动形态时的基本形式为：$Y_t = T_t + C_t + S_t + I_t$，其中，$Y_t$ 表示在 t 时期内所观察变量的序列，T_t 表示在 t 时期内的长期趋势因素，C_t 表示在 t 时期内的周期波动因素，S_t 表示在 t 时期内的季节波动因素，I_t 表示在 t 时期内的随机变动因素。另一种是乘法模型，也是运用最广泛的一种模型，其基本形式为：$Y_t = T_t \times C_t \times S_t \times I_t$。

本部分将按照乘法模型对我国羊绒价格的波动特征进行分析，重点是对季节波动和周期波动进行分析。分析所使用的数据来自国家统计局，时间跨度为2008年1月至2010年12月。

（一）我国羊绒价格总体变化趋势和特征

从总体上来看，我国羊绒市场价格在2008—2010年间呈现先下降后上升的变化特征。受世界经济形势的影响，2008年以来，我国羊绒价格一路下滑，这一趋势一直延续到2009年，2009年5—6月份羊绒价格已经降至非常低的水平，达到489.69元/千克。之后羊绒价格进入相对稳定的阶段，这一阶段大约经历了一年的时间，一直持续到2010年5月份。随着西方主要国家的经济出现转好迹象，国际上包括羊绒衫在内的羊绒制品的销量和价格止跌回升，羊绒价格也从2010年6月份开始出现明显上升趋势，一直持续到2010年底。尽管如此，2010年下半年的羊绒价格也没有达到2008年的水平，2010年12月份比2008年同期下降0.6%。

2011年我国在通货膨胀的影响下，物价全面上涨，羊绒价格也不同程度地出现上涨。根据2011年9—10月份开始对外发布的清河羊绒价格指数，与

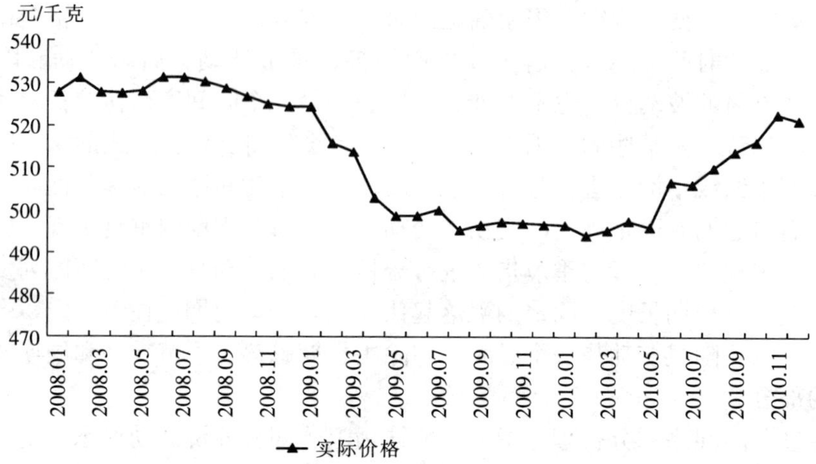

图1　2008—2010年我国羊绒价格变化

资料来源：国家统计局。

上年同期相比，2011年10月1—15日清河羊绒市场的羊绒总体价格上涨10.28%；2011年10月16—30日清河羊绒市场的羊绒总体价格上涨8.73%；2011年11月1—15日清河羊绒市场的羊绒总体价格上涨5.73%；2011年11月16—30日清河羊绒市场的羊绒总体价格上涨1.12%；2011年12月1—15日清河羊绒市场的羊绒总体价格上涨1.98%（中国畜产品流通协会，2012）。一些局部地区的数据也显示，2011年羊绒价格呈现明显上涨趋势。内蒙古阿拉善右旗、额济纳旗，截至2011年6月10日，羊绒每千克价格比去年上涨了40～60元①，涨幅达到11%～18%。甘肃省2010年受出口恢复，市场需求增加带动，羊绒收购从5、6月份开市220元/千克上涨到后期的360元/千克。2011年，羊绒收购价格继续上涨，收购价格达340元/千克左右，张掖市收购价格竟达400元/千克。我国其他地区也都表现出明显的价格上涨趋势。

（二）我国羊绒价格季节性波动的测定

测定经济指标季节波动的方法包括很多，其中应用比较广泛的方法是12月移动平均法，通过该方法来测定季节比率，以此指标来反映季节波动的规律和特点。

① 清河县新百丰羊绒交易有限公司．今年内蒙古阿拉善盟羊绒价格继续保持上涨势头．2011-09-29.

为了分析季节波动的特点和规律，在乘法模型 $Y_t = T_t \times C_t \times S_t \times I_t$ 的基础上，进行如下操作：

第一步，确定长期趋势和周期波动的结合项 $T_t \times C_t$ 的估计值。先采用 12 月移动平均法从原序列 Y_t 中消除季节波动 S_t 。这里 Y_t 为月度数据，计算其 12 月移动平均 $\widetilde{Y}_t$ ：$\widetilde{Y}_t = \frac{1}{12}(Y_{t+6} + \cdots + Y_t + Y_{t-1} + \cdots + Y_{t-5})$，经过计算，可以认为 $\widetilde{Y}_t$ 已无季节变动，然后再通过两项移动平均消除随机变动 I_t 的影响，最后得到的数值可以认为已无季节波动和随机变动，将其作为 $T_t \times C_t$ 的估计值。

第二步，消除 $T_t \times C_t$ 的影响。用原序列除以第一步算得的关于 $T_t \times C_t$ 的估计值，就得到季节波动和随机变动结合项 $S_t \times I_t$ 的一个估计：

$$\frac{T \times S \times C \times I}{T \times C} = S \times I = \frac{Y_t}{\widetilde{Y}_t} = Z_t$$

第三步，尽可能消除随机变动 I_t ，从而得到未经调整的季节指数。将第二步得到的数值，按月份进行平均，得到每个月份的平均数 $\widetilde{Z}_t$ $(t=1, 2, \cdots, 12)$，经过这样的平均将大体上消除随机变动。得到的这 12 个平均数 $\widetilde{Z}_1$ ，…，$\widetilde{Z}_{12}$ 就是季节指数的估计值。这时计算得到的季节指数为未经调整的季节指数。

第四步，计算调整的季节指数。将 12 个月的未经调整的季节指数加总，如果 $\sum \widetilde{Z}_t = 12$，则不需要对季节比率调整；如果 $\sum \widetilde{Z}_t \neq 12$，则需要对季节指数进行调整，先要计算调整季节指数系数 $SR = \sum \widetilde{Z}_t / 12$，然后再计算各月经过调整的季节指数 $S = \widetilde{Z}_t / SR$。

第五步，根据各月经过调整的季节指数对价格的季节波动情况进行分析。

根据上述方法对我国 2008—2010 年羊绒价格的季节变动特征进行了测算，结果见图 2。我国羊绒价格年度内的波动呈现一定的规律性，呈两头高、中间低的“V”形趋势，即每年上半年价格趋于下降，5 月份处于谷底，然后下半年价格呈现上涨趋势。羊绒价格呈现的季节性波动特征与羊绒的生长特征和加工企业的需求习惯直接相关。进入冬季以来，由于消费者对羊绒制品的需求开始增强，纺织加工企业对羊绒的需求也随之提高，导致羊绒价格出现上涨。进入 3 月份以来，大部分地区的天气开始转暖，消费者对纺织品的需求开始减少，加之 5、6 月份羊绒主产区一般都开始抓绒，新的羊绒开始集中上市，羊绒价格往往出现下降，这是一年中价格相对较低的时候，价格指数为 0.987。

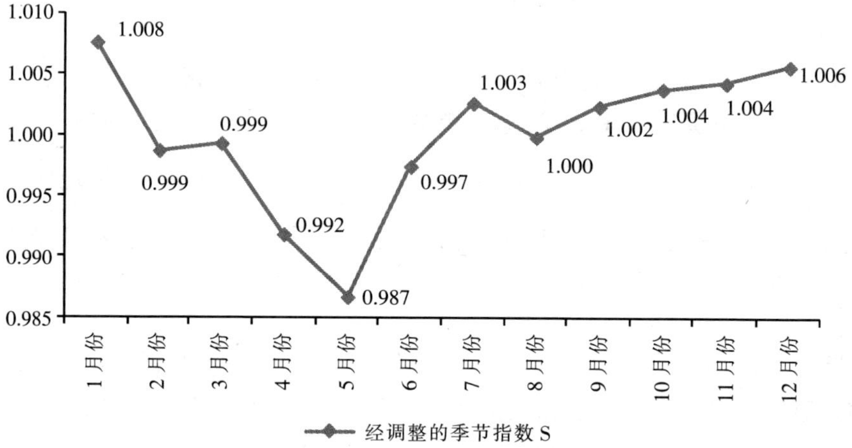

图 2　我国羊绒价格季节性波动特征

资料来源：根据国家统计局相关数据计算。

（三）我国羊绒价格波周期性波动的测定

测定价格周期波动的方法很多，这里我们主要采用剩余法进行测定和分析。剩余法的基本思路是从经济波动中分离出季节波动因素和长期趋势，然后在其剩余因素中通过再次移动平均分离出随机波动因素，其剩余成分就是周期波动。

第一步，从原始数据中消除季节波动的影响。按照乘法模型 $Y_t = T_t \times C_t \times S_t \times I_t$，将原始数据除以前面计算的季节指数，这样就消除了季节波动的影响。

第二步，消除长期趋势的影响。将第一步计算得到的数据除以长期趋势值 $\hat{Y}_t$ 就消除了长期趋势的影响。一般长期趋势值的确定方法分为两种：第一种直接采用时间序列的移动平均值来代表序列的长期趋势，时间长度一般与波动周期的长度相等。第二种采用计量经济模型分析方法，该方法的主要步骤是首先做时间序列的散点图，然后用最小二乘法去寻找最能拟合原序列的回归模型。本部分采用第二种方法，即计量经济模型法。

第三步，消除随机变动的影响。将第三步计算的数据进行移动平均，就基本消除了随机变动的影响。一般采用三项移动平均。

第四步，计算循环增减比率。根据第三步计算得到的数据计算循环增减比率。以此数据做周期波动图，然后划分周期。

按照上面的方法，首先采取计量经济模型法来确定长期趋势，通过拟合多种模型，选择拟合优度最高的回归模型。经过对比，选择了三次函数回归模型作为长期趋势的测定模型，具体模型的表达式为：$\hat{Y}=528.14+1.945T-0.304T^2+0.007T^3$，关于该模型的回归结果见表1。

表1　长期趋势回归模型结果

项目	系数	t	P
T	1.945***	3.057	0.004
T^2	−0.304***	−7.673	0.000
T^3	0.007***	9.844	0.000
常数	528.136***	191.611	0.000
R^2	0.934		
F	151.75		

注：*表示在10%的水平上显著，**表示在5%的水平上显著，***表示在1%的水平上显著。

上述计算过程的相关数据列成下面的表格，其中，剔除季节的影响是将原始数据除以季节指数得到，剔除趋势的影响是将上一步得到的数据除以回归模型测算的长期趋势后得到，然后再进行三项移动平均，最后计算循环增减比率，循环增减比率的计算公式为：

$$（三项移动平均-1）\times 100\%$$

表2　羊绒价格周期波动测算表

时间	实际价格（元/千克）	剔除季节影响	剔除趋势影响	三项移动平均	循环增减比率（%）
2008.01	527.84	523.86	0.989		
2008.02	531.37	532.08	1.002	0.995 048	−0.495 2
2008.03	527.87	528.25	0.994	0.999 094	−0.090 6
2008.04	527.65	532.00	1.001	1.000 934	0.093 4
2008.05	528.13	535.27	1.008	1.004 485	0.448 5
2008.06	531.46	532.84	1.005	1.004 629	0.462 9
2008.07	531.35	529.96	1.001	1.003 740	0.374 0
2008.08	530.39	530.48	1.005	1.003 132	0.313 2
2008.09	528.80	527.56	1.003	1.003 150	0.315 0
2008.10	526.85	524.85	1.001	1.002 025	0.202 5

（续）

时间	实际价格（元/千克）	剔除季节影响	剔除趋势影响	三项移动平均	循环增减比率（%）
2008.11	525.11	522.86	1.002	1.002 307	0.230 7
2008.12	524.53	521.57	1.004	1.003 978	0.397 8
2009.01	524.53	520.58	1.006	1.004 587	0.458 7
2009.02	515.93	516.61	1.004	1.004 636	0.463 6
2009.03	513.86	514.24	1.004	1.000 740	0.074 0
2009.04	502.97	507.11	0.995	0.998 283	−0.171 7
2009.05	498.69	505.43	0.996	0.993 672	−0.632 8
2009.06	498.69	499.99	0.990	0.992 691	−0.730 9
2009.07	500.04	498.73	0.992	0.990 35	−0.965 0
2009.08	495.34	495.43	0.989	0.991 204	−0.879 6
2009.09	496.53	495.36	0.993	0.992 485	−0.751 5
2009.10	497.27	495.39	0.996	0.995 054	−0.494 6
2009.11	496.93	494.80	0.997	0.996 377	−0.362 3
2009.12	496.58	493.78	0.997	0.996 283	−0.371 7
2010.01	496.48	492.74	0.995	0.997 153	−0.284 7
2010.02	494.10	494.75	1.000	0.998 441	−0.155 9
2010.03	495.28	495.64	1.000	1.003 479	0.347 9
2010.04	497.51	501.61	1.011	1.006 894	0.689 4
2010.05	496.07	502.77	1.010	1.012 067	1.206 7
2010.06	506.68	508.00	1.016	1.009 899	0.989 9
2010.07	506.13	504.80	1.004	1.009 236	0.923 6
2010.08	510.07	510.16	1.008	1.005 423	0.542 3
2010.09	513.90	512.69	1.004	1.003 433	0.343 3
2010.10	516.26	514.31	0.998	1.000 538	0.053 8
2010.11	522.82	520.59	0.999	0.993 206	−0.679 4
2010.12	521.36	518.42	0.982		

将循环增减比率制作成图 3，以直观的体现周期波动特征，并以此为基础对波动周期进行划分。

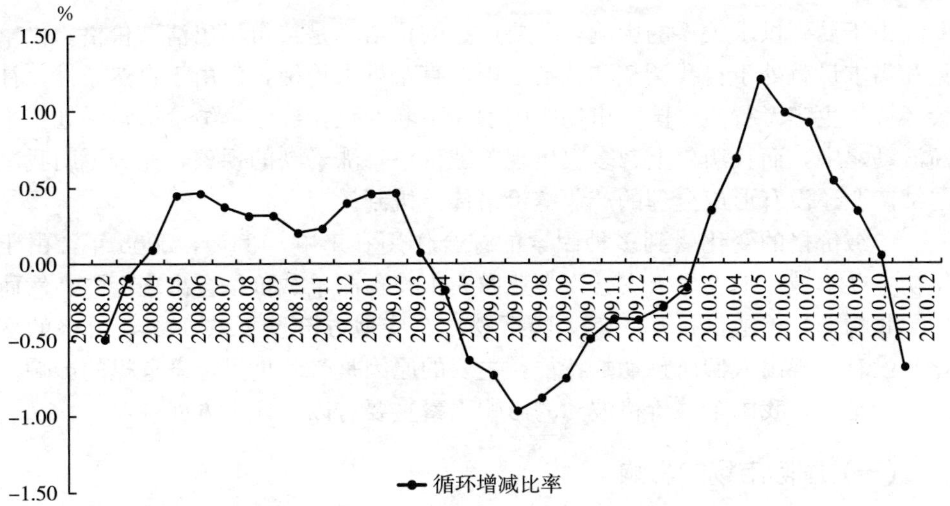

图 3　2008 年 1 月至 2012 年 12 月羊绒价格循环增减比率变化情况

根据周期波动理论，从周期的形态特征划分羊绒价格的波动周期。一般来讲，周期波动至少在一年以上，否则无法称之为周期，所以分析周期波动一般是用年度数据来分析，但是由于资料获得的有限性，目前获得的年度数据时间跨度较短，无法用年度数据进行分析，我们采用了月度数据进行分析，根据循环增减比率的变动情况，将我国 2008 年以来的羊绒价格的周期进行了划分，结果显示，2008 年以来，羊绒价格的周期波动不明显，只经历了一个完整的周期，其他时间段的价格变化都无法形成一个完整的周期，具体周期的划分见表 3。

数据显示，虽然我国羊绒价格呈现一定的周期波动，但实际上波动幅度相对较小，振幅仅为 1.08%，没有体现出大幅的周期波动。

表 3　羊绒价格周期划分情况

周期	起止时间	周期长度	波峰值及时间	波谷值及时间	振幅
1	2009 年 2 月至 2010 年 5 月	15 个月	1.21%（2010 年 5 月）	−0.96%（2009 年 7 月）	1.08%

注：振幅＝（波峰－波谷）/2。

二、我国羊绒价格波动的影响因素分析

由于受到供求关系的影响，只要产品的价格不是“市场出清”价格，供给量和需求量就处于自我调整和波动之中，直至供求均衡，但由于自然条件、社会环境、生产者行为、国际市场等因素在不断变化，导致羊绒价格常常处于不断波动之中，而且历史上曾多次出现羊绒价格暴涨暴跌的现象，充分说明我国羊绒产业还没有形成合理的产业链价格传导机制。

羊绒价格的变化受到多种因素的综合作用和影响。例如，2008 年，由于年初主要羊绒产地发生雪灾，许多业内人士曾预测羊绒价格会出现上涨，然而到了收购期，羊绒价格却突然大幅下跌，有些地方甚至下跌 50%，价格的变化并没有表现出人们所预期的特征，主要的原因是受到世界经济危机的影响。

近年来，我国羊绒价格波动的影响因素主要有以下几个方面：

（一）国际市场的影响

我国每年有大量的羊绒及制品出口到国外，我国羊绒及制品是国际化程度相对较高的产品，容易受到国际市场变化的影响。

2008 年由美国金融危机引发的世界经济危机大范围扩散，市场需求大幅度萎缩，导致世界市场对羊绒制品的需求大幅度减少，国际羊绒市场价格出现下降。由于羊绒产业属于上游产业，是纺织业的原料，纺织产业发展水平直接影响羊绒产业的发展，世界经济危机的爆发极大地影响了我国纺织产业的发展，出口受到限制。数据显示，2007 年山羊绒出口 3 075 吨，而 2008 年出口量下降到 2 421 吨，2009 年进一步下降到 2 125 吨，出口额也相应出现大幅下降。出口受到限制导致羊绒制品价格进而羊绒价格出现明显下降，这一趋势一直持续到 2009 年。

2010 年虽然世界经济危机的影响还未完全消除，但西方主要国家的经济开始呈现复苏迹象。随着国外需求的恢复和增加，国外订单进一步扩大，直接影响到国内羊绒价格的提升。数据显示，2010 年我国山羊绒出口量出现增长，达到 2 740 吨，比上一年增长 28.94%。出口额也出现明显增加，2010 年出口额达到 21 963 万美元。

2011 年 1—8 月，据海关数据，我国羊绒及制品出口总计 96 352 万美元，同比增长 32.4%，表现出较好的发展趋势，对羊绒价格的高位运行起到了重要的作用。

表 4　我国山羊绒出口情况

年份	出口量（吨）	出口额（万美元）
2007	3 075	24 635
2008	2 421	19 621
2009	2 125	13 782.8
2010	2 740	21 963

资料来源：中国统计年鉴（2011）。

（二）养殖政策的影响

近年来，我国主要山羊养殖区域干旱少雨，草场退化和沙化严重，生态环境遭到明显破坏。政府为了改善草原生态环境，逐步加大保护力度，实施了包括“退耕还林”、“退牧还草”等一系列政策，具体包括禁牧休牧、轮牧圈养、草畜平衡等措施，这些措施在保护草原生态环境的同时，也使得农牧民扩大绒毛用羊养殖规模受到很大限制甚至出现减少，而且也明显加大了农村牧区养殖绒毛用羊的相关成本，导致山羊数量减少，进而羊绒总产量减少。另外，许多地区在实施禁牧的同时，将原有养殖户进行了搬迁转移，不仅居住地发生了改变，而且生产行为也发生变化，退出了养殖业，转向从事其他产业，直接导致山羊养殖数量减少。例如，阿拉善盟按照“围栏封育全年禁牧，搬迁转移集中发展”的思路，将禁牧区牧户全部搬迁出来进行人口转移实现草原全面禁牧，额济纳旗将搬迁出来的牧民安置在城镇周边，每人 10 亩①水浇地开始从事种植业。

通过实施草原生态保护政策，草地资源得到很好的保护，山羊的饲养规模也相应明显减少，羊绒产量出现下降。数据显示，我国羊绒产量从 20 世纪 90 年代中期以来一直处于上升趋势，2007 年产量已经达到 18 483 吨的水平，然而从 2008 年开始羊绒产量出现下降，产量为 17 184 吨，产量减少 1 000 多吨，2009 年产量进一步减少，下降到 16 964 吨。一些抽样调查也显示，退牧还草工程明显减少养羊数量，例如青海省泽库县和日乡红城村牧民养羊数量减少了 75%。

① 亩为非法定计量单位，1 亩≈666.67 米^2。

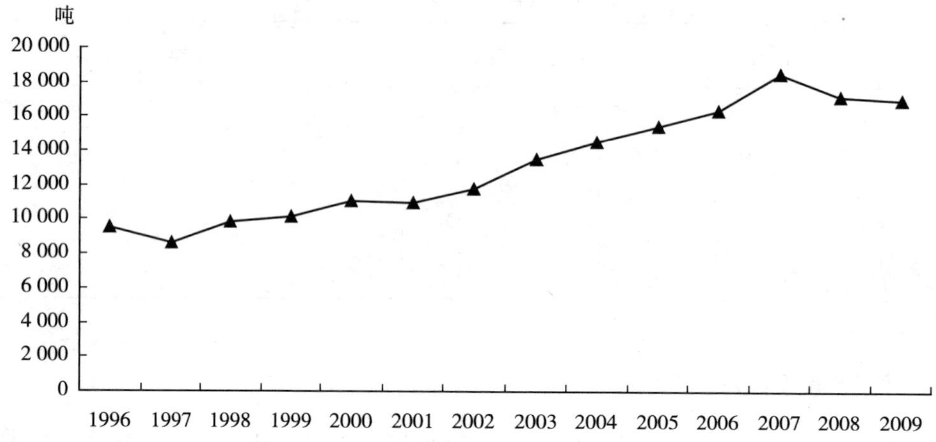

图 4　我国羊绒生产情况

资料来源：中国统计年鉴（2010）。

（三）养殖户的市场预期

羊绒作为一种易储存的农产品，比较符合发散型蛛网模型的特点，养殖户当期的养殖行为主要受前期价格的影响，当期的价格又会影响到下一期的养殖行为，而羊绒生产又受到生物生长周期的制约，羊绒生长期间无法中途进行生产决策的调整，因此较容易出现明显的价格波动。当前价格水平较高时，养殖户会对未来羊绒价格也作出乐观预期，于是往往会扩大饲养规模，这极容易造成供过于求，导致价格下降；反之价格上涨。

由于前几年羊绒市场价格持续低迷，严重影响了农牧民的生产积极性，生产者对未来的预期比较消极，致使农牧民饲养绒山羊的数量大量减少，减栏、弃养现象时有发生，补栏积极性也不高。在羊绒价格下跌的同时，肉羊价格基本持平或略涨，导致绒用羊改肉用出售的情况开始出现，辽宁盖州绒山羊主产区，2008 年“绒羊肉卖”10 万余只，同比增加 5 倍。因为价格的波动而引起养殖户养殖行为发生明显改变的现象经常发生，价格好时，养殖户往往就“留羊卖绒”，价格较低时，许多养殖户就“杀羊卖肉”。养殖行为的明显改变又导致下一个周期羊绒价格的大幅波动，容易陷入恶性循环。

（四）羊绒加工业的发展

羊绒加工业的发展水平直接影响和决定着羊绒产业的发展层次，这种影响将最终体现到羊绒价格上。我国羊绒加工业经过 20 多年的发展，从企业数量上来讲，已经具有相当的规模，据统计，已经超过 2 600 家。但是我国羊绒加工业存在的问题也非常明显，制约和影响着我国羊绒产业的发展，对绒用羊养殖和羊绒价格都产生了较大的影响。

我国羊绒加工企业缺乏有影响力的自主品牌，中国羊绒产品基本占据中低端市场，无法进入高端市场，产品附加值较低，我国 85%以上出口羊绒产品均为“贴牌”生产，长期采用贴牌生产模式使得我国虽然出口绒毛制品较多，但企业获益并不多，导致利润空间十分有限，缺乏定价权，销售价格难以提升，极容易受到国际市场环境的直接影响，企业的可持续发展也受到明显影响。当国际市场需求旺盛时，我国羊绒加工企业就能正常运转，价格也出现上涨，当国际市场需求疲软时，我国羊绒加工企业就会迅速遭遇困境，价格也出现下降。

我国大部分羊绒加工企业的规模相对偏小，布局比较分散，低水平重复建设严重。以羊绒衫的生产为例，生产企业很多，但生产规模在 50 万件以上的只有十余家。由于我国羊绒制品大多还分布在中低端市场，加工企业的进入壁垒非常低，资金、技术和专利上的制约也不大。例如，羊绒产业中的技术和专利很少，大都表现为羊绒的染色、混纺防起球等方面，专利技术构不成明显的进入壁垒（王岩等，2001）。相对应，退出壁垒也不高。在遇到不利的市场变化时，一些分散的小规模企业为了应对风险，纷纷退出羊绒加工行业，导致价格出现明显波动。例如，由于前期特别是 2006 年羊绒价格下降，导致羊绒企业的利润受到较大影响，行业内已有许多资金退出，许多企业纷纷转产，大量羊绒从业人员转行，到 2008 年受到经济危机的影响，使退出的企业和资金进一步增加，进而导致对羊绒的需求明显减少，使得在 2007—2009 年间，羊绒价格持续下降。

（五）市场环境和秩序

20 世纪 80 年代羊绒加工企业相对较少，在此后 20 多年的发展过程中，随着经济利益的提高，羊绒生产加工企业数量迅速扩张，重复建设严重，参与羊绒生产加工和交易的企业和个人也越来越多。在市场运行过程中，由于各类组织的规模大小不同，发展水平参差不齐，加之有些企业缺乏自律，导致市场秩序经常出现混乱现象，羊绒价格出现较大波动。例如，当出现羊绒供给减少时，众多厂家就互相争抢原料，恶性竞争，哄抬价格，导致羊绒价格出现较快上涨；当出现市场疲软，羊绒供给充足时，众多厂家又竞相压价，致使羊绒价格出现暴跌。加之市场环境不完善、生产主体分散、人为炒作普遍，更容易出现价格暴涨暴跌。

在不规范的市场环境和秩序影响下，各类市场交易主体的投机行为严重，加之大部分市场交易主体的规模都不大，且相对分散，能随时变换经营方向和投资重点，随意进出羊绒行业，造成市场价格波动更为明显。例如，由于2006年羊绒市场的疲软，导致从事羊绒交易的商家大多数赢利很少，2007年很多商贩就调整了经营方向和投资重点，将资金转移到房地产、典当、股票等目前高赢利的领域，对后期羊绒市场的稳定发展造成明显影响。

现阶段我国羊绒加工业生产能力过剩的问题非常突出，截至2009年底，我国羊绒服装及相关制品加工企业多达2 600多家，羊绒服装、制品加工能力每年达到5 000万件，实际加工以羊绒衫为主的羊绒制品3 000万件左右，国内外市场每年的总需求量不足2 000万件[①]。加工能力过剩，重复建设严重，行业之间竞争加剧，市场秩序混乱，极容易导致羊绒价格出现暴涨暴跌的现象。历史上曾经出现过1988年、1993年、1997年、2000年等多次羊绒价格大战。例如，1993年的“羊绒大战”，使羊绒价格暴涨，1995年价格上涨到350～400元/千克，之后羊绒价格经历了缓慢的下跌，1998年羊绒价格加速下跌，最大跌幅达80%以上，价格降至80元/千克，从1999年开始，羊绒价格又大幅攀升，2000年，羊绒收购价格从不到200元/千克上涨到最高540元/千克，2002年，全国羊绒市场总体上表现平稳，羊绒平均价格在200～300元/千克，2008年，羊绒价格却突然从较高位下跌到240元/千克左右（张立中，贾玉山，2009；王瑛，2009）。

三、稳定我国羊绒价格的对策建议

（一）加快发展羊绒加工业，进一步提升产业竞争力，增强定价话语权

未来应进一步加快推进我国羊绒加工业的发展，支持优势企业跨地区兼并重组，实现产业整合，努力形成几个有影响力的大型规模品牌企业，带动整个行业实现质的跨越，不断通过技术创新提高羊绒及制品的质量，提升羊绒产业国际竞争力。在现有自主品牌的基础上通过发展品牌战略进一步提升品牌知名度和影响力，增强羊绒制品定价话语权，尽快扭转我国羊绒产业“主产不主导”的国际地位。

政府应该继续适当提高羊绒纺织品、服装等产品的出口退税率，清理和取

① 中国羊绒产品销售情况不容乐观．毛纺科技，2010（11）.

消涉及轻纺企业的各种不合理收费。安排中央预算内资金，支持轻纺等重点行业开展专项技术改造，不断提升产业竞争力。2009 年我国为应对国际金融危机对实体经济的影响，根据国务院部署，由国家发展与改革委员会与工业和信息化部会同国务院有关部门开展了钢铁、汽车、船舶、石化、纺织、轻工、有色金属、装备制造业、电子信息、物流业 10 个重点产业调整和振兴规划，推动产业升级。这为未来政府支持我国羊绒产业的发展提供了很好的样板和模式，应该积极采取综合性的应对措施和行动方案推动我国羊绒产业不断升级。

（二）进一步大力发展羊绒交易市场，完善羊绒市场监测体系

现阶段我国已经形成一些初具规模的羊绒交易中心，例如，河北清河、宁夏灵武市、内蒙古巴彦淖尔市临河区等，这些地区都已逐渐成为我国重要的羊绒集散地。政府相关部门要积极采取措施大力支持这些优势地区进一步开展羊绒交易市场建设，逐渐使其成为影响全国乃至全世界的羊绒交易中心。在发展过程中，政府要合理规划和科学布局，避免重复建设和恶性竞争。例如，现阶段，关于羊绒交易和加工的集中优势区域的认识方面，就存在很大的竞争，缺乏统一认识，许多地方都自称是世界最有影响的羊绒集散地，都自称享有“世界羊绒看中国，中国羊绒看××”的美誉。

政府应该积极采取措施进一步完善羊绒市场监测体系，支持建立和完善具有一定规模、运行规范的羊绒交易市场，通过扶持和指导，使其充分发挥全国性羊绒市场监测的功能，同时要努力建立准确和可靠的数据采集系统，编制全国羊绒价格指数，定期进行信息发布，引导养殖户和羊绒企业进行合理的决策，政府也能根据羊绒价格的变化，及时采取相应措施，维护羊绒市场健康稳定的发展。培养一批专业的人才队伍，加强对羊绒市场形势的分析和判断，积极为行业内各主体的决策行为提供指导和帮助。

（三）探索建立羊绒保护价收购制度

以羊绒为原料的纺织业是我国的传统优势产业，其发展水平的高低直接关系到规模庞大的一个就业群体的生存和发展，而且羊绒又是我国畜牧业的重要组成部分，主要集中在少数民族地区，其发展状况直接关系到广大少数民族地区农牧民的生存与发展，政府应该重视羊绒产业的发展。但是我国羊绒价格经常出现较大波动，给羊绒加工制造业、养殖业、流通业都造成了较大的影响，为了稳定羊绒市场和价格，政府要积极探索建立羊绒保护价收购制度，保护价水平的确定要根据养殖户的养殖成本收益以及国家财政负担能力等因素来综合

考虑。

目前一些地区开展的扶持羊绒产业发展的相关政策具有非常重要的借鉴意义。内蒙古自治区2010年颁发《关于扶持羊绒产业发展实施方案》，提出要实行羊绒临时收储，建立羊绒价格形成机制，实行优质优价。具体做法是通过筛选确定收储企业后，由收储企业直接收购农牧民手中的羊绒，所需资金由贷款解决，政府给予贴息支持。羊绒收储范围主要是该区生产的16微米以下优质白羊绒，根据目前国内外羊绒市场的销售形势，暂定收储2009年和2010年两年的羊绒。羊绒收储实行优质优价，按照国家标准小于14.5微米的特细型羊绒每千克收储价格不低于400元；14.5～16微米的细型羊绒收储也要拉开价格档次，优质优价；大于16微米的粗型羊绒，不列入收储贴息范围。

（四）大力发展环境资源约束条件下的舍饲、半舍饲养殖模式

近年来由于各种因素的影响，我国草原生态环境破坏严重，包括绒毛用羊在内的养殖业受到较大的影响，面临刚性的资源环境约束。近年来，政府非常重视保护草原生态环境，采取了一系列措施，明确要求减少放牧量和放牧时间，以保证草原的休养生息，在这样的环境资源约束下，要保证羊绒的充足供应和价格稳定，就需要积极采取措施，转变传统的养殖模式，大力发展舍饲、半舍饲养殖。

通过开展舍饲、半舍饲养殖有利于提高劳动生产率，同样的劳动力和劳动时间能养殖更多的羊只，同时，舍饲、半舍饲模式有利于开展规模养殖，进一步提高饲养数量和规模，保证羊绒的生产供应，对稳定市场和价格具有非常重要的作用。

通过开展舍饲、半舍饲养殖有利于实现标准化养殖，提高饲养管理水平，为新技术的使用创造有利条件，有利于新技术的普及应用。通过新技术的应用可以提高羊只的生产性能，增加羊绒单产水平，提高羊绒品质。叶勇等（2009）曾在宁夏中卫山羊选育场进行山羊生产性能的对比试验，结果显示，舍饲与放牧条件相比较，总体而言，毛绒品质有所上升，但不同生理阶段不同性别的羊其结果不完全一致（叶勇等，2009）。舍饲、半舍饲养殖模式的实施可以通过提高羊绒产量和质量，对我国羊绒市场的供给和价格稳定起到重要的促进作用。

（五）充分发挥行业组织的作用

世界上许多羊绒主产国都成立了强有力的行业组织，作为一个自律性组

织，其对规范行业发展和相关主体的行为发挥了非常重要的作用。

为了规范我国羊绒产业的发展，需要进一步建立完善全国性的羊绒行业组织，充分发挥行业组织在生产经营和应对市场变化中的作用，包括协调企业之间及企业和政府之间的关系、开展技术指导和推广、制定行业标准和技术规范、研究行业发展战略、应对贸易争端等。由于我国地域辽阔，羊绒的生产和加工较为分散，因此也需要强有力的行业组织对各种资源进行有效的整合，迅速壮大羊绒产业实力。

（六）积极发展养殖专业合作组织

针对目前养殖户相对分散，羊绒等级混杂，各规格均不成批量，价格波动较大，应对市场能力较弱等问题，要大力发展羊绒专业合作组织，通过统一销售以不断提高羊绒销售的议价能力，通过统一生产、管理和整理不断提升羊绒质量和档次，以获得更高的收益。

当地政府要按照“民办、民管、民受益”的原则，鼓励和扶持羊绒养殖专业合作组织的发展，不断提高农户的组织化程度。可以采取多种方式发展养殖专业合作社，例如，一些规模养殖场（大户）可以牵头组建养殖专业合作社，政府在政策和资金上给予大力扶持，鼓励其发挥带头和示范作用，带动周边农牧民发展科学化、规范化和专业化养殖，并为入社社员提供畜种、技术培训、产品销售等服务。另外，也可以依托各类政府支持项目，组建养殖专业合作社，通过项目来带动专业合作社的发展，随着项目的推进，合作社也在不断发展壮大，在项目结束后，合作社的作用可以继续得到充分的发挥。

参　考　文　献

[1] 王岩，等 . 2001. 内蒙古羊绒产业开发研究 [J]. 内蒙古人学学报（人文社会科学版）(1)：14－20.

[2] 王瑛 . 2009. 羊绒价格暴涨暴跌的成因分析与改善之策 [J]. 价格月刊 (1)：16－18.

[3] 叶勇，等 . 2009. 舍饲与放牧条件下中卫山羊生产性能对比分析 [J]. 中国草食动物 (5)：32－34.

[4] 张立中，贾玉山 . 2009. 羊绒市场分析与中国羊绒产业发展战略 [J]. 北京工商大学学报（社会科学版）(6)：117－121.

专题七

我国羊毛产业国际竞争力、影响因素及提升对策研究

黄小曦　孙致陆　肖海峰

一、引　　言

（一）研究背景及意义

羊毛产业是我国畜牧业的重要组成部分，也是我国西部、北部少数民族聚居地区的支柱产业，羊毛产业的发展不仅对这些地区的经济发展有着重要影响，而且还关系到千万牧民的生计问题和社会稳定。近年来，我国绵羊养殖规模不断扩大，存栏量不断增加并已经位居世界第一；与此同时，在世界羊毛产量呈现小幅下降的背景下，我国的羊毛产量则呈现小幅上升的趋势。虽然我国的羊毛总产量较高，但是羊毛质量以及细羊毛等优质羊毛的产量还均不能满足国内毛纺工业的加工需求，羊毛贸易一直处于逆差状态。我国是羊毛生产大国、消费大国、进口大国，但不是羊毛强国。我国羊毛产量从 1980 年的 17.6 万吨增加到 2009 年的 36.4 万吨，占世界羊毛产量的比重也从 1980 年的 6.3％上升到 2009 年的 17.5％，近年来我国羊毛的外贸依存度仍达 60％左右。中国与新西兰自贸区已建立，中国与澳大利亚自贸区建立谈判正在进行中，可以预见，中澳自贸区的建立会使中国羊毛产业面临着前所未有的挑战。在上述背景下，研究我国羊毛产业的国际竞争力、影响因素及提升对策，具有十分重要的现实意义。

（二）研究目标与内容

本专题的主要研究目标是：以现有国际竞争力理论和国际贸易理论为基础，全面系统地研究我国羊毛产业国际竞争力的变化及现状，分析影响我国羊毛产业国际竞争力的主要因素，最后基于研究得出的主要结论，提出有针对性

和可行的提高我国羊毛产业国际竞争力的政策建议。

本专题的主要研究内容包括以下三个部分：

第一部分，我国羊毛产业国际竞争力的测算与分析。具体来说，主要采用国际市场占有率、贸易竞争力指数和显示性比较优势指数来测算和分析我国及世界主要国家羊毛产业的国际竞争力，明确我国羊毛产业国际竞争力的变化及现状。

第二部分，我国羊毛产业国际竞争力的影响因素分析。具体来说，根据迈克尔·波特在产业竞争力“钻石模型”中提出的产业国际竞争力影响因素即生产要素、市场需求、相关和扶持产业、企业战略结构和竞争四个基本因素以及政府支持、机遇两个辅助因素，并主要结合我国羊毛业的自身特点，从成本与价格、生产要素、市场需求、相关及辅助产业、规模与经营组织形式和政府的支持情况这六个方面，对影响和决定我国羊毛产业国际竞争力的主要因素进行分析和探讨。

第三部分，基于上述研究得出的主要研究结论，提出提升我国羊毛产业国际竞争力的政策建议。

（三）研究方法

通过对国内外已有关于产业国际竞争力的研究文献的总结了解到，用于分析产业国际竞争力的指标主要包括：国际市场占有率、贸易竞争力指数和显示性比较优势指数，因此，本研究也选取这三个指标来进行分析。

1. 国际市场占有率

国际市场占有率是反映国际竞争力最直接和最简单的指标，它反映一国某产品在国际市场或主要进口国市场上所占的份额，计算公式为：

$$WMS_{ij} = X_{ij}/X_{wj} \times 100\% \tag{1}$$

式（1）中，X_{ij} 为 i 国 j 商品的出口贸易额，X_{wj} 为 j 商品的世界出口贸易额，该指数越大说明 i 国 j 商品的国际竞争力越强。

2. 贸易竞争力指数

贸易竞争力指数 TC（Trade Competition Index）指某一产业或产品的净出口与进出口总额之比，其计算公式为：

$$TC_{ij} = \frac{(X_{ij} - M_{ij})}{(X_{ij} + M_{ij})} \tag{2}$$

式（2）中，X_{ij} 表示 i 国 j 种商品的出口额；M_{ij} 表示 i 国 j 种商品的进口额。当 TC 值小于零，说明该产品为净进口，不具有或缺乏国际竞争力；当

TC 大于零，说明该产品为净出口，具有较强的国际竞争力，TC 值越大，产品的国际竞争力越强；当 TC 值等于零，则表示该产品进出口保持平衡，其进出口纯属与国际间进行交换。

该指标用于表示一国某产业的产品是净进口还是净出口。它的优点是作为一个与贸易总额的相对值，剔除了通货膨胀、经济膨胀等宏观总量方面波动的影响，即无论进出口的绝对量是多少，它的取值均介于－1 和＋1 之间，因此，在不同时期的不同国家之间是可比的。

3. 显示性比较优势指数

显示性比较优势指数是 Balassa（1965）在测算部分国家贸易比较优势时采用的一种方法，后被世界银行等国际组织普遍采用。显示性比较优势指数是指一国某商品占该国出口总值的份额与世界该类商品占世界出口份额的比率，用公式可表示为：

$$RCA_{ij}=\frac{X_{ij}/X_{it}}{X_{wj}/X_{wt}}=\frac{X_{ij}/X_{wj}}{X_{it}/X_{wt}} \tag{3}$$

式（3）中，RCA_{ij} 为 i 国第 j 种商品的“显示”比较优势指数；X_{ij} 为 i 国第 j 种商品的出口额；X_{it} 为 i 国所有商品的出口总额；X_{wj} 为世界第 j 种商品的出口总额；X_{wt} 为世界所有商品的出口总额。当 $RCA_{ij}>1$，则说明 i 国 j 种商品具有显示比较优势，RCA_{ij} 值越大，显示比较优势越明显；当 $RCA_{ij}<1$，说明 i 国 j 种商品没有显示比较优势，RCA_{ij} 值越小，比较劣势越明显。

从理论角度考虑，显示性比较优势指数只考虑出口方面，而未将出口和进口联系起来，因而有一定的理论欠缺。此外，如果就某一时点考虑，出口很有可能受政府政策的影响而发生扭曲，进而影响比较优势指数的真实性。从较长的一段时期来看，假如一国的某种商品从经济上讲没有比较优势或具有比较优势，即使暂时受政府政策影响而发生贸易上的偏离，经济上的内在动力也会使之恢复常态，尤其在市场的作用下更是如此（李建平，罗其友，2002）。我国自 1978 年以来已在国民经济各个领域进行了弱化中央集权经济的市场化改革，市场在经济资源要素配置方面已经发挥越来越重要的作用，行政干预的实际作用越来越弱，生产者接受价格信号做出资源合理配置反应的愿望和能力愈来愈强。因此，显示性比较优势指数也适合对我国羊毛产业比较优势及国际竞争力的测算与分析。

（四）数据来源

在国际贸易中，根据加工程度的不同，可将羊毛分为原毛、洗净毛、碳化毛和羊毛条。其中，原毛和洗净毛是世界羊毛贸易结构中的主要品种，因此，本研究选择原毛和洗净毛来对我国及其他主要国家羊毛的国际竞争力进行测算与分析。本研究所用原毛和洗净毛在1980—2009年的贸易数据主要来自FAOSTAT和UN Comtrade数据库数据。其中，原毛对应的HS税目是：51011100（未梳含脂剪羊毛）、51011900（其他未梳含脂羊毛）；洗净羊毛对应的HS税目是：51012100（未梳脱脂剪羊毛）、51012900（其他未梳脱脂剪羊毛）；碳化羊毛对应的HS税目是：51013000（未梳碳化羊毛）；其他羊毛初级加工品的HS税目有：51031010（羊毛落毛）、51032010（羊毛废料）、51051000（粗梳羊毛）、51052100（精梳羊毛片毛）、51052900（羊毛条及其他精梳羊毛）。

二、我国羊毛产业国际竞争力测算

本研究选取国际市场占有率、贸易竞争力指数和显示性比较优势指数这三个指标来测算我国和世界主要羊毛出口国的原毛和洗净毛的国际竞争力并进行比较分析，进而揭示我国与世界其他羊毛贸易大国在羊毛国际竞争竞争力方面的差距。

（一）原毛国际竞争力分析

1. 国际市场占有率分析

根据表1可知，我国原毛的国际市场占有率一直很低，只在1997年超过1%，其他年份里均低于1%，从2005年开始甚至低于0.1%，其主要原因是近年来我国羊毛的出口结构发生了变化，增加了洗净毛的出口，原毛的出口相对减少。

表1　1980—2009年世界主要国家原毛的国际市场占有率比较

单位：%

年份	中国	澳大利亚	新西兰	南非	阿根廷	乌拉圭	法国	智利
1980	0.56	55.98	15.90	6.67	5.14	4.02	3.14	0.88
1981	0.45	60.36	13.73	6.08	5.84	4.13	2.85	0.69
1982	0.12	63.72	13.08	4.85	4.54	4.43	2.68	0.78
1983	0.06	61.32	15.01	5.99	3.52	3.31	2.77	0.69
1984	0.06	61.65	14.63	7.39	4.06	2.51	2.80	0.69
1985	0.05	66.77	13.47	4.92	2.94	2.31	2.83	0.51

（续）

年份	中国	澳大利亚	新西兰	南非	阿根廷	乌拉圭	法国	智利
1986	0.31	69.23	11.18	3.29	2.81	2.55	2.14	0.55
1987	0.20	69.45	10.73	3.54	2.34	2.87	2.87	0.47
1988	0.14	73.26	9.55	4.20	2.11	2.52	1.92	0.46
1989	0.11	77.88	9.28	3.48	1.37	1.91	1.48	0.30
1990	0.24	74.62	7.70	5.31	2.71	2.59	1.43	0.31
1991	0.20	73.81	7.33	5.65	2.41	1.76	1.93	0.33
1992	0.38	77.27	7.33	2.89	1.62	1.36	1.41	0.29
1993	0.45	77.60	6.04	2.70	2.53	1.75	1.34	0.27
1994	0.26	70.91	6.50	2.96	3.59	1.65	1.64	0.33
1995	0.30	70.98	7.79	2.28	3.22	0.96	1.61	0.41
1996	0.83	71.87	7.96	2.35	1.96	0.92	1.73	0.18
1997	1.14	73.90	7.29	1.96	2.49	0.99	1.65	0.33
1998	0.88	71.25	8.56	3.01	2.21	0.48	1.29	0.38
1999	0.13	74.27	8.43	3.36	2.94	0.86	1.16	0.30
2000	0.12	79.11	8.14	2.20	2.79	0.73	0.77	0.20
2001	0.10	80.86	7.96	2.10	2.06	0.76	0.56	0.26
2002	0.07	79.02	7.68	3.20	2.06	0.39	0.60	0.27
2003	0.08	72.99	8.05	4.23	2.20	0.44	1.03	0.32
2004	0.11	75.04	6.92	3.74	2.14	0.49	0.90	0.28
2005	0.08	73.63	6.68	3.62	1.76	0.78	0.44	0.63
2006	0.04	71.72	6.32	4.59	1.46	1.61	0.62	0.66
2007	0.03	72.65	5.05	5.37	2.15	1.52	0.35	0.28
2008	0.03	72.55	5.12	6.05	1.83	1.21	0.32	0.35
2009	0.05	70.42	4.03	4.69	0.99	1.22	0.26	0.44

数据来源：根据 FAOSTAT 和 UN Comtrade 数据库数据计算得到。

20 世纪 90 年代以来，澳大利亚原毛的国际市场占有率一直维持在 70%以上。新西兰则仅次于澳大利亚，位居世界第二，但其市场占有率呈现不断下降趋势，从 1980 年的 15.09%下降到 2009 年的 4.03%，下降幅度较大，其主要原因是我国是新西兰原毛主要进口国，而近年来，我国毛纺工业的原料用毛需求结构中作为精纺原料用毛的细羊毛所占比例越来越高，导致以生产半细羊毛和杂交羊毛为主的新西兰羊毛出口量出现下降。

南非原毛的国际市场占有率位居第三，其市场占有率经历了先下降后上升的变化过程，1980 年为 6.67%，1997 年其市场占有率为近年来的最低值，随后又逐渐提高，到 2009 年为 4.69%。阿根廷、乌拉圭、法国和智利原毛的国际市场占有率位列南非之后，但其国际市场占有率总体上均呈下降趋势，分别从 1980 年的 5.14、4.02%、3.14% 和 0.88% 下降到 2009 年的 0.99%、1.22%、0.26%和 0.44%。

从世界原毛出口大国总体情况来看，澳大利亚原毛的国际市场占有率最高，远远超过其他国家，新西兰、阿根廷和南非分列 2～4 位。除了澳大利亚原毛的国际市场占有率呈上升趋势之外，其他国家原毛的国际市场占有率均呈现下降的趋势。

2. 贸易竞争力指数分析

根据表 2 可知，1980—2009 年期间，我国原毛的贸易竞争力指数均为负值且接近－1，特别是近 10 年来均低于－0.99，这说明我国原毛主要为净进口，生产效率远低于国际水平，在国际市场上不具有国际竞争力。

澳大利亚和新西兰原毛的贸易竞争力指数均在 0.99 以上，这说明两国的原毛出口额大于进口额，在国际市场上具有很强的国际竞争力。南非原毛的贸易竞争力指数在 1991 年以前一直在 0.99 以上，从 1991 年开始出现下降，到 1997 年下降为 0.643，此后又呈现上升趋势，2004 年以来一直维持在 0.95 以上，这说明南非原毛具有很强的国际竞争力。阿根廷原毛的贸易竞争力指数在大部分年份里都超过 0.95，但从 2003 年开始下降，近年来均低于 0.90，其国际竞争力有所下降。

乌拉圭原毛的贸易竞争力指数在 1994 年以前一直为正且接近 0.90，这说明其原毛具有一定的国际竞争力。但从 1994 年开始竞争力指数出现大幅波动，下降为 0.295，之后在正负之间变动，绝对值一直较低，其原毛的国际竞争力变得很弱，这主要是受其国内羊毛产量减少及毛条出口贸易不断增长的影响，使得原毛出口数量下降。

法国原毛的贸易竞争力指数在 2006 年以前一直为负，不具有国际竞争力，2006 年开始变为正，但其国际竞争力较弱。智利原毛的贸易竞争力指数一直为正，在大部分年份里都接近 0.99，说明智利的原毛具有很强的国际竞争力。

总体来看，1980—2009 年期间，澳大利亚、新西兰、乌拉圭、阿根廷和智利原毛的贸易竞争力指数均接近 1，这说明这几个国家原毛贸易均是净出口，具有很强的国际竞争力。但我国及法国原毛均不具备国际竞争力。

表 2　1980—2009 年世界主要国家原毛的贸易竞争力指数比较

年份	中国	澳大利亚	新西兰	南非	阿根廷	乌拉圭	法国	智利
1980	−0.834	0.999	0.997	0.999	0.990	0.997	−0.588	0.954
1981	−0.891	1.000	0.998	1.000	0.998	0.995	−0.620	0.961
1982	−0.971	0.998	1.000	1.000	1.000	0.944	−0.603	0.992
1983	−0.987	0.998	1.000	1.000	1.000	0.911	−0.583	0.968
1984	−0.987	0.998	1.000	1.000	1.000	0.987	−0.640	0.994
1985	−0.992	0.999	0.999	0.999	1.000	0.933	−0.641	0.998
1986	−0.956	1.000	1.000	0.997	0.996	0.991	−0.706	0.996
1987	−0.971	1.000	0.999	0.974	0.997	0.983	−0.616	1.000
1988	−0.976	0.999	0.997	0.992	0.972	0.987	−0.712	0.998
1989	−0.971	0.995	0.999	0.998	1.000	0.891	−0.760	0.985
1990	−0.887	0.999	0.995	0.996	0.999	0.976	−0.743	0.993
1991	−0.972	0.996	0.992	0.980	0.979	0.818	−0.743	1.000
1992	−0.960	0.998	0.996	0.960	0.962	0.743	−0.793	0.991
1993	−0.965	0.999	0.994	0.957	0.987	0.773	−0.748	0.984
1994	−0.980	0.999	0.996	0.878	0.999	0.295	−0.770	1.000
1995	−0.974	0.999	0.996	0.797	0.997	−0.239	−0.757	0.980
1996	−0.936	0.999	1.000	0.884	0.990	−0.185	−0.708	0.983
1997	−0.892	0.997	0.995	0.643	0.984	0.061	−0.751	1.000
1998	−0.935	0.998	0.999	0.933	0.991	−0.537	−0.828	1.000
1999	−0.993	0.998	0.993	0.980	0.971	0.089	−0.775	1.000
2000	−0.995	0.999	0.994	0.909	0.980	0.044	−0.821	1.000
2001	−0.996	0.997	0.992	0.846	0.950	−0.190	−0.880	1.000
2002	−0.997	0.995	0.999	0.899	0.956	−0.514	−0.866	1.000
2003	−0.996	0.990	0.994	0.944	0.921	−0.641	−0.831	1.000
2004	−0.996	0.996	0.993	0.979	0.873	−0.523	−0.724	1.000
2005	−0.997	1.000	0.996	0.990	0.921	−0.222	−0.720	0.957
2006	−0.999	1.000	0.995	0.969	0.810	0.197	0.121	0.991
2007	−0.999	1.000	0.993	0.995	0.824	0.331	0.472	1.000
2008	−0.999	1.000	0.987	0.985	0.885	−0.087	0.396	1.000
2009	−0.999	1.000	0.997	0.995	0.890	0.055	0.354	1.000

数据来源：根据 FAOSTAT 和 UN Comtrade 数据库数据计算得到。

3. 显示性比较优势指数分析

根据表3可知，1980—2009年期间，我国原毛的RCA指数一直低于1，总体上呈现下降趋势，从1980年的0.629下降到2009年的0.006，这说明我国原毛的出口一直不具有比较优势，而且近年来，这种比较劣势越来越明显。

澳大利亚和新西兰原毛的RCA指数远远大于1，这说明两国的原毛在出口上具有很强的比较优势。澳大利亚原毛的RCA指数呈现先上升后下降的变化趋势，从1980年的51.889上升到2004年的79.916，近年来有较大幅度下降，到2009年为56.967。新西兰原毛的RCA指数呈现先下降后上升的变化趋势，1993年为最低值21.68，到2009年为34.928。

乌拉圭原毛的RCA指数经历了较大的起伏，总体上呈现先下降后上升的变化趋势，1998年出现最低值9.425，主要原因是其国内羊毛产量减少且毛条出口量增长；1999年RCA指数开始上升，到2009年上升到了48.906。

南非和阿根廷原毛的RCA指数比较接近且一直大于1，这说明两国原毛在出口上也具有比较优势。南非原毛的RCA指数从2007年开始大于10；阿根廷原毛的RCA指数总体上来看有所下降，20世纪70年代末80年代初接近于10，2009年为3.832。

法国原毛的RCA指数一直小于1且总体上呈现下降趋势；智利原毛的RCA指数波动较为频繁，从1978年的4.237逐渐下降到1995年的1.319，此后一直在1上下波动。总体来看，智利原毛出口经历了从最初的具有比较优势到比较优势逐渐下降，再到不具备比较优势的过程。

表3 1980—2009年世界主要国家原毛的显示性比较优势指数比较

年份	中国	澳大利亚	新西兰	南非	阿根廷	乌拉圭	法国	智利
1980	0.629	51.889	59.659	5.313	13.037	77.243	0.551	3.791
1981	0.410	56.487	49.083	5.921	12.834	68.250	0.538	3.633
1982	0.102	56.176	44.198	5.169	11.207	81.629	0.522	3.956
1983	0.054	56.282	51.168	5.971	8.290	58.385	0.538	3.319
1984	0.042	52.177	51.858	8.418	9.807	52.519	0.561	3.719
1985	0.038	57.723	46.017	5.895	6.847	49.706	0.545	2.607
1986	0.215	65.585	40.646	3.824	8.755	50.099	0.367	2.814
1987	0.130	65.639	37.511	4.198	9.256	60.789	0.486	2.263
1988	0.085	63.241	31.200	5.505	6.633	51.382	0.328	1.876
1989	0.066	64.987	32.383	4.860	4.420	37.117	0.255	1.149

（续）

年份	中国	澳大利亚	新西兰	南非	阿根廷	乌拉圭	法国	智利
1990	0.131	64.746	28.276	7.776	7.560	52.698	0.228	1.269
1991	0.099	61.983	26.787	8.534	7.062	38.462	0.312	1.279
1992	0.169	67.954	28.223	4.647	4.973	30.088	0.225	1.092
1993	0.187	68.694	21.677	4.211	7.302	40.241	0.228	1.096
1994	0.094	64.546	23.072	5.058	9.910	37.262	0.284	1.224
1995	0.103	69.018	29.475	4.221	7.921	23.595	0.276	1.319
1996	0.297	64.397	29.961	4.344	4.443	20.737	0.306	0.581
1997	0.350	65.677	28.673	3.540	5.285	20.218	0.305	1.029
1998	0.264	70.120	39.027	6.280	4.593	9.452	0.222	1.267
1999	0.038	75.650	38.645	7.197	7.191	22.065	0.203	0.991
2000	0.032	79.965	39.598	4.743	6.841	20.561	0.152	0.687
2001	0.023	78.972	35.913	4.453	4.810	22.832	0.107	0.880
2002	0.014	78.892	34.675	6.995	5.203	13.545	0.117	0.973
2003	0.014	78.677	36.961	8.786	5.639	15.217	0.200	1.124
2004	0.017	79.916	31.379	7.479	5.693	15.265	0.184	0.787
2005	0.011	72.794	32.237	7.352	4.571	23.990	0.100	1.613
2006	0.005	70.375	34.135	9.558	3.809	48.918	0.152	1.371
2007	0.004	71.912	26.222	10.762	5.388	47.067	0.089	0.586
2008	0.003	61.891	30.093	12.118	4.211	32.675	0.087	0.842
2009	0.006	56.967	34.928	16.191	3.832	48.904	0.119	1.029

数据来源：根据 FAOSTAT、UN Comtrade 和 WTO 数据库数据计算得到。

总体来看，澳大利亚、新西兰、南非、阿根廷和乌拉圭原毛的 RCA 指数一直大于 1，五国原毛出口均具有很强的比较优势；我国和法国原毛的 RCA 指数一直小于 1，出口不具有比较优势；智利原毛的 RCA 指数在 1 上下波动，具有一定的比较优势。

（二）洗净毛国际竞争力分析

1. 国际市场占有率分析

根据表 4 可知，1980—2009 年期间，我国洗净毛的国际市场占有率呈稳步上升的趋势，从 1980 年的 1.78％上升至 2005 年的历史最高值 8.68％，之后稍有下降，2009 年为 4.98％。

表 4 1980—2009 年世界主要国家洗净毛的国际市场占有率比较

单位：%

年份	中国	新西兰	澳大利亚	阿根廷	英国	法国	德国	南非
1980	1.78	41.12	21.36	8.31	6.71	3.14	2.84	2.67
1981	1.67	35.61	27.78	9.57	6.73	2.72	2.22	2.36
1982	1.85	36.64	28.69	6.24	5.90	3.03	1.81	2.05
1983	2.45	38.11	22.98	6.64	6.09	3.52	1.44	2.80
1984	2.83	36.56	26.62	6.44	6.62	4.12	1.49	3.38
1985	3.83	35.98	26.26	5.68	7.03	3.40	1.44	2.41
1986	3.66	34.21	28.41	4.53	6.27	3.66	1.36	1.75
1987	3.59	34.41	27.37	3.97	6.69	4.54	1.96	1.94
1988	2.78	31.59	34.20	3.76	5.94	3.42	1.67	1.75
1989	3.00	33.15	37.40	2.08	5.62	3.33	1.35	1.71
1990	2.99	33.11	35.15	3.23	6.43	2.47	1.43	1.62
1991	3.70	31.45	38.30	2.72	5.57	3.04	1.51	2.49
1992	4.50	26.93	44.30	2.55	4.81	2.52	1.39	2.33
1993	3.61	27.04	44.38	3.19	5.19	2.18	1.22	1.64
1994	2.79	30.88	36.03	3.11	6.48	2.36	1.47	1.52
1995	2.06	33.42	36.36	1.94	5.58	1.97	1.41	1.25
1996	2.79	32.29	37.23	1.73	6.03	1.97	1.81	1.44
1997	3.41	31.68	40.76	1.53	5.73	1.68	1.53	1.52
1998	3.42	34.12	38.10	1.20	6.44	2.22	2.13	1.75
1999	4.65	32.06	39.29	1.44	6.82	2.14	2.49	2.17
2000	4.63	31.01	41.60	1.73	6.89	1.80	2.50	1.91
2001	4.91	29.17	40.77	1.93	6.01	1.95	2.48	2.17
2002	3.78	28.26	38.93	1.62	7.13	2.12	2.12	2.08
2003	4.58	33.38	31.73	1.90	7.79	2.03	2.26	1.91
2004	6.37	34.83	30.29	1.48	8.69	1.60	2.26	1.74
2005	8.68	36.19	27.67	1.48	7.22	1.87	1.96	2.31
2006	8.36	36.35	26.97	1.83	8.13	1.15	2.84	1.96
2007	6.97	35.47	27.73	2.91	7.50	0.97	2.36	1.57
2008	5.72	37.94	28.99	2.30	8.08	1.05	2.60	1.68
2009	4.98	39.28	31.70	1.43	—	0.99	2.17	1.65

数据来源：根据 FAOSTAT 和 UN Comtrade 数据库数据计算得到；2009 年英国羊毛进出口数据缺失（下同）。

新西兰洗净毛的国际市场占有率居世界第一且总体上未发生太大的变化，1980—2009年除中间有几年低于30%外，其他年份均在35%以上。总体来看，新西兰洗净毛的出口在世界市场所占比例较为平稳。

澳大利亚洗净毛的国际市场占有率仅次于新西兰且在总体上呈现先上升后下降的变化趋势，从1978年的20.13%上升至1993年的44.38%，之后出现下降，到2009年下降为31.70%。澳大利亚近年来为了保护环境而关闭和转移本国羊毛加工企业，导致其洗净毛出口出现下降。

阿根廷洗净毛的国际市场占有率一直处于明显的下降趋势，从1980年的8.13%下降至2009的1.43%，期间出现过短暂上升。英国洗净毛的国际市场占有率未出现较大波动，大部分年份里维持在4%～7%之间。

法国和南非洗净毛的国际市场占有率均呈现下降趋势，法国从1980年的3.14%下降为2009年的0.99%，南非从1980年的2.67%下降为2009年的1.65%。德国则出现先下降后上升的变化趋势，1993年最低且为1.22%。之后上升到2009年的2.17%。

总体来看，新西兰和澳大利亚洗净毛的国际市场占有率最高，两国洗净毛的出口额占全世界出口额的一半以上。除我国洗净毛的国际市场占有率出现上升之外，其他国家的国际市场占有率均有不同程度的下降，主要原因是部分羊毛进口国国内实施了非常严格的环境保护法规，导致洗净毛加工发展受限，使得洗净毛出口减少，转而进口洗净毛。

2. 贸易竞争力指数分析

根据表5可知，1980—2009年期间，我国洗净毛的贸易竞争力指数一直为负值，这说明我国洗净毛出口额小于进口额，不具备国际竞争力；贸易竞争力指数在20世纪80年代末最小，国际竞争力最低，从90年代开始上升到2005年－0.112，之后又逐年下降，2009年为－0.646。

新西兰洗净毛的贸易竞争力指数一直高于0.900，且在绝大多数年份里超过0.990，表明新西兰洗净羊毛一直具有很强的国际竞争力。

澳大利亚洗净毛的贸易竞争力指数呈上升趋势，1992年达到最高值0.992，之后仅在1993年高于0.9，其他大部分年份在0.850左右，这说明其洗净毛也具有很强的国际竞争力。

阿根廷洗净毛的贸易竞争力指数一直很高，除2008年和2005年分别为0.979和0.981外，其他年份都为1或接近1，这说明其洗净毛有很强的国际竞争力。

英国洗净毛的贸易竞争力指数在大部分年份都为负值，且绝对值接近0，这说明其洗净毛不具有国际竞争力。法国与英国相反，大部分年份为正值，最高为 2003 年的 0.379，这说明法国洗净毛具有一定的国际竞争力，但总体上还不强。

德国洗净毛历年的贸易竞争力指数均为负值，可见其洗净毛不具有国际竞争力，但近年来其指数有逐渐增大的趋势，这说明其国际竞争力在逐渐增强。南非洗净毛的贸易竞争力指数均为正，大部分年份位于 0.6～0.8 之间，这说明其洗净毛具备一定的国际竞争力，但从 2004 年开始该指数已经连续 6 年低于 0.5，国际竞争力有所下降。

总体来看，新西兰和阿根廷洗净毛的贸易竞争力指数在大部分年份里高于 0.990，澳大利亚和南非的贸易竞争力指数也为正数且取值较大，可见，四国洗净毛的生产效率高于国际水平，具有很强或较强的国际竞争力。我国和德国洗净毛的贸易竞争力指数为负，生产效率低于国际水平，不具有国际竞争力。

表 5　1980—2009 年世界主要国家洗净毛的贸易竞争力指数比较

年份	中国	新西兰	澳大利亚	阿根廷	英国	法国	德国	南非
1980	−0.088	0.996	0.755	1.000	0.036	−0.206	−0.536	0.708
1981	−0.131	0.993	0.835	1.000	−0.010	−0.024	−0.511	0.517
1982	−0.483	0.992	0.812	1.000	0.058	0.012	−0.547	0.682
1983	−0.531	0.994	0.820	1.000	−0.034	0.052	−0.620	0.744
1984	−0.295	0.993	0.796	0.998	−0.084	0.105	−0.600	0.764
1985	−0.507	0.993	0.806	1.000	−0.133	−0.011	−0.634	0.765
1986	−0.714	0.993	0.823	1.000	−0.132	0.080	−0.595	0.641
1987	−0.697	0.996	0.831	1.000	−0.130	0.355	−0.453	0.699
1988	−0.801	0.997	0.864	1.000	−0.133	0.290	−0.435	0.666
1989	−0.693	0.995	0.875	1.000	−0.069	0.316	−0.473	0.679
1990	−0.403	0.994	0.870	1.000	−0.017	0.177	−0.506	0.625
1991	−0.509	0.996	0.895	1.000	0.014	0.293	−0.484	0.778
1992	−0.486	0.992	0.922	1.000	−0.049	0.282	−0.379	0.808
1993	−0.474	0.986	0.915	1.000	0.034	0.250	−0.406	0.776
1994	−0.563	0.978	0.884	0.997	−0.070	0.143	−0.407	0.720
1995	−0.659	0.986	0.870	0.997	0.004	0.134	−0.415	0.672
1996	−0.635	0.979	0.865	0.998	−0.031	0.211	−0.229	0.669
1997	−0.536	0.988	0.883	0.990	−0.196	0.091	−0.298	0.670

（续）

年份	中国	新西兰	澳大利亚	阿根廷	英国	法国	德国	南非
1998	−0.531	0.995	0.869	0.992	−0.212	0.097	−0.294	0.616
1999	−0.366	0.979	0.830	0.995	−0.127	0.064	−0.175	0.709
2000	−0.484	0.985	0.863	1.000	−0.140	0.043	−0.214	0.661
2001	−0.482	0.992	0.870	0.985	−0.212	0.120	−0.239	0.664
2002	−0.592	0.991	0.841	1.000	−0.037	0.328	−0.163	0.651
2003	−0.549	0.984	0.786	0.993	−0.054	0.379	−0.229	0.631
2004	−0.331	0.991	0.814	0.993	−0.066	0.327	−0.230	0.593
2005	−0.112	0.990	0.797	0.981	−0.128	0.331	−0.268	0.590
2006	−0.206	0.992	0.840	0.991	−0.047	0.063	−0.202	0.562
2007	−0.386	0.987	0.858	0.995	−0.069	0.002	−0.277	0.397
2008	−0.558	0.984	0.841	0.979	−0.086	−0.023	−0.264	0.522
2009	−0.646	0.982	0.853	0.952	—	−0.150	−0.272	0.497

数据来源：根据 FAOSTAT 和 UN Comtrade 数据库数据计算得到。

3. 显示性比较优势指数分析

根据表 6 可知，我国洗净毛的 RCA 指数在 1994 年以前一直大于 1，在出口上具有比较优势，1985 年的比较优势最大，RCA 指数为 2.73。1994 年以后，RCA 指数在 0.64～1.36 之间变动，出口比较优势减弱；2007 年之后，RCA 指数低于 1，不具有比较优势，其主要原因是 1993 年以后我国的商品出口总额占世界出口总额的比例在逐年上升，但洗净毛的出口额并未像其他出口商品那样迅速增加，从而使得我国洗净毛的 RCA 指数有所下降。

新西兰洗净毛的 RCA 指数除了在 1993 年为 96.99，其他年份均在 100 以上，并且近年来，其洗净毛的 RCA 指数上升趋势明显，主要原因是其洗净毛出口下降的速度没有世界洗净毛出口下降速度快，2009 年达到 196.28。可见，新西兰洗净毛出口有很强的比较优势。

表 6　1980—2009 年世界主要国家洗净毛的显示性比较优势指数比较

年份	中国	新西兰	澳大利亚	阿根廷	英国	法国	德国	南非
1980	2.00	154.27	19.80	21.07	1.24	0.55	0.30	2.13
1981	1.52	127.30	26.00	21.05	1.32	0.51	0.25	2.29
1982	1.56	123.84	25.29	15.41	1.15	0.59	0.19	2.19

（续）

年份	中国	新西兰	澳大利亚	阿根廷	英国	法国	德国	南非
1983	2.03	129.93	21.10	15.65	1.23	0.68	0.16	2.79
1984	2.12	129.61	22.53	15.53	1.38	0.83	0.17	3.85
1985	2.73	122.91	22.70	13.21	1.36	0.65	0.15	2.89
1986	2.53	124.37	26.92	14.14	1.25	0.63	0.12	2.04
1987	2.29	120.31	25.87	15.70	1.28	0.77	0.17	2.30
1988	1.68	103.18	29.53	11.82	1.17	0.58	0.15	2.29
1989	1.77	115.72	31.21	6.71	1.14	0.57	0.12	2.39
1990	1.66	121.57	30.50	9.01	1.20	0.39	0.12	2.37
1991	1.81	114.92	32.16	7.99	1.06	0.49	0.13	3.76
1992	2.00	103.65	38.96	7.85	0.95	0.40	0.12	3.74
1993	1.49	96.99	39.29	9.19	1.08	0.37	0.12	2.57
1994	1.00	109.62	32.80	8.58	1.37	0.41	0.15	2.59
1995	0.72	126.48	35.35	4.79	1.21	0.34	0.14	2.31
1996	1.00	121.49	33.36	3.93	1.26	0.35	0.19	2.66
1997	1.04	124.56	36.23	3.25	1.14	0.31	0.17	2.74
1998	1.03	155.48	37.50	2.50	1.29	0.38	0.22	3.66
1999	1.36	147.05	40.02	3.54	1.43	0.38	0.26	4.63
2000	1.20	150.86	42.05	4.23	1.56	0.35	0.29	4.12
2001	1.14	131.51	39.82	4.51	1.37	0.37	0.27	4.59
2002	0.75	127.58	38.87	4.09	1.65	0.42	0.22	4.53
2003	0.79	153.22	34.21	4.88	1.93	0.39	0.23	3.97
2004	0.99	157.82	32.26	3.94	2.30	0.33	0.23	3.47
2005	1.20	174.71	27.35	3.84	1.97	0.42	0.21	4.69
2006	1.04	196.47	26.47	4.76	2.20	0.28	0.31	4.08
2007	0.80	184.16	27.45	7.31	2.39	0.25	0.25	3.16
2008	0.64	182.23	24.57	5.14	2.83	0.26	0.29	3.35
2009	0.52	196.28	25.64	3.21	—	0.26	0.24	3.28

数据来源：根据 FAOSTAT、UN Comtrade 和 WTO 数据库数据计算得到。

澳大利亚洗净毛的 RCA 指数先从 1980 年的 19.80 逐渐上升至 2000 年的 42.05，此后出现下降，到 2009 年为 25.64。可见，澳大利亚洗净毛出口也具有一定的比较优势。

阿根廷洗净毛的 RCA 指数大于 1，一直呈现下降趋势，从 1980 年的

21.07 下降到 2009 年的 3.21，其出口比较优势在逐渐下降。

英国和南非洗净毛的 RCA 指数一直比较平稳，英国 1992 年为 0.95，其他大部分年份位于 1～2 之间，比较优势较弱。南非洗净毛的 RCA 指数维持在 2～5 之间，具有一定的出口比较优势。法国和德国洗净毛的 RCA 指数一直小于 1，均不具有比较优势。

总体来看，新西兰、澳大利亚、阿根廷、南非和英国洗净毛的 RCA 指数一直大于 1，五国洗净毛具有比较优势；我国洗净毛的 RCA 指数经历了从大于 1 到小于 1 的变化过程，比较优势减弱的趋势明显；法国和德国洗净毛的比较优势均很弱。

（三）小结

通过本部分的分析和探讨，本研究得出了以下主要研究结论：

第一，根据国际市场占有率、贸易竞争力指数和显示性比较优势指数这三个指标的测算结果可知，我国原毛的国际市场占有率很低，不具备国际竞争力，值得一提的是，由于我国羊毛出口结构的变化，原毛不具有国际竞争力这种趋势越来越明显。

澳大利亚、新西兰、南非等传统羊毛生产与贸易大国的原毛具有很强的国际竞争力，无论是国际市场占有率还是出口比较优势，都强于其他国家。而阿根廷、乌拉圭和智利原毛的国际市场占有率虽然不高，但是其原毛在出口上也具有一定的比较优势和国际竞争力。

第二，我国洗净毛的出口量从 20 世纪 80 年代起超过了原毛的出口量，国际市场占有率总体上呈现上升趋势，近几年仅落后于澳大利亚、新西兰和英国，位居世界第四。虽然从贸易竞争力指数来看我国洗净毛不具有国际竞争力，但 RCA 指数显示我国在部分年份里具有一定的出口比较优势，从近年的情况来看，我国洗净毛的国际竞争力亟待提高。

新西兰和澳大利亚洗净毛的国际竞争力优势非常明显，在出口竞争力上远远超过其他出口国。英国洗净毛的市场占有率位居世界前列，是洗净毛的出口大国。

三、我国羊毛产业国际竞争力影响因素分析

本研究的测算结果表明，我国原毛和洗净毛的国际竞争力均很弱，远落后于其他羊毛生产与贸易大国。那么究竟是哪些因素导致我国羊毛国际竞争力表现出这些特征？根据迈克尔·波特提出的产业竞争力“钻石模型”，可将影响

一国某产业国际竞争力的因素分为六个方面：生产要素、需求条件、相关产业与支持性产业、企业战略与企业结构及竞争对手这四个基本要素以及政府支持政策、机遇这两个辅助因素。因此，本部分运用“六因素模型”并结合我国羊毛产业的自身特点，从成本与价格、生产要素、市场需求、相关及辅助产业、经营组织形式与养殖规模和政府支持政策这六个方面分析影响我国羊毛国际竞争力的主要因素。

（一）成本与价格

1. 成本

根据表 7 可知，2006—2008 年，我国改良绵羊的羊毛单产不断增加，2009 年有所下降，且每只改良绵羊的羊毛产量为 2.26 千克。2004—2009 年，我国改良绵羊的单位产值呈现出先上升后下降的变化趋势，2007 年达到了最高值，之后又开始回落，2009 年每只改良绵羊的羊毛产值为 27.71 元。随着绵羊品种的改良和羊毛生产加工技术的改进，羊毛的单位成本有所下降，2009 年羊毛成本为 12.16 元/只，改良绵羊的成本利润率不断上升，2009 年达到了 127.83%。在我国的绵羊总生产成本中，物质与服务费用所占的比重一直都最大，2009 年占 57.32%；其次是人工成本，2006 年以来所占比重不断提高，2009 年达到了 42.68%，这主要与劳动力工资成本不断提高有关；最后是土地成本，2006 年占总成本的比重达到最大且为 2.23%，这主要是因为土地资源具有稀缺性，而目前我国绝大多数牧区绵羊饲养方式仍以放养为主，对牧区草地的依赖性比较强，而长期的超载放牧破坏了草原生态系统的平衡，草原的沙化、退化、盐碱化、荒漠化等问题日益严重，导致可利用的草地资源不断减少，土地利用成本也不断提高。但近年来，随着禁牧、休牧、轮牧等草原生态保护实施的出台与实施，使草原生态环境总体上有所改善，土地成本稍微有所回落，2009 年仅占总成本的 0.60%。

表 7　2004—2009 年我国改良绵羊成本收益情况（每只）

项　目	单位	2004	2005	2006	2007	2008	2009
羊毛产量	千克	2.45	2.62	2.15	2.41	2.44	2.26
羊毛产值	元	31.2	30.04	30.78	46.3	37.78	27.71
羊毛成本	元	16.69	18.90	18.03	19.61	16.60	12.16
总成本	元	83.55	86.19	90.03	89.67	100.16	106.13
其中：物质与服务费用	%	54.70	54.53	59.73	60.66	56.65	57.32

（续）

项　目	单位	2004	2005	2006	2007	2008	2009
人工成本	%	45.02	45.27	38.03	38.33	41.72	42.68
土地成本	%	0.28	0.20	2.23	1.00	1.63	0.60
净利润	元	72.63	50.77	46.49	122.08	127.82	135.67
成本利润率	%	86.93	58.9	51.63	136.14	127.61	127.83

数据来源：《全国农产品成本收益资料汇编》（2004—2010年）。

我国羊毛的生产成本相对于澳大利亚具有一定的优势，主要原因是澳大利亚的羊毛生产主要采用的是规模化和机械化生产，机器设备投入比较多，而且在绵羊品种改良、饲草料等方面的投入也较大，这些都增加了羊毛的生产成本。而我国的机械化设备比较落后，更新的速度也比较慢，牧民对绵羊品种改良和维护投入相对比较少，放养的饲养方式对饲料的需求量也比较少，特别是我国的劳动力成本相对于其他发达国家而言要低很多，所以我国羊毛的生产成本比较低，在国际市场上具有一定的成本竞争优势（岳丹萍，2008）。

2. 价格

一国羊毛价格的高低会对该国羊毛国际竞争力的强弱产生较大影响。根据表8可知，不同品种的澳毛条在我国的市场价格均要显著高于国产毛条价格。其中，60S的澳毛条比国产毛条的价格高出的幅度最大，66S的澳毛条比国产毛条的价格高出幅度最小。具体而言，2011年前4个月的澳毛条60S的平均价格为94 113.75元/吨，比国产毛条高出44 413.75元/吨；澳毛条66S的平均价格为112 627.50元/吨，比国产毛条高出23 177.50元/吨。

表8　2011年1—4月国产毛条和澳毛条不同品种价格比较

单位：元/吨

品种	项目	1月份	2月份	3月份	4月份	平均值
70S	国产毛条	82 000	92 000	91 000	99 000	91 000.00
	澳毛条	116 325	128 975	137 200	145 470	131 992.50
66S	国产毛条	77 100	90 100	91 600	99 000	89 450.00
	澳毛条	100 475	108 325	116 425	125 285	112 627.50
64S	国产毛条	65 100	76 100	77 700	84 700	75 900.00
	澳毛条	93 675	99 900	110 362.5	119 790	105 931.88
60S	国产毛条	45 700	45 800	51 500	55 800	49 700.00
	澳毛条	83 025	90 300	98 125	105 005	94 113.75

数据来源：南京羊毛市场。

澳毛条在我国的市场价格高于国产毛条价格的主要原因在于澳毛条的质量更高。在日益激烈的国际市场竞争中，羊毛质量的好坏很大程度上决定了羊毛竞争力的强弱。我国是羊毛生产大国，虽然具有一定的成本优势，但是国产羊毛质量还难以达到市场的需求，导致毛纺工业的原料用毛还主要依靠从国外进口的高品质羊毛，羊毛的外贸依存度很高，并且我国羊毛产业的国际竞争力也比较弱。所以，我国应在保持价格优势的同时不断提升非价格竞争优势，尤其要高度重视羊毛质量的提高。

（二）生产要素

1. 基本生产要素

（1）我国草原资源丰富，但草地保护和建设不足。我国是草原大国，目前的天然草原面积近 4 亿公顷，占世界草原面积的 13%，占我国国土总面积的 2/5，耕地面积的 3.2 倍，森林面积的 2.5 倍。其中，可利用草原为 2.2 亿公顷，主要分布在东北西部、内蒙古、宁夏、甘肃、青海、新疆、西藏及川西等地（马有祥，2010）。根据表 9 可知，2008 年，全世界共有 335 694 万公顷的永久草原，我国拥有 40 000.1 万公顷，占世界的 11.9%，高于新西兰、澳大利亚等羊毛主产国。但是我国人均拥有永久草原面积偏少，2008 年为 0.3 公顷/人，澳大利亚和新西兰人均拥有永久草原分别达到了 17.70 公顷和 2.57 公顷，显著高于我国，这表明我国在人均草原资源上并不具有竞争优势。

表 9 我国与世界主要羊毛生产国的永久草原资源对比情况

单位：千公顷，公顷/人

年份	世界总面积	中国		新西兰		澳大利亚	
		总面积	人均	总面积	人均	总面积	人均
1978	3 189 783	319 080	0.33	14 065	4.50	433 860	30.44
1983	3 230 980	356 001	0.35	14 109	4.38	426 150	27.78
1988	3 315 203	393 001	0.35	13 770	4.14	425 060	25.63
1993	3 394 435	400 001	0.34	13 945	3.91	413 800	23.35
1998	3 416 131	400 001	0.32	13 300	3.50	419 486	22.40
2003	3 390 741	400 001	0.31	11 388	2.84	392 125	19.70
2008	3 356 940	400 001	0.30	10 852	2.57	372 914	17.70

数据来源：根据 FAO 数据库数据整理计算得到。

人均拥有的草原资源在一定程度上限制了我国羊毛生产，除此之外，草原退化、沙化、盐碱化等现象也是影响我国羊毛产量增长的重要因素。根据表10可知，我国牧民户均经营草原面积从2000年的2 895亩减少到2009年的2 580.21亩，下降了10.87%。尤其是2007年以来，草原“三化”现象日益严重，“三化”的草原面积占经营草原面积的比重不断上升，2009年该比重达到了65.87%，比2007年上升了31.26个百分点。与此同时，我国草原的载畜能力也在逐渐下降，草原平均载畜量从2000年的8.32亩/羊单位提高了2009年的10亩/羊单位，超载放牧所引起的草原生态环境的恶化导致草原承载能力大幅降低。

表10　我国草原畜牧业发展情况

项　　目	2000	2007	2008	2009
户均经营草原面积（亩/户）	2 895.00	2 645.27	2 529.11	2580.21
其中：禁牧面积（亩/户）	—	105.30	300.20	272.37
休牧面积（亩/户）	—	1013.29	452.34	625.61
退化、沙化、盐碱化面积（亩/户）	—	915.64	1 485.16	1 699.56
退化等面积占经营草原面积的比重（%）	—	34.61	58.72	65.87
年末牲畜存栏（羊单位/户）	348.00	322.00	240.00	258.00
草原平均载畜量（亩/羊单位）	8.32	8.22	10.54	10.00

资料来源：王欧．草原畜牧业发展与牧民收入增长［J］．中国畜牧杂志，2010，46（24）：12－16.

草地畜牧业发达的国家大都非常重视人工草地的建设。大力发展人工种草可以大幅度提高草地的生产能力，人工草地的产草量比天然草原高10倍以上。目前，草地畜牧业发达国家人工草地面积大多占草地总面积的10%以上，其中，美国的人工草地占草地总面积的15%，俄罗斯占10%，德国、英国、澳大利亚和新西兰等国占60%～70%。2009年，我国的人工草地面积仅占草原总面积的5.34%，显著低于上述国家。

草地畜牧业发达国家也非常重视天然草地的保护和利用，在采取补播、施肥、灌溉等措施保护草地的同时，大多实行了以草定畜、划区轮牧等科学的草地利用制度。新西兰有0.1亿公顷的草原面积，国土面积一半以上是牧场，几乎每个牧场都有绵羊饲养，新西兰政府根据地形、草原状况来划区轮牧和确定每个轮牧分区的大小，并根据草场牧草的产量以及草场生产力确定应放牧的羊数和轮牧周期的长短，目前，在其草场总面积中，围栏草场面积占90%以上，改良草场面积占94%。澳大利亚通过补播、施肥、灌溉等措施进行人工草场建设和改良，现有围栏草场面积约4亿公顷，约占草场总面积的90%，人工补播及改良草场面积为2 667万公顷，约占全国草原总面积的58%。通过天然草场的改良化和围栏化，草地保持良好的再生状态，草原生态环境得到有效的保护。

长期以来，由于受到人为原因与自然因素的影响，我国草原的“三化”现象一直未得到有效改善。与对基本农田和生态林建设的投入相比，目前国家对草原保护与建设的投入力度还很小，“八五”至“十五”期间每亩平均不足0.04元，人畜矛盾日益突出，草原生态环境不断恶化，导致草地面积日益缩小（王欧，2010）。根据表11可知，近年来，国家开始重视草原生态环境的改善，逐步推行禁牧、休牧和划区轮牧，加快人工草地建设和天然草原改良步伐，实施舍饲圈养，以减少天然草原放牧压力。2009年我国草地总面积为399 759.06千公顷，累计种草保留面积达到21 333千公顷，累计围栏保留面积66 667千公顷，占总草原面积的16.68%，但要显著低于澳大利亚、新西兰等国。目前，我国的草地保护建设项目的受益区域仍较小，项目治理投入仍然严重不足，并且草地资源的利用率低于国外发达国家，2009年我国的草地利用率为82.88%。

综上所述可知，我国草地资源的现状不容乐观，还存在着诸多方面的问题。而这些问题的存在，在一定程度上制约了我国羊毛产业国际竞争力的进一步提升。

表11　我国草地建设与利用的基本情况

年份	草地总面积（千公顷）	草地利用率（%）	围栏面积比重（%）	累计种草保留面积（千公顷）	其中：人工种草（%）	改良草地（%）	飞播种草（%）
2000	302 952.08	74.44	4.95	16 511.33	43.52	49.55	6.94
2001	282 170.96	72.10	5.35	15 436.35	49.09	43.27	7.63
2002	390 193.48	74.92	5.60	23 685.78	43.77	51.33	4.91
2003	387 919.74	73.24	7.26	26 193.86	40.64	54.98	4.38
2004	394 141.89	73.37	7.46	22 146.76	47.18	47.10	5.71
2005	431 921.79	73.84	8.58	25 099.58	47.62	47.17	5.21
2006	441 869.66	69.78	10.28	31 465.18	49.19	46.65	4.16
2007	395 212.97	70.55	13.59	31 577.41	42.36	53.57	4.07
2008	385 820.31	82.79	16.00	28 690.00	53.44	46.51	0.04
2009	399 759.06	82.88	16.68	21 333.00	69.64	—	—

数据来源：根据《中国畜牧业统计年鉴》（2001—2010年）中数据整理计算得到。

（2）我国细羊毛品种资源不足。绵羊的品种对羊毛的品质起决定性作用，特定的品种具有相对稳定的羊毛品质特性。按生产性能来分类，绵羊可分为细毛羊、半细毛羊和粗毛羊三个大类；其中，细毛羊和半细毛羊又可分别分为毛用、肉用和毛肉兼用三种；粗毛羊中有生产地毯毛的品种，有生产羔羊和裘皮的品种，还有生产肉脂的品种。目前，全世界10亿多只绵羊主要分布在南北温带地区，产肉和产毛较多的优良品种多分布在英国、美国、法国、德国、澳大利亚、新西兰等自然生态和社会条件较好的发达国家。

新西兰以产半细羊毛与粗羊毛的绵羊居多，共有30多个不同的绵羊品种，其中以罗姆尼羊最多，占其绵羊总存栏量的55%，其次是考波尼斯、考力代、美利奴、派伦代尔和半角种羊，分别占16%，8%、5%、4%和2%，其他品种绵羊所占比例不足10%。澳大利亚主要以产细羊毛的美利奴羊为主，约占该国绵羊总存栏量的75%，另有12%是杂交一代母羊（主要是用美利奴羊和边区莱斯特羊杂交），由美利奴羊育成的毛肉兼用羊和回交羊占绵羊总数的9%，英国种绵羊占4%（王丽娜，2004）。

表12　各个国家或地区不同被毛特征绵羊品种的分布情况

绵羊被毛特征	统计品种总数	地区					
		澳大利亚和大洋洲	亚洲（不包括前苏联）	美洲	非洲	欧洲（不包括前苏联）	前苏联
细毛羊	65	3	6	5	6	22	23
半细毛羊	205	17	8	27	4	132	17
粗毛和半粗毛羊	281	4	118	2	30	107	20
无毛羊	52		14	4	32	2	
共计	603	24	146	38	72	263	60

资料来源：毛怀志，等．绵羊、山羊品种资源及利用大全［M］．北京：中国农业出版社，2006.

我国的绵羊品种资源丰富，主要分布在西北、华北、西南、华东及中南地区的河南和湖北等地。最初我国饲养的绵羊都是地方品种，如蒙古羊、哈萨克羊和藏羊，这些都属于粗毛羊。之后我国开始培育出一些优良的地方品种，如肉脂羊、裘皮羊、羔皮羊等，但仍属于粗毛类型。新中国成立后，我国开始引入很多优良品种绵羊对原有的地方品种绵羊进行杂交改良，相继培育出细毛羊（如新疆细毛羊、东北细毛羊、中国美利奴羊等）和半细毛羊（如云南半细毛羊等）新品种。2004年我国共有50个绵羊品种，其中，地方品种31个、培育品种9个、引入品种10个。但与澳大利亚和新西兰相比，我国的绵羊品种主要还是以生产粗羊毛和半细羊毛为主，生产细羊毛的品种较少。目前，发达国家的良种覆盖率一般在70%以上，澳大利亚和新西兰更是达到了90%以上，而我国仅为30%（毛怀志等，2006）。

绵羊品种的优劣直接影响到绵羊的生产水平，优良的绵羊品种在相同的条件下可以生产出数量更多、质量更好的羊毛，从而可以大幅提高养羊业的劳动生产率和经济效益。从国际市场的需求趋势来看，纺织用毛正逐渐向细型和超细型方向发展，这说明积极发展品种优良的细毛羊是必然的选择。而我国目前生产细羊毛的绵羊品种依然较少，从而导致我国与世界其他羊毛主产国在羊毛品质上出现了较大差距，不利于我国羊毛产业国际竞争力的提高。

（3）我国畜牧业劳动力文化素质阻碍羊毛生产力的提高。劳动力资源对于主产国的羊毛生产有着重要的影响。我国畜牧业劳动力资源丰富，大约占农林牧渔业3.3亿劳动力的1/4，仅次于种植业劳动力数量。近年来我国畜牧业人口数不断增加，2009年全国牧区和半牧区的总人口数为1 618.1万人，比2000年增加了209.3万人，增幅为14.86%。目前，我国的牧场规模大小不一，共有约2 300万户，其中小规模的牧场居多。新西兰的绵羊养殖业是农牧户从事的主要产业，共有约36万人从事绵羊养殖，约占新西兰总人口的8.33%。目前，新西兰养殖绵羊的牧场约有28 000户，绝大多数是独立经营的私人牧场（王丽娜，2004）。

根据表13可知，2010年，我国人均受教育年限为7.5年，可见，我国目前的人均教育水平还比较低，主要集中在初等教育水平。2001—2009年，与澳大利亚和新西兰相比，我国的中、高等教育毛入学率均很低，尤其是高等教育，我国的毛入学率仅为22.1%，低于世界的平均水平60.2%，仅达到澳大利亚和新西兰入学率的30%左右，所以，我国的劳动者素质和世界其他羊毛主产国相比还存在着较大的差距。

表13　世界主要羊毛生产国的受教育情况对比

单位：%，年

国家和地区	初等教育毛入学率（2001—2009年）	中等教育毛入学率（2001—2009年）	高等教育毛入学率（2001—2009年）	平均受教育年限（2010年）
世界	106.9	66.4	60.2	7.4
中国	112.1	74.0	22.1	7.5
澳大利亚	104.0	147.9	75.0	12.0
新西兰	101.2	120.4	79.1	12.5

资料来源：《2010年人类发展报告》。

随着羊毛生产、加工技术的发展和机械化的推广，对劳动者的素质要求越来越高。由于我国牧区劳动力文化素质普遍较低，训练有素的技术人才还非常缺乏，严重阻碍了我国羊毛产业新技术的推广应用和羊毛生产能力的提高，从而制约了我国羊毛产业国际竞争力的提升。

2. 高级生产要素

（1）我国绵羊的羊毛单产水平低于其他主要羊毛生产国。一国羊毛生产力水平的高低在一定程度上决定了该国羊毛的国际竞争力的强弱。澳大利亚、新西兰和我国是世界三大羊毛主产国，羊毛产量约占世界总产量的50%。根据表14可知，目前，我国是世界第二大羊毛生产国，也是各羊毛主产国中产量增长最快的国家，2009年羊毛总产量为36.40万吨，占世界总产量的17.50%。

随着绵羊品种的改良和羊毛加工技术的提高，我国绵羊的单产水平逐年提高。根据表14可知，2004年我国每只存栏绵羊平均产毛量为2.61千克/只，是历史最大值，之后稍有下降，2009年我国每只存栏绵羊平均产毛量为2.83千克/只，是1978年的1.47千克/只的1.9倍。可见，我国绵羊的羊毛单产水平总体上有所提高，但与澳大利亚和新西兰相比，仍然偏低，2009年澳大利亚和新西兰每只存栏绵羊平均产毛量分别为5.09千克/只和5.53千克/只，显著高于我国单产水平。造成我国羊毛单产水平偏低的原因较多，主要有绵羊品种的产毛率比较低、羊毛生产中的剪毛、分级、整理等环节的专业化程度比较低等。

所以，我国绵羊的羊毛生产力水平总体上有所提高，在世界羊毛总产量不断下降的情况下，我国羊毛依然保持较高的产量，但与发达国家羊毛生产力水平的差距仍然较大，制约了我国羊毛国际竞争力的提高。目前，我国羊毛产量的增长，还主要依靠绵羊养殖数量的增加，即以生态资源使用的增长来促进羊毛产量的增长，对绵羊养殖地区的生态环境施加了很大压力，这对我国羊毛业乃至整个农业的可持续发展是一种潜在的隐患。

表14　世界及主要国家羊毛生产力水平比较

单位：万吨，千克/只

年份	世界		中国		澳大利亚		新西兰	
	总产量	单产	总产量	单产	总产量	单产	总产量	单产
1978	265.29	2.53	13.77	1.47	67.70	5.15	31.08	5.00
1983	287.04	2.55	19.40	1.82	70.17	5.27	37.10	5.28
1988	315.41	2.71	22.17	2.16	91.54	6.00	34.60	5.36

（续）

年份	世界		中国		澳大利亚		新西兰	
	总产量	单产	总产量	单产	总产量	单产	总产量	单产
1993	281.79	2.51	24.03	2.19	86.94	6.30	25.55	5.08
1998	234.64	2.24	27.68	2.29	68.96	5.87	26.58	5.99
1999	232.97	2.21	28.32	2.22	68.76	5.96	25.20	5.52
2000	231.85	2.19	29.25	2.23	67.10	5.66	25.72	6.09
2001	226.37	2.18	29.83	2.29	65.70	5.92	23.67	5.92
2002	218.32	2.13	30.76	2.35	58.73	5.53	22.83	5.77
2003	218.95	2.12	33.81	2.52	55.11	5.55	22.96	5.80
2004	217.95	2.05	37.39	2.61	50.95	5.03	21.77	5.54
2005	222.57	2.04	39.32	2.59	51.97	5.14	21.55	5.40
2006	220.30	2.00	38.88	2.57	48.67	5.35	22.47	5.60
2007	215.17	1.95	36.35	2.49	45.05	5.26	21.79	5.67
2008	211.74	1.95	36.77	2.69	40.79	5.10	21.79	5.79
2009	208.02	1.94	36.40	2.83	37.06	5.09	17.92	5.53

数据来源：根据 FAO 数据库数据整理计算得到。

（2）技术水平。

①我国品种选育与改良水平落后。随着畜牧业的快速发展，我国各种畜禽的繁育技术得到了较快发展，培育出了很多优良品种，使畜禽良种的覆盖率有了很大的提高。20 世纪 50 年代以来，我国积极开展细毛羊品种培育和大范围的杂交改良，先后育成了新疆毛肉兼用细毛羊、军垦细毛羊、中国美利奴羊（新疆型、新疆军垦型）、新吉细毛羊、敖汉细毛羊、甘肃高山细毛羊、鄂尔多斯细毛羊、内蒙古细毛羊、东北细毛羊等优质细毛羊品种和品系。但是，近年来，我国细毛羊新品种培育与选育工作逐渐趋于停滞，各地出现了不同程度的品种退化现象。目前，在我国，一些优良细毛羊品种如中国美利奴细毛羊、东北细毛羊、内蒙古细毛羊和河北细毛羊所产细羊毛都还只是中等细度，国内生产优质细羊毛的品种仍然偏少。并且近年来出现的羊肉价格上涨、国际羊毛价格下跌等也对我国细毛羊的培育和改良工作产生了不利影响，导致细毛羊种群数量减少，细羊毛质量下降和产量下滑。根据表 15 可知，2009 年，我国共有近千个种羊繁育场（包括种绵羊场和种山羊场），但其中的种细毛羊场所占比例仍较低。

国外养羊业较为发达的国家如澳大利亚、新西兰、美国等，经过几十年甚至几百年的努力，已经建成了科学的绵羊繁育体系，并培育出了适合本国养羊地区生态环境、经济条件等的高产优质品种产毛绵羊，如澳洲美利奴羊、边区莱斯特羊、无角陶塞特羊等。通过生物基因工程技术，将绵羊生产激素基因注入绵羊受精卵，培育体型比一般绵羊大很多、生长发育快的“巨型羊”；将产生合成含硫氨基酸两种酶的基因植入绵羊受精卵，培育无需从饲料中摄取含硫氨基酸而不影响羊毛产量的新型绵羊等，基本上实现了绵羊品种的良种化。因此，我国的绵羊品种与世界其他先进羊毛生产国相比，仍有较大的差距，要提高我国羊毛的国际竞争力，实现国产毛替代进口毛，我国仍需在品种改良方面加大投入。

表 15　全国种羊繁育场个数情况

年份	种绵羊场个数（个）	种细毛羊场占种绵羊场的比例（%）
2004	370	14.9
2005	404	11.1
2006	346	12.4
2007	271	16.6
2008	281	17.8
2009	313	21.4

数据来源：根据《中国畜牧业年鉴》数据整理计算得到。

②草原改良不足、围栏饲养管理缺乏。国外养羊业较为发达的国家大多积极发展人工种草，逐步将天然草场改良为人工草场，草场改良面积迅速增加，同时还推广实施围栏养羊，合理利用草场资源。目前，澳大利亚和英国的人工草场面积已分别占本国草场总面积的 66.5%和 64.5%。新西兰在世界上首先推广使用飞机施播草籽和表土施肥，使天然草场改良为人工草场，并相继建成了一些新型牧场，推广使用围栏养羊，完全摆脱了“靠天养畜”。在新西兰，已有 2/3 以上的草场经过了改良并建为人工草场。就世界范围来说，绵羊养殖技术发展仍极不平衡，很多地区的养羊方式仍然非常落后，有的甚至继续停留在原始状态。亚洲和非洲中部的不少地区至今仍保留着随着羊群逐水草而居的游牧方式。我国的绵羊养殖历史较为悠久，但养殖方式仍较为落后，受到传统的草原畜牧业观念和生产方式的制约，多数地区仍以四季放牧为主，很少补饲；在绵羊生产管理上也主要采用低母羊比例、低投入、低产出和低效益的“靠天养畜”方式。这些都不利于羊毛产量和品质的提高。

③我国羊毛机械化生产技术相当落后。在羊毛生产机械化程度方面，世界

主要羊毛生产国几乎都已实现了机械化和自动化。澳大利亚和新西兰充分利用现代技术和机械装备（如飞机播种、表土施肥等），不仅提高了工作效率，而且还把牧场范围扩展到原来难于利用的坡地、谷地等。目前，我国养羊业的机械化程度还比较低，在牧草播种方面，主要还是以手工种草为主，飞播种草的比率很低，2008 年只达到了 0.04%，但自 2004 年国家开始实施农机购置补贴政策以来，我国的牧草播种机和牧草收割机的拥有量以及机械播种牧草面积总体上在不断增加（见表 16）。

表 16　我国畜牧业机械拥有量与机械作业情况

年份	机械拥有量			机械作业情况		
	牧草播种机（万台）	牧草收割机（万台）	机动剪毛机（万把）	机械播种牧草（千公顷）	机械收割牧草（万吨）	机械剪毛量（万只）
2000	0.24	3.02	0.43	104.81	737.68	171.57
2001	0.09	2.88	0.64	325.19	903.35	194.89
2002	3.24	3.79	0.90	721.63	1 461.58	133.33
2003	2.31	5.06	0.47	698.57	1 484.22	131.55
2004	0.39	5.81	0.63	527.71	1 833.77	168.69
2005	0.63	6.40	0.50	419.50	2 270.02	153.76
2006	0.79	6.86	0.57	375.16	1 898.31	161.79
2007	0.65	7.54	0.71	530.79	1 769.96	156.91
2008	—	8.04	0.40	612.01	1 936.28	—
2009	—	10.33	0.47	640.29	1 542.51	—

数据来源：《全国农业机械化统计年报》（2001—2003，2005—2007）和《中国农业机械工业年鉴》（2005—2010）。

④羊毛生产缺乏科学管理与社会化服务体系。羊毛分级是保证羊毛质量的关键环节，而在我国，羊毛分级工作的开展还较为滞后，亟待推进。国外的羊毛分级方法是按照羊毛的细度、长度、生产部位等将羊毛分成成百上千个等级，毛纺加工企业购买后可直接加工使用。而在我国，目前的分级方法是按照细羊毛、半细羊毛和改良毛分成 8 个等级，毛纺加工企业购买后还要按工业等级重新分级，从而导致企业生产成本增加，抵消了羊毛原料购买的低价优势。我国与先进国家在羊毛生产服务方面也存在较大差距，澳大利亚羊毛产业已形成完整的产业链，社会化服务程度高，分工细致，责权明确，而我国在羊毛的生产、检验、经营、交易等环节的社会化服务体系的发展还非常滞后。

综上所述可知，我国羊毛产业的技术水平总体上还较为落后，从而制约了羊毛品质以及羊毛产业国际竞争力的提升。

（三）市场需求

1. 市场总需求情况

（1）外部市场需求仍将缓步增长。羊毛需求主要集中在毛纺工业，羊毛被广泛应用于制作呢绒、绒线、毛毯、毡呢等纺织品。羊毛经由毛纺织、染整精加工、毛针织和毛梭织等加工渠道进入消费终端，主要羊毛制成品有毛条、毛纱线、呢绒、毛毯、地毯、毛针织服装及毛梭织服装等，其中服装类羊毛需求比例最大。

欧盟、美国和日本是全球毛纺织品服装消费的重点市场。目前，欧盟是世界第一大纺织品服装进口市场，每年的纺织品进口量占全球总进口量的 30%以上，在世界纺织品服装贸易中扮演着非常重要的角色。美国是服装消费很成熟的国家，其人均服饰消费量很高，消费惯性强，尽管经历了金融危机，美国居民衣着消费一度出现较大幅度下滑，但随着经济形势的逐渐好转，其居民服装消费需求将恢复到危机前的消费水平。日本是传统的服装制造业国家，但随着国内劳动力成本不断上升，日本服装企业从 20 世纪 80 年代开始纷纷在东南亚、中国等投资设厂，其国内服装制造业出现了衰退和“空洞化”；目前，日本也已成为服装进口大国。

（2）内部市场需求旺盛，国内市场销售持续增长。我国拥有世界最大的纺织服装消费市场，目前人均纤维消费量已超过世界平均水平，并且随着城乡居民收入水平的不断提高，我国已经进入纺织服装消费的加速增长阶段。根据图 1 可知，1985 年以来，我国农村居民与城镇居民衣着类现金消费支出一直保持稳

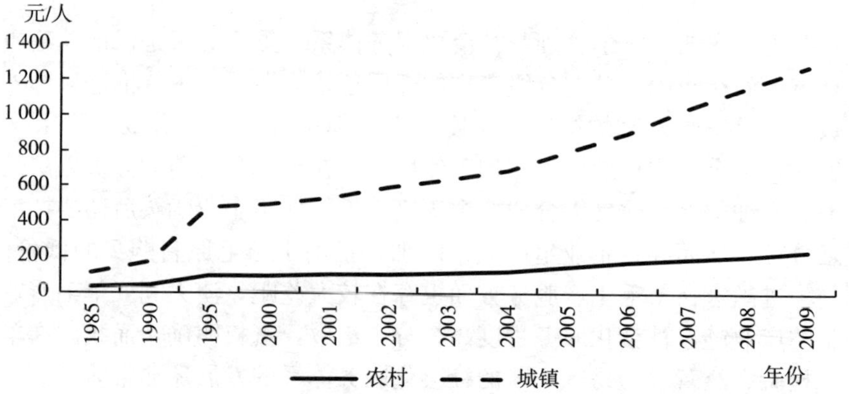

图 1　我国农村及城镇居民衣着类现金消费支出

数据来源：《中国农村住户调查年鉴》和《中国物价及城镇居民家庭收支调查统计年鉴》。

步增长，到 2009 年，我国农村居民与城镇居民人均衣着类现金消费支付已分别达到了 1 284 元和 232 元，分别比 1985 年增长了 10 倍和 6.7 倍。

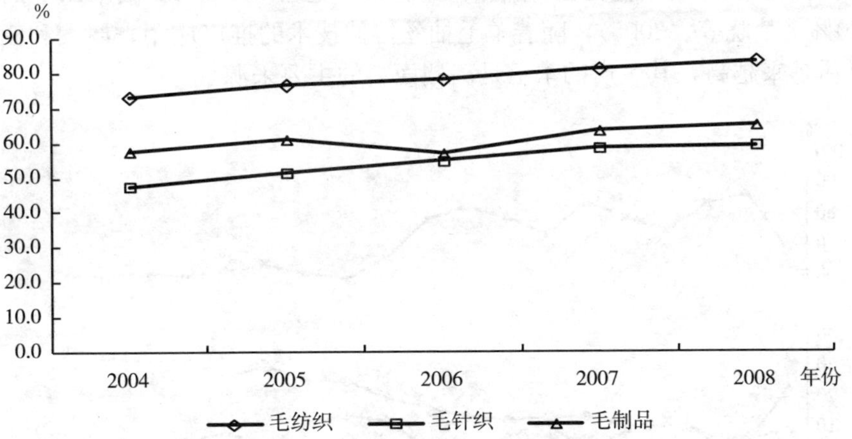

图 2　我国毛纺织、染整精加工、毛针织、毛制品规模以上企业内销率变化情况

数据来源：《中国纺织工业发展报告》。

近年来，随着国家扩大内需政策的实施，我国毛纺业服装类产品国内销售逐渐趋于活跃，内销比例逐步加大（见图 2）；非服装类毛纺产品仍以外销为主，但国内市场需求有所上升，内需拉动作用进一步增强。目前，随着国际市场逐步好转、内需市场持续旺盛和产业结构调整进一步加快，我国毛纺织行业的产销、出口、效益和投资均实现了稳定增长，行业运行总体上呈现出继续回升向好的态势。我国是羊毛需求大国，毛纺工业对净毛的年需求量约为 35 万吨，但国产净毛的年产量仅为 14 万吨左右，还只能满足需求量的 40%左右，60%左右的用毛需求依靠进口羊毛，对外依存度还很大。目前，虽然我国羊毛进口贸易量仍在国内市场能够消化的范围之内，但其增长势头应引起有关部门的注意，应当采取积极有效的措施，在提高国产羊毛产量的同时更应注重提高羊毛品质，以提高国产羊毛的市场竞争力，确保我国羊毛产业与纺织业的持续稳定发展。

2. 质量需求

随着我国城乡居民收入水平的提高，对服饰的需求逐渐向自然、舒适、轻薄和柔软的趋势发展，国际市场上贸易的毛纺织品也主要偏向细薄化、环保化和高档化，所以，对羊毛品质的要求在不断提高，对细羊毛和超细羊毛的需求量在不断增加。

澳大利亚是细羊毛的主要生产国，约占世界细羊毛产量的 84%，是全球细羊毛的主要供应国，其细度为 25.0～31.0 微米的羊毛占羊毛总产量的比例较低，约为 3.81%，直径在 19 微米以下的羊毛占 20%，22 微米以下的羊毛占 60%（楚晓等，2005），随着羊毛抽丝拉伸技术的推广应用，澳大利亚的羊毛品质越来越高，其生产的羊毛是高档面料的主要来源。

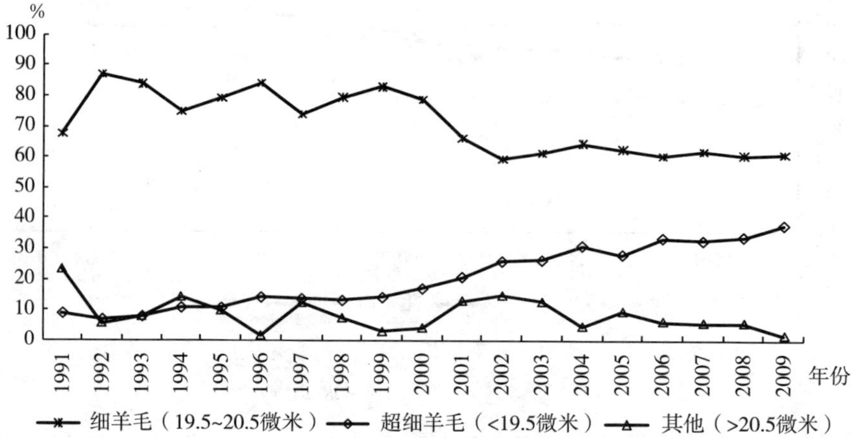

图 3　澳大利亚羊毛供给结构

数据来源：澳大利亚羊毛检测局。

我国优质细毛羊数量还较少，细羊毛产量较低，羊毛综合品质也较差。目前，我国羊毛供给结构中细羊毛占 35%，粗羊毛和半细羊毛合计占 66%。所以，国产细羊毛还难以满足国内毛纺工业的原料用毛需求，很大程度上依赖国际市场的进口。由于生态环境的恶化，羊毛生产加工过程中剪毛、分级、整理、检验等环节的技术水平也非常落后，造成国产羊毛品质较差，同时羊毛流通过程中的掺杂使假、混等混级现象也导致国产羊毛质量下降。与澳毛相比，国产羊毛的毛丛长度偏短，净毛率偏低。目前，澳大利亚羊毛的净毛率最高能达 70%，而国毛的净毛率仅在 40%～50%之间。

我国的羊毛标准采用的是《绵羊毛》国家标准（GB 1523—93），按照此标准，主要将羊毛分为细羊毛（特等、一等、二等）、半细羊毛（特等、一等、二等）和改良毛（一等、二等）共 8 个等级。然而在实际操作过程中，羊毛收购部门大多未严格执行该项标准，常常出现“混等定价收购”的现象；在羊毛交易过程中，交易双方也大多只注重价格而忽视质量，因而在羊毛购买合同里往往未对毛丛长度等指标进行详细规定，从而导致羊毛质量参差不齐，无法充

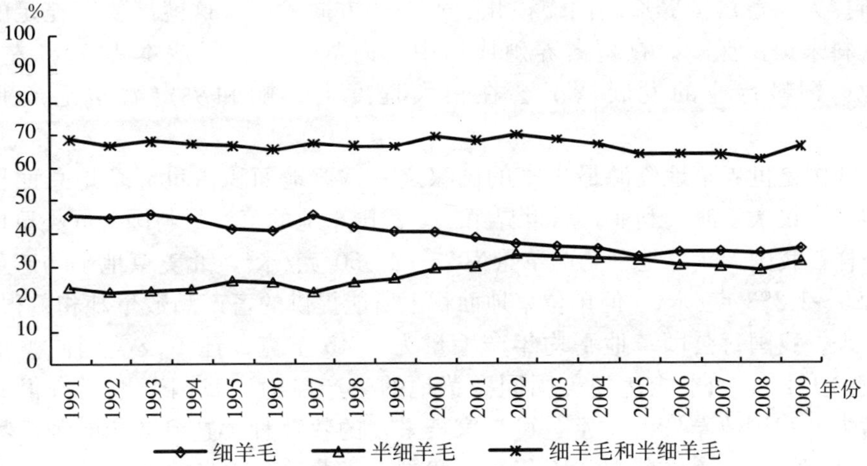

图 4　我国羊毛供给结构

数据来源：《中国统计年鉴》(1991—2010 年)。

分体现“优毛优价”，并对毛纺企业的毛条加工质量和效率产生不利影响。并且我国的羊毛标准以羊毛长度作为主要指标，而毛纺厂对羊毛的使用却是以羊毛细度为主要指标，所以导致很多毛纺企业在购入国产羊毛买后，还需再测定羊毛细度并进行分类后才能投入生产，这不仅影响了国产羊毛的市场销售，而且还增加了使用国产羊毛的毛纺企业的生产成本。上述情况的存在都直接或间接地阻碍了国产羊毛市场竞争力的提高，从而导致国产羊毛出现了“有市无价”的局面。

表 17　不同类型的澳洲美利奴羊的生产性能

类型	细度（微米）	毛长（厘米）	净毛率（%）
超细型	18.1～20.0	7.0～8.7	65～70
细毛型	20.1～23.0	8.5	63～68
中毛型	21.6～25.0	9.0	62～65
强毛型	23.1～27.0	10.0	60～65

资料来源：毛怀志，等．绵羊、山羊品种资源及利用大全［M］. 北京：中国农业出版社，2006.

（四）相关及辅助产业

1. 饲料产业

（1）饲草饲料发展潜力很大，农作物秸秆利用偏低。随着畜禽饲养规模不断扩大，畜禽饲养逐渐向规模化、产业化方向发展，这就需要有充足的饲草饲料来提供保障。在畜禽养殖成本中，饲草饲料一般成本占50%左右，因此，饲料行业的发展情况会在很大程度上影响和决定着羊毛产业的发展。

我国是世界草地资源最丰富的国家之一，草地面积占世界草地总面积的12.4%，仅次于澳大利亚，居世界第二。我国草地的草产量与国外同类草地基本一样，我国天然草地平均产草量为75～1 050 克/米^2，北美草地平均产草量为225～1 283 克/米^2，但单位草地面积上所能提供的畜产品数量却相差很大。近年来，我国每公顷草地平均年产毛量为0.45千克，还不及美国同类草地产值的1/20。如果能达到美国同类草地的生产能力，我国草地还有很大生产潜力。我国牧草资源丰富，可被家畜采食的牧草种类达到4 296种，牧草资源具有极大的潜在优势。近年来，我国人工草地和改良草地的建设速度在不断加快，建设规模也在不断地扩大，这在天然草原生产力不断退化的情况下，对促进畜牧业特别是养羊业的发展起到了非常重要的作用（马进，2000）。

饲草饲料的另一个来源是农作物秸秆饲料化。为了治理日益严重的“三化”问题和保护草原生态环境，内蒙古、新疆等牧区已将放养改为圈养，饲草料资源较为短缺。因此，大力发展农作物秸秆饲料化既减少了粮食饲料用量，又降低了养殖成本。与澳大利亚、新西兰等养羊大国相比，我国秸秆资源非常丰富，每年秸秆产量达5.7亿～6亿吨，占世界秸秆总量的20%～30%，这为我国秸秆饲料的发展提供了大量的原材料。但与此同时，一方面，我国农作物秸秆的利用率很低，大多数秸秆都被直接烧掉，远远没有达到充分利用的状态；另一方面，我国秸秆饲料化的技术水平还不高，加工机械也非常缺乏，导致秸秆的利用率不高。我国畜牧业正处在以散养为主的传统生产方式向规模化、集约化、专业化的现代生产方式转变的关键时期，加大对农作物秸秆的利用，发展高效节粮型畜牧业，可以有效降低养殖成本，提高养殖积极性，这对于我国羊毛产业的发展有很大的促进作用。

(2) 反刍动物饲料生产落后。反刍动物工业饲料的研制和生产在我国饲料工业体系中一直是非常薄弱的环节，这一局面随着近年来反刍动物生产的快速发展有所改善，推动了饲料产业结构的优化和整合，促进了反刍动物饲料生产的快速增长。根据图5可知，2004年以来，反刍动物饲料在饲料总产量中的比重总体上持续提高，已经从2004年的3.39%增加到2008年的4.16%。

目前，我国在反刍动物饲料生产方面仍存在较多问题，反刍动物饲料的研究与开发工作仍不能满足反刍动物饲料生产发展的需要。我国使用的反刍动物饲养标准不完善，仍使用传统的可消化粗蛋白体系，在饲料营养价值评定方面，尚未涉及氨基酸、微量元素、维生素等关键指标。反刍动物饲料标准体系的建设也刚刚起步，很不完善，产品标准只有奶牛精料补充料，原料标准也仅有瘤胃微生物脲酶抑制剂等为数不多的几个，从而影响了饲料产业的可持续发展。

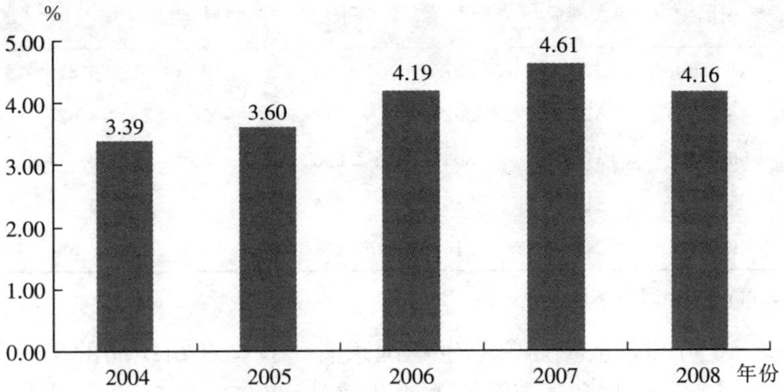

图 5　反刍动物饲料在饲料总产量中的比重

数据来源：根据《中国饲料工业年鉴》数据整理得到。

虽然饲料费用在绵羊的养殖成本中所占的比例不高，但目前国内外养羊业产品已呈现出肉主毛从的发展趋势，肉毛兼用绵羊养殖规模在养羊业中逐渐占据主导地位。并且随着养羊业集约化程度的提高，我国当前养羊业仍以家庭饲养为主的小规模生产与大市场条件下的专业化生产的矛盾已经显现。加上我国生态保护、退耕还林还草等政策的相继出台实施，划区轮牧、舍饲圈养、异地育肥等生产方式已逐渐成为主要养殖方式，养羊业的集约化程度在不断提高，加大了对反刍饲料的需求，因而使得反刍饲料的生产情况对养羊业的影响也更大。因此，加强反刍饲料的研发和提高反刍饲料的生产能力，有利于提高我国绵羊单产水平和羊毛质量并促进我国羊毛产业的发展及国际竞争力的提升。

2. 纺织加工业

（1）我国纺织业总体上具有竞争优势。我国在纺织品生产上具有全球竞争优势。20 世纪 90 年代以来，我国逐渐成为世界最大的羊毛加工中心，这是我国在经济全球化和贸易自由化背景下充分发挥自身劳动成本低、内部市场规模大并且需求迅速增长、有较强的科技开发能力等方面优势的结果。到 2009 年，我国规模以上纺织企业总产值达到 22 971.38 亿元，服装鞋帽制造业产值达到 10 444.8 亿元，分别占当年工业总产值的 4.19%和 1.90%；纺织原料及纺织制品出口 1 614.09 亿美元，占当年全部出口的 13.43%，实现贸易顺差 1 396.29 亿美元。

表 18　世界主要羊毛生产国纺织品出口情况

单位：百万美元

年份	中国	澳大利亚	新西兰	阿根廷	乌拉圭	英国	南非
2005	41 050	329	257	212	69	4 810	312
2006	48 678	312	262	219	56	4 927	306
2007	56 025	340	304	233	58	5 147	332
2008	65 361	319	280	274	65	4 754	301
2009	59 821	242	216	214	46	3 654	226

数据来源：WTO 统计数据库。

根据表 18 可知，从主要羊毛生产国来看，我国在纺织品的出口额上遥遥领先于其他国家，而且我国纺织品的出口额从 2005—2008 年一直处于上升的趋势，受到 2008 年金融危机的影响，2009 年的出口额有所下降。传统的羊毛生产大国澳大利亚和新西兰纺织品的出口额都不大。这说明，我国纺织业相对于其他羊毛生产大国在总体上具有一定的优势，在国际上也具有一定的竞争力。

（2）我国毛纺工业对羊毛等生产原料需求很大。我国已成为世界最大羊毛进口国，同时也是世界最大羊毛制品出口国和消费国，羊毛加工量占世界加工总量的 1/3 以上，羊毛消费量在世界消费总量中占有重要地位。毛纺工业是我国纺织产业链中非常重要的行业，具备从原料加工到纺纱、织造和染整加工等完整的产业链。

根据表 19 可知，从产值来看，2006—2009 年，规模以上毛纺织企业累计实现的工业总产值绝对值在增加，在整个纺织工业总产值中的比重在 7.37%～8.31%之间，呈下降趋势。2009 年 1～11 月年规模以上毛纺织企业实现的工业总产值为 2 524 亿元，比重为 7.37%。根据表 20 可知，从毛纺制品销售情况来看，2006—2008 年，规模以上毛纺织行业完成的销售产值逐年增加，产销率达到 97%以上，这说明我国毛纺织行业产销衔接基本平衡。根据表 21 可知，从整个毛纺织行业规模以上企业内销比例变化情况来看，毛纺制品一半以上都是在国内销售。近几年，毛纺制品内销比例增加，国内需求对行业发展的拉动作用不断增强。

表 19 规模以上毛纺织企业总产值占纺织业总产值的比重

年份	规模以上纺织企业工业总产值（亿元）	规模以上毛纺织企业工业总产值（亿元）	比重（%）
2006（1—11 月）	22 760	1 891	8.31
2007（1—11 月）	27 888	2 231	8.00
2008（1—11 月）	31 624	2 468	7.80
2009（1—11 月）	34 268	2 524	7.37

数据来源：中国毛纺织行业协会统计中心。

表 20 规模以上毛纺织业产销完成情况

年份	总产值（亿元）	销售产值（亿元）	产销率（%）
2006（1—11 月）	1 891	1 844	97.36
2007（1—11 月）	2 231	2 182	97.43
2008（1—11 月）	2 707	2 637	97.44

数据来源：《中国纺织工业发展报告》（2007—2009 年）。

表 21 毛纺织行业规模以上企业内销比例变化

单位：%

年份	毛纺织	毛针织	毛织品
2006	78.24	54.84	57.00
2007	81.08	58.49	63.41
2008	83.44	59.27	65.04

数据来源：《中国纺织工业发展报告》（2007—2009 年）。

根据表 22 可知，2005—2009 年，我国毛纺原料及制品进口额占整个纺织原料及制品进口额的 18%左右。作为毛纺原料的羊毛在纺织原料及制品中的进口比例远大于其他毛纺原料及制品，2009 年为 9.81%，占毛纺原料及制品进口额的一半以上。毛针织服装和毛梭织服装进口的比例很小，这说明我国的毛纺工业主要是从国外进口羊毛等生产原料进行加工后再以毛纺制品的形式出口到国外，因此毛纺工业对羊毛的需求仍较大。

表 22　我国毛纺原料及毛纺制品进口额和出口额分别占纺织原料及制品进口总额和出口总额的比重

单位：%

年份	进口					出口				
	总比重	羊毛和毛条	毛织物	毛纺服装类	其他毛纺织制品	总比重	羊毛和毛条	毛织物	毛纺服装类	其他毛纺织制品
2005	15.73	8.80	3.70	0.83	1.88	15.21	0.54	1.43	7.60	4.73
2006	14.79	8.51	3.36	0.86	1.68	14.91	0.64	1.30	7.63	4.57
2007	18.54	11.62	3.44	1.07	2.06	16.09	0.72	1.25	7.33	6.11
2008	18.73	11.08	3.77	1.49	2.09	15.69	0.56	1.11	7.29	6.20
2009	17.12	10.31	3.24	1.34	2.03	15.28	0.49	0.86	6.84	6.22

数据来源：根据中国毛纺织行业协会数据整理计算得到。

我国毛纺原料及制品出口市场既包括意大利、韩国、日本等发达国家，也包括印度、土耳其、越南等发展中国家；毛制服装则主要出口到美国、日本和欧洲市场。根据表 22 可知，我国毛纺制品出口额占纺织产品出口总额的比重未发生较大变化，维持在 15%上下；2009 年羊毛原料及以羊毛为主要原料的纺织品出口额为 91 亿美元，占纺织品出口总额的 15.28%。此外，羊毛、毛条等初级加工的毛纺织原料出口比例较小，以羊毛、羊绒为原料的制成品（毛针织衣服和毛梭织服装等）的出口量在纺织品出口总量中所占比例最大。

总体来看，我国纺织行业及毛纺织行业在国际市场上均具有一定的竞争力，毛纺制品的国内需求量和出口量均相当大，在出口中主要以毛织物、毛纺织服装等制成品为主，从而使得我国毛纺工业对羊毛原料的需求很大。而在国内羊毛生产难以完全满足加工需求的情况下，毛纺工业对进口羊毛的依赖程度势必会提高。在国际经济一体化的背景下，今后进口羊毛对国产羊毛的竞争压力将会越来越大，缺乏国际竞争力的国产羊毛将面临更严峻的挑战。

（五）经营组织形式与养殖规模

1. 经营组织形式

澳大利亚农场按其经营方式不同可分为两类：一类是以农场主及其家庭成员为主从事生产的农场，称为“家庭农场”；另一类是以农场主雇工为主从事生产的农场。大多数农场为家庭农场，其一般都拥有现代化的生产手段，并得到社会化服务体系的支持，经营也比较灵活。新西兰养殖业也是以家庭农场为主，家庭农场占农场总面积的一半以上。

我国养羊业的生产方式主要有两种：第一种是放养方式，主要集中在北方和西北的牧区；第二种是舍养方式，分散分布在草地资源较丰富的农区。养羊业的经营组织形式也主要有两种：农牧户经营和国有牧场经营，前者在广大牧区普遍存在，后者主要分布在新疆，其他省份只有为数不多的种畜场。

在牧区，农牧户养羊数量一般在几十只到数百只之间，从品种类型来看主要有毛用型、肉用型和毛肉兼用型，农牧户对养殖品种的选择主要取决于自身的偏好、能力、习惯等因素；在半牧区，由于草地资源缺乏，农牧户的牲畜饲养规模远小于牧区，牧民家庭除了饲养牲畜外还经营农业，农作物秸秆和其他副产品成为重要的补充饲料来源。近年来，在国内羊肉市场需求增加和市场价格较快上涨的背景下，部分牧区和半牧区开始重点发展肉羊育肥业，取得了较好的经济收益。这种由市场需求引起的生产技术变化是导致由养殖毛用羊转向养殖毛肉兼用羊或肉用羊的重要原因。

国有牧场的羊养殖业主要分为两种情况：一是作为毛用羊改良体系核心的种羊场，以培育优良品种为主要任务；二是一般的羊养殖场，目前大多采用由牧工（职工）承包到户的方式来进行经营。与牧区家庭经营模式相比，国有牧场具有更强的技术能力和更有效的市场营销体系，可以针对特殊品种发展具有更大规模的专业化养殖。

我国的牧区大多位于中西部省份，这些地区仍存在着基础设施薄弱、自然气候恶劣、生态环境脆弱等诸多养羊业发展制约因素，限制了羊养殖业规模的扩大。在过去的20多年中，我国的牧区、半牧区与农区逐渐融合，出现了牲畜异地育肥现象，对羊肉等肉类产量的提高起到了明显的促进作用。但毛用羊养殖仍然依赖放养，羊毛产量提高的潜力受到了养殖规模的较强限制，不利于我国羊毛产业国际竞争力的提升。

2. 规模化饲养情况

与世界其他养羊业发达国家相比，我国目前仍以农牧户为单位分散养殖绵羊为主，养羊业的规模化程度还很低。根据表23可知，2007—2009年，我国年出栏数在99只以下的小规模养殖场或养殖户占所有养殖户的98.5%以上，养殖规模越大的养殖场（户）所占比例越低，年出栏1 000只以上的养殖场（户）数在全国所占的比例仅为0.01%左右。

表 23　2007—2009 年我国羊养殖规模情况

单位：%

年份	年出栏数 100 只以下场（户）所占比例	年出栏数 100～499 只场（户）所占比例	年出栏数 500～999 只场（户）所占比例	年出栏数 1 000 只以上场（户）所占比例
2007	99.02	0.90	0.07	0.01
2008	98.90	1.03	0.06	0.01
2009	98.80	1.12	0.07	0.01

数据来源：根据《中国畜牧业年鉴》（2008—2010 年）整理计算得到。

作为世界第一大羊毛主产国，澳大利亚通过提升本国畜牧业的规模化、机械化和产业化经营水平，来不断提升本国羊毛的国际竞争力。目前，澳大利亚全国约有 39 000 个家庭农场，其中，18%为规模较大的专业养羊农场；每个农场的经营规模都比较大，平均草地面积达到 2 500 公顷左右，并且养羊农场平均草地面积最大且到达 7 270 公顷，50%的养羊农场的养殖规模都超过了 2 000 只。自 1986 年开始，在保持农业生产总面积不变的情况下，澳大利亚家庭农场的数量下降了 20%，20%的大农场生产出 80%的畜产品。为了提高市场竞争力，通过兼并、重组等方式，澳大利亚农场规模仍呈不断扩大的趋势。由此可见，澳大利亚农牧业规模化生产和集约化经营高度发达。在生产过程中，现代机械替代了体力劳动，牧草的种植和牧场管理、饲料加工、剪羊毛、运输等均主要利用各种机械设备来完成，大幅度提高了生产效率。作为世界第二大羊毛主产国，新西兰的养羊农场约有 28 000 个，占全国农场总数的 1/3，农场的平均草地面积为 538 公顷，绵羊平均养殖规模在 2 600 只左右。

我国以分散养殖为主的养殖方式不利于我国羊毛参与国际竞争。首先，小规模分散养殖下的农牧户普遍缺乏现代养殖技术，其养殖的绵羊所产羊毛在产量和质量方面均要显著低于专业户和规模化农场，绵羊养殖的收益成本比也普遍较低；其次，分散养殖不利于专业分工协作的开展，从而在很大程度上降低了羊毛生产效率和羊毛质量。由于采用牧场规模养殖形式，澳大利亚牧民在羊毛生产中的专业分工非常明确，分别从事绵羊羊种的选育、绵羊养殖、疾病防治、剪毛、羊毛修理、打包和上市出售等环节的工作。散养的农牧户缺乏产销一体化组织，市场议价能力低，难以应对不断变化的市场需求，导致出现了“卖毛难”、“卖价低”等问题，严重阻碍了我国羊毛产业国际竞争力的提高。

（六）政府支持政策

按照迈克尔·波特的观点，政府宏观调控在一个产业的发展壮大过程中有着非常重要的作用。政府调控适当且相关政策措施得力，将有助于决定该产业国际竞争优势的因素更好地发挥作用，提高该产业的国际竞争力，反之，则可能削弱该产业的国际竞争优势。

1. 国外政府支持政策

（1）实施保护政策。澳大利亚政府对畜牧业的保护政策主要是畜产品价格补贴，具体有两种形式：直接价格补贴和间接价格补贴。由于直接价格补贴易受到国际社会指责，因此，澳大利亚政府对畜产品直接价格补贴率较低，一般为2%～6%，而间接价格补贴则较高，一般为4%～30%。后者主要通过利用向消费者征税（如2000年7月1日实施的GST，即消费税）而建立的产业基金来补贴出口商，这样就大大增强了澳大利亚畜产品的国际竞争力。

澳大利亚于1974年开始实施羊毛最低限价措施，向羊毛生产商提供最低限价保障，这项措施执行20多年后，由于受到羊毛需求急剧下降、20世纪70年代以来积压羊毛的价位较高等的影响，于1991年2月终止，此后，澳大利亚政府未再实施羊毛最低限价措施。1999年7月1日起，澳大利亚政府对国际羊毛公司进行私有化改造，通过将股份配送给原公司资产持有者将该企业改制成为公共股份有限公司，也即澳大利亚羊毛股份有限公司（Wool Stock Australian Limited)。

（2）发展牧民专业合作组织，推动一体化经营。随着畜牧业养殖规模的扩大，牧民合作社的发展也逐渐走向成熟，组织化程度也不断提高。澳大利亚和新西兰羊毛产业一体化程度均很高，从而有力地保证了羊毛产品的生产、加工、销售等环节的协调。同时，羊毛产业链的整合与协调降低或消除了产、加、销各方利益冲突，提高了整个羊毛产业的经济效率和经营效益，增强了羊毛产品的市场竞争力。

澳大利亚畜牧业产业一体化经营主要采用合作社形式。绵羊合作社已经开通了电脑网络拍卖，牧民可在网络上报价和签订合同，收购商在网络中询价和下订单，合作社利用网络为牧民提供期货全期保值、远程拍卖等服务，并由电子结算系统进行结算。此外，澳大利亚大多数绵羊品种均有专门的协作组织，如澳洲美利奴羊、边角陶赛特、特克塞尔、萨福克、南非肉用美利奴等。协作组织中包括若干已登记注册的农场，这些农场在协作组织的统一组织下开展育种工作，实行统一的育种标准，每只出售的种羊都有评定分数且育种记录齐全，种羊质量有很高的保障，牧民也基本都从这些农场选购种羊。

新西兰政府于1894年成立了新西兰绵羊育种者协会，该协会负责下辖所有绵羊品种的纯度管理工作，收集、核实和保存纯种羊的系谱登记信息，促进了新西兰绵羊品种改良。1976 年，又成立了新西兰黑色和有色绵羊育种者协会，该协会负责黑色和有色绵羊的育种工作，推动和促进了新西兰优质黑色和有色羊毛生产的发展。

（3）建立健全羊毛生产社会化服务体系。政府鼓励建立和健全从繁育配种、饲料加工、疫病防治到剪毛、羊毛加工和羊毛销售的一整套技术、生产资料供应和产品流通领域的社会化服务体系，有力地促进了羊毛产业向集约化、专业化方向发展。目前，澳大利亚羊毛产业已经形成了一条完整的产业链，且具有社会化服务程度高、分工细致、保证质量、责权明确、注重市场、公平销售等方面的特点。牧场主要负责养殖绵羊、机械剪毛和毛套的初步清拣，由打包公司将羊毛打包后交付经纪商。目前，澳大利亚的羊毛销售服务机构有羊毛检验所、羊毛交易所、库存毛有限公司等，其中，经纪商是牧场主的销售代理人，通过羊毛交易所公开拍卖羊毛，未售出的羊毛由库存毛有限公司负责收购、压缩打包和保存。同时，澳大利亚还积极发展羊毛期货市场，以促进羊毛销售。

（4）依靠加强科研和改善管理来提高生产效率。畜牧业发达国家大多非常重视新型科技成果在养殖实践中的应用，以提高畜牧业的劳动生产率。澳大利亚和新西兰的畜牧业高等教育主要由各自国内的悉尼大学和墨尔本大学以及梅西大学和林肯大学承担，4 所大学都开设了草原、畜牧、兽医等相关学科专业和学位课程。两国还十分重视牧民的职业教育培训和牧民综合素质的提高。目前，在澳大利亚接受过大学教育的农业科技人员占农业从业人员总数的 31%。新西兰的畜牧业科学研究工作主要由该国农业部所属的 23 个研究站（所）承担，可大体分为技术开发研究、基础研究和国际市场研究三类，各研究站（所）均设有技术咨询和推广机构，其中的推广服务包括指导牧场主在生产过程中严格按照有关协会、合作组织或出口部门规定的标准要求进行生产和解决生产中存在的实际问题，相关教学科研经费主要来自政府拨款，约占整个科研经费的 70%，其他费用由企业和社团赞助或来自合作研究、技术转让及各种有偿服务获得的收入。畜牧技术推广部门和科研机构紧密联系生产实际，运行机制灵活，良种引繁、品种选育到疾病防治、检疫监测、灾害预测防范、产品保险与供应等均为其提供的服务内容。

2. 我国政府支持政策

长期以来，我国政府对农业的投入还主要集中在种植业领域，对畜牧业的支持和补贴则较少，对草地生态建设的扶持也主要以“退牧还草工程”和“生态建设项目”的形式来开展，扶持政策总体上还较为缺乏，不利于我国羊毛产业国际竞争力的进一步提升。

（1）补贴政策。2009 年，中央将绵羊纳入畜牧良种补贴范围，补贴绵羊种公羊 7.5 万只。在内蒙古、新疆、青海、河北、甘肃、黑龙江、吉林、宁夏、西藏等 9 个绵羊主产省（自治区）及新疆生产建设兵团开展补贴试点，补贴标准为每只绵羊种公羊每年补贴 800 元。

2010 年 10 月 12 日，国务院召开常务会议，决定从 2011 年开始，每年安排 134 亿元，在内蒙古、新疆（含新疆生产建设兵团）、西藏、青海、四川、甘肃、宁夏和云南 8 个主要草原牧区省（自治区）全面建立草原生态保护补助奖励机制，实施禁牧补助、实施草畜平衡奖励、落实对农牧户的生产性补贴政策、加大对牧区教育发展和农牧户技术培训的支持力度。中央财政安排草原生态保护补助奖励资金 134 亿元，主要用于以下方面：一是实施禁牧补助。由于我国草原类型多样，各地草场产草量和载畜能力存在差异，对生存环境非常恶劣、草场严重退化和不宜放牧的草原实行禁牧封育，具体是以全国平均水平估算，中央财政按每亩 6 元给予补助。二是实施草畜平衡奖励。对禁牧区域以外的可利用草原，在核定合理载畜量的基础上，以全国平均水平估算，中央财政按每亩 1.5 元对未超载放牧的农牧户给予奖励。三是落实对农牧户的生产性补贴政策。继续落实绵羊良种补贴；实施牧草良种补贴，对 8 省（自治区）0.9 亿亩人工草场，按每亩 10 元的标准给予补贴；实施农牧户生产资料综合补贴，对 8 省（自治区）约 200 万户牧民，按每户 500 元的标准给予补贴。四是安排奖励资金。中央财政根据各地绩效考评结果，安排对工作突出、成效显著省份的奖励资金。

（2）建设国家绒毛用羊产业技术体系，加大科技投入。为了提升我国农业科研自主创新、原始创新和集成创新能力，争取我国在国际农业产业体系分工中能够处于更加有利的地位，2007 年，农业部、财政部、科技部等 9 部委提出了国家农业科技创新体系建设方案。2008 年农业部决定把绒毛用羊纳入到该综合体系中。

2008 年 2 月 21 日，国家绒毛用羊产业技术体系建设在新疆正式启动，该体系由 4 个功能实验室和 15 个综合实验站组成，主要是以绒毛用羊产业为主线，致力于构建从生产到消费、从研发到市场各个环节的紧密衔接，全面提升绒毛用羊产业的科技创新能力，提高广大农牧户的养殖效益。其主要职能是围绕绒毛用羊产业发展需求，根据国家绒毛用羊产业区域布局规划，联合全国优势力量开展共性技术和关键技术研究、集成、试验和示范；收集、分析绒毛用羊产业及其技术发展动态与信息，系统开展绒毛用羊产业技术发展规划和产业经济政策研究，为政府决策提供咨询，向社会提供信息服务，同时还要开展科技示范和技术服务。

(3) 推行羊毛拍卖，建立羊毛流通体制。羊毛拍卖是国际上通行的较为成熟先进的羊毛交易方式，为羊毛流通搭建了公平公正交易的平台。我国从1988年开始引入羊毛拍卖，1992年建立了南京羊毛市场，组织羊毛集中竞价交易，为农牧户提供了一个完全公开、透明度高、公平竞争的市场环境。目前，南京羊毛市场是国内唯一的羊毛拍卖、交易市场。

(4) 相关法律法规的健全和完善。我国目前实施的与羊毛相关的国家层面或地区层面的法律法规主要对羊毛的加工质量和出口检验检疫标准进行了规定。《毛绒纤维质量监督管理办法》规定了羊毛在收购、加工、销售各环节的质量要求以及违反规定的相应处罚；《内蒙古自治区人民政府关于推行羊毛公证检验制度的通知》规定，羊毛公证检验工作首先在拍卖市场、收购加工企业和重点畜产品交易市场进行，第一年羊毛公证检验量力争达到全区产量的15%左右，以后逐年增加，5年内公证检验量要超过全区总产量的60%（优质羊毛的90%）；农业部制定的《关于推进畜禽现代化养殖方式的指导意见》提出，应发展现代化养殖小区，大力推动畜牧业养殖方式的转变；为了促进我国羊毛产业的平稳发展和鼓励企业多使用国毛，国家税务总局发布了《关于使用国产羊毛生产的纺织产品可酌情减征增值税的通知》。上述这些法律法规在一定程度上规范了羊毛质量标准，促进了羊毛生产和贸易的发展，有利于我国羊毛更好地参与国际竞争。

（七）小结

通过本部分的分析和探讨，本研究得出了以下主要研究结论：

第一，从资源禀赋的角度来看，我国草地资源丰富，绵羊产区覆盖地区广阔，并且养殖牧区劳动力成本较低、养殖规模化和机械化投入成本低、改良资金投入较少，因此，我国在绵羊养殖成本上具有一定的比较优势。但是我国养羊业也存在着养殖方式传统、养殖技术落后等突出问题，这也是导致我国羊毛产业国际竞争力较弱的主要原因。

第二，当前，国际国内市场对细羊毛和超细羊毛的需求量很大，而我国所产羊毛仍以粗羊毛和半细羊毛为主，细羊毛所占比例较低且品质也不高，国产羊毛难以满足毛纺工业的加工需求。澳大利亚和新西兰的羊毛质量则均较高，国产羊毛与之相比缺乏竞争力。因此，解决我国羊毛在国际竞争中的质量劣势问题是我国羊毛产业今后急需解决的关键问题。

第三，我国养羊业仍以农牧户分散养殖为主且养殖规模普遍较小，不利于科学养殖技术的推广运用，阻碍了羊毛养殖技术水平的提高。羊毛生产的社会化服务体系也不健全，农牧户对市场信息缺乏了解，应对羊毛价格波动冲击的能力非常弱。这些方面问题的存在不利于我国羊毛产业参与国际竞争。

第四，我国草地资源虽然丰富，但是利用率非常低，反刍动物饲料行业的发展也非常滞后，难以满足羊毛产业的发展需求，在一定程度上限制了我国羊毛产业国际竞争力的提高。

第五，与其他主要羊毛生产国相比，我国对养羊业提供的扶持补贴政策非常少，直到2009年绵羊才被纳入到良种补贴范围内，养殖技术方面的补贴也几乎是空白。政府扶持力度不足，不利于养殖技术在养殖实践中的推广运用以及农牧户养殖积极性的提高，进而对羊毛品质以及羊毛产业国际竞争力的提高产生不利影响。

四、提升我国羊毛产业国际竞争力的政策建议

本研究对我国羊毛产业国际竞争力进行的分析表明，1980—2009年，我国原毛不具备比较优势且比较劣势越来越明显；洗净毛也不具备国际竞争力，但是近年来其国际竞争力在总体上表现出了一定的上升趋势。对我国羊毛产业国际竞争力影响因素的进一步分析表明，我国草地资源丰富、劳动力成本低、牧区覆盖面大等因素有利于我国羊毛产业参与国际竞争；我国及世界对毛纺制品需求的增长为我国羊毛产业的发展提供了良好的机遇；养殖技术和品种改良技术落后、细羊毛和超细羊毛等高质量羊毛产量不高、养羊业规模化养殖程度低、社会化服务组织缺乏、政府政策扶持力度不足等是制约我国羊毛产业参与国际竞争的主要因素。基于这些研究结论，本研究提出以下提升我国羊毛产业国际竞争力的政策建议。

（一）加强草原生态环境保护，实现羊毛产业可持续发展

目前，因为过度放牧等导致的草原退化、沙化、盐碱化等问题已经成为制约我国羊毛产业发展的主要因素之一。近年来，中央及各级地方政府已经采取多项举措治理草原“三化”问题，并已取得了阶段性成果，但目前“三化”问题仍然较为突出。考虑到草原是羊毛生产中无法进行替代的重要稀缺投入要素，为了实现羊毛产业的可持续发展，应当采取更多有效政策措施促进草原生态环境的恢复。应建立基本草地保护制度，严格控制草地的非牧业使用。坚决禁垦草原牧区，制止采集发菜、滥挖甘草等固沙植物；加大草原鼠虫害综合防治力

度；建立草地类自然保护区，保持草原生态多样性。加强优质牧草草种基地建设、人工种草、飞播种草、围栏封育、草场的改良及其水利配套设施建设等方面工作。加强草原防火的宣传力度，提高草原地区广大干部和农牧民的防火意识；完善防火灭火的各种设施装备，提高草原防火灭火能力。制定科学合理的草原长期发展规划，根据牧草生长周期实行划区轮牧和分段限制性放牧，做到放牧强度适宜、载畜量合理，杜绝超载过牧，以实现草原生态保护与羊毛产业的协调发展。

（二）加强优良品种繁育，提高羊毛单产水平

羊毛细度是衡量羊毛品质的重要指标，对羊毛价格有很大影响。随着市场对细羊毛、超细羊毛需求的不断增加，澳大利亚、新西兰等羊毛主产国都加大了对本国绵羊育种和改良的投入，开展提高羊毛细度的研究，将羊毛品质与绵羊育种研究相结合，培育优质新品种。改革开放以来，我国羊毛单产水平不断提高，但与世界其他羊毛主产国相比还存在较大差距。目前，我国在绵羊品种培育方面还远远落后于澳大利亚、新西兰等国家，国内的细羊毛品种较少，超细型细毛羊品种更少，我国羊毛产量的提高还主要依靠养殖数量的增加，但这种发展方式不利于保护草原生态环境。因此，我国应加快调整毛用羊生产结构和转变羊毛产业发展方式，对现有生产细毛、半细毛的绵羊品种进行划分，对品种优良的细毛羊品种资源，继续选育提高，要重点建设一批良种场（站）和种质资源保护场（区），建立多种形式的良种生产基地，杜绝不合格的种羊流入市场，遏制绵羊品种退化问题；饲料条件好、生态条件具备的适宜发展超细型羊毛的地区应加快发展速度，培育超细型细毛羊品种，增加优质羊毛产量，以满足毛纺工业的原料用毛需求；对生产粗型、羊毛品质较差或产毛量低的细毛、半细毛羊，可利用同档次的肉用或肉毛兼用羊杂交，提高其产肉量、羊肉品质和产毛量。同时，还应积极通过引进国外优良品种来提高我国绵羊单产水平和羊毛质量。

（三）提高羊毛质量，树立羊毛品牌

我国是世界第二大羊毛生产国，虽然在绵羊数量上占据优势，但绵羊产毛率低且羊毛综合品质相对较差，主要表现在净毛率低、毛丛长度短、毛纤维粗、油汗偏黄、光泽差等，而随着目前高档毛纺制品需求的增加，对羊毛质量的要求也越来越高，我国的羊毛质量亟待进一步提高。应在通过加强国内品种繁育和国外优质品种引进提高我国绵羊生产性能的基础上，进一步提高农牧户的饲养管理水平，强化“穿羊衣”技术的推广，以缓解我国牧区恶劣的自然环境对羊毛的污染，改善羊毛品质，不断提高羊毛质量。重点做好剪毛、分级、

包装、检验等环节的羊毛质量控制；其中，剪毛和售前的分级是确保个体产毛量和羊毛质量的重要环节。因此，在绵羊主产区及重点种畜场，加强机械剪毛专业组织建设，大力推广机械剪毛技术，尽快替代落后的手工剪毛方式，进一步提高羊毛剪毛率；建立套毛除边、分级整理、规格打包、客观检验等羊毛现代化体系。提高毛纺企业的品牌观念，在全社会形成按质论价、奖优罚劣的重视羊毛质量的氛围，对于不符合标准和规定的羊毛加工产品不予上市销售。培养“重质量、护安全、重名声、守信誉”的农牧户和毛纺企业，实施品牌战略，增强我国羊毛产业的国际竞争力。

（四）积极发展饲草料种植业和饲料加工业，保障饲草料供给

饲料是养羊业的物质基础，保证饲料安全和充分开发与合理利用各种可饲资源是提高羊毛产量与羊毛质量的重要保证。饲料安全包括饲料数量充足、结构合理和质量达标等方面的内容，考虑到我国饲料资源短缺的实际情况，应积极发展饲料种植业和饲料加工业。当前，我国种植业结构正由“粮食作物＋经济作物”的传统二元种植结构逐渐向“粮食作物＋饲料作物＋经济作物”的三元种植结构转变，所以，应抓住这一有利时机，建立优质饲料生产基地，增加饲料供应能力。大力发展饲料工业，实现粮食转化增值。加强饲料新品种研发，健全和完善饲料工业技术。强化饲料生产和安全监管，实施饲料安全建设工程，加强专用饲料作物开发工程项目建设以及绿色饲料和环保饲料（包括各种饲料原料与产品）研制与开发项目建设，提高饲料的有效供给能力，防止和减少有毒有害物质进入饲料，提高饲料产品质量，提高优质配合饲料的入户率。

（五）大力发展规模化养殖，提高羊毛生产的产业化水平

目前，我国养羊业主要还是以农牧户为单位进行分散养殖，规模化程度很低。这种分散的养殖方式还普遍存在着品种良种化水平低、畜舍简陋、设备落后、饲养管理粗放（甚至在一部分牧区还没有完全摆脱“靠天养畜”的局面）、农牧户的科学文化素质低且市场观念差、先进实用科学技术普及推广困难等问题。分散的养殖方式和粗放的饲养管理还导致资源不能充分利用、生产标准不统一、技术管理水平参差不齐、疫病监控难度大等难题。这些方面问题的存在削弱了我国羊毛的国际竞争力并制约了我国羊毛产业的持续发展。因此，应鼓励规模化、专业化的养羊模式，形成羊毛生产的产业化发展格局。可以通过培育和组建“龙头”企业，建立“毛纺企业＋羊毛生产基地＋农牧户”的一体化

经营模式。这种一体化的经营模式，既使毛纺企业有稳定的生产原料并节约搜寻成本，又使农牧户能够按照统一的标准进行养殖管理，提高羊毛品质，并能获得及时准确的市场信息，提高抵御市场风险的能力，从而同时保证了企业和农牧户的利益。还可以建立“羊毛市场＋羊毛生产基地＋农牧户”的产业化格局，规模较大、管理标准的羊毛生产基地不仅要负责品种培育、种羊生产、低产羊改良和羊毛生产，还要进行分级、整理，严把质量关，进行羊毛检验、种羊评定等工作；对于其他相对薄弱的生产基地，政府可成立相应的职能部门如经纪人仓库（负责羊毛的分级、整理、运输等）、质检中心（负责羊毛检验、种羊评定等）等，来保证和提高羊毛的品质。

（六）深化羊毛流通体制改革，健全羊毛拍卖制度

目前，我国对羊毛进口实行配额管理，对配额内羊毛实行1%的低税率，配额外实行38%的高税率。根据WTO贸易规则，我国的羊毛进口配额和进口羊毛的关税都将逐步降低，为了更好地应对国际市场竞争，就要求加快羊毛流通体制改革，促进国内羊毛市场尽快与国际市场接轨。羊毛按净毛计价和羊毛拍卖制度是澳大利亚等羊毛主产国普遍采用的羊毛收购办法，其主要优点有：一是羊毛拍卖形式公平、公正、公开，促进了羊毛流通和交易的程序化和规范化。进入拍卖市场的羊毛从毛质到打包都必须符合标准和规范，从而避免了交易中可能出现的质量和价格风险。二是羊毛拍卖程序严格，公证检验、净毛计价、等级分明、优质优价等从源头上促使农牧户生产好毛并按标准分等级剪毛、整理、打包、储存。我国早在1993年颁布的《羊毛质量监督管理办法》就确立了净毛计价、公证检验等制度，但是由于现实国情的制约，我国羊毛质量检验机构主要限于轻工、纺织、商检、外贸等，再加上我国毛皮质检机构体系建立缓慢，毛皮质检工作不健全，仍采用污毛进行计价，优质优价难以真正实现。因此，应加快深化羊毛流通体制改革，健全羊毛拍卖制度，规范羊毛市场，以提高我国羊毛产业的国际竞争力。

（七）加强羊毛产业社会化服务体系建设，为羊毛产业的发展提供有力保障

当前，我国羊毛产业的社会化服务体系还不健全，所以，为了促进我国羊毛产业的可持续发展，应切实加强羊毛产业社会化服务体系建设。发展农牧户互助合作组织，推进专业分工协作，增强其市场议价能力和抵御市场风险能力；建立健全羊毛检测和交易组织，积极推行羊毛分级打包制度；建立

专业羊毛检验实验室和羊毛分级员职业资格认证制度，充分体现羊毛检验的客观性、科学性、公正性、权威性，发挥羊毛质量检验对羊毛生产的重要指导作用，从而更好地为羊毛生产提供社会化服务，主要包括产前、产中和产后三个方面：产前服务主要包括提供优良绵羊品种、供应草籽、原材料、机械、运输、燃料、饲料和维修等；产中服务主要包括配种、疾病防治、技术指导等；产后服务主要是提供流通领域的服务，包括市场供求及价格信息等。

（八）充分利用“绿箱”政策，加大对羊毛产业的扶持力度

我国应充分利用WTO的各项规则或条款，支持羊毛产业的发展。从农业协议中的国内支持条款来看，可利用“非贸易扭曲性生产措施”即“绿箱”政策的农业支持措施，在科技、资金、物质等方面加强对羊毛产业的支持和投入力度。增加对良种繁育与推广的投入。可成立国家细毛羊联合育种组织，开展系统的细毛羊育种工作，特别要注重保护重点产区细毛羊品种和超细型细毛羊品种基因，进一步提高我国细羊毛和超细羊毛的产量。加强细毛羊生产基础设施建设，特别是细毛羊繁殖改良的基础设施或设备，如种公羊站的建立、配种站（点）器材的购置等，为细毛羊的发展奠定坚实的物质基础。加强各项配套技术的研发和推广。支持畜牧业疫病防治措施和高效低残留或无残留饲料添加剂的研究、开发与推广。加强羊毛检测和监控技术队伍及从业人员的培训。加强适应市场需求的羊毛产品化处理和加工的研究、开发和推广。将发展羊毛业和国家的扶贫开发结合起来，在牧区适当增加一些扶贫专项资金作为“羊毛开发基金”，为当地羊毛产业的发展提供有力的资金支持，促进当地以养羊为生的农牧户收入的增加。在财政允许的情况下，加大草原生态保护补助奖励力度。进一步提高禁牧补助、草畜平衡奖励等补贴政策的标准，切实落实对农牧户的生产性补贴政策。从2011年开始，中央财政安排134亿元资金用于草原生态保护补助奖励，这对于草原生态环境的恢复和羊毛产业的可持续发展具有非常重要的促进作用。

（九）提高农牧户科学文化素质，促进养殖技术和管理方法的推广与应用

针对当前养羊地区农牧户科学文化素质普遍不高所导致的养殖技术和管理方法难以普及与推广问题，应进一步加强对农牧户的科普培训、教育和宣传，促进各种先进实用的养殖技术和管理方法在实际养殖过程中的推广和应用，推

动农牧户转变落后的传统生产方式，为我国羊毛产业的健康发展创造良好的生产条件。建立细毛羊育种协作组，开展区域性细毛羊育种和技术服务。对农牧户进行种羊鉴定、剪毛和除边、分级和整理等方面的技术培训，使农牧民按照标准化羊毛生产技术的要求进行养殖。充分发挥基层畜牧技术人员的作用，通过“科技入户工程”、“科技三下乡活动”，在繁育配种、疫病防治、牧草种植、饲草料加工等方面对养殖户进行重点培训。

（十）建立健全羊毛质量综合评价体系，促进羊毛市场的规范和繁荣

羊毛质量评价是对羊毛质量进行科学、客观、公正评价及实现羊毛优质优价的重要环节。目前，我国在羊毛检测方面还存在着标准技术含量低、检测手段落后等问题，不仅费时费力，而且检验结果易受人为因素影响，难以保证检验结果的科学性和可信度。因此，必须加快建立健全羊毛质量综合评价体系，规范国产羊毛市场，推动国内羊毛市场的繁荣和健康发展。

健全和完善羊毛检验标准。目前，我国的羊毛标准采用的是《绵羊毛国家标准（GB/T 1523—93）》（下面简称“标准”），该标准标龄已过长，已无法满足当前的需求。我国牧区普遍存在着自然条件较差、养殖管理水平低、羊毛间质量差异大等问题，而目前公量检验与等级品质检验取样数量还未实行每包取样，导致难以客观地评价整批羊毛的质量状况，所以，应加快取样方式调整，公量检验与等级品质检验取样数量均严格实行每包取样，提高检测结果的可信度。“标准”中客观检测项目未对毛丛强度、断裂部位、丙纶丝含量、羊毛颜色等指标进行明确规定，而这些指标对羊毛品质检测结果有重要影响，所以，应增加“标准”中的客观检测项目。目前，我国各地的检验证书还很不规范，存在着格式不统一、内容不全且表述存在差异、检验证书的三级签字不规范、检验专业章和认证标志章加盖不规范等问题，给羊毛交易造成了很多不便，无法作为羊毛评价依据，所以，应尽快对检验证书进行规范和统一。此外，还应尽快对剪毛、分级、除边、打包等技术进行规范和统一。

加强羊毛检测机构建设，提高分级整理和客观检测技术。我国的羊毛分级整理工作起步较晚，分级员大多经验不足，分级工作中质量控制也不严格，导致同一批羊毛的质量差异往往较大，不利于市场定价和企业选购。此外，由于长期受羊毛市场不规范的影响，政府纤维检验部门很少对羊毛进行检验，相关仪器设备和检验技术也均比较落后；各地的检验水平、设备等差距较大，检验部门间的比对试验很少，检验结果的准确性和可信度均不高。因此，应加强政

府纤维检验部门及代表羊毛行业不同领域各方面利益的权威的专业羊毛检验机构的建设，特别应加强毛纤维检验仪器的更新和检验人员专业技能的培训，加强行业内部的技术沟通和比对试验，进一步提高检测能力和技术水平，规范羊毛市场的发展。

（十一）加强进口羊毛及其制品质量监管，保护羊毛贸易及从业人员的安全

羊毛纤维中有害物质残留主要来源于疫病以及治疗疫病的各种药物和饲草料中所含的杀虫剂、染色剂等化学物质的残留。近年来，毛绒纤维质量安全问题越来越受到重视，很多国际组织和国家相继制定并出台实施了一系列质量安全标准，如国际毛纺组织制定的《DRAFT TM－59－04 含脂毛化学残留物测试方法草案》。我国对羊毛及其制品检测的研究起步相对较晚，目前，羊毛质量安全标准几乎是空白。加入 WTO 以后，如果不能有效控制国外劣质羊毛及其制品的进口，将威胁到我国的羊毛贸易和从业人员的安全，更不利于我国羊毛产业的健康发展。因此，应尽快制定并出台实施严格的羊毛纤维质量安全标准，主要应包括：羊毛纤维中致病菌含量限定及测定方法标准、羊毛纤维中微生物检测方法、羊毛纤维中有毒有害化学残留物含量限定及检测方法标准、羊毛纤维生产安全技术规范等。

（十二）建立健全羊毛贸易预警系统，维护农牧户和毛纺企业的利益

目前，我国已经成为世界最大羊毛进口国。近年来，由于毛纺工业原料用毛需求增长较快，羊毛进口量也呈现持续增长的势头，毛纺工业对国外羊毛的市场依存度越来越高。而同期，世界羊毛总产量在持续下降，这导致我国进口羊毛的价格不断攀升，并挤压了国产羊毛的销售；同时，进口羊毛的质量还不稳定，进口羊毛质量争端事件在近年来时常发生。因此，为了保护我国养羊农牧户以及毛纺企业的利益，应加强对国际羊毛市场信息的跟踪、搜集、加工和整理，不断拓宽我国羊毛进口的市场结构；制定合理的羊毛进口战略，建立羊毛进口预警系统即羊毛进口信息网络平台，随时跟踪统计国内羊毛供需状况并及时发布相关信息；跟踪并监测进口羊毛质量状况，及时发布进口羊毛质量案件信息并采取有效措施进行处理，维护我国毛纺企业利益。鼓励毛纺企业在相同质量下，优先使用国产羊毛，平衡毛纺工业原料用毛缺口，促进国产羊毛国内市场份额的提高，促进我国羊毛产业国际竞争力的提升。

参 考 文 献

[1] 金碚．2003. 竞争力经济学 [M]. 广州：广东经济出版社．

[2] 李建平，罗其友．2002. 我国畜产品比较优势和国际竞争力的实证分析 [J]. 管理世界 (1)：82 - 92.

[3] 刘慧．2010. 中国羊毛贸易发展情况分析 [J]. 农业展望 (6)：46 - 49.

[4] 迈克尔·波特．2005. 竞争战略 [M]. 北京：华夏出版社．

[5] 毛怀志，岳文斌，冯旭芳．2006. 绵羊、山羊品种资源及利用大全 [M]. 北京：中国农业出版社．

[6] 王丽娜，顾国达．2004. 我国羊毛进口增长的影响及其成因分析 [J]. 国际贸易问题 (5)：9 - 12.

[7] 王欧．2010. 草原畜牧业发展与牧民收入增长 [J]. 中国畜牧杂志，46 (24)：12 - 16.

[8] 于爱芝．2009. 中澳双边羊毛贸易趋势展望 [J]. 农业展望 (1)：32 - 35.

[9] 余鸣．2002. 中国畜牧业国际竞争力研究 [D]. 北京：中国农业科学院．

[10] 岳丹萍，欧源．2008. 中国羊毛业的国际竞争力分析 [J]. 畜牧与饲料科学 (3)：99 - 102.

[11] 张存根．2000. WTO与中国畜牧业 [J]. 中国禽业导刊 (21 - 22)：2 - 4.

[12] 张金昌．2001. 波特的国家竞争优势理论剖析 [J]. 中国工业经济 (9)：53 - 58.

[13] 庄丽娟．2004. 比较优势、竞争优势与农业国际竞争力分析框架 [J]. 农业经济问题 (3)：59 - 61.

[14] Balassa B. 1965. Trade Liberalization and Revealed Comparative Advantage [J]. Manchester School of Economic and Social Studies，33 (2)：99 - 123.

[15] Fagerbreg J. 1995. User Producer Interaction，Learning and Comparative Advantage [J]. Cambridge Journal of Economics，19 (1)：143 - 156.

[16] Kim D，Marion B. 1997. Domestic Market Structure and Performance in Global Markets：Theory and Empirical Evidence from U.S. Food Manufacturing Industry [J]. Review of International Organization，12 (3)：335 - 354.

[17] Moreno L. 1997. The Determinants of Spanish Industrial Exports to the European Union [J]. Applied Economic，29 (6)：723 - 732.

[18] Salvacruz J C. 1996. Competitiveness of the U.S. and ASEAN in the International Agricultural Market [J]. Journal of Food Distribution Research，27 (1)：81 - 89.

[19] Xepapadeas A，Zeeuw A. 1999. Environmental Policy and Competitiveness：The Porter Hypothesis and the Composition of Capital [J]. Journal of Environmental Economics and Management，37 (2)：165 - 182.

专题八

我国羊绒产业国际竞争力、影响因素及提升对策研究

蒋美娟　丁丽娜　孙致陆　肖海峰

一、引　　言

（一）研究背景及意义

羊绒作为当今世界最主要的动物纤维纺织原料之一，具有合成纤维所无法比拟的品质和特性。受到生理特征及所处生长环境的地域和气候条件的限制，绒山羊个体的产绒量很低，羊绒还是制作高档的呢绒、绒线、毛毯、羊绒衫等纺织品的重要原料，因此，羊绒也被称为“软黄金”和“纤维钻石”。

20 世纪 80 年代以来，我国羊绒产业发展迅速，无论是原绒生产还是成品加工，在世界上都占有举足轻重的地位。随着全球贸易自由化程度的不断加深以及 2005 年 1 月 1 日零时起纺织品配额制度的取消，全球羊绒产业在新的贸易环境下正进行重新定位和整合，我国的羊绒产业也面临着更多的机遇和更大的挑战。我国是世界上羊绒产量最大的国家，研究我国羊绒产业的国际竞争力现状及其影响因素，对于我国的经济发展和社会稳定均具有重要的现实意义。一方面，可以提高西部少数民族地区农牧户的收入水平，促进当地经济的发展，维护社会稳定；另一方面，可以为促进我国羊绒产业发展的相关政策的制定提供现实依据，从而进一步提高我国羊绒产业在国际市场上的竞争地位。

（二）研究目标与内容

本项研究的目标及内容是：首先，根据产业国际竞争力理论，采用显示性竞争优势指数、贸易竞争力指数和国际市场占有率三个指标，对我国羊绒及其制品的国际竞争力进行测算，并与其他羊绒生产与贸易主要国家进行比较分析；

然后，根据迈克尔·波特的“钻石模型”，深入分析和探讨我国羊绒产业国际竞争力影响因素；最后，提出进一步提升我国羊绒产业国际竞争力的政策建议。

（三）研究方法

本研究在分析过程中主要采用以下三种研究方法：

1. 比较分析法

我国羊绒产品的国际竞争力状况和各种影响因素的作用强度，只有通过与其他羊绒产品出口国的比较分析才能更明晰。本研究基于对各国原绒及其初级加工品、深加工产品等羊绒产品的国际竞争力进行的比较分析，来探索我国羊绒产业国际市场竞争力的现状与变化趋势。

2. 指标分析法

通过对产业国际竞争力已有研究的总结，并综合考虑羊绒产业自身的贸易特点，本研究分别采用显示性竞争优势指数（CA）、贸易竞争指数（TC）和国际市场占有率（WMS）这三个指标来测算和分析我国及世界其他羊绒生产与贸易主要国家羊绒产业的国际竞争力。

（1）显示性竞争优势指数。Vollrath T L 和 De H V（1988）在显示性比较优势指数的基础上，考虑一国同时进口和出口的情况即存在产业内贸易，提出了显示性竞争优势指数。该指数表示 i 国第 j 种商品出口额占该国出口总额的比重与第 j 种商品出口额在世界出口总额中所占比重的比值，减去第 j 种商品在该国进口总额中所占的比重与第 j 种商品在世界进口总额中所占的比重的比值，其计算公式可表示为：

$$CA_{ij}=\frac{X_{ij}/X_{it}}{X_{wj}/X_{wt}}-\frac{M_{ij}/M_{it}}{M_{wj}/M_{wt}}=RCA_{ij}-RMA_{ij}$$

式中，CA_{ij} 为 i 国第 j 种商品的显示性竞争优势指数；X_{ij} 为 i 国第 j 种商品的出口额；X_{it} 为 i 国所有商品的出口总额；X_{wj} 为世界第 j 种商品的出口总额；X_{wt} 为世界所有商品的出口总额；M_{ij} 为 i 国第 j 种商品的进口额；M_{it} 为 i 国所有商品的进口总额；M_{wj} 为世界第 j 种商品的进口总额；M_{wt} 为世界所有商品的进口总额，RMA_{ij} 表示与显示性比较优势指数 RCA_{ij} 相对应的显示性进口比较优势指数。当 $CA_{ij}>0$ 时，表明 i 国 j 种商品具有显示性竞争优势；当 $CA_{ij}<0$ 时，表明 i 国 j 种商品具有竞争劣势。

（2）贸易竞争指数。贸易竞争指数 TC（Trade Competition Index）表示为某一产业的净出口与进出口总额之比，用来反映一国某产业是净出口还是净进口以及净进口或净出口的相对规模，其公式为：

$$TC_{ij}=\frac{X_{ij}-M_{ij}}{X_{ij}+M_{ij}}$$

式中，X_{ij} 表示 i 国第 j 种商品的出口额；M_{ij} 表示 i 国第 j 种商品的进口额。$TC<0$，说明该商品为净进口，意味着出口竞争力较弱；$TC>0$，表明该商品的生产效率高于国际水平，具有较强的出口竞争力，TC 值越大，商品的国际竞争力越强。

该指标的优点是，作为一个与贸易总额的相对值，剔除了通货膨胀等宏观总量波动的影响，即无论进出口的绝对量是多少，该指标值均介于－1 和＋1之间，因此，该指标在不同时期的不同国家之间具有较高的可比性。

（3）国际市场占有率。国际市场占有率反映了一国某商品在国际市场上所占的份额，计算公式为：

$$WMS_{ij}=\frac{X_{ij}}{X_{wj}}$$

式中，X_{ij} 为 i 国第 j 种商品的出口贸易额，X_{wj} 为第 j 种商品的世界出口贸易额，该指数越大说明 i 国第 j 种商品的国际竞争力越强；反之，国际竞争力则越弱。

3. 多因素分析法

影响羊绒产业国际竞争力的因素有很多，本研究主要根据迈克尔·波特提出的“钻石模型”，通过对成本与价格、产品质量、生产要素条件、需求条件、企业因素、相关及辅助产业、国家政策等的分析，来探讨我国羊绒产业国际竞争力的影响因素。

（四）数据来源

根据加工程度的不同，国际市场上的羊绒产品可分为原料绒、初级加工品和深加工产品。本研究也主要选取这三种羊绒产品来进行分析。

本研究所采用的数据主要来源于 2002—2010 年联合国贸易统计署 UN Comtrade 数据库中关于羊绒及其制品的统计数据[①]，其中，原绒对应的 HS 编码为 510211（未梳喀什米尔山羊绒）[②]；无毛绒对应的 HS 编码为 510531（已

① UN Comtrade 数据库中针对羊绒及其制品的系统数据记录是从 2002 年开始，此时我国已经加入 WTO，羊绒贸易已实现了自由化。

② 我国海关统计的原绒贸易数据和 UN Comtrade 数据库中的未梳喀什米尔山羊绒贸易数据基本吻合，且不包括从蒙古国走私的原绒。

梳喀什米尔山羊绒）和 510539（已梳其他山羊绒）①；对于山羊绒纱线和绒织物，国际上没有统一的统计口径，本研究用中国毛纺织行业协会的相关进出口统计数据来表示；羊绒衫对应的 HS 编码为 611012②。

二、我国羊绒产业国际竞争力测算

通过对产业国际竞争力已有相关研究的总结，并综合考虑羊绒产业自身的贸易特点，本研究分别采用显示性竞争优势指数、贸易竞争指数和国际市场占有率三个指标来测算我国与世界其他羊绒生产与贸易主要国家羊绒产业的国际竞争力现状，并进行比较分析。

（一）原绒国际竞争力分析

1. 显示性竞争优势指数分析

世界上羊绒原料生产主要集中在我国以及蒙古、土耳其、巴基斯坦等国，除此以外，英国、比利时、意大利和南非等国也是主要的原绒贸易大国。

根据表 1 可知，从显示性竞争优势指数的均值来看，2002—2010 年我国和意大利的原绒显示性竞争优势指数的均值都小于零，这说明我国和意大利在原绒贸易上不具有显示性竞争优势。2002—2007 年蒙古显示性竞争优势指数的均值为 3 337.657，显著高于其他国家，具有很强的竞争优势。南非的均值为 17.406，仅次于蒙古，具有较强的贸易竞争优势。英国、比利时、土耳其和巴基斯坦的均值都大于零，这些国家的原绒也具有一定的贸易竞争优势。

从显示性竞争优势指数的变化趋势来看，我国和意大利的变化不大，2002 年以来两国都一直处于竞争劣势。蒙古和英国原绒的竞争优势先减弱后逐渐增强。2004 年以来南非在原绒贸易上的竞争优势逐渐减弱。2002—2009 年，巴基斯坦原绒的竞争优势逐渐增强，到 2010 年则有所减弱。土耳其和比利时一直处于竞争优势地位。

① 我国海关统计的无毛绒贸易数据要小于 UN Comtrade 数据库中 HS 编码分别为 510531 和 510539 的贸易商品数据之和，但它们的数量级和变化方向一致。

② 我国海关统计的羊绒衫贸易数据比 UN Comtrade 数据库中的 HS 编码为 611012 的贸易商品数据要大，但两者的数量级和变化方向一致。

表 1　我国与世界其他主要国家原绒的显示性竞争优势指数比较

年份	中国	英国	蒙古	意大利	比利时	南非	土耳其	巴基斯坦
2002	0.000	5.878	—	−12.595	2.891	37.450	0.001	—
2003	−0.019	3.073	1 861.125	−12.528	4.292	29.770	0.002	0.465
2004	−0.003	4.493	126.856	−13.867	4.133	37.427	0.005	0.589
2005	−0.009	2.382	2 272.787	−14.013	2.142	30.398	0.000	0.212
2006	−0.014	2.323	5 981.011	−14.990	0.440	15.633	0.002	0.168
2007	−0.045	1.537	6 446.504	−13.273	0.593	4.675	0.011	0.279
2008	−0.003	5.891	—	−8.639	4.192	−0.003	0.610	2.299
2009	−0.007	6.180	—	−7.194	3.831	1.302	0.019	3.439
2010	−0.055	6.968	—	−10.836	1.294	0.000	0.003	0.865
均值	−0.017	4.303	3337.657	−11.993	2.645	17.406	0.072	1.039

注："—"表示该年度数据缺失；下同。

数据来源：根据 UN Comtrade 数据库数据整理计算得到；下同。

2. 贸易竞争指数分析

根据表 2 可知，从贸易竞争指数均值来看，2002—2010 年，蒙古、比利时、南非和巴基斯坦都是原绒贸易净出口国，其中，蒙古和巴基斯坦的原绒贸易竞争指数很高，具有很强的出口竞争优势。我国、英国、意大利和土耳其都是原绒贸易净进口国，其中，我国原绒贸易竞争指数的均值为−0.938，处于明显的出口劣势地位。英国和意大利的原绒进出口量大，但总体来看，进口量大于出口量，贸易竞争指数均小于零。土耳其原绒贸易竞争指数的均值为−0.738，处于贸易竞争劣势地位。

从贸易竞争指数的变动趋势来看，2002—2010 年，我国、英国和意大利原绒贸易竞争指数的变化都不大且均小于零，处于贸易净进口国地位。蒙古和巴基斯坦是世界主要原绒出口国，2002 年以来两国的贸易竞争指数都显著大于零。比利时原绒贸易竞争指数波动较大，最高值达到 0.629，最低值为−0.244。南非除 2008 年和 2010 年外，其他年份的贸易竞争指数都显著大于零。土耳其 2003 年以来一直属于原绒净进口国，在原绒出口贸易中处于明显的劣势地位。

表 2　我国与世界其他主要国家原绒的贸易竞争指数比较

年份	中国	英国	蒙古	意大利	比利时	南非	土耳其	巴基斯坦
2002	—	−0.493	1.000	−0.972	0.469	0.998	1.000	—
2003	−1.000	−0.479	1.000	−0.954	0.067	1.000	−0.980	1.000
2004	−0.752	−0.474	0.513	−0.954	0.062	0.993	−0.984	1.000
2005	−1.000	−0.513	1.000	−0.919	−0.037	1.000	−1.000	−0.186
2006	−0.754	−0.298	1.000	−0.912	−0.119	1.000	−0.992	1.000
2007	−1.000	−0.447	0.992	−0.871	−0.064	1.000	−0.945	1.000
2008	−1.000	−0.524	—	−0.870	0.269	−0.934	−0.750	0.889
2009	−1.000	−0.642	—	−0.881	0.629	0.961	−0.993	1.000
2010	−1.000	−0.568	—	−0.898	−0.244	−0.941	−0.999	1.000
均值	−0.938	−0.493	0.918	−0.915	0.115	0.752	−0.738	0.838

3. 国际市场占有率分析

根据表 3 可知，从国际市场占有率的均值来看，我国原绒出口贸易量少，国际市场占有率很低，仅为 0.01%。蒙古和英国的原绒出口规模都较大，国际市场占有率均较高，分别为 23.85%和 34.51%。意大利和比利时虽不是羊绒主产国，但原绒的贸易量均较大，国际市场占有率均值分别为 18.30%和 12.70%。土耳其和巴基斯坦是主要的羊绒生产国，但其出口的较少，分别为 0.03%和 0.17%。

表 3　我国与世界其他主要国家原绒的国际市场占有率比较

单位：%

年份	中国	英国	蒙古	意大利	比利时	南非	土耳其	巴基斯坦
2002	0.00	47.19	4.31	3.83	12.49	13.61	0.00	—
2003	0.00	29.63	15.47	5.11	22.05	10.82	0.00	0.07
2004	0.03	35.61	1.11	7.07	20.28	13.61	0.00	0.09
2005	0.00	25.64	18.89	11.42	11.75	11.04	0.00	0.05
2006	0.04	22.32	49.70	8.09	3.45	5.68	0.00	0.03
2007	0.00	22.79	53.62	12.86	3.97	1.70	0.00	0.04
2008	0.00	38.24	—	38.85	18.16	0.00	0.22	0.37
2009	0.00	43.34	—	42.07	15.72	0.47	0.01	0.55
2010	0.00	45.83	—	35.42	6.45	0.00	0.00	0.14
均值	0.01	34.51	23.85	18.30	12.70	6.33	0.03	0.17

从国际市场占有率的变化趋势来看，2002 年以来我国原绒市场占有率基本为零，即我国原绒基本不出口，这主要是由于我国羊绒加工业发展迅速，对原绒的需求不断增加，因而我国的原绒基本上直接进入国内加工领域。英国原绒市场占有率波动明显，2002—2010 年经历了先下降后上升的变化过程。蒙古和意大利原绒市场占有率均呈上升趋势，说明两国原绒的国际市场竞争力不断增强。比利时原绒市场占有率波动较为频繁，市场占有率最高达 22.05%，最低为 3.45%，波动幅度较大；南非原绒市场占有率整体上呈现逐渐下降趋势，国际市场竞争力逐渐减弱。土耳其和巴基斯坦原绒的出口贸易相对整个世界的出口规模很小，市场占有率一直维持在较低的水平。

4. 小结

从显示性竞争优势指数、贸易竞争指数和国际市场占有率三个指标的测算结果来看，我国原绒基本不出口，国际市场占有率接近于零，处于明显的竞争劣势地位。考虑到实际上每年有大量原绒从蒙古走私进入我国的加工领域，而在 UN Comtrade 数据库中，我国缺乏这方面的统计数据，从而导致我国原绒进口额被远远低估了，因此，我国原绒的国际竞争力实际上比本研究的测算结果还要低。随着国内羊绒加工业的发展，羊绒企业对原绒需求不断增加，原绒的进口也不断增长，原绒贸易不具有国际竞争力的这种趋势会越来越明显。

蒙古作为世界第二大原绒生产国，其生产的羊绒绝大部分出口到我国，无论是市场占有率、显示性竞争优势指数还是贸易竞争指数，都显示出很强的国际竞争力。英国、比利时和南非都是原绒贸易大国，具有一定的国际竞争力，但由于受到自然条件和资源的限制，这些国家的本国原绒产量很低，主要是从事原绒转口贸易。土耳其和巴基斯坦均是传统的羊绒生产国，但两国的贸易量相对于世界贸易总量而言均很小，所以原绒的国际竞争力相对均较弱。意大利的原绒贸易规模很大，但总体而言属于净进口国，不具备出口竞争力。

（二）无毛绒国际竞争力分析

洗净的原绒经分梳，去除原绒中的粗毛、死毛和皮屑后即得到无毛绒。无毛绒属于重要的羊绒初级加工品，是加工羊绒纱线、羊绒织物和羊绒衫等羊绒制品的重要原料。

1. 显示性竞争优势指数分析

根据表 4 可知，从显示性竞争优势指数的均值来看，中国内地、蒙古、英国和美国的无毛绒均具有竞争优势。其中，中国内地和蒙古由于劳动力成本较低，对羊绒初级加工环节的分梳和清洗所产生的废水、废物等污染物的管制相对较为宽松，从而使得世界主要羊绒分梳厂大多集中分布在我国、蒙古等发展中国家。中国香港和意大利无毛绒的显示性竞争优势指数的均值都为负值，说明无毛绒贸易不具有国际竞争力。

从显示性竞争优势的变化趋势来看，2002 以来中国内地无毛绒竞争优势总体上在不断下降，尤其是 2004 年我国无毛绒的出口退税率由 13%降为零，使一些出口商的套税行为的难度加大，引起无毛绒出口数量减少，无毛绒的国际竞争力不断下降。蒙古无毛绒显示性竞争优势指数很大，2002—2007 年处于不断增长的趋势，说明蒙古无毛绒国际竞争力不断增强。英国无毛绒显示性竞争优势指数处于不断波动状态，最高值达 1.604，最低值为 －0.617，2002—2006 年出口竞争力不断增强，近三年贸易竞争力不断下降。美国无毛绒贸易显示性竞争优势指数波动频繁，2005—2007 年出现负值，其他年份均为正值。2002 年以来中国香港无毛绒贸易稍有波动，但其显示性竞争优势指数一直小于零，这说明中国香港无毛绒贸易不具有竞争优势。意大利的无毛绒 2002 年以来显示性竞争优势指数均为负值，近三年该指数有所上升，说明其竞争劣势有所缓解。

表 4　我国与世界其他主要国家无毛绒的显示性竞争优势指数比较

年份	中国内地	中国香港	蒙古	英国	意大利	美国
2002	10.351	－1.627	—	－0.617	－8.275	0.002
2003	8.693	－5.121	816.762	－0.292	－7.112	0.084
2004	6.692	－3.375	1 123.975	－0.098	－8.253	0.022
2005	3.569	－1.612	1 183.672	1.404	－8.791	－0.019
2006	3.655	－1.467	1 137.554	1.604	－10.894	－0.024
2007	2.306	－1.528	1 246.613	0.113	－9.155	－0.013
2008	4.166	－0.769	—	0.572	－11.315	0.066
2009	2.909	－0.423	—	0.558	－10.057	0.106
2010	2.059	－0.987	—	－0.013	－9.187	0.075
均值	4.933	－1.879	1 101.715	0.359	－9.227	0.033

2. 贸易竞争指数分析

根据表 5 可知，从贸易竞争指数均值来看，除了意大利无毛绒的贸易竞争指数均值小于零，属于净进口国外，中国内地、中国香港、蒙古等国家或地区都具有出口竞争优势。其中，蒙古的贸易竞争指数均值达到了 0.999，说明其无毛绒出口具有显著的国际竞争力；中国内地位居其次，贸易竞争指数均值为0.776；英国、美国和中国香港的均值都为正值，说明其无毛绒贸易均具有一定的出口竞争力。

表 5　我国与世界其他主要国家无毛绒的贸易竞争指数比较

年份	中国内地	中国香港	蒙古	英国	意大利	美国
2002	0.878	0.138	1.000	0.321	−0.861	0.439
2003	0.871	−0.233	1.000	0.367	−0.818	0.900
2004	0.826	0.014	1.000	0.399	−0.857	0.710
2005	0.755	0.191	0.996	0.796	−0.827	−0.389
2006	0.792	0.061	1.000	0.736	−0.900	−0.701
2007	0.755	0.235	1.000	0.439	−0.829	0.022
2008	0.763	0.190	—	0.524	−0.829	0.637
2009	0.682	0.247	—	0.433	−0.715	0.887
2010	0.663	0.036	—	0.264	−0.706	0.777
均值	0.776	0.098	0.999	0.475	−0.816	0.365

从贸易竞争指数的变化趋势来看，2002 年以来中国内地无毛绒贸易竞争指数不断下降，说明其出口竞争优势不断减弱。2002—2007 年蒙古的出口优势一直都很显著，除了 2005 年外，其他年份贸易竞争指数均为 1。中国香港无毛绒贸易竞争指数有所波动，除了 2003 年小于零外，其他年份均为正值，属于净出口地区。英国无毛绒贸易竞争指数经历了先上升后下降的变化过程，近年来其出口贸易优势不断减弱。美国的无毛绒贸易地位从净出口国变为净进口国，之后又变为净出口国，2007 年以来其贸易竞争指数增长迅速，无毛绒出口优势不断增强。意大利的无毛绒 2002 年以来一直都不具有竞争优势，近三年的竞争劣势有所缓解。

3. 国际市场占有率分析

根据表 6 可知，从国际市场占有率的均值来看，中国内地的无毛绒出口贸易规模很大，超过了世界无毛绒总出口额的一半；蒙古位居其次，占到了12.28%；英国、中国香港、意大利和美国都占有一定的比例。

从国际市场占有率的变化趋势来看，2002 以来中国内地无毛绒国际市场占有率有所下降。蒙古 2002—2007 年无毛绒国际市场占有率不断上升。中国香港无毛绒国际市场占有率变化不大。英国无毛绒国际市场占有率波动频繁。

意大利和美国无毛绒国际市场占有率近年来均不断增加，国际市场竞争力都有所增强。

表 6　我国与世界其他主要国家无毛绒的国际市场占有率比较

单位：%

年份	中国内地	中国香港	蒙古	英国	意大利	美国
2002	75.19	2.55	8.51	4.18	0.59	0.22
2003	71.75	3.10	6.79	3.03	0.76	0.93
2004	67.54	4.42	10.70	3.70	0.75	0.29
2005	60.77	3.60	12.51	7.54	0.94	0.06
2006	55.34	2.28	14.82	9.42	0.68	0.02
2007	53.54	5.83	20.34	2.71	1.27	0.18
2008	67.18	4.89	—	3.67	2.00	0.85
2009	60.25	4.89	—	4.65	2.94	1.06
2010	66.11	3.53	—	4.10	3.19	1.10
均值	64.19	3.90	12.28	4.78	1.46	0.52

4. 小结

根据上面的分析可知，我国无毛绒具有较强的国际竞争力，近年来，由于受到国家鼓励羊绒深加工产品出口、无毛绒出口退税取消和国际市场需求变化的影响，我国无毛绒的出口竞争优势不断减弱，预计将来这种趋势将会越来越明显。

由于具有较强的羊绒资源优势和劳动力成本优势且环境政策宽松，蒙古主要是将原绒经过初加工后得到的无毛绒出口到其他国家或地区，其无毛绒贸易具有很强的国际竞争力。英国和美国无毛绒贸易具有一定的国际竞争力，但近年来其竞争优势不断下降。中国香港和意大利的无毛绒占有一定的市场份额，但在无毛绒贸易方面并不具有国际竞争优势。

（三）山羊绒纱线和绒织物国际竞争力分析

目前，国际市场对纱线、织物等产品的统计还较为宽泛，且主要包含了羊绒、驼毛等其他动物的毛纱线和毛织物。我国在 2008 年以前只区分毛纱线和毛织物，没有针对山羊绒绒线和山羊绒织物的贸易情况进行相关统计，2008 至今我国毛纺织行业协会对精梳山羊绒纱线、粗梳山羊绒纱线和粗梳山羊绒织物在每个月的进出口数量、金额及单价进行了统计。

根据表7可知，2008—2010年，无论是精梳山羊绒纱线、粗梳山羊绒纱线还是粗梳山羊绒绒织物，我国都是净出口国。其中，粗梳山羊绒纱线贸易竞争指数最高，各个季度的贸易竞争指数值均在0.9以上；精梳山羊绒纱线在各个季度有所波动，最高达0.980，最低为0.657，但出口竞争优势总体上在不断增强；粗梳山羊绒织物的进出口波动相对较大，贸易竞争指数最高达0.960，最低为0.248。总体来看，我国羊绒半制成品具有较强的国际竞争力。

表7 我国山羊绒纱线及绒织物的贸易竞争指数比较

贸易竞争指数	精梳山羊绒纱线	粗梳山羊绒纱线	粗梳山羊绒织物
2008年第一季度	0.878	0.908	0.954
2008年第二季度	0.732	0.965	0.604
2008年第三季度	0.657	0.981	0.629
2008年第四季度	0.849	0.986	0.248
2008年累计平均	0.779	0.960	0.609
2009年第一季度	0.947	0.962	0.891
2009年第二季度	0.823	0.957	0.849
2009年第三季度	0.838	0.998	0.731
2009年第四季度	0.951	0.987	0.873
2009年累计平均	0.890	0.976	0.836
2010年第一季度	0.980	0.995	0.825
2010年第二季度	0.904	0.953	0.744
2010年第三季度	0.907	0.964	0.570
2010年第四季度	0.960	0.986	0.626
2010年累计平均	0.938	0.975	0.691
2011年第一季度	0.926	0.924	0.960

数据来源：根据中国毛纺织行业协会进出口统计数据整理计算得到。

（四）羊绒衫国际竞争力分析

1. 显示性竞争优势指数分析

羊绒衫属于奢侈品，世界羊绒衫的主要出口国家或地区有中国内地、中国香港、意大利、英国、蒙古、德国等。根据表8可知，从显示性贸易竞争优势指数均值来看，中国内地和蒙古的羊绒衫贸易都具有很强的竞争优势，中国香港紧随其后，意大利和英国也具有一定的竞争优势，德国则不具有出口竞争优势。

从显示性竞争优势指数的变化趋势来看，2002—2010 年中国内地的羊绒衫一直具有很强的国际竞争力。中国香港羊绒衫的竞争优势呈现先上升后下降的变化趋势，最大值为 8.093，最小值为 2.625。意大利羊绒衫的竞争优势在 2002—2006 年逐渐减弱，2007 年开始逐渐增强。2002 年以来英国羊绒衫的竞争优势不断减弱，2007 年以来不具有竞争优势。蒙古羊绒衫的出口贸易具有很强的竞争力，但 2005 年以来其竞争优势开始呈现下降趋势。德国羊绒衫的贸易金额虽然很大，但一直处于贸易劣势地位，其显示性竞争优势指数一直小于零，近年来其竞争劣势更加显著。

表 8　我国与世界其他主要国家羊绒衫的显示性竞争优势指数比较

年份	中国内地	中国香港	意大利	英国	蒙古	德国
2002	5.919	5.948	3.990	1.021	—	−0.708
2003	5.480	7.299	3.393	1.392	272.964	−0.738
2004	5.208	8.093	2.737	0.742	383.206	−0.950
2005	6.548	6.371	2.206	0.476	165.017	−1.073
2006	8.161	4.314	1.683	0.123	142.148	−1.003
2007	7.697	3.148	1.935	−0.327	73.568	−0.801
2008	7.250	3.559	2.725	−0.465	—	−0.952
2009	7.150	2.888	2.952	−0.332	—	−1.250
2010	7.987	2.625	3.125	−0.437	—	−1.329
均值	6.822	4.916	2.749	0.244	207.380	−0.978

2. 贸易竞争指数分析

根据表 9 可知，从贸易竞争指数的均值来看，2002—2010 年，中国内地羊绒衫贸易竞争指数的均值达到了 0.970，具有很强的国际竞争力。蒙古羊绒衫贸易竞争指数的均值达到了 0.999，处于贸易净出口国地位。意大利羊绒衫贸易竞争指数的均值为 0.453，高于中国香港地区的 0.309。英国和德国羊绒衫贸易竞争指数的均值都为负值，即均不具有出口竞争力。

从贸易竞争指数的变化趋势来看，中国内地羊绒衫出口竞争优势变化不大，且贸易竞争指数都在 0.9 以上。中国香港在羊绒衫贸易中处于出口竞争优势地位，但其优势不断减弱。意大利羊绒衫贸易竞争优势先减弱后逐渐增强。英国2005年开始由羊绒衫贸易净出口国转变为净进口国。蒙古一直是羊绒衫贸易净出口国，2002—2007年的贸易竞争指数都接近1。德国贸易竞争指数自2002年以来一直都小于零，为羊绒衫贸易净进口国。

表9　我国与世界其他主要国家羊绒衫的贸易竞争指数比较

年份	中国内地	中国香港	意大利	英国	蒙古	德国
2002	0.977	0.406	0.713	0.247	1.000	—0.575
2003	0.977	0.425	0.695	0.395	0.999	—0.624
2004	0.944	0.420	0.551	0.153	0.999	—0.649
2005	0.982	0.370	0.360	—0.007	0.998	—0.595
2006	0.979	0.288	0.273	—0.156	0.998	—0.589
2007	0.974	0.214	0.329	—0.300	1.000	—0.530
2008	0.972	0.229	0.395	—0.364	—	—0.557
2009	0.972	0.232	0.403	—0.309	—	—0.599
2010	0.956	0.195	0.361	—0.357	—	—0.651
均值	0.970	0.309	0.453	—0.077	0.999	—0.596

3. 国际市场占有率分析

根据表10可知，从国际市场占有率的均值来看，2002—2010年，中国内地的羊绒衫出口约占世界的35.48%，具有很强的国际竞争力。中国香港位居其次，占到了26.80%。意大利和英国羊绒衫的市场占有率分别为16.59%和5.94%。德国和蒙古的羊绒衫市场占有率相对较低。

从国际市场占有率的变化趋势来看，我国羊绒衫的国际市场占有率波动频繁，但一直处于较高的水平。意大利羊绒衫市场占有率呈现先下降后上升的趋势。英国和蒙古的羊绒衫市场占有率处于不断下降的趋势。德国羊绒衫市场占有率波动幅度变化不大。

表10　我国与世界其他主要国家羊绒衫的国际市场占有率比较

单位：%

年份	中国内地	中国香港	意大利	英国	蒙古	德国
2002	30.68	28.19	18.55	7.26	2.54	2.52
2003	28.40	34.03	15.99	8.48	2.27	2.11

（续）

年份	中国内地	中国香港	意大利	英国	蒙古	德国
2004	27.42	38.11	14.51	6.18	3.19	2.41
2005	33.86	31.78	14.56	5.91	1.37	3.46
2006	42.28	25.03	13.37	5.42	1.18	3.16
2007	39.99	22.13	14.17	5.49	0.61	3.03
2008	37.69	23.06	17.40	5.16	—	3.44
2009	37.18	19.45	19.14	5.10	—	3.61
2010	41.87	19.36	21.61	4.45	—	3.09
均值	35.48	26.80	16.59	5.94	1.86	2.98

4. 小结

综上所述可知，在羊绒衫国际贸易中，中国内地具有很强的国际竞争优势，无论是显示性竞争优势指数、贸易竞争指数还是国际市场占有率都达到了很高的水平。除中国内地外，中国香港、蒙古、意大利和英国的羊绒衫贸易也具有较强的国际竞争力。

（五）小结

根据以上对我国及世界其他主要国家羊绒产业的原绒及其初级加工品和深加工产品的国际竞争力的测算与分析，可以得出以下结论：

（1）我国原绒的产量具有绝对优势，但在国际贸易中并不具有国际竞争力。近年来，我国原绒的贸易劣势逐渐突显，这与国内羊绒加工业的快速发展以及政府出台实施的鼓励羊绒深加工产品出口政策有关。

（2）我国羊绒初级加工品具有显著的国际竞争优势。近年来，受国际市场需求和国内无毛绒出口退税取消的影响，我国无毛绒的出口量有所减少，国际竞争力有所下降。

（3）我国羊绒深加工产品具有很强的国际竞争力，尤其是羊绒衫。目前，我国已经成为世界主要羊绒衫进口国的重要进口来源国。

三、我国羊绒产业国际竞争力影响因素分析

本研究接下来根据迈克尔·波特提出的“钻石模型”（如图 1 所示），从成本和价格、产品质量、生产要素条件、需求条件、企业因素、相关辅助产

业和政府政策这七个方面，对我国羊绒产业国际竞争力的影响因素进行分析。

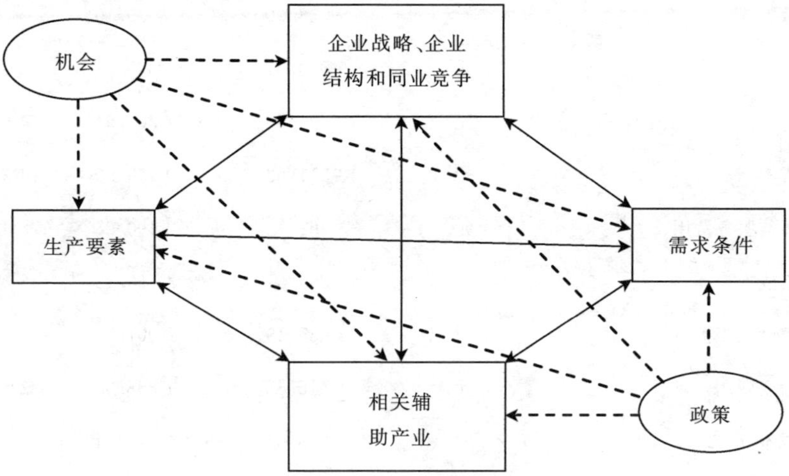

图1　波特“钻石模型”

（一）成本与价格

1. 成本

在国际贸易中，成本是影响产业国际竞争力的重要因素之一，一般而言，成本越低，越有利于产业竞争力的形成和提升。我国羊绒产业成本主要包括绒山羊养殖成本和羊绒制成品加工成本两个方面。

（1）绒山羊养殖成本。绒山羊养殖成本包括物质和服务费成本、人工成本及土地成本三个方面，其中，物质和服务费成本及人工成本是养殖成本的主要组成部分，土地成本所占比例则较低。根据表11可知，以2009年为例，物质和服务费成本及人工成本在养殖成本中所占比例分别为57.97%和41.91%。从养殖成本变化情况来看，近年来我国绒山羊养殖成本逐年上涨，从2007年的10 520.68元/百只上涨到2009年的14 534.89元/百只，每百只绒山羊养殖成本年均上涨1 336元；从成本利润率来看，近年来，我国绒山羊成本利润率逐年下降，由2007年的150.18%下降到2009年的92.21%。绒山羊养殖成本的上涨和利润率的下降主要在于，近年来饲料、饲草等物质与服务费用不断提高，人工成本不断上涨，导致生产成本逐年增加，净利润不断下降，这在一定程度上削弱了我国羊绒产业的国际竞争力。

表 11 我国绒山羊成本收益情况（2007—2009 年）（每百只）

项目	单位	2007	2008	2009
羊绒产量	千克	38.90	39.10	30.86
羊绒产值	元	9 020.01	7 595.84	5 333.41
总成本	元	10 520.68	11 303.94	14 534.89
生产成本	元	10 511.63	10 956.80	14 517.99
物质与服务费用	元	5 661.12	6 190.68	8 426.07
人工成本	元	4 850.51	4 766.12	6 091.92
家庭用工折价	元	3 435.19	2 907.57	3 907.24
雇工费用	元	1 415.32	1 858.55	2 184.68
土地成本	元	9.05	347.14	16.9
净利润	元	15 800.91	14 066.25	13 402.15
成本利润率	%	150.18	124.43	92.21

资料来源：《全国农产品成本收益资料汇编》（2008—2010 年）。

（2）羊绒制成品的加工成本。羊绒经过分梳、纺纱、针织、梭织等工序加工成各种羊绒制品。从各个工序加工成本来看，根据表 12 可知，我国羊绒制品加工成本较低，具有明显的成本优势，与世界上第二大羊绒生产国蒙古相比，我国羊绒制品的各个加工工序的加工成本均比蒙古低 30%～40%，具有较为显著的成本竞争优势，这在一定程度上提升了我国羊绒制品的国际市场竞争力。

表 12 我国与蒙古羊绒加工成本对比

单位：美元/千克

加工程序	中国	蒙古
分梳（Dehairing）	2.50～3.00	4.00～5.00
纺纱（Spinning）	6.00～7.00	6.50～9.50
针织（Knitting）	2.50～3.00	4.00
梭织（Weaving）	1.50～2.00	3.00

资料来源：Donald J L，Philip E，Alene M（2005）。

2. 价格

在激烈的国际市场竞争压力下，价格是影响一国的产业竞争力的直接因素。一般而言，在其他条件相同的情况下，价格越低，竞争力越强；反之，竞争力就越弱。我国羊绒产业的出口价格主要包括无毛绒出口价格和羊绒制成品出口价格两个方面。

（1）无毛绒出口价格。我国和蒙古是无毛绒主要出口国。根据表 13 可知，从出口价格变动趋势来看，2002 年以来我国无毛绒出口价格呈现波动中总体上有所上涨的变化趋势，蒙古的无毛绒出口价格在 2002—2007 年期间也呈现出明显的上涨趋势；此外，与蒙古相比，我国无毛绒出口价格相对较高，缺乏价格优势。所以，就无毛绒而言，其出口价格呈现出的较为明显的波动且总体高于蒙古出口价格的变化特征在一定程度上抑制了我国无毛绒国际竞争力的提升。

表 13　我国与蒙古无毛绒出口价格比较

单位：美元/千克

年份	2002	2003	2004	2005	2006	2007	2008	2009	2010
中国	57.20	54.89	56.99	68.66	75.02	80.37	81.64	64.98	80.38
蒙古国	44.97	45.79	52.11	56.20	57.02	62.14	—	—	—

数据来源：根据 UN Comtrade 数据库数据整理计算得到。

（2）羊绒制成品出口价格。国际市场上，我国羊绒制成品的出口价格较低。以羊绒衫为例，根据表 14 可知，中国内地羊绒衫的出口价格在世界主要羊绒衫出口国（或地区）中是最低的，其平均价格水平仅为意大利的 24.38％和英国的 24.40％，这在一定程度上反映出我国羊绒衫具有一定的出口价格优势，有利于促进我国羊绒衫的出口。

但值得关注的是，一方面，中国内地羊绒衫的出口价格增长缓慢，并未随我国羊绒产业的发展而得到明显提升；另一方面，我国是世界最大羊绒制品加工和出口国，但在国际市场上，羊绒制品的定价权仍掌握在美国、英国等羊绒制品主要消费国手中，羊绒制品的高端市场仍以意大利、英国等发达国家产品为主。因此，目前，中国羊绒制品在价格方面具有一定的竞争优势，但从羊绒产业的长远发展来看，依靠价格优势来提升中国羊绒产业国际竞争力是难以持久的。

表 14　我国与世界其他主要国家羊绒衫出口单价比较

单位：美元/件

年份	中国内地	中国香港	意大利	英国	德国	蒙古
2002	27.35	26.36	57.48	87.94	32.96	—
2003	24.76	22.24	80.23	120.59	34.63	96.78
2004	23.78	23.77	85.22	147.11	47.34	21.77
2005	26.11	29.49	111.33	119.78	47.34	36.78
2006	29.40	33.82	139.55	118.70	47.34	33.51
2007	30.99	35.51	130.73	121.20	59.83	34.22
2008	33.90	41.00	136.62	118.05	106.36	—
2009	30.56	37.55	167.90	119.41	120.29	—
2010	31.23	41.11	149.60	105.06	113.59	—
均值	28.68	32.32	117.63	117.54	67.74	44.61

数据来源：根据 UN Comtrade 数据库数据整理计算得到。

（二）产品质量

在国际竞争中，产品质量是一国产业竞争力的核心所在。我国羊绒产业的质量主要反映在羊绒原料质量和羊绒制品质量两个方面。

1. 羊绒原料质量

羊绒原料是羊绒产品的源头，只有优质原料，才能生产优质羊绒制成品。目前，羊绒的质量标准主要是羊绒的细度和颜色。

在细度方面，羊绒的细度越细，则其质量越高。一般而言，质量等级高的羊绒直径要求在 13～16 微米之间，其中，细度在 15 微米以下为一级绒，细度在 14 微米以下为羊绒中的珍品，细度在 12 微米以下为极品①。根据表 15 可知，在世界羊绒主产国中，我国和蒙古的羊绒相对最细，两国所产羊绒细度均在 13～16 微米之间，而伊朗、巴基斯坦等国所产羊绒则较粗。

在颜色方面，羊绒的颜色主要有白色、紫色、红色和青色四种。一般而言，白色为最好。与世界其他羊绒主产国相比，我国所产羊绒中白绒所占比例最高且约占 40%，紫绒占 55%，青绒和红绒占 5%；考虑到近十年来我国各

① 朱玉成．影响山羊绒细度的因素及控制羊绒细度的研究现状［J］．中国草食动物，2004（2）：35－37.

地都在大力引进纯种白绒山羊来改良本地绒山羊，所以，我国白绒产量所占比例有进一步上升的趋势。蒙古羊绒的颜色以青、紫为主，白绒只占5%。阿富汗、伊朗、土耳其、巴基斯坦等中西亚国家羊绒的颜色也以深色为主①。

所以，综合来看，我国羊绒的质量明显优于其他羊绒主产国，这直接决定了我国羊绒在国际市场上处在有利地位，对于整个羊绒产业的发展有着积极促进作用。

表15　世界主要产绒国家羊绒细度比较

单位：微米

国别	细度
中国	13.0～16.0
蒙古	13.0～16.0
阿富汗	16.5～17.5
伊朗	17.5～19.0
土耳其	16.0～17.0
巴基斯坦	17.9～18.0
澳大利亚	16.5～16.9

资料来源：姜怀志，等，中国绒山羊产业现状与发展前景分析［J］．畜牧与饲料科学，2009，30(10)：100-103.

2. 羊绒制品质量

羊绒制品的质量是决定羊绒产业竞争力的核心因素，只有质量优良，才能推动其竞争力的形成和逐步提升。与世界其他国家相比，我国羊绒制品的质量不容乐观，在国际市场一直处于弱势地位。由于我国羊绒企业众多，各个企业的产品质量等级差别较大，导致羊绒制品良莠不齐现象较为严重；以羊绒衫为例，就其含绒量而言，从5%～95%不等，严重影响了我国羊绒衫在消费者中的认可程度和品牌形象。此外，与意大利、英国等国生产的羊绒制品相比，我国羊绒制品的技术含量偏低，不具有品质优势。所以，我国羊绒制品在质量方面的劣势严重削弱了其在国际市场的竞争能力，这也是我国羊绒产业在今后的发展中必须要着力解决的瓶颈。

① 姜怀志，等．中国绒山羊产业现状与发展前景分析［J］．畜牧与饲料科学，2009，30(10)：100-103.

（三）生产要素条件

生产要素是产业生产发展的基础，对产业的国际竞争力产生直接的影响。根据迈克尔·波特的理论，按照等级可将生产要素划分为基本生产要素和高级生产要素两大类。

1. 基本生产要素

（1）草地资源。到 2009 年，全世界共有 33.57 亿公顷的永久草地；其中，我国永久草地面积约占全球的 11.9%，显著高于其他羊绒主产国。但是，我国人均草地资源不容乐观，根据表 16 可知，2009 年我国人均永久草地面积拥有量为 0.29 公顷，仅为蒙古的 1/146，也不及伊朗、阿富汗的水平。近年来，受人为、气候等因素影响，我国草地资源“三化”现象日益突显。根据表 17 可知，我国农牧户户均经营草地面积从 2000 年的2 895亩减少到 2009 年的2 580.21亩，下降了 10.87%，尤其是2007 年以来，草原“三化”现象日趋严重，退化草地面积占经营草地面积的比例不断上升，到 2009 年已经达到了 65.87%，比 2007 年上升了 31 个百分点；与此同时，草原生态环境也在不断恶化，导致草原的载畜能力逐年下降，从 2000 年的 8.32 亩承载一个羊单位提高到 2009 年的 10 亩草场承载一个羊单位。

综上所述可知，我国虽然在草地资源总量上具有比较优势，但在人均草地资源拥有量方面并不具有优势。而且，由于各种人为及自然因素的影响，草地资源不足和草原生态恶化与绒山羊养殖业发展的矛盾日益突出，在一定程度上制约了我国羊绒产业的进一步发展，阻碍了羊绒产业国际竞争力的提升。

表 16　我国与世界主要羊绒生产及贸易国永久草地资源对比情况

单位：公顷/人

年份	中国	阿富汗	比利时	伊朗	意大利	蒙古	巴基斯坦	土耳其	英国
1978	0.33	2.12	0.08	1.22	0.09	77.64	0.07	0.24	0.20
1983	0.34	2.26	0.07	1.02	0.09	67.69	0.06	0.21	0.20
1988	0.35	2.47	0.07	0.87	0.09	59.07	0.05	0.22	0.20
1993	0.33	1.76	0.06	0.79	0.08	51.86	0.04	0.22	0.20
1998	0.31	1.38	0.06	0.74	0.08	49.49	0.04	0.21	0.19
2003	0.30	1.17	0.05	0.68	0.08	46.17	0.03	0.22	0.19
2008	0.29	1.01	0.05	0.41	0.07	43.08	0.03	0.21	0.19
2009	0.29	0.98	0.05	0.40	0.07	42.34	0.03	0.20	0.18

数据来源：根据 FAO 数据库数据整理计算得到。

表 17　我国草原畜牧业发展情况

项目	2000	2007	2008	2009
户均经营草原面积（亩/户）	2 895.00	2 645.27	2 529.11	2 580.21
其中：禁牧面积（亩/户）	—	105.30	300.20	272.37
休牧面积（亩/户）	—	1 013.29	452.34	625.61
退化、沙化、盐碱化面积（亩/户）	—	915.64	1 485.16	1 699.56
退化等面积占经营草原面积的比重（%）	—	34.61	58.72	65.87
年末牲畜存栏（羊单位/户）	348.00	322.00	240.00	258.00
草原平均载畜量（亩/羊单位）	8.32	8.22	10.54	10.00

资料来源：王欧．草原畜牧业发展与牧民收入增长［J］．中国畜牧杂志，2010，46(24)：12－16.

（2）品种资源。绒山羊品种的优劣，直接影响到绒山羊的羊绒产量和羊绒质量。与世界其他国家相比，我国的绒山羊品种资源较为丰富，具有产绒性能的山羊品种达20个以上（世界绒山羊品种总数大约为40个）。我国绒山羊品种适应能力强，有适应各种气候环境的绒山羊品种。就生产性能而言，我国绒山羊所产羊绒的品质最好①，主要为细而均匀的优质绒，且白色绒所占比例较高。根据表18可知，在我国绒山羊品种中，辽宁绒山羊和内蒙古绒山羊的品质最好，经过长期的品种选育和改良，辽宁绒山羊和内蒙古绒山羊均具有产绒量高、绒纤维长、绒细度适中、羊绒色泽洁白光亮、体型大、遗传性能较为稳定等优点，是我国优良的品种资源。

综上所述可知，与其他羊绒主产国相比，我国绒山羊具有明显的品种资源优势，这一资源优势有利于我国羊绒产业在原料的成本和质量方面形成国际竞争力。

① 姜怀志，等．中国绒山羊产业现状与发展前景分析［J］．畜牧与饲料科学，2009，30（10）：100－103.

表 18　国内外主要绒山羊品种生产性能比较

地区	品种	产绒量（克）		绒纤维直径（微米）	绒纤维长度（厘米）	色泽
		成年公羊	成年母羊			
中国绒山羊品种	辽宁绒山羊	642.5	—	17.1	6.63	白色
	内蒙古白绒山羊	680.49	—	15.62	7.8	白色
	河西绒山羊	312	—	15.62	4.87	黑色和白色
	乌珠穆沁白绒山羊	511.9	—	13～16	4.41	白色
	罕山白绒山羊	708.4	—	14.72	5.54	白色
	新疆白绒山羊	544～548.7	—	12～16	5.5	白色
	陕北白绒山羊	723.8	—	14.5	5	白色
	西藏山羊	211.8	—	15.69	6.17	黑色和青紫色为主
	太行山羊	280	—	14.5	3.01	白色为主
	柴达木绒山羊	487	—	13.61～14.49	5	白色
世界其他国家绒山羊品种	山地阿尔泰绒山羊	700～900	500～800	16～19	80～90	黑色和灰色
	顿河绒山羊	550～1600	330～1430	16～20	80 以上	灰色
	奥伦堡山羊	300～400	200	14～15	50 以上	白色
	乌兹别克黑山羊	280～440		15～24	80～90	黑色为主
	克什米尔绒山羊	114		14	55 以上	白色为主
	蒙古绒山羊	250～350	250～320	14.3～15.5	39～51	紫色
	开士哥拉山羊	50～500		15～19	56～67	白色
	昌代吉羊	215		13.9	49.5	白色为主

资料来源：姜怀志，等．中国绒山羊产业现状与发展前景分析［J］．畜牧与饲料科学，2009，30（10）：100－103.

(3) 劳动力数量与质量。我国具有丰富的劳动力资源，劳动力数量上具有明显的比较优势，劳动力成本明显低于发达国家，但在劳动力素质方面，中国内地与国外发达国家还存在很大的差距。根据表 19 可知，中国内地居民平均受教育年限为 7.5 年，略高于世界平均水平，但要显著低于其他羊绒主产与贸易的主要国家或地区；从受教育层次来看，目前中国内地的受教育层次主要集中在初等教育阶段且已经超过世界平均水平，但高等教育严重不足，2001—2009 年中国内地高等教育毛入学率仅为 22.1%，远低于世界平均水平及发达国家的水平。

所以，我国劳动力资源优势主要体现在数量方面，而在质量方面仍非常落后，农牧区中劳动力教育程度则要更低，训练有素的专业技术人才非常稀缺，这一现状严重阻碍了我国羊绒产业生产率的提高，从而影响了我国羊绒产业国际竞争力的提升。

表 19　世界主要羊绒生产及贸易国（地区）居民受教育情况对比

单位:%，年

国家和地区	初等教育毛入学率（2001—2009 年）	中等教育毛入学率（2001—2009 年）	高等教育毛入学率（2001—2009 年）	平均受教育年限（2010 年）
世界	106.9	66.4	60.2	7.4
中国内地	112.1	74.0	22.1	7.5
中国香港	101.0	82.9	34.3	10.0
意大利	103.8	99.9	67.1	9.7
英国	104.0	97.4	59.0	9.5
蒙古	101.5	95.1	49.8	8.3

资料来源：联合国．2010 年人类发展报告［OB/OL］．http：//www. un. org/zh/development/hdr/2010/.

2. 高级生产要素

（1）生产力水平。

① 原绒生产能力。我国是世界最大羊绒生产国，2010 年的羊绒产量达到了 18519 吨。根据图 2 可知，近年来，我国羊绒产量上升趋势明显，羊绒产量及其增长幅度都远远高于世界第二大羊绒生产国蒙古。但是，我国绒山羊单产水平仍然不高。根据表 18 可知，我国绒山羊的个体平均产绒量为 150～160 克，但不同品种及同一品种不同个体之间的产绒量差异较大，从 211～600 克/

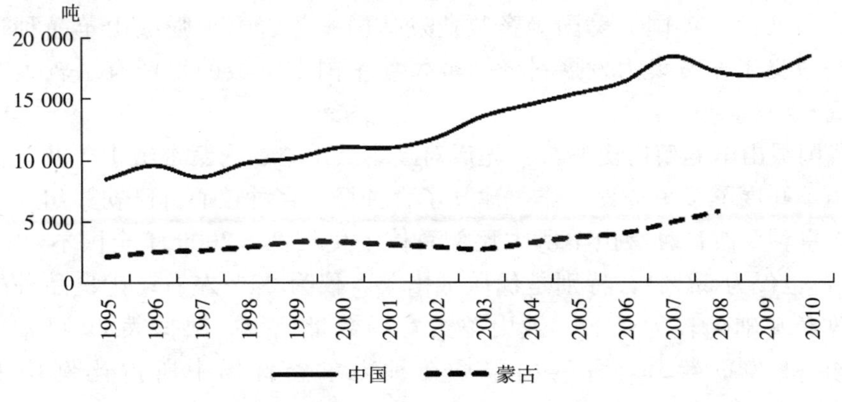

图 2　我国与蒙古的羊绒产量比较情况

注：中国和蒙古的羊绒产量之和约占世界总产量的 90%以上，由于其他国家的羊绒产量数据难以获取，所以本研究仅对这两国进行了比较；其中，蒙古国在 2009 年和 2010 年的羊绒产量数据缺失。

数据来源：《中国统计年鉴》（1996—2011 年）和《蒙古国国家统计年鉴》（1997—2009 年）。

只不等（见表 18）；并且受到多方面因素影响，近年来，我国绒山羊品种退化现象较为严重，主要表现为个体产绒量下降、羊绒变粗变短等。

所以，我国的羊绒产量虽然在世界上占据领先地位，但羊绒单产水平仍不高，这在一定程度上抑制了我国羊绒产业国际竞争力的提升。

② 羊绒制品加工能力。羊绒制品加工能力的高低对羊绒产业国际竞争力有较大影响。经过 20 多年的快速发展，我国羊绒产业已形成了较为完整的产业体系，羊绒出口结构已从以原料为主转变为以羊绒制品为主，羊绒制品加工能力显著增强。目前，我国共有 2 600 多家羊绒加工企业[①]，生产的羊绒制品包括羊绒家居饰品、羊绒床上用品、羊绒衫、围巾、披肩等，其中，羊绒衫的年生产能力已经超过 4 000 万件，世界上销售的羊绒衫约有 75%来自我国[②]。我国羊绒制品加工能力的增强有力地促进了整个羊绒产业的发展，提高了我国羊绒产业的国际竞争力。

（2）技术水平。羊绒产业的技术水平会直接影响羊绒及其加工制品的产量、质量和价格，进而影响到整个产业的国际竞争力。羊绒产业的技术包括绒山羊育种技术、饲养管理技术、抓绒技术、分梳技术和纺织染加工技术等。

① 绒山羊育种技术。在影响绒山羊产业发展的诸多技术因素中，育种是核心技术之一。为了提高绒山羊的产绒性能和改进羊绒综合品质，澳大利亚、新西兰、英国、美国等畜牧业发达国家都着力加强绒山羊品种选育和杂交改良工作，大力发展科学研究，使本国山羊绒的生产有了较大幅度的提高[③]。

我国绒山羊养殖历史悠久，先后对辽宁绒山羊、内蒙古绒山羊及其他品种绒山羊开展了系统选育工作，建立了育种场，育种核心群已初步组建。但目前，良种及改良种绒山羊所占比例总体上仍较低，2009 年全国不足 50%（内蒙古也仅为 68%），特别是优质绒山羊，仅为 25%左右；优良品种的繁育和改良基础仍较为薄弱，绒山羊繁育场数量偏少，根据表 20 可知，除 2007 年和 2009 年外，种绒山羊场在种山羊繁育场中所占比例均未超过 20%。

---

① 张立中，谭向勇，潘建伟．羊绒市场分析与中国羊绒业发展战略［J］．世界农业，2008（3）：15－17.

② 薛凤蕊，乔光华．世界羊绒产业的发展趋势［J］．世界农业，2008（6）：38－40.

③ 余刚．绒山羊育种原理与方法研究进展［J］．种业研究，2006（7）：45－47.

表 20　我国绒山羊种羊繁育场情况

年份	2004	2005	2006	2007	2008	2009
种山羊场个数（个）	812	702	561	498	630	593
种绒山羊场所占比重（%）	12.1	12.3	17.1	21.9	19.4	21.9

资料来源：《中国畜牧业年鉴》（2005—2010 年）。

② 饲养管理技术。在我国牧区，绒山羊生长主要依靠天然或人工改良草原，现代畜牧科学技术推广总体上还较为有限，并且近年来，草原沙化、退化等加剧导致草原载畜量降低，再加上近年来实施的禁牧、限牧等政策的影响，优质饲草的供给得不到有效保障，绒山羊生产发育受到较大影响；在我国半牧区，受天然草场分布的限制，绒山羊以分散饲养为主，养殖管理粗放，饲料转化率低。此外，我国尚无统一的绒山羊饲养标准，使得绒山羊养殖缺乏科学的规范和指导。这些都导致难以对羊绒质量进行有效控制，进而不利于羊绒产业国际竞争力的提高。

③ 抓绒技术。在我国绒山羊养殖地区，目前主要是农牧户自己或其家庭成员采用手工方式抓绒，由于缺乏科学的指导，羊绒中的杂质往往较多，并且还容易给绒山羊造成一定的损伤。我国自 20 世纪 70 年代开始研制专门用于抓绒和梳绒的机具，但目前，我国机械抓绒的普及比例总体上还非常低，仅在种羊场或少部分绒山羊养殖非常集中的地区使用。

④ 分梳技术。羊绒分梳是羊绒初步加工处理的重要环节。羊绒中除了细绒纤维外，还含有大量粗毛和肤皮，经过分梳工序可以去除这些杂质，以提取优质无毛绒，供纺纱使用。无毛绒质量的好坏，会直接影响深加工产品的质量、生产效率和经济效益。近年来，我国的羊绒分梳技术有了很大进步，但与国外发达国家相比，在资金投入、分梳工艺和分梳设备方面仍有较大差距。

⑤ 纺、织、染等加工技术。在纺纱技术方面，我国目前的纺纱基本能够满足要求，但羊绒纺纱支数仍有提高的潜力。在针织和梭织技术方面，我国未能掌握高端技术。在染整加工技术方面，为了保证染色牢度并减少色差，我国绝大多数企业的染料目前仍主要依靠国外进口。

综上所述可知，我国绒山羊养殖过程仍缺乏先进的育种技术，尚无统一的饲养管理标准，抓绒与分梳技术落后，羊绒企业缺乏先进的羊绒深加工技术，世界纺织工业的高端工艺技术及其研发还主要掌握在德国、意大利等国家手中。这些方面问题的存在，阻碍了我国羊绒产业的持续发展进程，制约了我国羊绒产业国际竞争力的提升。

（3）设计和品牌。目前，我国的羊绒产业已融入国际羊绒产业的整体价值链中，但所处地位仍不容乐观。根据图 3 可知，目前，我国羊绒产业主要处在低附加值的生产制造环节，而研发设计、品牌及营销渠道等高端环节主要被英国、意大利等国家所拥有或控制。具体而言，在研发设计方面，我国羊绒产业多是重复模仿，缺乏自主创新；在品牌方面，我国羊绒产业的品牌竞争力与国际知名品牌的差距很大，即使是“鄂尔多斯”、“鹿王”、“维信”、“圣雪绒”等国内知名品牌在国际市场上也很难以自己的品牌销售，而是以贴牌生产为主。

所以，我国羊绒加工业虽然近年来发展迅速，但只有生产加工优势，不具有设计和品牌优势，缺乏品牌价值，处在世界羊绒产业“微笑曲线”的最底层，是世界羊绒产业的“代工工厂”，这一现状不利于我国羊绒产业的国际竞争力的提升。

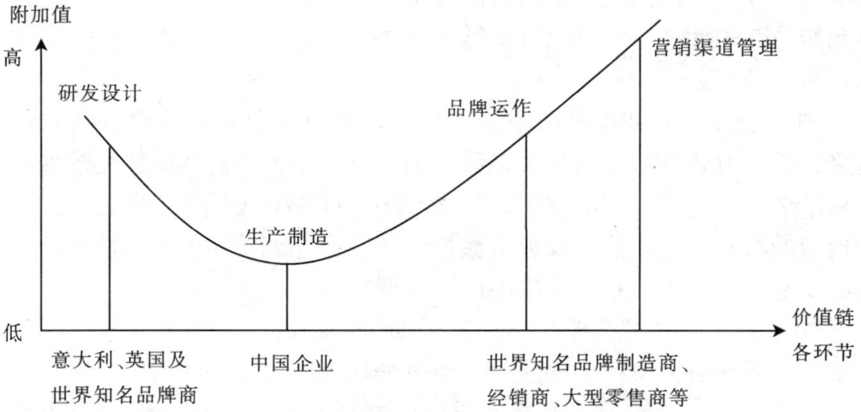

图 3　世界羊绒产业的“微笑曲线”

（四）需求条件

根据迈克尔·波特的理论，国内需求是推动产业发展和促进产业竞争力形成并提升的根本动力，如果国内消费者足够成熟，将有助于产业赢得更大的国际竞争优势。

1. 我国羊绒产业的国内需求现状

（1）羊绒的国内需求。近年来，随着世界羊绒产品生产中心向我国转移，我国对羊绒原料需求较大，目前我国已成为世界最大的羊绒需求市场。以 2010 年为例，我国羊绒产量为 18 519 吨，出口 2 646 吨，进口 602 吨，消耗羊绒原料 16 475 吨，占我国羊绒总产量的 89%，占世界羊绒总产量的 67%[①]。

（2）羊绒制品的国内需求。国内羊绒制品的需求主要是对羊绒衫、羊绒大衣、羊绒围巾等的需求。近年来，随着我国城乡居民消费结构和消费能力的升级，羊绒制品需求量总体上呈现出一定的上涨趋势。根据图 4 可知，我国消费者对羊绒衫和羊毛衫的消费量总体稳中有升，2006 年以来，羊绒衫和羊毛衫的年销售量维持在 2 400 万件左右。另外，与其他羊绒制品主要消费国相比，我国人均羊绒制品拥有量较低，以羊绒衫为例，我国百人拥有的羊绒衫数量为 0.6 件，仅为美国的 1/10，日本的 3/40[②]。

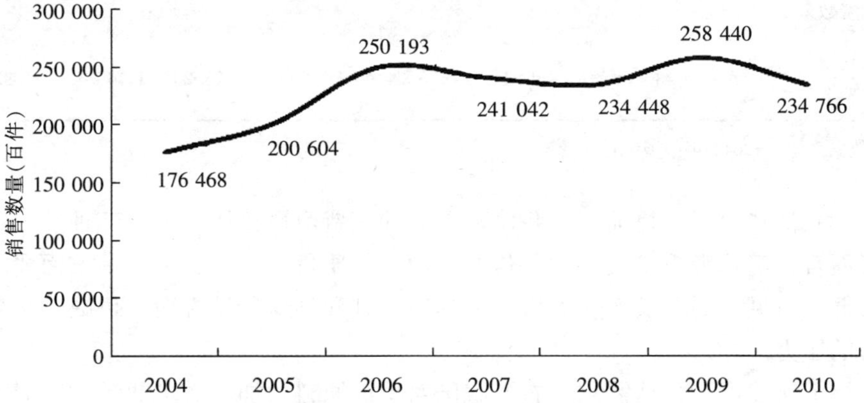

图 4　我国重点大型商场羊绒衫出售情况

数据来源：中国毛纺织工业协会网站（http：//www.cwta.org.cn/hytz.htm）。

2. 消费者成熟程度

一般认为，消费者购买能力越强、消费习惯越理性，则消费者越成熟。本研究中采用收入水平和消费习惯两个指标来衡量消费者的成熟程度。

（1）收入水平。收入水平直接决定着人们的购买能力。目前，我国人均收入水平虽然在不断提高，但仍难以负担羊绒制品的高价格。根据表 21 可知，2010 年我国人均年收入 5 万元以上的最高收入人群的年人均服装消费支出约为 2 000 元，据此可以推测，只有最高收入群体中的部分消费者有支付能力来购买羊绒制品。所以，相对价格较高的羊绒制品而言，我国居民收入水平不

① 数据来源：《中国统计年鉴》（2011）、《中国纺织业协会》网站和新浪财经 http：//finance.sina.com.cn。

② 数据来源：中国羊绒衫网。

高，消费能力有限，总体购买能力不足。

表 21　2010 年我国人均收入水平及服装消费情况

项目	单位	最低收入户	低收入户	中等偏下户	中等收入户	中等偏上户	高收入户	最高收入户
占比	%	10	10	20	20	20	10	10
人均全部收入	元	5 950.68	8 956.81	12 345.17	16 858.36	23 050.76	31 171.69	51 349.57
人均服装消费数量	件	4.02	5.43	6.95	8.24	9.73	11.32	14.58
人均服装消费金额	元	306.87	466.34	675.04	900.29	1 156.29	1 465.42	2 092.69

数据来源：《2011 年中国统计年鉴》。

（2）消费习惯。目前，在我国，人们的消费习惯总体上仍不够理性。就羊绒衫而言，消费者更多关注的是价格，而对其质量、款式、个性等方面要求相对较低。可见，对羊绒产业而言，在品质提升和创新研发方面，仍缺乏来自消费者的压力。

综上所述可知，从需求来看，我国对羊绒原料的加工需求非常大，但对羊绒制品的需求却相对不足，仍在较低的水平上徘徊。同时，在我国，人们的消费习惯和消费观念也不够成熟和理性，这些都不利于我国羊绒产业竞争力的进一步提升。

3. 我国羊绒产业的需求前景

目前，我国羊绒产业缺乏强劲的需求市场，但从长远来看，其需求前景仍然可期。首先，羊绒制品自然、柔软、轻薄、舒适，上身效果华丽、高贵，具有健康的特性、独特的手感和高雅的气质，受到越来越多的消费者的认可，具有良好的认知基础；其次，从国际市场来看，欧美国家是传统的羊绒制品消费国，购买力强，消费群体比较稳定；再次，从 2005 年 1 月 1 日零时起纺织品配额制度已经取消，这使得我国的羊绒产业能够在更加公平、自由、互利的全球市场上参与竞争，具有了更加优越的国际贸易条件；最后，随着消费结构的不断升级和消费能力的不断提高，人们对羊绒制品的要求必将会越来越个性化，消费群体也会不断发展，从而能够促进我国羊绒产业的健康发展和羊绒产业竞争力的不断提高。

（五）企业因素

企业是产业发展的核心力量，也是产业竞争力形成的关键因素，只有企业得到不断发展壮大，才能形成产业的整体竞争力。我国毛纺织加工业具有悠久的发展历史和丰富的资源优势，羊绒加工企业在近年来也得到了较快发展。

1. 企业战略

目前，我国羊绒加工企业众多，但还缺乏统一的发展战略。虽然学术界和企业界有紧缩战略、一体化战略、品牌战略、国际化战略等各种提法，但在实际生产经营过程中，短期逐利、低水平重复模仿等现象仍较为突出，缺乏长远的发展规划。

2. 企业结构

我国羊绒企业存在着多种组织形式，包括公司制企业、合伙制企业和私营企业。各个企业的经营规模大小不等，生产能力各不相同，总体上呈现一种“多而全、小而全”的状态；目前，各个企业的年生产能力在1～500万件之间不等，但年生产能力在500万件以上的企业不足10家。产业集中度总体偏低，各规模、各地区、各层次的羊绒企业都占有一定的市场份额，“鄂尔多斯”、“圣雪绒”等占据市场份额相对较大的企业还很少。

3. 企业竞争

目前，我国羊绒企业之间的竞争缺乏自律和规范，仍以价格竞争为主。羊绒原料稀缺时，企业间为争夺原料资源，往往相互哄抬价格，导致羊绒及其制品的价格越涨越高，但质量却越来越差，掺杂使假的现象时常出现；市场疲弱时，羊绒原料相对充足，企业间又竞相压价，羊绒及其制品的质量反而越来越好。这样的竞争现状使得我国羊绒价格暴涨暴跌的现象一直未能得到有效的控制和改善，不利于我国羊绒产业的健康发展。

4. 资源整合情况

我国羊绒加工企业分布在全国各地，但在产业布局、信息共享、技术创新、市场营销、出口战略、品牌创新等方面缺乏优势资源整合，尚未实现资金、产能、技术、人力、客户资源等的互补和共享，难以形成特色资源的整合优势、规模化经营和产业化生产，从而不能以完整产业链的形式来参与市场竞争。

所以，我国虽然拥有众多的羊绒加工企业，但发展战略不明确、产业集中度低、竞争无序、资源整合程度低，这一现状严重影响了我国羊绒产业国际竞争力的提升。

（六）相关辅助产业

一个产业的相关辅助产业是否具备较强的国际竞争力，是决定该产业能否在国际市场上拥有竞争优势的重要条件，也即相关辅助产业的发展情况会对该产业竞争力的形成产生重要影响。

1. 饲料工业

现代畜牧业的发展，应是在保护生态环境、促进资源可持续利用的前提下，来追求和提高经济效益。目前，我国绒山羊的养殖对草原资源的需求仍较大，有限的草原资源与不断扩大的绒山羊养殖规模之间的矛盾日益突出，所以我国绒山羊养殖模式开始从放牧为主转向舍饲与半舍饲为主，在这样的背景下，饲料工业的发展将对羊绒产业的持续发展产生非常重要的影响。

（1）饲料工业概况。经过 20 多年的发展，我国饲料工业取得了令人瞩目的成绩，目前的生产能力仅次于美国，已成为世界第二饲料生产大国。全国目前共有饲料企业 15 000 多个[①]，饲料产量持续增长，饲料质量稳步提升，饲料产业结构日趋合理，从而为我国畜牧业的发展提供了重要保障。

（2）饲料资源开发情况。农作物秸秆是饲草料的一个主要来源，通过大力发展秸秆饲料化可以减少粮食饲料用量，降低养殖成本。与澳大利亚、新西兰等养羊大国相比，我国秸秆资源丰富，每年秸秆产量达 5.7 亿～6 亿吨，占世界秸秆总量的 20%～30%，这为我国秸秆饲料化发展提供了很好的原料基础。但在目前，由于农牧户利用农作物秸秆的意识还不强，且秸秆饲料化的技术水平还不高、加工手段落后，导致农作物秸秆利用率一直都很低。

（3）反刍动物饲料生产情况。长期以来，我国反刍动物还是以放牧为主，对饲料的依赖程度较弱，饲料需求量不高，并且反刍动物工业饲料的研制和生产也较为薄弱。近年来，伴随着反刍动物养殖规模的快速扩大、养殖方式的转变和饲料产业结构的优化调整，我国反刍动物饲料的生产规模也快速扩张。根据图 5 可知，2004 年以来，反刍动物饲料产量在我国饲料总产量中的比重在不断提高，已经从 2004 年的 3.39%提高到 2008 年的 4.16%，饲料工业产业结构进一步优化。

① 王征南，范润梅，解沛．我国饲料工业现状及展望［J］．农业展望，2007（3）：42－44.

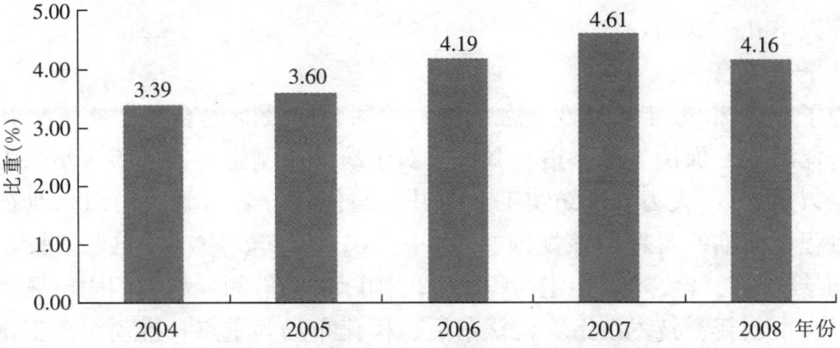

图 5　反刍动物饲料在饲料总产量中的比重

数据来源：根据《中国饲料工业年鉴》（2005—2009 年）中数据整理计算得到。

当前，我国反刍动物营养及饲料的研究与开发技术水平还较为落后，还无法满足反刍动物饲料生产发展的需求；同时，缺乏统一的反刍动物饲养和营养标准，反刍动物饲料的标准体系建设不完善。因此，我国反刍动物饲料生产仍较为薄弱。

综上所述可知，目前，我国饲料产业的快速发展和丰富的饲料资源能够为绒山羊养殖提供基本保障，但由于在饲料资源开发与利用、反刍动物饲料研究等高端技术方面还较为薄弱，导致饲料产业还不具备支撑和促进羊绒产业形成较强竞争力的产能。

2. 其他辅助产业

羊绒产业在原料供应、分梳、纺纱、销售等纵向产业链条上的每个环节，都离不开相关辅助产业的支持。除了饲料加工业以外，还涉及绒山羊品种繁育、饲养管理、疾病防治、羊绒市场流通、纺织机器设备的研究和制造、印染等专业技术的研发、服装设计、国内国际市场营销与品牌推广、金融等行业。从竞争力角度讲，目前，这些辅助产业在人才、资金、技术、市场等方面都不具备显著的竞争优势，与发达国家相比均存在较大差距，基本只能满足羊绒产业的基本需求，总体仍处于低水平运转状态，难以支持我国羊绒产业国际竞争力的形成和提升。

（七）国家政策

羊绒制品是我国在对外贸易中为数不多的占据绝对资源优势的商品之一，但羊绒产业的发展仍受到资源、环境等因素的制约，因此，国家政策对羊绒产业的发展及其竞争力的形成将起到非常重要的作用。但近年来，我国出台并实施的鼓励与扶持羊绒产业发展的相关政策还较少，政策支持力度仍不足，主要表现在以下几个方面：

1. 产业政策

为了应对2008年全球性金融危机，我国政府及时出台并实施了一系列保稳定、保增长、保民生的举措，其中，对于纺织业制定并实施了《纺织工业调整和振兴规划》，大力推进纺织工业的升级与优化，着力解决纺织企业在生产经营过程中面临的难题。该规划在2009—2011年间实施，按照保增长、扩内需、调结构的总体要求，稳定纺织工业的国际市场份额，扩大国内市场消费需求，以自主创新、技术改造、淘汰落后、优化布局为重点，推动纺织工业结构调整和产业升级，巩固和加强纺织工业在就业惠农方面的重要作用，推进我国纺织工业实现由大到强的转变。这对我国羊绒产业的健康发展和竞争能力的提升也均具有一定的推动和促进作用。

2. 出口政策

2004年1月1日起，我国取消了针对羊绒原料的出口退税，无毛绒出口退税率由13%降为零，羊绒纱出口退税率由15%降至13%，羊绒衫出口退税率由17%降至13%。该政策实施后，我国就几乎不再出口原绒，而羊绒衫等制成品的出口量在纺织品出口总量所占比重越来越高，目前已达80%。该政策的出台对我国稀缺珍贵的羊绒资源也起到了一定的保护作用，可以推动我国羊绒产业向深加工和高附加值方向调整，从而有利于促进我国羊绒产业竞争力的进一步提升。

3. 补贴政策

2010年10月12日，国务院召开国务院常务会议，决定从2011年开始，国家每年安排134亿元，在内蒙古、新疆（含新疆生产建设兵团）、西藏、青海、四川、甘肃、宁夏和云南八个主要草原牧区省（自治区），全面建立草原生态保护补助奖励机制，具体措施包括：实施禁牧补助、实施草畜平衡奖励、落实对农牧户的生产性补贴政策、加大对牧区教育发展和农牧户培训的支持力度。这些补贴与扶持政策的实施，有利于促进羊绒产业的健康发展，对羊绒产业竞争力的提升也会产生有一定的推动作用。

4. 草原生态保护与科学利用政策

为了实现羊绒产业的长期可持续发展，必须要切实加强对草原生态环境的保护。近年来，国家相继出台并实施了禁牧、限牧、休牧、划区轮牧等一系列草原生态保护措施，鼓励舍饲圈养，减少天然草原的放牧压力。这些举措确实在一定程度上促进了草原生态环境的改善，但与此同时，也限制了绒山羊养殖规模的快速扩大，影响了羊绒产量的较快增长。

此外，近年来，国家还大力推行人工草地建设和天然草场改良等草原科学开发利用工程，从而在一定程度上缓解了禁牧、轮牧等生态保护措施实施对绒山羊养殖的影响，并且更有利于草原资源的可持续利用。目前，这些政策的实施已初见成效，围栏草原面积所占比例和累计种草保留面积均呈逐年上升的趋势，截至2009年，累计种草保留面积达到2 133万公顷[①]，这为我国羊绒产业的可持续发展提供了可靠的草地资源保障。

综上所述可知，从国家政策来看，相关政策对保障我国羊绒产业的可持续发展以及竞争力的形成和提升均起到了一定的促进作用，但鼓励与扶持力度还有待进一步加强。

（八）小结

通过本部分的研究，得到了以下主要结论：

（1）从成本与价格来看，我国拥有较为丰富的羊绒资源、草地资源和劳动力资源，羊绒产业的整体成本和价格较低，在国际竞争中具有一定的成本和价格优势。

（2）从产品质量来看，我国的羊绒原料质量较高，具有较强的国际竞争力，但羊绒制品存在着质量参差不齐、技术含量低等突出问题，在国际竞争中缺乏质量优势。

（3）从生产要素来看，基本生产要素较为充裕，能够满足生产需求，但同时也存在着人均资源不足、劳动力质量不高、绒山羊单产能力不高等突出问题；高级生产要素则非常缺乏，并且设计和品牌优势弱、品牌价值低，仍处在世界羊绒产业“微笑曲线”的最底层，削弱了我国羊绒产业的国际竞争力。

（4）从需求条件来看，我国对羊绒原料需求较大，但国内消费者对羊绒制品的需求不足，并且消费者成熟度低和购买力约束等抑制了羊绒产业向高端化发展。

（5）从羊绒企业来看，我国羊绒加工企业数量众多，但普遍缺乏长远发展规划，行业内缺乏自律，竞争无序，多以价格竞争为主，企业结构不合理，产业集中度低，区域资源要素缺乏整合，未形成区域集群竞争优势，从而制约了我国羊绒产业竞争力的提升。

---

① 数据来源：《2010年中国畜牧业统计年鉴》。

（6）从相关辅助产业来看，我国饲料工业的发展为羊绒产业的发展提供了较为有力的保障，但其他相关辅助产业的发展则相对较为滞后，使得具有较强竞争力的相关辅助产业总体上仍较为缺乏，难以支撑并促进我国羊绒产业国际竞争力的进一步提升。

（7）从国家政策来看，羊绒产业是我国的优势产业，但其发展却并未得到政府的高度重视。尽管近年来国家出台并实施了一些鼓励与扶持羊绒产业的政策措施，但总体而言力度仍较小，政府的规范、引导和扶持作用未能体现，不利于我国羊绒产业的发展和国际竞争力的进一步提升。

四、进一步提升我国羊绒产业国际竞争力的政策建议

本研究对我国羊绒产业国际竞争力的测算结果表明，除原绒贸易不具有国际竞争优势外，羊绒初级加工品和深加工产品均具有很强的国际竞争力。对我国羊绒产业国际竞争力影响因素分析结果表明，我国羊绒产业具有资源优势、加工优势和劳动力优势；但也存在一些不利因素，在羊绒制品的高端设计、品牌营销等方面，与发达国家相比还存在较大差距；由于发展相对较为滞后，相关辅助产业的支撑和推动作用未能充分发挥；羊绒产业仍存在集中度低、竞争无序、资源整合程度低等突出问题，难以形成强有力的竞争优势；等等。基于这些研究结论，为了进一步提升我国羊绒产业的国际竞争力，本研究提出以下对策建议。

（一）加强草原建设，促进草原生态环境保护与羊绒产业协调发展

草地资源是养殖绒山羊的重要生产资料，因此，对于羊绒产业而言，为了实现可持续发展，应切实加强对草原生态环境的保护，从而为我国羊绒产业国际竞争力的形成与提升提供重要保障。

1. 建立基本草地保护制度

实行严格的基本草地保护制度，将人工草地、改良草地、重要放牧场、割草地及草地自然保护区等具有特殊生态作用的草地划定为基本草地，并由县级以上地方政府负责行政区划内基本草地的划定、保护和监督管理工作，严禁任何单位或个人擅自征用、占用基本草地或改变其用途。

2. 加大牧区水利基础设施建设投入，加快牧草种子基地、围栏封育和改良草场建设

近年来，内蒙古、新疆等地频繁出现干旱，导致大片草原出现干枯，牧草

产量大幅下降，影响了绒山羊的饲草料供应。因此，政府应加大牧区水利基础设施建设投入，保障牧区草场的灌溉用水供应；同时，还应进一步加快牧草种子基地、围栏封育和改良草场的建设，为绒山羊的生长发育提供充足的饲草资源，以实现草地生态环境改善与优质羊绒生产的协调发展。

3. 核定合理的载畜量，做到放牧强度适宜

随着禁牧休牧政策的实施，草原生态环境得到了一定程度的改善，但由于禁牧时间较长，制约了绒山羊的饲草料供给，影响了羊绒的产量和质量；同时，由于近年来人工成本上升和饲料价格上涨均较快，导致绒山羊舍饲圈养成本增加，使得农牧户养殖绒山羊的积极性降低。因此，政府应在保护草原生态环境的同时，综合考虑各地实际情况，核定合理的载畜量，根据牧草生长周期来实行科学的划区轮牧和分段限制性放牧。这样，既有利于保护草原生态环境，又不会对绒山羊养殖产生影响，同时实现草原生态平衡和羊绒产业可持续发展。

（二）健全绒山羊良种繁育与推广体系，加快构建牧工贸一体化产业模式

与其他国家相比，我国具有较强的绒山羊品种优势，所以，应进一步健全良种繁育与推广体系，加快构建牧工贸一体化产业模式，进一步提高我国羊绒产业在国际市场中的地位。

1. 加强优良品种的繁育和推广，防止品种退化

应充分发挥试验站和种羊场的作用，加强优良品种的繁育和推广，在绒山羊养殖集中地区建立绒山羊选育中心和良种推广站，利用人工授精、胚胎移植等技术推广优良品种，提高绒山羊个体的单产水平和羊绒质量。加强绒山羊优良品种的管理工作，强化品种繁育技术指导，保护优质绒山羊品种，防止“倒改”和品种退化。

2. 加快构建生产、加工、销售、贸易一体化经营模式

鼓励羊绒加工企业在绒山羊养殖优势地区建立羊绒生产基地，支持绒山羊养殖专业合作社参与基地建设和品种改良，为农牧户提供生产与技术服务；鼓励农牧户与羊绒加工企业签订供销协议，为企业提供优质羊绒，保证羊绒加工企业的原料供应，逐步形成利益均享、风险共担的合作机制，将羊绒养殖、加工、销售和贸易有机结合在一起，实现羊绒产业一体化发展，进而增强我国羊绒产业的国际竞争力。

（三）引导和扶持绒山羊养殖专业合作社的发展，提高农牧户组织化程度

目前，我国的绒山羊养殖以分散经营为主，农牧户的组织化程度低，羊绒等级混杂，羊绒价格波动较大，农牧户抵御市场风险的能力差，农牧户技术水平还较低。因此，政府应尽快引导和扶持绒山羊养殖专业合作社的发展，提高农牧户的组织化程度。合作社建成后，可发挥多方面的职能，如为社员提供品种选育、饲养管理等方面的技术指导；组织社员按统一的标准对羊绒进行分级打包；由协会与羊绒加工企业进行销售谈判，增强农牧户的议价能力，保证农牧户利益。所以，通过发展专业合作社，可以更好地促进羊绒生产的发展，从而提高我国羊绒产业的国际竞争水平。

（四）健全和完善羊绒质量监督管理体系，促进羊绒质量的提高

加强对羊绒的质量监管是实现羊绒优质优价的重要前提。目前，我国的山羊绒等级混杂，羊绒制品质量也参差不齐，其主要原因在于相关监管体系不健全，不利于我国羊绒产业国际竞争力的形成与提高。为此，应从以下几个方面来健全和完善羊绒质量监督管理体系，规范羊绒及其制品市场的有序运行，进一步提高我国羊绒产业的国际竞争力。第一，在羊绒主产区建立羊绒检测机构，加强对羊绒质量的日常检测和分析，并根据检测结果及时调整和优化品种选育工作。第二，加快建立科学严格统一的羊绒及羊绒制品质量等级标准，推行羊绒和羊绒制品质量认证制度，要求农牧户和羊绒加工企业严格执行国家质量标准，对达到相应的标准的羊绒及羊绒制品，由质检部门颁发相应的质检证书，严厉打击和处罚以次充好、掺杂掺假的行为。第三，建立质量追溯管理体系。在收购打包环节，粘贴反映羊绒生产者、羊绒质量等方面信息的标签，一旦出现问题，可追溯到生产者，从而提高生产者的品牌和信誉意识，促进羊绒质量的不断提高。第四，积极参与国际羊绒及羊绒制品相关行业标准和技术规范的制定工作，充分了解国际羊绒及其制品的行业标准和技术规范，保证国内羊绒及其制品的标准与国际接轨，降低可能出现的技术性壁垒而给我国羊绒贸易造成的损失。

（五）调整和优化羊绒产业结构，实施品牌战略

目前，我国羊绒产业结构不合理，存在着产能过剩、竞争无序、行业组织管理不完善、品牌营销能力弱等诸多问题，严重制约了我国羊绒产业国际竞争

力的提升。为此，应从以下几个方面对羊绒产业结构进行调整和优化，充分发挥我国羊绒产业的竞争优势，实现我国羊绒品牌国际化。

1. 调整羊绒产业结构，实现优胜劣汰

切实淘汰技术落后、浪费资源、创新能力弱的小企业，扶持技术先进、资金实力雄厚、具有资源优势的大企业，提高市场集中度。可对羊绒加工业实行生产许可证制度，提高行业进入壁垒，防止羊绒加工业的盲目扩张，规范市场竞争。

2. 加快整合地区资源优势，发挥集群竞争优势

加快整合地区资源优势，实现资金、产能、技术、人才、客户等要素资源的互补和共享。通过举办羊绒交易会、博览会和信息交流会，开拓国际羊绒市场，提高我国羊绒产业的国际知名度。充分发挥中国畜产品流通协会绒毛专业委员会、中国进出口商会羊绒分会、中国羊绒企业联合会等羊绒行业协会的作用，加快信息的网络化和标准化建设。整合羊绒产业出口贸易格局，提高我国羊绒产业在国际市场上的集群竞争优势。

3. 加强自主品牌建设，推动本土品牌国际化

加大知名品牌的营销推广力度，提升我国羊绒加工企业在国际市场上的影响力和知名度。一是采取区域宣传策略，打造中国名牌；二是增强企业实力，提高羊绒制品的科技含量，提升出口羊绒制品的品牌设计能力，提高羊绒制品的附加值；三是提高羊绒制品质量，生产符合环保要求的绿色羊绒制品。通过一系列品牌推广和营销策略，改变我国羊绒产业在全球价值链中所处的弱势地位。

（六）大力发展饲料种植业和饲料加工业，保障饲草料供给

伴随着绒山羊养殖业的较快发展，传统养殖方式下的超载放牧和过度放牧导致草原生态环境日益恶化，限制了我国绒山羊养殖业的进一步发展。饲料作为饲草料的重要补充，是绒山羊养殖的重要物质基础。为了切实保障饲料供应的数量和质量，提高羊绒的产量和质量，应积极发展饲料种植业和饲料加工业，充分开发和合理利用各种可饲资源。第一，大力发展饲料种植业。应抓住种植业结构调整的有利时机，建立优质饲料生产基地，增强饲料供应能力；针对农作物秸秆处理利用率不高、饲喂效率仍有提升空间的现实情况，应把发展秸秆养畜与建设现代畜牧业、调整畜牧业结构、发展循环农业、促进农牧户增收结合起来，充分发挥秸秆养畜在农牧结合中的关键节点作用，进一步提高农作物秸秆的利用率和饲料化水平。第二，大力发展饲料加工业。加强饲料新品

种开发，增加饲料供应；提高饲料工业技术水平，尤其注重反刍动物营养及饲料的研究与开发；加快实施饲料安全建设工程，加强饲料生产监管，提高饲料的有效供给能力，防止和减少有毒有害物质进入畜禽饲料，提高饲料产品质量。

（七）建立健全羊绒拍卖制度，规范羊绒市场交易秩序

由于羊绒产品的特殊性和传统销售模式的局限性，羊绒生产和销售往往与各种经贸洽谈会、展销会存在一定脱节，时常出现以次充好、质优价低等违背市场规律的现象。因此，供需双方都急需一种适合羊绒的特殊商品交易形式，以增强交易的公开透明度，保障供需双方利益。借鉴国内外畜产品批发市场、期货及拍卖交易市场的成功经验，按照国际通行的公开、公正、公平的拍卖交易规则，搭建羊绒国际拍卖会平台，采用批次抽检等方法确定等级和价格，切实实现优质优价，这应当是解决我国羊绒价格无序波动问题的有效途径。

目前，部分羊绒主产国已经采用羊绒拍卖制度作为其主要的贸易流通方式。近年来，我国的新疆、北京、上海等地政府部门也尝试组织了规模不等的羊绒专场拍卖机构。实践证明，推行羊绒拍卖对规范市场流通秩序、为供需双方搭建双赢桥梁和畅通交易渠道、拉动牧区经济发展等均起到了积极作用。但国内迄今尚未建立起规范的羊绒交易拍卖中心。因此，应尽快健全羊绒市场交易规则，在基础条件成熟的羊绒集散地建立羊绒交易拍卖中心，为交易双方提供交易场所或交易平台，进一步提高我国羊绒产业在国际市场上的地位。

（八）加大政策扶持力度，促进羊绒产业的快速发展

资金、技术和劳动力是产业发展必不可少的生产要素。羊绒产业作为我国的优势产业，一直未能得到政府的足够重视，尽管近年来国家出台并实施了一些鼓励与扶持羊绒产业的政策措施，但总体而言力度仍较小，政府的规范、引导和扶持作用未能体现。因此，政府应加大扶持力度，以进一步提升我国羊绒产业国际竞争力。

1. 加大科研支持力度

加大对优良品种选育、疫病防治、高效低残留或无残留饲料添加剂研究、抓绒和分梳的技术改进、羊绒及其制品的质量检测等方面的科研投入，进一步提高羊绒及其制品的科技含量和附加值，把产品设计创新与分梳技术、纺纱技术、织造技术、染整技术以及研究化品位结合起来，培育具有国际影响力的羊绒制品品牌。

2. 加强技术培训与技术推广

针对当前由于农牧户文化素质和专业技能不高所引起的技术难以普及和推广问题，应进一步加大对牧区教育发展的支持力度，加强对农牧户的科普教育和技术培训，创造良好的生产条件，改变落后的生产方式，提高羊绒的产量和质量。建立绒山羊育种协作组，开展区域性绒山羊育种和技术服务。充分发挥基层畜牧专业技术人员的作用，对农牧户进行品种鉴定、繁育配种、疫病控制、抓绒技术、分级整理、药物驱虫、饲料加工、人工种草等方面实用技术的培训，提高农牧户绒山羊养殖的技术水平，推广和普及绒山羊的科学化标准化养殖。

3. 加大对农牧户和羊绒加工企业的资金支持力度

加大对绒山羊养殖农牧户的资金支持力度，实施种公羊补贴、良种母羊补贴、羊绒最低保护价格等措施，提高农牧户养殖积极性。加强银行和信用社的信贷支持，对市场资源条件好、辐射面广、带动能力强的羊绒加工、销售与技术开发的重点企业给予贷款优惠支持，提高其授信贷款额度，解决其面临的发展资金不足问题。建立相关辅助产业发展专项资金，专门用于优质牧草培育、饲草料基地建设等。

（九）加快培育国内羊绒制品消费市场

受到收入水平、羊绒制品价格、消费者成熟度等因素的影响，国内的羊绒制品消费需求还较为不足，羊绒制品仍主要出口到国外。但近年来，受到全球性金融危机的影响，国外对于羊绒制品的消费需求也逐渐萎缩，因此，如何加快培育国内羊绒制品消费市场，已成为我国羊绒产业能否实现持续健康发展的关键。当前，伴随着城乡居民收入水平的提高和消费结构的升级，国内市场的消费前景与潜力巨大。所以，应加强宣传，提高消费者对羊绒制品的认知度，引导消费者的消费选择，培养消费者的消费习惯，促进国内羊绒制品市场需求的较快增长，带动我国羊绒产业的发展，从而进一步提升我国羊绒产业的国际竞争力。

参　考　文　献

［1］姜怀志，郭丹，陈洋，张世伟.2009.中国绒山羊产业现状与发展前景分析［J］.畜牧与饲料科学，30（10）：100－103.

［2］联合国 .2010.2010 年人类发展报告［OB/OL］.http：//www.un.org/zh/

development/hdr/2010/.
[3] 王欧. 2010. 草原畜牧业发展与牧民收入增长 [J]. 中国畜牧杂志，46（24）：12－16.
[4] 王征南，范润梅，解沛. 2007. 我国饲料工业现状及展望 [J]. 农业展望（3）：42－44.
[5] 薛凤蕊，乔光华. 2008. 世界羊绒产业的发展趋势 [J]. 世界农业（6）：38－40.
[6] 余刚. 2006. 绒山羊育种原理与方法研究进展 [J]. 种业研究（7）：45－47.
[7] 张立中，谭向勇，潘建伟. 2008. 羊绒市场分析与中国羊绒业发展战略 [J]. 世界农业（3）：15－17.
[8] 朱玉成. 2004. 影响山羊绒细度的因素及控制羊绒细度的研究现状 [J]. 中国草食动物（2）：35－37.
[9] Donald JL，Philip E，Alene M. 2005. A Value Chain Analysis of the Mongolian Cashmere Industry [R]. Mongolia Economic Policy Reform and Competitiveness Project.
[10] Vollrath TL，De HV. 1988. Investigating the Nature of World Agricultural Competitiveness [R]. Agriculture and Trade Analysis Division，Economic Research Service，U. S. Department of Agriculture，Technical Bulletin No. 1754.

专题九

中澳自贸区建立对我国羊毛产业的影响及应对策略研究

周向阳　肖海峰

中国与澳大利亚是亚太地区两个有重要影响的国家，在推动地区和全球经济发展方面，有着广泛的共同利益。中澳两国自正式建立外交关系以来，经济合作与贸易稳步发展。两国经济结构与发展水平虽存在差异，但互补性比较强，各有优势，双边合作还有很大空间。中澳两国政府有意建立中澳自由贸易区（下简称“中澳自贸区”），推动双边贸易迈向新的台阶。

在中澳两国贸易往来中，羊毛是最重要的贸易产品之一。澳大利亚不仅是世界上最主要的羊毛生产国，也是我国最主要的羊毛进口来源国。虽然我国羊毛产量也较高，但国产羊毛质量与澳毛存在一定差距，市场竞争力也一直低于澳毛。中澳两国如果达成自由贸易协定，大幅削减羊毛进口关税或取消进口关税配额就成为一种趋势，我国羊毛产业不可避免地会受到影响。因此，研究中澳自贸区建立如何影响我国羊毛产业发展，我国应该采取哪些应对策略规避不利影响，已经成为紧迫的研究课题。

本专题的研究内容安排如下：第一部分回顾中澳自贸区建立的谈判进程及各方立场，第二部分是本专题相关研究的文献综述，第三部分是定量分析中澳自贸区建立对我国羊毛产业的潜在影响，第四部分提出应对中澳自贸区建立对我国羊毛产业不利影响的政策建议。

一、中澳自贸区建立的谈判进程及各方立场

2001 年，我国正式加入世界贸易组织，多边贸易发展取得重大进展。与此同时，澳大利亚政府向中国政府提出关于建立中澳自贸区的设想，有意加快中澳双边贸易发展，于是两国随即展开双边贸易协定谈判的可行性研究。2003

年，中澳两国签署《中国—澳大利亚贸易与经济框架》合作文件，决定在双边贸易协定谈判的可行性研究结束后，进入正式谈判。

（一）谈判进程

从2005年至今，我国政府与澳大利亚政府关于自由贸易区的谈判已经经历了三个重要阶段：

1. 信息交换阶段（2005年5月第1轮谈判至2005年11月第3轮谈判）

在这一阶段，双方就中澳自贸区谈判的程序安排、需要进行谈判的领域、两国贸易与投资体制进行信息交换，并回答对方提出的问题。双方在该阶段签署了中澳自贸区协定谈判的谅解备忘录。

在该阶段，中方代表团参与各轮谈判的主要部门包括：商务部、财政部、农业部、交通部、信息产业部、教育部、司法部、建设部、发改委、海关总署、国家质量监督检验检疫总局、银监会、证监会、保监会、环境保护局、国家旅游总局和民航总局等①。其中，商务部起牵头作用。澳大利亚代表团参与各轮谈判的主要部门包括：外交与贸易部，农渔林部，工业、旅游与资源部，财政部，教育部，科学与培训部，交通、信息科技与文化部，金融与行政管理部，司法部，海关服务部和知识产权局等。

由于该阶段的核心任务是进行信息交换，对涉及中澳自贸区成立的具体内容并没有进行讨论。在信息交换过程中，中方表达了在能矿资源和投资领域进行合作的意愿，并认为中国劳动力资源丰富、市场潜力巨大、社会环境较好，中澳双方经济互补性强，中澳自贸区的建立将对实现中澳两国发展的战略目标、促进亚太地区及世界贸易自由化具有重要意义。澳大利亚在该阶段谈判中承认了中国是一个完全市场经济国家，并认为中澳自贸区的建立必将给两国带来良好的经济效益，促进两国经济增长与就业增长。

2. 谈判深入阶段（2006年2月第4轮谈判至2009年9月第14轮谈判）

该阶段各轮谈判的特点是在信息交换阶段的基础之上，向实质性谈判转变，谈判所涉及的领域不断拓宽，谈判展开的程度不断加深。

该阶段中澳双方谈判的领域包括农业、卫生与植物检疫（Sanitary and

---

① 在2008年国务院机构改革方案实施后，当时参与中澳自由贸易区谈判的“建设部”整合划入“住房和城乡建设部”，“信息产业部”整合划入“工业和信息化部”，“交通部”整合划入“交通运输部”，“环境保护局”变更为“环境保护部”，“中国民用航空总局”变更为“国家民用航空局”，交由交通运输部管理。

Phytosanitary Measures，SPS）、货物贸易、原产地规则、海关程序、政府采购、技术性贸易壁垒（Technical Barriers to Trade，TBT）、服务与投资等。在农业领域中，双方就小麦、羊毛、糖料、棉花和大米等主要农产品的关税配额与市场准入问题进行深入谈判。

该阶段谈判取得的一些成果包括：①双方确定了中国和澳大利亚的自由贸易协定的基本框架；②形成了货物贸易与服务贸易减让文本。但中澳双方谈判过程中，谈判的分歧随着谈判领域的加宽而不断显现出来。双方在农业领域等一些议题上分歧较为严重，不能达成一致。到2009年9月第14轮谈判时，双方已经陷入僵局，谈判被搁置中断。

3. 谈判恢复阶段（2010年2月第14轮谈判至今）

2010年2月24—26日，中澳双方宣布恢复自由贸易区谈判，在澳大利亚首都堪培拉延续第14轮谈判。2010年6月28—30日，中澳双方在北京举行第15轮谈判。2011年7月5—7日，中澳双方在堪培拉举行第16轮谈判。

在该阶段，双方继续就货物的市场准入、商品贸易、原产地规则、卫生与植物检疫（SPS）问题、技术性贸易壁垒（TBT）、海关程序、服务业与投资、制度与框架、知识产权和电子商务等内容交换意见，确定相应的法律文本。特别是在第16轮谈判中，双方全面“盘点”总结前15轮谈判的成果。中澳自贸区谈判至此不仅全面恢复正常，而且双方期待在新一轮谈判中讨论争端解决方案和透明度等其他问题。

双方能够再次重新回到谈判桌前，得益于澳大利亚对待中澳经贸关系的立场出现新的变化。2008年全球金融危机爆发后，澳大利亚不但经济没有衰减，相反却成为西方各经济体中表现较好的一个国家，澳大利亚经济繁荣的主要原因在于与中国开展的各项经济合作与贸易往来运行良好，中国为应对金融危机采取的措施使澳大利亚成为“最大受益者之一”，这就促成了澳大利亚提出恢复中澳自贸区谈判的想法。

（二）各方立场

总体上，中澳双方的立场并不一致。中国认为中澳自贸区谈判对中国具有一定的试验性，谈判的某些内容涉及一些敏感产业，一旦达成某些协定，将对中国国内相关行业发展产生深远的影响，全面放开谈判领域对中国经济发展的影响将很大。澳大利亚认为中澳自贸区谈判应当是“一揽子协议”，包括农产品贸易、服务贸易以及企业投资等多个领域，扩大谈判领域是十分必要的。

中澳双方在农业领域存在的分歧较大。中方认为澳大利亚在农业上具有较强的优势，农产品市场竞争力较强，一旦取消农业关税，澳大利亚的农产品必然对中国农产品产生严重冲击，而且澳大利亚在食品卫生等检验检疫方面执行更加严格的条款，中国对澳大利亚农产品出口将面临较大的挑战。澳大利亚的观点则恰恰相反，认为取消农业关税之后，中国的农产品并不会受到澳大利亚农产品的冲击，澳大利亚出口到中国的农产品，在劳动力成本等方面并不具有优势，但是在自然资源禀赋上具有比较优势，例如羊毛、肉类、奶制品和大麦等。在羊毛谈判上，澳大利亚认为，该国生产的羊毛与中国羊毛之间的竞争性较弱、互补性更强，因为澳大利亚羊毛的质量更高、细度更细，澳毛已经成为中国毛纺加工企业需要的主要原材料，而中国羊毛与新西兰羊毛在品质上最为接近，新西兰羊毛才是中国羊毛的主要竞争产品。

除农业领域之外，中国与澳大利亚在铁矿石、煤炭等自然资源、制造业和投资领域的谈判也存在分歧。

二、相关文献综述

（一）中澳羊毛产品贸易

自 2001 年我国加入世贸组织以来，中澳羊毛贸易不断发展。到 2010 年，我国从澳大利亚进口羊毛 17.76 万吨，进口金额达到 142.87 亿美元[①]。羊毛贸易在中澳农产品贸易中占有重要地位。澳大利亚是中国羊毛进口的第一大来源国，其在中国市场占有份额远远高于新西兰和乌拉圭，中国也是澳大利亚羊毛出口的第一大市场（于爱芝，2009）。

在国际贸易理论研究中，一般使用贸易优势指数、贸易互补指数等指标衡量贸易产品是否具有比较优势和国际竞争力。刘宏、罗峦（2011）在测算中澳 2003—2009 年主要农产品产业内贸易指数和显示性比较优势贸易指数之后，认为澳大利亚羊毛、其他动物毛和其他土地密集型农产品具有较强的竞争优势。刘李峰、刘合光（2006）对我国羊毛的相对贸易优势指标进行测算，结果显示为负值，表明我国在羊毛国际贸易中不具备贸易优势，纺织原料（主要指羊毛）的贸易特化指数为－1.0，反映出我国羊毛处于相对劣势的地位，因此，我国从澳大利亚进口羊毛等资源密集型产品，是非常符合中国市场需求和生产技术水平的，也符合两国产品在国际市场中的比较优势。

何立春、杨莲娜（2009）以 2007 年数据为基础，测算得出以中国为出口

① 数据来源：UN Comtrade（联合国统计署贸易数据库）。

国，羊毛等动物毛相关产品的贸易互补指数为0.05，以澳大利亚为出口国，羊毛等动物毛相关产品贸易互补指数为173.87，表明中澳农产品竞争性并不强，双边羊毛贸易主要呈现互补性。何好俊、祝树金（2008）分析中澳产业国际竞争力与贸易互补性时认为，中澳纺织原料的产业贸易互补指数在1996—2007年加权平均值为12.27，在所有产业中属于最高值，这说明纺织原料产业是澳大利亚具有极强国际竞争力的产业，以出口衡量的澳大利亚纺织原料产业的比较优势达到4.75，而中国对纺织原料的需求非常大，以进口衡量的中国纺织原料产业的比较劣势达到2.58。

从这些研究的结论可以看出，在资源禀赋上，澳大利亚羊毛属于土地密集型产品，澳大利亚拥有丰富的草牧场资源，为养羊业提供了良好的发展基础。从规模经济的角度看，澳大利亚羊毛生产属于现代化农业生产模式，劳动力投入较少，规模效益较高，生产成本相对较低。从中澳双边羊毛贸易的品质结构来看，在澳大利亚向中国出口的主要羊毛贸易品中，20～23微米之间的细羊毛比重下降，而19微米以下的细羊毛比重上升（于爱芝，2009）。所以，中国只有大约10%的羊毛可以同澳大利亚羊毛竞争（席岩，田燕梅，2011）。同时，将国产羊毛的机会成本与进口羊毛价格分别比较，可以发现进口澳羊毛较之国内生产同品质的羊毛更为经济（赵文，周应恒，2006）。

（二）中澳自贸区建立对羊毛及相关产业的影响

何好俊等（2009）通过运用MCHUGE模型[①]得出结论，认为中国羊毛产量在建立中澳自贸区之后将呈现下降趋势，且随着时间增长，羊毛产量下降更多，羊毛是农产品中两大受到冲击的部门之一。李碧芳、肖辉（2010）通过GTAP模型模拟分析后认为在中国对澳大利亚出口的优势产品中，相比于一些粗粮类粮食作物出口增长较多来说，羊毛出口增加的绝对值并不是很大，但良好的增长前景是存在的。

Yinhua Mai和Philip Adams（2005）假设基于中澳自由贸易协定下的政策调整自2006年开始，通过运用莫纳什多国模型（Monash Multi-country Model），从部分降低关税、全部降低关税角度对自由贸易协定进行模拟。他们的研究结论认为，在中澳两国完全削减关税情况下，中国羊毛原毛产量将下降9.3%，羊毛部门的就业将下降13.8%。那么中国在2005—2015年羊毛进

① MCHUGE模型是在MONASH模型基础上融合中国经济特征开发的一种可计算一般均衡模型。

口将保持每年10.8%的速度增加，中国从澳大利亚进口原毛在2015年将比2005年增加6.00亿美元，进口毛条增加0.34亿美元。对于其他相关部门，中国纺织业对澳大利亚的出口增长0.5%，服装制造业出口上升0.5%，到2015年中国对澳大利亚的纺织品和服装出口额分别增加1.3亿美元和1亿美元。

周曙东等（2006）通过使用GTAP 6.0模型设计模拟方案进行分析，得出结论认为澳大利亚对中国出口羊毛具有很强的竞争力，澳大利亚对中国出口的羊毛在建立自贸区后将比2003年增长2826.9万美元，中国包括羊毛在内的农产品受到的冲击要大于机遇。张海森（2008）以资本积累理论为基础，分别设定短期模拟方案和资本内生化模拟方案，研究发现中澳建立自贸区后，中国的羊毛进口大量增加。由于其研究中假定农产品以及纺织服装等市场开放有限，认为受澳大利亚的技术性贸易壁垒（TBT）与卫生和植物检疫（SPS）的限制，中国具有优势的产品（如纺织品和服装）出口潜力不能充分发挥，受到贸易冲击的影响要大于澳大利亚。

以上各种研究进一步加深了对中澳羊毛及相关产品贸易、中澳自贸区建立对我国羊毛及相关产业影响等问题的认识。从这些研究的结论可以看出，更多的学者对我国羊毛产业处于竞争劣势的地位具有一定的共识，各种关于中澳自贸区建立后羊毛产业受到影响的模拟结果，也都倾向得出澳大利亚羊毛出口快速增长、我国羊毛产业遭遇冲击这样的判断。但应当看到，这些研究也存在一定的缺陷，例如研究目标比较宏观，对羊毛相关部门缺乏针对性，研究方案设计上没有将羊毛作为特殊商品单独制定模拟方案分析，而且有些研究使用的一般均衡模型版本较低，数据相对滞后。

三、中澳自贸区建立对我国羊毛产业发展的潜在影响——基于GTAP模型的定量分析

（一）研究方法选择

本专题的研究重点是中澳自贸区的建立对我国羊毛及相关产业的影响，自然会涉及多个国家和地区的多个部门，所以需要依据一般均衡理论展开研究。从20世纪70年代开始，计算机技术的快速发展推动了可计算的一般均衡模型（CGE模型）的崛起，并促使CGE模型成为目前世界各大经济机构和国家决策机构分析一般均衡问题最重要的政策分析工具。而在众多的CGE模型中，又以由美国普渡大学研发的、长于分析国际贸易及相关政策问题的全球贸易分

析模型（GTAP模型）最为著名，该模型具有设计严密、数据库规模庞大和操作便捷等优点，适用于本专题的研究。

（二）研究方案设计

目前最新的第七版GTAP模型对应的数据库是在2004年基期数据基础之上调整后建立完善的，覆盖世界113个国家或地区、57个商品部门。因本专题研究的目的和重点，既不可能也无必要对全部国家和地区的所有商品部门直接分析，故在设计研究方案之前，先对GTAP数据库中的国家或地区、商品部门重新分组加总。借鉴刘慧（2011）的做法，具体分组加总情况说明如下。

如表1所示，按照我国主要羊毛进口来源国、我国纺织品与服装出口目的国以及世界纺织品与服装主要出口国等因素，将GTAP数据库中原有的113个国家或地区的原始数据进行重新分组加总划分成15个新的国家和地区，分别是：中国内地、中国香港、澳大利亚、新西兰、日本、韩国、东盟、南亚、欧盟、北美、乌拉圭、南美、土耳其、南非和世界其他国家和地区。

表1　模拟方案地区分组情况

地区分组	包括的国家或地区
中国内地	中国内地地区
中国香港	中国香港特别行政区
澳大利亚	澳大利亚
新西兰	新西兰
日本	日本
韩国	韩国
东盟	东盟10国及其他东亚国家
南亚	印度、孟加拉、斯里兰卡等南亚国家
欧盟	欧盟27个成员国
北美自贸区	加拿大、美国和墨西哥
乌拉圭	乌拉圭
南美	巴西、秘鲁、智利等南美洲国家
土耳其	土耳其
南非	南非
其他国家和地区	世界其他国家和地区

如表2所示，按照羊毛及相关产业（纺织业、服装业等）和中澳两国之间的主要贸易商品等因素将GTAP数据库中原有的57个商品部门划分成19个新的商品部门，分别是：①羊毛；②棉花等植物纤维；③纺织品；④皮革制品；⑤服装；⑥小麦；⑦油料及油脂；⑧糖料和糖；⑨牛羊活畜；⑩其他活畜；⑪牛羊肉；⑫猪禽肉；⑬奶类；⑭其他食品；⑮林产品；⑯水产品；⑰矿产品；⑱制造业；⑲服务业。

表2 模拟方案部门分组情况

部门分组	所包含原始数据中的行业
1. 羊毛	羊毛及纺织行业使用的动物原料毛
2. 棉花等植物纤维	纺织业使用的植物纤维原料
3. 纺织品	纺织行业
4. 皮革制品	皮革制造、加工、皮鞋、皮包等制成品
5. 服装	服装制造
6. 小麦	小麦及面粉
7. 油料及油脂	油料作物及植物油、动物油脂等
8. 糖料和糖	糖料作物及食用糖
9. 牛羊活畜	牛、绵羊、山羊等食草活畜
10. 其他活畜	活猪、活禽等
11. 牛羊肉	牛肉、羊肉等
12. 猪禽肉	猪肉、禽肉等
13. 奶类	原料奶等
14. 其他食品	稻米、水果蔬菜、烟草和饮料等
15. 林产品	林业、造纸、木材加工等
16. 水产品	渔业产品
17. 矿产品	煤炭、石油、天然气等
18. 制造业	其他制造业
19. 服务业	服务业

在分组加总基础之上，本专题分别设计基准方案和两种不同政策方案进行模拟。

基准方案是政策方案的对照方案，可以反映出未实施某项政策时经济发展和贸易状况。中澳两国目前已经进行到第16轮谈判，预计在未来8年内两国能够达成自由贸易协定，同时根据GTAP模型适用于中长期模拟分析、模拟时间不宜过短的特点，所以，本研究的基准方案是假定世界各国在2020年的经济发展状况。根据2004—2020年世界各国经济增长情况以及劳动力、资本等资源的增长情况，我国与其他主要国家或地区开展自由贸易谈判情况（例如中国—新西兰自由贸易区建立等）以及我国加入世界贸易承诺兑现情况等对GTAP数据库进行升级，模拟出2020年世界经济发展和贸易的状况，即为基准方案。

政策方案是模拟政策实施后的经济贸易状况，与基准方案相比较，可以分析出政策实施带来的影响。本专题设计了两种政策方案，第一种政策方案是假定中澳自贸区在2020年之前建立，中澳双方达成协定，中澳之间全部进口商品的关税削减至零；第二种政策方案是假定中澳自贸区在2020年之前建立，中澳双方达成协定，除了羊毛之外，中澳之间其他进口商品的关税削减至零。

（三）第一种政策方案的模拟结果分析

1. 中澳自贸区建立对中国宏观经济的影响

与澳大利亚达成自由贸易协定之后，中国的国内生产总值（GDP）将上升0.02%，虽然上升幅度不大，但中国经济总量规模较大，从绝对值变化看，GDP上升10.87亿美元（见表3）。除GDP增长之外，居民消费、投资、出口额和进口额都在增加。这说明中澳自贸区建立之后，中国可以从澳大利亚市场开放中获得利益，扩大本国优势产品向澳大利亚出口。中澳自贸区建立后，进口关税税率降低，原料进口成本下降，中国出口产品的竞争力增强，出口额扩大。中澳自贸区还促进中国的投资扩大到澳大利亚及其他国家和地区。同时，自贸区有助于低价格的国外消费产品在中国市场的供给增加，促进中国居民的消费增长，并提高中国居民的福利水平。因此，中澳自贸区的建立有利于中国经济发展。

表3数据结果还表明，与基准方案相比，非熟练劳动力报酬上升0.10%，而熟练劳动力报酬上升了0.14%。这意味着伴随着经济的增长，劳动力的报酬也在上升，劳动力收入也因自贸区建立而得到提高。劳动力报酬上升的原因

是中澳两国建立自贸区后，促进各部门的生产扩大，带动就业增长。当然，劳动力成本的上升也将对一些部门产生影响。

表 3　中澳自贸区建立对中国宏观经济的影响

单位：亿美元，%

经济指标	基准方案	政策方案	差额	变化幅度
GDP	56 180.44	56 191.32	10.87	0.02
居民消费	23 695.08	23 698.70	3.62	0.02
投资	20 887.33	20 914.50	27.17	0.13
出口额	2 1555.93	21 610.17	54.24	0.25
进口额	16 386.65	16 462.23	75.58	0.46
非熟练劳动力报酬	13 418.63	13 431.42	12.78	0.10
熟练劳动力报酬	3 522.97	3 527.91	4.93	0.14

数据来源：GTAP 模型模拟结果。

2. 中澳自贸区建立对中澳两国贸易的影响

中澳两国在自贸区建立后各产品部门贸易状况如表 4 所示。与基准方案相比，建立中澳自贸区后，中国对澳大利亚的出口额增加 99.43 亿美元，增加幅度为 25.01%。其中，中国农业部门出口额增加 4.46 亿美元，制造业出口额增加 74.15 亿美元。在制造业中，中国的纺织业和服装业出口竞争力较强，中国对澳大利亚纺织品和服装出口额分别增加 15.30 亿美元和 16.09 美元，增加幅度较大。澳大利亚对中国的出口额比基准方案增加 84.36 亿美元，增加幅度为 30.73%。在各部门中，农业部门对中国的出口额增加 36.15 亿美元，制造业部门对中国的出口额增加 40.11 亿美元。在农产品中，羊毛是澳大利亚最具优势的出口产品，与基准方案相比，澳大利亚对中国羊毛出口额增加 29.06 亿美元。值得注意的是，澳大利亚羊毛出口增长会引起该国国内其他农业部门中的要素转移投入到羊毛部门，其他农产品产量因此降低，进而牛羊活畜、小麦、棉花等植物纤维和糖料等出口额相应减少。

总体来说，中澳自贸区的建立促进了双边贸易进一步发展，两国在贸易方面均从中澳自贸区的建立中获益。从不同部门的获益情况来看，澳大利亚的农业部门获益更多，中国的制造业部门获益更多。澳大利亚羊毛部门获益，中国纺织品和服装业获益。这反映出两国不同的比较优势。澳大利亚包括羊毛产业在内的农业具有较强的竞争优势，处于发达产业的地位，这是因为该国用于农业生产的土地、草场面积较大，农业科研实力较强，现代农业技术普及广，劳动生产率较高。但澳大利亚人口数量少，劳动力资源不足，因此，以制造业来说，生产成本较高，不具有优势。我国农业状况则与澳大利亚相反，在从事农业的劳动力素质、科技水平和研发投入等方面都与澳大利亚有较大差距。在农业部门中，毛用羊养殖业经营管理粗放，农牧民文化程度低，羊毛业的现代化发展水平较低。因此，我国羊毛与澳大利亚相比，竞争力较弱。在羊毛市场开放的条件下，我国羊毛业极易受到澳毛冲击，导致国内羊毛的市场份额将会下降。但我国劳动力资源相对丰富，我国制造业生产成本相对较低，具有较强的竞争力，尤其是纺织业和服装业这样劳动力资源密集的产业在优势上更加明显。在羊毛市场开放的条件下，国内纺织业和服装业可以以较低的价格获取来自澳大利亚高质量羊毛的供给，因此，这对维护纺织业和服装业的国际竞争力、扩大海外市场份额是非常有利的。

表 4　中澳自贸区建立对中澳出口的影响

单位：亿美元，%

产品部门	中国对澳大利亚出口				澳大利亚对中国出口			
	基准方案	政策方案	差额	变化幅度	基准方案	政策方案	差额	变化幅度
1. 羊毛	0.001 7	0.009 8	0.008 1	479.26	33.412 6	62.470 1	29.057 5	86.97
2. 棉花等植物纤维	0.000 4	0.000 4	0.000 0	8.33	3.952 1	3.527 0	−0.425 0	−10.76
3. 纺织品	22.501 0	37.800 8	15.299 8	68.00	2.560 8	13.313 4	10.752 6	419.89
4. 皮革制品	9.076 8	12.503 2	3.426 4	37.75	1.089 7	1.637 8	0.548 1	50.30
5. 服装	28.715 4	44.803 2	16.087 8	56.02	0.251 0	0.923 4	0.672 4	267.89
6. 小麦	0.000 5	0.000 5	0.000 1	11.74	7.852 4	7.165 1	−0.687 3	−8.75
7. 油料及油脂	0.015 9	0.018 1	0.002 2	13.81	0.410 4	0.487 2	0.076 8	18.72
8. 糖料和糖	0.003 6	0.003 7	0.000 1	3.34	0.951 8	0.919 3	−0.032 4	−3.41
9. 牛羊活畜	0.000 6	0.000 7	0.000 0	6.09	4.591 6	4.384 2	−0.207 4	−4.52
10. 其他活畜	0.119 9	0.124 9	0.005 1	4.24	10.321 8	10.864 4	0.542 6	5.26
11. 牛羊肉	0.002 7	0.003 0	0.000 3	9.27	2.903 2	4.313 1	1.409 9	48.56
12. 猪禽肉	0.007 5	0.010 0	0.002 5	33.29	0.292 1	0.428 5	0.136 4	46.69
13. 奶类	0.030 3	0.032 8	0.002 5	8.14	2.920 6	5.446 5	2.525 9	86.49
14. 其他食品	2.272 6	2.486 4	0.213 8	9.41	15.899 7	17.934 1	2.034 4	12.79
15. 林产品	15.892 6	20.116 0	4.223 4	26.57	4.868 5	6.085 5	1.217 0	25.00

（续）

产品部门	中国对澳大利亚出口				澳大利亚对中国出口			
	基准方案	政策方案	差额	变化幅度	基准方案	政策方案	差额	变化幅度
16. 水产品	0.007 4	0.007 6	0.000 2	2.24	3.726 0	4.231 7	0.505 7	13.57
17. 矿产品	70.990 1	91.695 4	20.705 3	29.17	109.779 1	118.157 0	8.377 9	7.63
18. 制造业	236.969 0	276.308 8	39.339 8	16.60	51.473 6	79.613 3	28.139 7	54.67
19. 服务业	10.938 2	11.047 5	0.109 3	1.00	17.300 5	17.0155	−0.285 0	−1.65
合计	397.546 2	496.972 7	99.426 5	25.01	274.557 3	358.917 1	84.359 8	30.73

数据来源：GTAP 模型模拟结果。

3. 中澳自贸区建立对中国羊毛及相关产业的影响

中澳自贸区建立对我国羊毛业的影响表现在两个方面：第一，双边签订自由贸易协定意味着中国从澳大利亚进口羊毛的关税降低或进口配额被取消，导致羊毛在我国国内供给价格下降 3.48%（见表 5），由此促进羊毛进口数量增加。中国从世界各地的羊毛进口额增加 13.49 亿美元，增加幅度为 22.41%，羊毛贸易条件进一步恶化，贸易逆差由基准方案的 59.99 亿美元扩大到政策方案的 73.33 亿美元（见表 6）。第二，羊毛进口增加导致国内羊毛生产萎缩，羊毛产业产出下降 13.35%。羊毛产业产值在价格与产量同时下降的作用下比基准方案下降 24.31 亿美元，下降幅度为 16.36%（见表 5）。由此推知，农牧民因国内羊毛市场价格下跌而蒙受经济损失，同时生产积极性趋于下降，退出毛用羊养殖业的农牧民数量逐渐增多，这就导致羊毛部门就业和国内羊毛产量都下降。

建立中澳自贸区后，国内纺织业和服装业将获益很多。纺织业和服装业是中国的传统优势产业，由于中澳之间实现了羊毛的自由贸易，羊毛进口价格下降直接降低了中国纺织业和服装业的生产成本，刺激出口增加。与基准方案比较，中国纺织业和服装业的产值分别增加 37.03 亿美元和 17.68 亿美元（见表 5），纺织品和服装的出口额分别增加 23.51 亿美元和 18.28 亿美元，纺织品和服装的贸易余额分别上升到 485.38 亿美元和 872.35 亿美元（见表 6），纺织品和服装的贸易条件进一步改善。

综上所述，中澳自贸区的建立对中国羊毛部门、纺织品和服装部门产生的影响方向相反，羊毛部门蒙受损失，但纺织业和服装业获益。从中澳自贸区对这三个部门的总体影响来看，由于羊毛产业产值下降为 24.31 亿美元，小于纺织业和服装业产值增加额度之和 54.71 亿美元，羊毛出口额下降 0.15 亿美元，小于纺织业和服装业出口额的增加额度之和 41.79 亿美元，因此，中澳自贸区建立对这三个部门的总体影响是有利的，但对羊毛产业的影响是不利的。

表 5　中澳自贸区建立对中国羊毛及相关产业生产的影响

单位：亿美元，100 万美元购买单位，%

受影响产业	统计指标	基准方案	政策方案	差额	变化幅度
羊毛业	产值	148.55	124.24	−24.31	−16.36
	产量	14 855.42	12 872.36	−1 983.06	−13.35
	价格	—	—	—	−3.48
纺织业	产值	4 529.91	4 566.93	37.03	0.82
	产量	452 990.50	458 178.13	5 187.63	1.15
	价格	—	—	—	−0.32
服装业	产值	1 998.56	2 016.24	17.68	0.88
	产量	199 856.45	201 916.97	2 060.52	1.03
	价格	—	—	—	−0.14

数据来源：GTAP 模型模拟结果。

表 6　中澳自贸区建立对中国羊毛及相关产业贸易的影响

单位：亿美元，%

受影响产业	统计指标	基准方案	政策方案	差额	变化幅度
羊毛业	出口	0.20	0.35	0.15	72.18
	进口	60.19	73.68	13.49	22.41
	净出口	−59.99	−73.33	−13.34	22.24
纺织业	出口	934.62	958.13	23.51	2.52
	进口	469.83	472.75	2.92	0.62
	净出口	464.79	485.38	20.59	4.43
服装业	出口	1 004.46	1 022.74	18.28	1.82
	进口	150.46	150.39	−0.07	−0.04
	净出口	854.00	872.35	18.35	2.15

数据来源：GTAP 模型模拟结果。

（四）第二种政策方案的模拟结果分析

1. 中澳自贸区建立对中国宏观经济的影响

与基准方案相比，中国的国内生产总值（GDP）将上升 0.02%。从绝对值变化看，国内生产总值（GDP）增加 13.57 亿美元。同时，居民消费和投资增长明显，出口额和进口额都在增加，对外贸易规模扩大。伴随着宏观经济增长，国内的劳动力的报酬也在上升，非熟练劳动力和熟练劳动力的报酬分别上升 0.11%和 0.12%（见表 7）。中澳自贸区建立之后，中国可以在澳大利亚扩大有竞争优势商品的市场份额，并从中获利。消除关税对贸易的阻碍后，一些商品从澳大利亚自由流通到国内，降低了国内生产成本，提高生产效率。同时，国内居民消费的增长和对外投资的增长都将促进国内经济繁荣，并拉动就业，增加劳动力收入。因此，中澳自贸区的建立有利于中国经济发展。

表 7　中澳自贸区建立对中国宏观经济的影响

单位：亿美元，%

经济指标	基准方案	政策方案	差额	变化幅度
GDP	56 180.44	56 194.02	13.57	0.02
居民消费	23 695.08	23 700.23	5.14	0.02
投资	20 887.33	20 910.08	22.76	0.11
出口额	21 555.93	21 602.00	46.07	0.21
进口额	16 386.65	16 448.72	62.08	0.38
非熟练劳动力报酬	13 418.63	13 433.22	14.58	0.11
熟练劳动力报酬	3 522.97	3 527.19	4.22	0.12

数据来源：GTAP 模型模拟结果。

2. 中澳自贸区建立对中澳两国贸易的影响

中澳自贸区的建立有利于双边贸易进一步发展。首先，与基准方案相比，建立中澳自贸区后，中国对澳大利亚的出口额增加 99.57 亿美元，增加幅度为 25.05%。其中，中国农业部门出口额增加 4.48 亿美元，制造业出口额增加 74.04 亿美元。在制造业中，中国的纺织业和服装业出口竞争力较强，中国对澳大利亚纺织品和服装出口额分别增加 14.70 亿美元和 16.02 亿美元，增加幅度较大。澳大利亚对中国的出口额增加 74.51 亿美元，增加幅度为 27.14%。在各部门中，农业部门对中国的出口额增加 24.97 亿美元，制造业部门对中国的出口额增加 41.88 亿美元。在农产品中，羊毛是澳大利亚最具优势的产品之一，但是由于中国保留羊毛进口配额外关税，澳大利亚对中国的羊毛出口额比基准方案减少 2.08 亿美元（见表 8）。

总体来说，第二种政策方案的模拟结果显示，两国在双边贸易方面因中澳自贸区的建立获益，澳大利亚农业部门获益更多，中国的制造业部门获益更多。分部门看，澳大利亚羊毛业没有获益，中国羊毛部门得到有效保护，没有遭受经济损失，同时中国纺织业和服装业仍然获益。

表 8　中澳自贸区建立对中澳出口的影响

单位：亿美元，%

产品部门	中国对澳大利亚出口				澳大利亚对中国出口			
	基准方案	政策方案	差额	变化幅度	基准方案	政策方案	差额	变化幅度
1. 羊毛	0.001 7	0.002 7	0.001 0	62.01	33.412 6	31.336 2	−2.0763	−6.21
2. 棉花等植物纤维	0.000 4	0.000 5	0.000 1	18.90	3.952 1	10.806 9	6.854 8	173.45
3. 纺织品	22.501 0	37.205 0	14.704 0	65.35	2.560 8	14.506 3	11.945 6	466.48
4. 皮革制品	9.076 8	12.561 5	3.484 7	38.39	1.089 7	2.518 9	1.429 2	131.16
5. 服装	28.715 4	44.739 6	16.024 2	55.80	0.251 0	0.929 4	0.678 4	270.26
6. 小麦	0.000 5	0.000 5	0.000 0	6.17	7.852 4	7.794 2	−0.058 2	−0.74
7. 油料及油脂	0.015 9	0.018 0	0.002 1	13.37	0.410 4	0.596 8	0.186 4	45.43
8. 糖料和糖	0.003 6	0.003 8	0.000 2	6.19	0.951 8	4.145 3	3.193 5	335.54
9. 牛羊活畜	0.000 6	0.000 6	0.000 0	4.40	4.591 6	4.556 2	−0.035 4	−0.77
10. 其他活畜	0.119 9	0.124 0	0.004 2	3.47	10.321 8	11.140 2	0.818 4	7.93
11. 牛羊肉	0.002 7	0.003 0	0.000 3	10.61	2.903 2	7.523 0	4.619 8	159.13
12. 猪禽肉	0.007 5	0.009 7	0.002 2	29.49	0.292 1	1.072 4	0.780 3	267.11
13. 奶类	0.030 3	0.032 6	0.002 3	7.53	2.920 6	5.543 3	2.622 7	89.80
14. 其他食品	2.272 6	2.481 7	0.209 1	9.20	15.899 7	22.272 6	6.372 9	40.08
15. 林产品	15.892 6	20.155 5	4.262 8	26.82	4.868 5	6.067 7	1.199 1	24.63
16. 水产品	0.007 4	0.007 6	0.000 2	2.65	3.726 0	4.214 6	0.488 6	13.11
17. 矿产品	70.990 1	91.912 2	20.922 0	29.47	109.779 1	117.760 9	7.981 8	7.27
18. 制造业	236.969 0	276.796 1	39.827 1	16.81	51.473 6	79.303 7	27.830 1	54.07
19. 服务业	10.938 2	11.060 2	0.121 9	1.11	17.300 5	16.980 5	−0.320 0	−1.85
合计	397.546 2	497.114 6	99.568 4	25.05	274.557 3	349.069 1	74.511 8	27.14

数据来源：GTAP 模型模拟结果。

3. 中澳自贸区建立对中国羊毛及相关产业的影响

由于第二种政策方案假定羊毛没有取消进口配额外关税，所以中国从澳大利亚进口羊毛的价格并没有下降，进口金额也没有增加。建立中澳自贸区后，羊毛的国内市场价格上升 0.36%（见表 9）。中国从世界各地的羊毛进口额比基准方案减少 0.43 亿美元，羊毛贸易条件有所改善（见表 10）；国内羊毛业产出上升 1.28%，羊毛业产值增加 2.44 亿美元（见表 9）。这说明，如果建立中澳自贸区时对羊毛部门采取不放开的政策，那么中国从澳大利亚进口的羊毛数额下降，澳大利亚羊毛不能对中国羊毛产业形成冲击。随着国内加工企业对羊毛的需求不断增长，国内羊毛价格将稳步上升。在产量和价格双重上升的情况下，羊毛业产值上升，从事羊毛生产的农牧民将从这样的保护政策中获益，收入随之增加。

中澳自贸区建立之后，中国纺织业和服装业也将获益。与基准方案相比，中国纺织业和服装业的产值分别增加 21.42 亿美元和 15.37 亿美元（见表 9），纺织品和服装出口额分别增加 14.04 亿美元和 15.42 亿美元（见表 10），纺织品和服装的贸易条件也进一步改善。应当注意到，中国纺织业和服装业产值增加的绝对值明显小于第一种政策方案的模拟结果。这是因为澳毛进口数量减少，国内纺织业和服装业加工企业转向购买较高价格的国产羊毛，没有获得减低生产成本的好处，但国内羊毛部门却因此获益。

综上所述，中澳自贸区的建立对中国羊毛部门、纺织品和服装部门都产生积极影响，而且羊毛部门产值没有出现第一种政策方案中大幅度下降的情形，羊毛部门得到有效保护，羊毛生产者获益。这也说明，羊毛部门是否完全放开是影响中澳羊毛贸易和中国羊毛生产的关键性问题。第二种政策方案的模拟结果还显示我国纺织业和服装业生产扩张、出口增加。因此，从总体上看，中国因中澳自贸区建立而获益。

表 9　中澳自贸区建立对中国羊毛及相关产业生产的影响

单位：亿美元，100 万美元购买单位，%

受影响产业	统计指标	基准方案	政策方案	差额	变化幅度
羊毛业	产值	148.55	150.99	2.44	1.64
	产量	14 855.42	15 044.84	189.42	1.28
	价格	—	—	—	0.36
纺织业	产值	4 529.91	4 551.32	21.42	0.47
	产量	452 990.50	455 294.72	2 304.22	0.51
	价格	—	—	—	−0.04
服装业	产值	1 998.56	2 013.94	15.37	0.77
	产量	199 856.45	201 431.70	1 575.25	0.79
	价格	—	—	—	−0.02

数据来源：GTAP 模型模拟结果。

表 10　中澳自贸区建立对中国羊毛及相关产业贸易的影响

单位：亿美元，%

受影响产业	统计指标	基准方案	政策方案	差额	变化幅度
羊毛业	出口	0.203 5	0.204 5	0.001 0	0.51
	进口	60.190 8	59.758 8	−0.432 1	−0.72
	净出口	−59.987 3	−59.554 2	0.433 1	−0.72
纺织业	出口	934.619 2	948.657 8	14.038 6	1.50
	进口	469.829 6	475.788 6	5.959 0	1.27
	净出口	464.789 6	472.869 3	8.079 6	1.74
服装业	出口	1 004.458 1	1 019.876 3	15.418 2	1.53
	进口	150.456 6	150.767 2	0.310 6	0.21
	净出口	854.001 6	869.109 1	15.107 6	1.77

数据来源：GTAP 模型模拟结果。

（五）两种政策方案的模拟结果比较

第一种政策方案和第二种政策方案的模拟结果都显示，中国与澳大利亚建立自贸区之后，中国的国内生产总值（GDP）上升，居民消费和投资增加，进出口总额增加，国内非熟练劳动力、熟练劳动力的报酬均上升（见表 11），这说明，不论采取哪一种政策方案，中澳自贸区的建立对我国国民经济的发展都具有促进作用。但就两种政策方案比较而言，从 GDP 增加的绝对值以及羊毛业、纺织业、服装业的产值和净出口额变化来看，第二种政策方案略优于第一种政策方案。

与基准方案相比，第二种政策方案下 GDP 增加的绝对值为 13.57 亿美元，略高于第一种政策方案下的 10.87 亿美元。另外，居民消费、非熟练劳动力的报酬也都是第二种政策方案的增加额略高于第一种政策方案。

第一种政策方案模拟结果显示，中澳自贸区建立之后，我国羊毛生产下降，产值比基准方案减少 24.31 亿美元；羊毛产业全面开放，羊毛进口额增加，羊毛净出口额比基准方案下降 13.34 亿美元。在第二种政策方案中，羊毛产业没有开放，我国羊毛产值比基准方案增加 2.44 亿美元；羊毛进口额下降，所以羊毛的净出口额比基准方案增加 0.43 亿美元。因此，第二种政策方案对我国羊毛产业更为有利。

两种政策方案模拟结果均显示中澳自贸区建立后我国纺织业和服装业的产值、净出口额将增加，但是第二种政策方案中，纺织业和服装业的产值分别增加了 21.42 亿美元和 15.37 亿美元，低于第一种政策方案；纺织品和服装净出口额分别增加了 8.08 亿美元和 15.11 亿美元，也低于第一种政策方案中两个部门净出口额增加的额度。这说明，建立中澳自贸区时如果不放开羊毛产业，对其实施保护政策，会促进我国羊毛产业的发展，但对纺织业和服装业来说，从澳大利亚进口的羊毛数量减少，同时推高了纺织业和服装业的生产成本，在一定程度上损害了纺织业和服装业的生产扩大和出口增长。

综合考虑中澳自贸区建立对中国羊毛产业、纺织业和服装业三个产业的总体影响，可以发现，在第二种政策方案下，虽然纺织业和服装业产值高出基准方案之和比第一种政策方案低 17.92 亿美元，但是由于羊毛产业得到保护，产值没有出现第一种政策方案中大幅度下降（24.31 亿美元）的情形，并且比基准方案高 2.44 亿美元。如果再考虑到羊毛产业对我国边疆少数民族地区经济发展和社会稳定的特殊重要意义，第二种政策方案要略优于第一种政策方案。

综上所述，从中澳自贸区建立对中国 GDP、羊毛产业、纺织产业、服装产业的影响来看，第二种政策方案（保护羊毛产业）在总体上略优于第一种政策方案（完全开放羊毛产业）。

表 11　中澳自贸区建立两种政策方案模拟结果比较

单位：亿美元，%

统计指标	第一种政策方案比基准方案		第二种政策方案比基准方案	
	差额	变化幅度	差额	变化幅度
GDP	10.87	0.02	13.57	0.02
居民消费	3.62	0.02	5.14	0.02
投资	27.17	0.13	22.76	0.11
进出口总额	129.82	0.34	108.14	0.29
非熟练劳动力报酬	12.78	0.10	14.58	0.11
熟练劳动力报酬	4.93	0.14	4.22	0.12
对世界羊毛净出口	−13.34	22.24	0.43	−0.72
对世界纺织品净出口	20.59	4.43	8.08	1.74
对世界服装净出口	18.35	2.15	15.11	1.77
羊毛业产值	−24.31	−16.36	2.44	1.64
纺织业产值	37.03	0.82	21.42	0.47
服装业产值	17.68	0.88	15.37	0.77

数据来源：GTAP 模型模拟结果。

四、中澳自贸区建立对我国羊毛产业不利影响的应对策略

从前面两种政策方案的模拟结果中我们看到，在中澳自贸区建立中，如果我国开放羊毛产业，我国的羊毛产业将受到较大的不利影响；如果我国坚持保护羊毛产业的立场，可能会阻碍中澳自贸区谈判的进程，并面临贸易保护主义政策的国际政治舆论压力。到底在中澳自贸区建立中，我国能否对羊毛产业进行特殊保护，取决于双方谈判博弈的结果。为应对中澳自贸区建立对我国羊毛产业可能的不利影响，我们提出如下政策建议：

1. 在中澳自贸区谈判中，我国应尽可能保护羊毛产业，至少应坚持逐步放开国内羊毛市场的原则

羊毛产业是我国边疆少数民族聚居地区最主要的产业之一，养羊收入占家庭收入的比例较大，养羊业的持续发展有助于增加农牧民家庭收入。农牧民长期生活在牧区，从事羊毛生产已经成为一种固定的生活习惯，而且农牧民受教育水平相对较低，参加的技术培训较少，缺乏到其他部门就业的基本技能，若将他们从牧区大规模转移出来，安置到城镇非牧业部门就业是非常困难的。所以，中澳自贸区建立后我国羊毛产业受到冲击不仅仅是一个产业发展的经济问题，也是关乎边疆地区稳定的社会问题。在与澳大利亚谈判过程中，我国应当尽可能保护羊毛产业，至少应当坚持逐步放开羊毛市场的立场，逐步增加羊毛和毛条进口关税配额，逐步降低关税税率，以便为国内羊毛生产及产业发展赢得时间，从而降低澳大利亚羊毛对我国羊毛产业与农牧民经济生活的冲击在短期内集中发生的可能性。

2. 加强多边自由贸易谈判，增加进口渠道

由于贸易转移效应的存在，中澳自贸区建立将促进澳大利亚羊毛向中国出口，而降低其他国家和地区向中国的出口。这就意味着，如果过度依赖从澳大利亚进口羊毛和毛条，就会增加我国羊毛丧失市场定价权的风险。因此，我国应当加强与其他国家和地区的自由贸易谈判，尤其是与世界其他主要羊毛生产国和出口国的谈判，这样不仅可以增加羊毛进口来源国数量，还可以形成出口国相互竞争的局面。加强多边自由贸易谈判，增加进口渠道，将有效地降低澳大利亚垄断国内羊毛市场的风险。

3. 提高认识，加大政府对养羊业的国内政策扶持力度

要从维护社会稳定、保证国家安全的高度来认识对养羊业的政策扶持。在

政策措施体系的设计上，要用足“黄箱”政策，扩大“绿箱”政策。①建立羊毛最低收购价格政策、养羊补贴政策（与养羊数量挂钩），考虑到政府的财政负担能力，可先针对细毛羊实施，或根据羊毛的质量拉开等级差价；②完善牧业机械购置补贴政策、良种补贴政策，扩大覆盖范围、提高补贴强度；③增加科研投入，支持绵羊良种繁育与推广，成立国家细毛羊联合育种组织，开展系统的细毛羊育种工作，特别要注重保护重点产区细毛羊品种和超细型细毛羊品种；④实施必要的补贴政策，加强细毛羊生产基础设施建设，特别是细毛羊繁殖改良的基础设施或设备，如种公羊站的建立、配种站（点）器材的购置等；⑤支持畜牧业疫病防治措施的研究、开发与推广，支持羊毛检测技术队伍及从业人员的培训等。

4. 采取有效措施，提高羊毛质量

要应对中澳自贸区建立后澳毛对国毛生产造成的冲击，一个主要的措施就是通过改进国产羊毛细度、增加羊毛长度、提高净毛率等方式来提高羊毛的质量。为了提高我国羊毛质量，在研发环节，要鼓励科研单位及时了解毛纺企业对纺织原料需求的新变化，有针对性地实施科研项目，重点培育超细型品种，提高羊毛细度；在养殖环节，出台政策促进农牧户调整生产结构，提高优良品种毛用羊的存栏比例，出台政策促进农牧户养殖标准化、饲养管理科学化，保障羊毛质量；在流通环节，建立优质优价的羊毛流通体系，通过价格引导生产者对羊毛质量的关注，同时加大市场营销力度，增加毛纺加工企业采购国产优质羊毛的数量。

5. 细分羊毛市场，与澳毛实施差别化竞争策略

由于提高羊毛细度、改善羊毛质量与品种选育和养殖环境等因素密切相关，而改变这些因素需要较长时间，换言之，国毛短期内很难达到与澳毛相抗衡的质量水平，因此，我国在逐步提高羊毛细度、改善羊毛质量的同时，应该实施细分羊毛市场，与澳毛进行差别化竞争的策略，例如，我国可以扩大地毯用毛生产等。

6. 鼓励农牧户多种经营，扩大收入来源结构

如果中澳双方就自贸区建立达成的谈判结果是我国放开羊毛市场，那么，养殖细毛羊、半细毛羊的农牧户就完全可能成为蒙受经济损失的群体。政府部门应当重视在羊毛产业开放过程中保护农牧民的经济利益，帮助他们减少经济损失，并从可能出现的困境中走出来。第一，向农牧民提供技术支持，鼓励农牧民转产养殖肉羊或肉牛等；其次，给予农牧民必要的资金信贷，满足生产结构调整使用资金的需求；再次，推进畜种良种化，率先推广产量高、市场效益高的养殖品种，增加农牧民经营收入；最后，推动农牧民专业合作社等组织建设，推广“公司＋基地＋养殖户”等合作形式，促使农业生产与市场需求对接，实现赢利。

7. 探索农牧户非农就业、创业模式，加大技能培训力度

政府应当积极采取措施扩大农牧民非牧就业渠道。如果农牧民愿意选择到城镇务工就业，应向这部分农牧民提供免费的技能培训，使其在退出畜牧业生产后，能够到城镇非农部门尽快就业，获得足够维持家庭生活的经济收入。同时，鼓励农牧民发挥自身经营才能，自主创业，如发展当地手工艺术品和食品加工制作等，向自主创业的农牧民提供适当的税收减免及实施低息贷款等扶持政策。

参 考 文 献

[1] 何立春，杨莲娜．2010. 解析中国与澳大利亚农产品贸易流量［J］．国际经贸探索（1）：63－68.

[2] 何好俊，祝树金，肖皓．2009. 中澳自贸区建立关税削减影响中国农业的 CGE 研究［J］．经济问题探索（11）：151－156.

[3] 何好俊，祝树金．2008. 中澳产业国际竞争力与贸易互补性分析［J］．国际经贸探索（12）：16－19.

[4] 李碧芳，肖辉．2010. 中澳自贸区对中国农产品出口的影响分析［J］．江苏农业科学（3）：5－7

[5] 刘宏，罗峦．2011. 中澳农产品贸易互补性与竞争性分析［J］．黑龙江对外经贸（3）：16－19.

[6] 刘慧．2011. 扩大贸易开放对中国羊毛业发展的影响［D］．北京：中国农业大学．

[7] 刘李峰，刘合光．2006. 中国—澳大利亚农产品贸易现状及前景分析［J］．世界经济研究（5）：45－501.

[8] 席岩，田燕梅．2011. 2011 中澳自贸区谈判的主要分歧与促进策略［J］．对外经贸实务（3）：39－41.

[9] 许梅恋．2002. WTO 框架下的中澳经贸关系［J］．亚太经济（6）：19－22.

[10] 薛力，马光霞．2006. 互补性是中澳农产品发展的基础［J］．世界农业（5）：24－261.

[11] 于爱芝．2009. 中澳双边羊毛贸易与趋势展望［J］．农业展望（1）：32－35.

[12] 张海森．2008. 中澳自贸区对世界经济的影响［J］．国际贸易问题（8）：62－66.

[13] 赵文，周应恒．2006. 利用国内资源成本法考量贸易利益的探讨［J］．国际贸易问题（8）：24－28.

[14] 周曙东，吴强，胡冰川，等 . 2006. 中国—澳大利亚自由贸易区建设的经济影响分析 [J] . 农业技术经济（6）：19－23.

[15] Yinhua Mai, Philip Adams, MinTai Fan, et al. 2005. Modeling the Potential Benefits of Australia-China Free Trade Agreement [R] . Independent Report Prepared for Australia-China FTA feasible Study, Center of Policy Studies, 22－601.

专题十

我国细毛羊产业发展调研报告

周向阳　陈海燕　石　晶　马翠萍　李青春　王贵东　刘继忠

为了准确把握细毛羊产业发展的现状，破解细毛羊产业发展的难题，国家绒毛用羊产业技术体系产业经济研究团队于2011年7—8月赴新疆维吾尔自治区、内蒙古自治区和吉林省进行调研。本次调研的地点主要选择赤峰细毛羊综合试验站辐射的两个示范县（敖汉旗和乌审旗）、松原综合试验站辐射的两个示范县（前郭尔罗斯蒙古族自治县和通榆县）以及拜城综合试验站辐射的两个示范县（拜城县和温宿县）。调研工作包括养殖户和村干部问卷调查，与县级畜牧部门、试验站和种羊场的负责人座谈等。通过这次调研，我们收集到关于细毛羊生产的详细资料，了解到我国细毛羊产业发展的最新进展。

一、细毛羊产业发展现状

1. 细毛羊品种培育工作进展良好，羊毛质量稳步提高

通过调研了解到，经过几代科研人员的艰辛努力和大量资金的投入，新疆、内蒙古和吉林等地的种羊场在20世纪80年代培育出既能适应当地气候环境又具备良好生产性能的细毛羊品种，实现了细毛羊品种的自主培育。2011年被调研示范县细毛羊所生产羊毛的各项性能，如细度、长度、净毛率、油汗等均有所改善，羊毛质量不断提高。被调研示范县主要繁育的细毛羊品种及其生产性能指标见表1。

表1　2011年被调研示范县细毛羊品种及其相关指标

地区		品种	细度（支数）	长度（厘米）	净毛率（%）	单产水平（千克/只）
新疆	拜城县	中国美利奴（新疆型）细毛羊	66～70	7.0～8.5	55～64	4.0～4.8
	温宿县	中国美利奴（新疆型）细毛羊	66～70	7.0～8.5	50～55	3.8～4.5

（续）

地区		品种	细度（支数）	长度（厘米）	净毛率（%）	单产水平（千克/只）
内蒙古	乌审旗	鄂尔多斯细毛羊	66	9.0	48～50	6.0～7.0
	敖汉旗	敖汉细毛羊	66～70	10.0～12.0	36～38	6.0
吉林	通榆县	新吉细毛羊	64～66	8.0～10.0	48～50	3.5～4.0
	前郭县	新吉细毛羊	66～72	8.0～10.0	50	5.3

数据来源：被调研示范县畜牧部门和种羊场统计数据。

2. 被调研示范县细毛羊存栏数量变化不一致

各个被调研示范县2011年细毛羊的存栏数量变化并不相同，与2010年相比，前郭县、通榆县细毛羊的存栏数量略上升，乌审旗、拜城县和温宿县基本稳定，而敖汉旗呈现出明显的下降趋势。前郭县和通榆县的细毛羊存栏数量近年来一直保持增长态势，前郭县细毛羊的存栏数量2011年达到72万只，与2010年相比上升1.5%，通榆县2011年的存栏数量比2010年上升10.5%。乌审旗2011年细毛羊的存栏数量与2010年基本持平。如果扣除未出栏羔羊和淘汰羊的数量，拜城县和温宿县2011年底存栏数量也与2010年基本持平。敖汉旗近年来细毛羊的存栏数量一直在下降，2007年最高达到48.54万只，而2011年年底仅余8万只，这也是敖汉旗近十年细毛羊存栏数量的最低水平。2009—2011年各个被调研示范县细毛羊的存栏数量见表2。

表2　被调研示范县细毛羊存栏数量（2009—2011年）

单位：万只

地区		2009年	2010年	2011年
新疆	拜城县	48.7	48.3	54.3*
	温宿县	10.3	8.0	12.1*
内蒙古	乌审旗	86.6	96.6	—
	敖汉旗	25.6	10.0	8.0
吉林	通榆县	35.0	38.0	42.0
	前郭县	59.4	71.0	72.0

注：带“*”号的数据是指截至2011年6月的存栏数量（包括羔羊、淘汰羊），其他各被调研示范县2011年数据均为调研时畜牧部门对2011年底细毛羊存栏数量的预测数。

数据来源：被调研示范县畜牧部门统计数据。

3. 除敖汉旗外，其他被调研示范县细羊毛产量继续保持增长趋势

总体上看，大多数被调研示范县2011年的细羊毛产量继续增长。如表3所示，通榆县2011年细羊毛产量达到1 650吨，比2010年增长10.0%；前郭县2011年细羊毛产量达到3 800吨，比2010年增长1.3%；拜城县2011年细羊毛产量达到1 200吨，比2010年增长1.2%；据当地畜牧部门介绍，温宿县、乌审旗2011年细羊毛产量与2010年大致持平。但是敖汉旗2011年的细羊毛产量下降到330吨，比2010年减少22.5%。敖汉旗细羊毛产量从2008年开始已经连续4年下降。

表3　被调研示范县细羊毛产量（2009—2011年）

单位：吨

地区		2009年	2010年	2011年
新疆	拜城县	1 121	1 186	1 200
内蒙古	乌审旗	3 859	3 861	—
	敖汉旗	1 050	426	330
吉林	通榆县	1 340	1 500	1 650
	前郭县	3 700	3 750	3 800

注：温宿县近几年没有对细羊毛产量进行统计，乌审旗数据暂时缺少。

数据来源：被调研示范县畜牧部门统计数据。

4. 细羊毛价格上涨明显，养殖户生产成本支出增加

2011年被调研示范县的细羊毛价格上涨幅度普遍较大，已经达到近几年的最高水平。敖汉旗2011年细羊毛价格达到23～26元/千克，比2010年上升104%；前郭县2011年细羊毛价格达到22～26元/千克，比2010年上升66%；拜城县和温宿县2011年细羊毛价格达到33～38元/千克，比2010年上升51%；乌审旗2011年细羊毛价格达到38～45元/千克，比2010年上升48%。

在细羊毛价格上涨的同时，农牧民养殖细毛羊的生产成本支出也在增加。对于饲料成本，受访的农牧民均表示：玉米、精饲料和干草等饲料价格都在上涨，同比上升幅度均超过10%。同时，禁牧政策等原因导致细毛羊舍饲时间延长，饲料消耗量随之增加，这样饲料成本支出进一步走高。通榆县每只细毛羊舍饲期间的饲料成本支出平均在2.20元/日以上，乌审旗最低饲料成本支出也达到2.00元/日。细毛羊养殖过程中的其他成本项（如人工费用、燃油费用等）支出也在上涨。2011 年各被调研示范县细毛羊养殖的总成本（包括人工费用）情况如下：拜城县和温宿县的养殖总成本分别在 380 元/只和 360 元/只左右；敖汉旗的养殖总成本在 250～300 元/只之间，乌审旗的养殖总成本在 200～360 元/只之间；而通榆县和前郭县的养殖总成本分别在 450 元/只和 400 元/只左右。

根据调研数据分析，2011 年各被调研示范县之间细毛羊养殖的纯收益相差较大。拜城县和温宿县每只细毛羊的养殖纯收益大约在 150～200 元之间；乌审旗的养殖纯收益在 500～600 元/只之间，敖汉旗大约在 200 元/只左右；前郭县的养殖纯收益大约在 200 元/只左右，通榆县大约在 180～200 元/只之间。

5. 牧草长势良好，饲草资源丰富

2011 年各被调研示范县牧草长势良好，饲草供给相对充足。2011 年温宿县和拜城县两个示范县雨水充沛，除局部地区有洪水对草场有略微影响之外，总体上说牧草长势好于 2010 年，当地人员估计 2011 年草场鲜草产量能够达到 900 千克/公顷。敖汉旗受地理位置影响，气候常年干旱，但 2011 年降雨量却异常增加，当地草场牧草长势良好，牧民估计产草量（干重）最高能够达到 2 250千克/公顷。乌审旗也处于干旱地区，虽然 2011 年的降雨量增加不明显，但该旗耕地中水浇地面积所占比重较大，秸秆等粗饲料供给充足，养殖条件依然保持较好状态。2011 年通榆县和前郭县可放牧草地的牧草生长均保持良好状态。

二、细毛羊产业发展存在的问题

1. 饲养管理方式落后

目前我国细羊毛的生产主要是由农牧民家庭经营管理完成的。大部分农牧民的饲养管理方式比较粗放，严重影响了羊毛质量。在被调研的几个示范县中，细毛羊养殖户主要采取冬季短暂舍饲、春季到秋季长时间放牧模式进行养殖。在放牧期间，养殖户逐水草而牧，靠天养羊。同时，养殖户饲养管理方式落后还表现在羊舍建造简陋、标准化程度低、圈舍的清扫与消毒随意性较大和细毛羊的饲料营养补给不均衡等方面。以浓缩料的添加为例，农牧民大都根据自己的经验决定添加浓缩料的比例，有不添加和添加 25％、30％、40％等多种比例。以药浴为例，在前郭县、通榆县调查的 4 个村的全部养殖户均没有使用专门的药浴设备，或者使用“大铁锅”对细毛羊进行药浴，或者在地面上挖坑铺垫塑料布做成简易药浴池进行药浴。在调研过程中还发现有的养殖户甚至将细毛羊和其他品种的肉羊混群饲养，导致细羊毛品质退化。随着细毛羊品种改良技术的不断推进，科学饲养、科学管理的要求不断提高。落后的饲养管理方式制约着细羊毛的生产水平，不利于细毛羊产业实现现代化。

2. 现代化养殖技术应用水平低

长期以来，国产细羊毛在质量上与澳大利亚羊毛存在较大差距，除了自然环境因素外，现代养殖技术应用水平低也是其中一个重要原因。在调研过程中，我们发现大部分养殖户在羊舍修建与改造、羊舍保暖与防寒、饲料配给、机械剪毛等方面都缺少必要的技术知识，且对细毛羊养殖的新技术认识不足，更没有及时正确地采用。以“羊衣”① 技术为例，敖汉旗、通榆县和前郭县接受调查的60户养殖户所饲养的细毛羊均没有穿着“羊衣”，受访养殖户表示对该技术一无所知。拜城县种羊场虽然已经全面普及“羊衣”，但是“羊衣”在其他乡镇的普及率很低。乌审旗养殖户曾经使用过“羊衣”，但是对“羊衣”的穿着时间、使用条件没有结合当地自然环境条件进行改进，导致“羊衣”极易破损，不仅没有起到提高净毛率、羊毛品质的作用，反而增加了养殖成本，最终被迫放弃使用。再比如剪毛环节，敖汉旗、前郭县和通榆县的养殖户全部使用剪子手工剪毛，没有实现机械化剪毛，也没有专门的剪毛场所。很多受访的养殖户表示从未参加过养羊的技术培训，有的即使参加了政府部门组织的相关培训，也由于自身受教育水平、资金等条件限制不能付诸实施。现代养殖技术应用滞后降低了产品的竞争力，影响细毛羊产业的长远发展。

3. 细毛羊专业合作社发展滞后

农牧民专业合作社有利于增强小规模分散经营养殖户的市场力量、实现规模经济、降低养殖户的经营风险，并且有利于促进细毛羊产业化经营。目前细毛羊专业合作社发展滞后，农牧民分散养殖的小生产无法与大市场有效连接，制约了细毛羊产业的发展。有的地区没有成立合作社，例如在前郭县，生猪、肉羊、绒山羊等其他畜种合作社总数达到238家，唯独没有建立细毛羊专业合作社。有的地区合作社仅仅是名义上的，部分受访养殖户表示曾经加入过养羊合作社，但是合作社仅仅是给每个参加者发放一本证书，没有组织任何生产经营服务活动。此次调研中，乌审旗是唯一成立了细毛羊专业合作社的示范县，合作社为牧民提供养殖技术交流、疾病预防控制、羊毛分级打包和贷款服务

① “羊衣”是指给细毛羊穿着的一种织物或“罩衣”，主要起防止羊毛受到风沙污染，保障羊毛质量的作用。

等，在销售方面也形成了一定的议价能力，但该合作社也面临结构松散、制度不完备、章程执行不严格等问题。

4. 细毛羊品种倒改、转产现象严重

近两年羊肉价格上涨较快，肉羊活重价格已经达到20～24元/千克，屠宰加工后的羊肉价格高达52元/千克以上，明显超过羊毛的价格，毛肉比价不合理。以小尾寒羊为代表的肉用羊品种繁殖率高、耐舍饲、生产周期相对较短，养殖效益明显高于细毛羊。在敖汉旗、前郭县和通榆县，当地细毛羊产业发展均受到肉羊产业兴起的冲击，养殖户以经济效益为主要利益驱动，纷纷转产肉羊生产，倒改、减少甚至是淘汰细毛羊的现象比比皆是。如果政府部门不及时针对细毛羊产业出台相应扶持政策，未来3～5年内细毛羊生产将全面下降，并面临品种消失的危机。拜城县、温宿县和乌审旗细毛羊养殖形势虽然相对较好，在当地政府扶持下受到肉羊产业发展的冲击小，养殖户倒改、转产现象不明显，但在肉羊价格不断上涨的态势下潜在的风险依然存在。

5. 羊毛流通秩序混乱，羊毛交易不规范

在调研中了解到，我国羊毛交易的专业市场少，羊毛流通秩序混乱、羊毛交易不规范现象很普遍，严重影响细毛羊产业发展。首先，养殖户混级销售羊毛现象普遍存在。各地不同等级的羊毛销售差价并不明显，大部分牧民感觉羊毛销售没有实现优毛优价。敖汉旗和乌审旗大多数养殖户销售羊毛时均不分级，完全混合在一起打包销售；通榆县和前郭县大多数养殖户销售羊毛时，仅仅是将羊毛简单地分成边腿毛、套毛两级进行销售；拜城县和温宿县按“萨帕乐”标准将羊毛进行了分级，但各乡镇仍以均价销售不同等级的羊毛，羊毛等级差价没有得到体现。其次，羊毛定价仍是以污毛计价为主，只有乌审旗参加工牧对销的养殖户按照净毛计价。再次，被调研示范县发展羊毛拍卖交易困难重重。敖汉旗、前郭县和通榆县均未建立羊毛拍卖市场，乌审旗、拜城县和温宿县虽曾经组织参加过羊毛拍卖交易，但近几年纷纷停止采用拍卖方式销售羊毛。以拜城县、乌审旗为例，拜城县优质细羊毛从1998—2008年连续在南京参加拍卖，但从2008年后因拍卖环节复杂等原因，拍卖交易方式停止，改为江苏等地知名毛纺企业到拜城县直接收购的方式进行交易；乌审旗虽然近几年采用了拍卖方式销售细羊毛，但2011年羊毛更加走俏，销售方式又转变为工牧对销。

6. 农牧民受教育程度偏低

在调研中发现，绝大多数农牧民的受教育程度仅为初中或小学水平，具有高中或中专及以上受教育程度的农牧民所占比例较低。以乌审旗为例，在接受调查的20名养殖户户主当中，8名是小学教育水平，占40%；7名是初中教育水平，占35%；4名是高中教育水平，占20%；1名是大专教育水平，占5%。各被调研示范县中只具有初中及以下教育程度的农牧民所占比例最大。农牧民受教育程度较低不利于先进养殖技术的推广，不利于现代化管理模式的实施，长远来看必定会影响细毛羊产业的发展。

三、促进细毛羊养殖与产业发展的政策建议

1. 实施细毛羊保种政策，保护细毛羊优良品种

由于受细毛羊品种繁育与选育等因素影响，发展细毛羊产业是不能一蹴而就的。在被调研的示范县中，根据科技人员反映，细毛羊品种受生物遗传规律影响最为明显，为提高1厘米的羊毛长度或提高几微米的羊毛细度，都需要耗费几代科研工作者的心血、经过几十年的科研攻关才能完成。相反，如果要倒改细羊毛品种，3～5年时间内就可以使细毛羊的生产性能大幅度退化。目前有的示范县所辖乡镇纯种细毛羊的存栏数量出现了下降趋势。因此，为了避免品种退化，应当尽快出台细毛羊保种政策。细毛羊保种政策是细毛羊产业发展的蓄水池，能够起到短时间内迅速恢复生产，扩大养殖规模，提高羊毛产量的作用。实施细毛羊保种政策，一方面应当以各地细毛羊种羊场为主体实施补贴扶持政策，按照种羊场的种羊存栏数量、建设规模及科研实力等指标拨付保种经费，并鼓励种羊场做好细毛羊核心群保护与扩繁工作；另一方面，对加入细毛羊保种核心群建设的养殖户给予政策性补贴，鼓励养殖户增加对细毛羊保种的资金投入。

2. 完善种用公羊补贴政策，促进细毛羊品种维护更新

购置并有效使用种用公羊是稳定羊毛质量、避免细毛羊品种退化的重要措施。目前购置种用公羊的市场价格在4 000～5 000元/只，而种用公羊补贴仅为800元/只，加上细毛羊养殖效益不高，养殖户购置、更新种用公羊的积极性更不高。有的养殖户通过与其他养殖户互换种用公羊来应付维持生产，羊毛质量无法得到保障。因此建议从以下四个方面完善种用公羊的补贴政策。首先，要扩大种用公羊补贴政策的覆盖面，确保每个购置种用公羊的养殖户都能够得到补贴；其次，要提高种用公羊的补贴标准，补贴水平最低应保持在2 000元/只左右；再次，要完善中央财政拨款与地方配套给付的机制，地方政府应加大种用公羊补贴的配套力度；最后，要针对种羊场实施种用公羊培育补贴政策。近几年有的种羊场出现种用公羊销售困难、培育成本上升等问题，已

经出售的种用公羊获得的收益难以弥补生产成本，培育细毛羊新品种的积极性受到抑制。现有种羊场多为国有农场，培育细毛羊品种具有一定的社会效益，因此，要专门对种羊场给予种用公羊培育补贴。

3. 实施能繁母羊良种补贴，提高农牧民养殖积极性

为了进一步调动养殖场（户）养殖细毛羊的积极性，促进细毛羊产业持续健康发展，应安排中央财政补贴资金并配套地方财政补贴资金对饲养一定规模能繁母羊的种羊场和养殖（场）户进行补贴。在补贴受益对象上，能繁母羊良种补贴政策应当将种羊场、规模养殖场和散养户等都纳入到覆盖范围内，并重点关注多年养殖细毛羊的散户。对于补贴标准的设定，应参考目前细毛羊的经济效益平均比肉羊低大约 500 元/只左右的实际情况，将能繁母羊良种补贴标准至少设定为 200 元/只，否则能繁母羊良种政策不能起到鼓励生产的作用。同时，该政策应当以细毛羊生产良种化为导向，对不同的细毛羊品种实施不同的补贴额度，即补贴标准与能繁母羊的品种相挂钩，实现“优品优补”，以达到扩大细毛羊良种使用范围的目的。

4. 提高细毛羊养殖技术水平，促进生产标准化发展

提高细毛羊养殖环节科技含量，是提高羊毛质量、促进细毛羊产业发展、增加国产细羊毛国际竞争力的重要途径之一。但是目前细毛羊养殖户的经营管理模式十分不利于先进生产技术的推广。在草牧场资源有限的条件下，政府部门应当积极鼓励养殖户向科技化、标准化养殖方向发展。一是完善以政府为主导的科技服务体系，加强对养殖户科技培训的力度。利用电视、网络、广播、报纸等多种媒体，采用授课、参观学习等多种方式，以各种现代化养殖技术（繁育、防疫、羊舍建造等）为重点，加快农牧民养殖技能培训，使其掌握细毛羊养殖新技术。二是加快乡村级细毛羊养殖公共基础设施建设。在乡村兴建大型药浴池、标准化剪毛场所等基础设施，为养殖户提供便利条件。三是对一定规模的养殖户给予标准化养殖补贴。标准化养殖补贴可用于养殖户改造或新建羊舍羊棚以及购置养羊机械设备等。

5. 出台细羊毛最低收购价政策，保护农牧民经济利益

为避免细羊毛市场价格剧烈波动，调动养殖户生产积极性，同时促进农牧民增收，应当尽快出台细羊毛最低收购价政策。最低收购价政策的操作方式大致有两种。一是制定一定标准的最低收购价格，该价格往往略低于通常的市场销售价格，但恰好在弥补养殖户生产成本之后略有盈余，当养殖户销售困难时，可以将羊毛直接卖给政府收购部门。二是通过贷款差价模式执行，即政府部门不直接进行收购，而是在养殖户销售羊毛产生困难时，对没有销售掉的羊毛或以市场较低价格销售的羊毛按照收购价与市场价格的差价直接给养殖户进行补偿。无论采用哪种方式，羊毛最低收购价政策都将促进细羊毛生产，防止产业萎缩。在制定最低收购价政策时，首先要合理确定最低收购价标准，既要保障养殖户利益，又要调动养殖户继续养殖的积极性；其次，以最低收购价政策为导向，加大优质细羊毛最低收购价政策的实施力度，促进养殖户提高细羊毛品质。实施最低收购价政策要安排专项资金，如同粮食、棉花等农产品收购价政策一样，确保资金专款专用、封闭运行。

6. 发展细毛羊专业合作社，提高生产经营组织化程度

建立细毛羊专业合作社有利于克服一家一户分散生产的弊端，还有利于提高细羊毛质量和市场竞争力，并为实现细羊毛标准化生产提供组织保证。受传统文化的影响，大部分养殖户合作意识不强，细毛羊专业合作社发展滞后。即便有些地方成立了专业合作社，但合作社往往流于形式，资金来源、内部管理等不断出现问题，制约着合作社的持续发展。建议从以下方面促进细毛羊专业合作社发展：一是加强宣传，引导养殖大户、羊毛经纪人、企业多主体、多形式地建立细毛羊专业合作社并帮助其完善运作机制，促进合作社在章程制定、管理制度、利益分配等方面规范运作；二是加大财政资金扶持力度，设立专业合作社发展基金，扶持细毛羊专业合作社发展，为养殖户提供信息交流、技术培训、市场营销等服务。

7. 完善细羊毛营销体系，推动羊毛销售方式现代化

细羊毛主产地销售渠道单一，固定、规范的羊毛交易场所没有建立起来，流通秩序混乱无序都损害了细羊毛生产者、需求者的利益。应加快扩展细羊毛流通渠道，规范流通秩序，推动细羊毛销售方式向现代化转变。为此建议从以下三个方面出台相关政策措施：一是完善细羊毛分类分级的国家标准，逐步建立羊毛“优质优价”的销售机制，协调毛纺企业与羊毛生产者之间的利益关系，实现“等级差价”收购，调动养殖户提高羊毛品质的积极性，促进养殖户增收。二是大力推广机械剪毛、分级整理、打包检验等羊毛销售的现代化管理技术，将不同等级的细羊毛区分开来，并提高每个等级的细羊毛的质量。各地区可以根据产区羊群分布情况，合理布点建立剪毛棚，成立专业机械剪毛队剪羊毛，逐步替代落后的手工剪毛方式；培育专业分级员队伍，发挥羊毛专业分级员在羊毛质量管理中的重要作用，并建立分级员操作与羊毛质量相关联的追溯体制，促进细羊毛品质的提高。三是在拍卖机制不健全的情况下，应尽量减少羊毛流通的中间环节，在细羊毛主产区配套建立辐射性强的专业批发市场，推动细羊毛产销对接，让利于企业与养殖户。成立专业的细羊毛销售协会，发展专业的羊毛经纪人队伍，逐步扩大拍卖交易规模，推动羊毛销售方式向现代化转变。

参 考 文 献

[1] 敖汉种羊场 . 2010. 种羊场出台新政策优化细毛羊饲养环境 [EB/OL] . [2010 - 09 - 06] . http：//www. aohan. gov. cn/Article/Detail/14258.

[2] 敖汉种羊场办事处 . 2010. 细毛羊产权制度改革效果好 [EB/OL] . [2010 - 09 - 09] . http：//www. aohan. gov. cn/Article/Detail/14456.

[3] 李莉，荣威恒，白俊艳，王贵东，张富，刘国平 . 2006. 影响敖汉细毛羊早期主要性状的非遗传因素分析 [J] . 畜牧与饲料科学：奶牛版（2）：20 - 23.

[4] 卢泰安 . 2009. 养羊技术指导 [M] . 北京：金盾出版社 .

[5] 乌审旗农牧业局 . 2009. 乌审旗细毛羊产业发展“十一五”规划及 2015 年远景目标 [EB/OL] . [2009 - 11 - 27] . http：//www. ordosagri. gov. cn/.

[6] 乌审旗农牧业局 . 2009. 乌审旗细毛羊产业发展情况 [EB/OL] . [2009 - 06 - 03] . http：//www. ordosagri. gov. cn/.

[7] 张明新，王春昕，李青春，吴长锁，王进国 . 2006. 吉林省新吉细毛羊的育成、品种特性与利用 [J] . 中国畜禽种业（1）：34 - 35.

[8] 张明新，王春昕，赵云辉，李青春，黄金平 . 2009. 吉林省细毛羊产业技术需求调研报告 [J] . 吉林畜牧兽医（9）：1 - 5.

[9] 张英杰 . 2010. 羊生产学 [M] . 北京：中国农业大学出版社 .

专题十一

我国半细毛羊产业发展调研报告

李瑞锋　丁丽娜　孙致陆　木乃尔什　申小云

半细毛羊产业是我国绒毛用羊产业体系的重要组成部分。我国的半细毛羊主要分布在云南、四川、贵州、青海和内蒙古等少数民族地区。长期以来，关于我国半细毛羊的研究重点主要集中在品种选育、饲养和疾病防治等技术方面，而关于产业发展、养殖效益、市场流通、养殖模式等产业经济方面的研究相对较少。为了从产业经济的角度对当前我国半细毛羊产业的发展现状进行研究，国家绒毛用羊产业技术体系产业经济团队于 2011 年 7—8 月对贵州省毕节地区和四川省凉山地区的半细毛羊产业进行了调研，具体调研地区包括毕节地区的威宁县和赫章县，凉山地区的昭觉县和金阳县。调研方式采用的是访谈法，访谈对象包括试验站站长、县畜牧部门干部、乡村干部、养殖户等。

本报告根据调研情况从养殖品种、养殖方式、市场流通、草地资源、养殖收益等角度分析了毕节地区和凉山地区的半细毛羊产业发展现状，并对产业发展中存在的一些突出问题进行了分析，最后提出了推动产业发展的相关政策建议。

一、半细毛羊产业发展现状

毕节地区和凉山地区的半细毛羊经过长期的培育和发展，已基本上成为当地众多草食畜牧业品种中的优势品种，也逐渐成为当地农牧民的主要收入来源，正越来越受到当地政府、农牧民以及市场的关注。政府在半细毛羊养殖条件的改善、草地资源的维护、养殖专业合作社的发展等方面的扶持力度不断加大，进一步促进了当地半细毛羊产业的发展。

（一）养殖品种现状

1. 贵州半细毛羊

贵州省毕节地区的半细毛羊主要品种是贵州半细毛羊，1973 年《全国绵羊品种改良区域规划》将毕节地区的绵羊改良定为半细毛羊方向，当地便根据《贵州半细毛羊育种试验方案》的要求，开始半细毛羊的培育，经过杂交改良、育成杂交、横交固定和自群扩繁等多个阶段，培育成适应当地自然条件、具有一定生产性能的新品种——贵州半细毛羊。贵州半细毛羊适应高寒、潮湿气候，适宜高海拔地区生长。贵州半细毛羊属毛肉兼用羊品种，肉质细嫩、鲜美，毛质好。毕节市畜牧兽医局的资料显示①，贵州半细毛羊周岁公母羊体重平均达到 45.6 千克，35.7 千克，成年公母羊体重平均达到 82.5 千克，55 千克；成年公母羊产毛量分别为 6.8 千克、4.25 千克，羊毛长度分别为 14.6 厘米、13.1 厘米，主体细度 56～58 支纱，净毛率达 60%；产羔率 110%～120%。根据实地调研发现，农牧户养殖的半细毛羊的生产性能一般要低于种羊场的指标，加上品种退化等问题，实际生产性能明显低于上述指标，养殖户一只成年羊的产毛量一般为 2.5 千克，长度一般为 10 厘米，一只育肥羊的体重一般为 40 千克。目前贵州半细毛羊主要分布在毕节地区威宁、赫章等县。

近年来，威宁县和赫章县在贵州半细毛羊品种培育方面得到了大量的项目支持，取得了很好的效果。赫章县 2011 年已经投资 1 570 万元建设县级优质种羊场，这对未来半细毛羊的培育将起到非常重要的作用。

2. 凉山半细毛羊

四川省凉山地区的半细毛羊主要品种是凉山半细毛羊，是列入国家“七五”、“八五”重点科技攻关项目，经历 20 多年才培育成功的我国第一个 48～50 支半细毛羊新品种。凉山半细毛羊系用山地型藏羊作母本，引进新疆细毛羊、美利奴、罗姆尼、边区莱斯特、林肯羊作父本，采用复杂杂交培育而成，属毛肉兼用型品种。2009 年经国家畜禽遗传资源品种委员会命名为“凉山半细毛羊”。目前凉山半细毛羊主要分布在四川省凉山州的昭觉、会东、金阳、美姑、越西、布拖等县。

金阳县在“七五”到“九五”期间积极参与国家科技攻关项目“48～50 支纱半细毛羊新品种（系）选育”，取得重大成果，后来专门成立金阳县半细毛羊中心育种场从事新品种选育，在全县范围内开展半细毛羊改良工作，使半

---

① 毕节市畜牧水产信息网，http：//www.bjxmj.cn/Html/tsxscp/091515904.html .

细毛羊的生产性能得到提高，羊毛质量得到提升。金阳县在2005年、2006年对凉山半细毛羊的体重进行了测定，公、母羊初生体重分别为（2.9±0.45）千克和（2.75±0.4）千克，断奶体重分别为（6.8±1.2）千克和（6.4±0.95）千克，六月龄体重分别为（12.44±1.9）千克和（10.8±1.74）千克，周岁体重分别为（19.7±3.65）千克和（16.5±3.1）千克，成年体重分别为（37.7±4.2）千克和（34.3±2.75）千克。凉山半细毛羊初生时较重，早期发育较慢，周岁后发育较快，按照彝族传统饲养方式，一般要2岁才能育肥出栏。公母羊毛自然长度分别为（9.2±1.3）厘米和（8.7±1.13）厘米，体侧毛长分别达到11.56厘米和11.37厘米，净毛率达66.67%（钟肖，王佳等，2007）。

昭觉县自20世纪50年代以来就开展了绵羊改良工作，先后参加了“七五”、“八五”、“九五”国家重点科技攻关项目“48～50支纱半细毛羊新品种（系）选育”，已经成为了全国半细毛羊生产基地县，为凉山半细毛羊新品种的成功选育做出了较大的贡献，并形成了以两场（好谷、豹口）为核心，3个改良站（尼地、石油、宜牧地）为骨干，10个育种乡（尼地、解放、三岗、碗厂、特口甲谷、日哈、金曲、宜牧地、库莫、补约）为重点，其他37个绵改乡为依托的凉山半细毛羊改良繁育体系。到2008年末，全县绵羊改良面达90%，改良绵羊存栏33.6万只，占绵羊存栏数的91%。实地调查发现，昭觉县农牧户养殖的半细毛羊的生产性能与金阳县在2005年和2006年的测定结果基本一致：每只凉山半细毛羊的平均产毛量为2.5～3千克[①]；每年一般剪羊毛两次或三次，一般是在4—6月份和9月份剪毛，剪下的羊毛的平均长度为5～9厘米（如果每年剪毛一次，则长度可达13厘米）；凉山半细毛羊的羊毛细度大部分为50～56支，少部分为48支；凉山半细毛羊的羊毛平均净毛率为67.8%，养殖户层面的净毛率为58%以上；一只育肥羊的体重一般为35千克左右。

近年来，各半细毛羊主产县积极采取各种措施支持半细毛羊产业的发展。金阳县截止到2010年底，累计建设凉山半细毛羊科技示范园区11个，每个示范园区包含20户养殖户，每个示范园区投入5万元，用于支持园区的建设。另外，当地还争取到了人草畜三配套、以工代赈草场建设等项目支持。为了支持养殖户开展品种改良，当地政府积极采取措施给予资金支持，对重点户进行

① 昭觉县的人口有20多万，其中98%的人口属于彝族，按照传统风俗习惯，彝族农牧民在剪羊毛时，羊头颈部和尾部的毛一般不剪，这也在一定程度上影响了农牧户层面的产毛量。

优良种公羊的购买补贴，而且每年都会对农牧户养殖的半细毛羊进行鉴定，不合格的要进行淘汰。昭觉县截止到2011年7月全县已经建设60多个科技示范园区（20个养殖户为一个小区），主要的支持政策是给予种公羊购买补贴、圈舍建设补贴、人工牧草种植补贴、技术培训等，2009年的补贴水平为5 000元/户，2010年进一步提高标准，达到7 000～10 000元/户，补助资金主要来自省、州、县各级财政，但是这些资金并不固定，具有很大的随意性和波动性，例如，2010年全县一共投入290.675万元用于支持半细毛羊产业的发展，2011年下降到120万元。

（二）养殖规模及方式

1. 半细毛羊养殖在当地已初具规模，农牧户的养殖积极性相对较高

贵州省毕节地区和四川省凉山地区都属于草食畜牧业发展的优势地区，拥有优良的畜牧品种和丰富的草场资源。发展畜牧业也一直是当地农牧民的主要收入来源，其中半细毛羊一直是当地的重要畜禽养殖品种。

毕节地区是贵州绵羊的主产区，常年绵羊存栏量占全省的90%以上。贵州半细毛羊作为毕节地区的主要畜牧养殖品种一直受到当地政府和农牧民的重视，保持着较大的养殖规模。以养殖半细毛羊为主的威宁县一直是贵州省的畜牧大县，数据显示，2009年，全县畜牧业总产值12.99亿元，占农业总产值的46.22%；2010年半细毛羊存栏23.43万只，截至2011年7月份，半细毛羊存栏为20.68万只；2010年羊毛产量为460吨，截至2011年7月羊毛产量为500吨。赫章县2010年绵羊存栏为8.88万只，其中，半细毛羊2.88万只，2010年出栏半细毛羊2.22万只，2010年羊毛产量为53.14吨。从实地调查发现，农牧户养殖半细毛羊的积极性非常高，大部分农牧户都在养殖半细毛羊，而且每户的养殖规模总体上都在逐年扩大。从近几年的养殖情况来看，半细毛羊的养殖条件也在不断改善，体现在政府的项目支持、草场资源、半细羊毛市场价格等各个方面。

凉山半细毛羊养殖规模一直较大，数据显示，2010年末，凉山半细毛羊存栏137.17万只，半细毛产量为3607吨，较2008年的3 501吨增长了3.03%。近年来，金阳县农牧民养殖半细毛羊的积极性不断提高，存栏量、出栏量逐年增加，2010年绵羊存栏13.97万只，其中半细毛羊存栏13.13万只，能繁母羊的存栏量也在逐年提高，羊毛产量也在不断增长，2010年半细羊毛产量达到213吨。昭觉县目前村村社社均养殖有毛用绵羊，其品种以凉山半细毛羊为主，尚有极少量的细毛羊和本地藏绵羊，截至2008年末，凉山半细毛

羊存栏达 27.8 万只，占全州凉山半细毛羊存栏数的 21%；2010 年绵羊存栏 38.71 万只，其中半细毛羊存栏 29.48 万只，2010 年半细羊毛产量达到 979 吨。从实地调研发现，近几年，农牧民养殖半细毛羊的积极性在不断提高，半细毛羊的存栏量、出栏量和羊毛产量都在逐年增加。

表 1　样本县半细毛羊存栏和出栏情况

单位：万只

项目		羊存栏	其中：半细毛羊	羊出栏	其中：半细毛羊
威宁	2010 年	51.93	23.43	29.73	14.73
	2011 年 7 月	46.86	20.69	6.48	3.08
赫章	2010 年	—	2.88	—	2.22
	2011 年 7 月	—	2.11	—	0.92
金阳	2010 年	25.53	13.13	23.98	9.59
昭觉	2010 年	51.43	29.48	36.05	26.83

资料来源：当地畜牧统计资料和访谈记录。

近年来，当地农牧民具有较高的养殖积极性有着非常深刻的原因：当地自然条件具有发展养殖业的优势；国家相关产业政策的支持对发展养殖业产生了一定的导向作用；市场价格稳中有涨，经济效益明显，增强了农牧民进一步发展养殖业的信心；农牧民具有绵羊养殖的长期传统，这已经成为一种稳定的生产生活方式，难以发生大的改变。

2. 传统的养殖方式得到进一步巩固和坚持

毕节地区和凉山地区拥有丰富的草场资源，加上政府一直以来对保护草场资源的重要性都具有足够的认识，积极采取措施对草场资源进行建设和维护，保证了当地农牧民长期拥有丰富的草地资源从事养殖业。这些地区一年四季都可以放牧，枯草期较短，在长期的养殖实践中，农牧民逐渐掌握了基本的养殖方式，夏天和秋天实行全天放牧，冬季和春季进行适当的补饲，整体上采取的是半舍饲的传统养殖方式，这一养殖方式经过世世代代养殖户的不断实践一直延续至今。

在枯草季节需要对羊进行适当补饲，补饲期间补充的饲草料也基本都是农牧民自己种植的牧草和农作物，成本相对较低，例如毕节地区主要种植土豆和玉米，凉山地区主要种植土豆和荞麦，大部分都用作养殖半细毛羊的饲料。随着养殖规模的扩大，大部分农牧民也都种植了牧草，为补饲期间进行储备，主要的牧草品种是黑麦草，这也是经过长期的实验不断培育而成的，比较符合当地的环境和条件。养殖户会根据家庭的劳动力情况以及耕地情况决定养殖规模。如果耕地较少，种植的饲草料就无法满足其养殖需要；如果劳动力太少，养殖规模就无法扩大，因为放养、饲喂、剪毛等工作都需要劳动力的投入。

半舍饲的传统养殖方式是在过去长期的养殖实践中形成的，在新的发展阶段，这一养殖方式得到了进一步的巩固和坚持。随着农牧户养殖规模的不断扩大，养殖成本的不断提升，当地农牧民对这一养殖方式更加认同，加之当地草场资源的治理已经取得明显成效，使得这样的养殖方式，相对于我国大部分养殖地区而言，依然显示出比较明显的优势，最终使这样的传统养殖方式在当前的养殖实践中进一步得到巩固和坚持。从实地调研来看，当地所有的养殖户都采取的是这样一种养殖方式，特别是规模养殖户为了节约养殖成本表现出了更大的积极性，在整个适宜放牧的季节，无论是老人、妇女还是正值假期的学生都会坚持天天上山放牧，平均每天的放牧时间超过 10 小时。

3. 养殖条件正在不断改善

半细毛羊属于毛肉兼用型畜种，饲养条件的好坏对半细毛羊的毛肉产量和质量都具有非常重要的影响，例如，圈舍的建设布局、圈舍的消毒情况、食槽和围栏建设情况等都非常重要，科学合理的养殖条件有助于提高半细毛羊的饲养水平和质量，增加产毛量和产肉量，对羊毛的品质提升也有好处。随着农牧户养殖规模的不断扩大以及当地相关部门对养殖半细毛羊重视程度的不断提高，半细毛羊养殖条件也在不断改善，圈舍的建设也更加科学，更加注重通风和排水情况，有些农牧户还修建了二层圈舍。不过，一般情况下，这些圈舍的建设都是在相关项目的支持下修建的，养殖户一般不会主动按照科学饲养的原则进行圈舍修建，除非是一些规模较大的养殖户。例如，昭觉县实施了现代畜牧业示范县项目，在项目具体实施过程中，凉山州财政提供补贴 100 万，各个示范县的县级财政根据实际情况配套一部分资金，各个示范农牧户再自筹一部分资金。农牧户的养殖标准一般为：每户养殖基础母羊 30 只，种公羊 1～2 只；修建双层楼圈，羊圈的面积为 50～60 米^2，配套的运动场面积为羊圈的 5～6倍。金阳县也通过建设科技示范园的方式对农牧户的半细毛羊圈舍建设给予了支持，圈舍建设是其中一项重要的建设内容。威宁县和赫章县在草地生态畜牧业产业化科技扶贫项目中对圈舍建设也给予了一定的资金支持，例如，毕节市人民政府办公室《关于印发毕节市草地生态畜牧业产业化科技扶贫项目管理暂行办法的通知》中明确提出，圈舍补助一般饲养户建圈舍面积不低于 30 米^2，饲养大户所建圈舍面积不低于 80 米^2。

（三）养殖专业合作社发展情况

随着当地半细毛羊养殖规模的不断扩大和农牧民养殖积极性的不断提高，一些半细毛羊专业合作社相继成立，这些合作社大部分是在养羊大户的带动下自发成立的。目前，当地专业合作社发展还处在初级阶段，但这些合作社的优势和重要性已经初步显现。对于当地农牧户而言，发展专业合作社的优势和重要性主要体现在以下几个方面：①解决了散户养殖经营能力差、应对市场风险能力弱的问题，在产品销售方面能提高话语权，为农牧户争取更多的权益；②通过统一管理，使农牧户在养殖管理、草场管理等方面更加科学、合理，减少了盲目性；③能够为农牧户提供饲养管理、疾病防治等方面的技术服务和支持。

对当地政府而言，发展专业合作社的重要意义主要体现在：①政府关于半细毛羊的一些发展政策，通过专业合作社能到更好的贯彻和落实，并较快体现出政策效果，这比通过单个分散的农牧户来贯彻和落实这些政策要容易得多；②政府通过支持专业合作社的发展来间接带动农牧户半细毛羊养殖的发展，实现半细毛羊养殖的规模效应。

威宁县养羊专业合作社从 2007 年开始成立，截至 2010 年底，该县有 97 个养羊专业合作社，预计 2011 年底将达到 150 个。赫章县为了提高农牧户的组织化程度，通过“政府投入一部分资金、农牧户自筹一部分资金”的方式，大力扶持和支持半细毛羊养殖专业合作社的建设和发展，目前，已经初步建立了 11 个半细毛羊养殖专业合作社，这些专业合作社主要都是在政府支持下，由养殖大户带动农牧户自发联合成立的。以赫章县兴发乡中寨村的半细毛羊养殖专业合作社为例，2010 年至今，合作社建设过程中，政府投入了 24.16 万元，养殖户自筹了一部分资金，已合计投入了 80 多万元。经过多年的发展和建设，该合作社已步入正轨，目前，已经达到了 400 多户，规模还在进一步扩大，并设立了理事会和监事会，制定了较为完善的规章制度。该合作社的主要做法概括如下：①负责统一购置机械设备、饲料、兽药等生产资料，为社员农户提供了很大的生产便利；②配有专业兽医，向社员养殖户提供疾病防治技术服务支持，确保疫病得到及时诊治；③到全国各地跑销路，与客商或企业达成购销协议，负责社员农户的羊毛和整羊的销售；④对专业合作社所属范围内的草地设施如围栏等进行修缮，并正在建设自己的种羊选育场，建成后开展品种改良和选育工作，并向社员农户提供优质的种公羊，确保社员农户养殖的半细毛羊品种不发生退化；⑤每年根据经营情况，定期向社员农户发放红利，经营利润的60%发放给社员农户，另外40%的利润作为合作社的运行经费留存下来，以维持合作社的运转。

（四）草场建设和保护情况

1. 草地资源丰富

贵州毕节地区和四川凉山地区均位于我国西南地区，气候湿润，植被良好，拥有非常丰富的天然草地资源。

毕节，位于川滇黔交汇处，地形西高东低，平均海拔1 511米，年平均气温12.8℃，属北亚热带湿润季风气候，具有冬无严寒、夏无酷暑的特点。截至2010年，毕节有草山草坡面积747.29万亩，适宜的气候环境和丰富的草地资源非常适合半细毛羊养殖业的发展，目前，贵州半细毛羊是毕节地区农牧户养殖的主要畜牧品种。毕节地区万亩以上的草场65.2%分布在威宁、赫章两县境内海拔2 000～2 900米的地带，其他草场分布在各县海拔1 600～2 100米地带。威宁县位于毕节的西部，总面积为6 295平方公里，2010年末全县总人口为140.2万，平均海拔2 200米，年均降水量为960～1 100毫米，冬无严寒、夏无酷暑，截止到2010年，该县有天然草山草坡285.6万亩，人工草场保留面积达38.6万亩。赫章县地处毕节的中部，总面积为3 250平方公里，年降雨量为785.5～1 068毫米，2009年森林覆盖率为37.6%，2009年末全县总人口为70.01万，目前，该县牧草地总面积为35.19万亩。

凉山，地处四川西南边陲，森林、草地等植被资源丰富，2010年森林覆盖率达到了54.9%，是四川省“三大牧区”之一。凉山特殊的自然地理条件和气候环境决定了绵羊是当地农牧户饲养的优势畜种。目前，凉山半细毛羊是凉山地区农牧户养殖的主要畜牧品种，半细毛羊已经成为凉山高二半山地区开发、新农村建设的重点产业，在农村经济发展、农牧民增收、边疆稳定等方面发挥了重要作用。金阳县位于凉山地区的东部，总面积为1 588.23平方公里，年降水量为802毫米，2009年末总人口为17.62万，其中彝族人口占79.28%，目前，该县共有可利用天然草原面积70.8万亩。昭觉县位于凉山地区中部，是一个半农半牧的高寒山区彝族聚居县，也是我国半细毛羊生产基地县，总面积为2 699平方公里，年降雨量为1 100毫米，2009年森林覆盖率为40.9%，2010年末总人口为26.8万人，其中彝族人口占97%，目前，全县有天然草地226万亩，其中可利用草地为190万亩，占天然草地面积的84.07%。

2. 草场建设和保护工作不断推进

草场的建设和保护对于当地发展半细毛羊产业具有非常重要的意义，政府通过对草场确权承包、人工种草、草地围栏建设、草场禁牧休牧轮牧等方面的支持，使当地的草场生态得到明显改善，为半细毛羊产业的进一步发展奠定了坚实的资源基础。

草原确权承包工作不断推进。为了更好地开发利用天然草山草坡，推动草地畜牧业的发展，贵州省近年来积极推进基本草原确权和草原承包工作，2008年专门下发《关于开展贵州省基本草原权属划定工作的通知》，指导各地开展草原确权工作。截至2011年6月，毕节和黔西南两个地州已完成划定草原1 000万亩，其中，威宁县从2008年10月启动基本草原权属划定工作以来，截至2009年8月底，全县共划定基本草原217万亩①，从2009年6月启动全县基本草原承包工作以来，已经完成草原家庭承包191万亩，签订承包合同412份；赫章县完成草原承包42.62万亩（天然草场42.43万亩，人工草地1.19万亩）。另外，当地政府积极落实基本草原保护制度、禁牧休牧轮牧制度、草畜平衡制度、草原生态保护补助奖励制度等，不断推进草原生态建设和维护。

积极推进草场建设和保护。威宁县曾获得国际组织和国家相关部门在草场建设方面的大力支持，“七五”期间，国际凯尔组织援华草地绵羊项目、联合国开发计划署与新西兰政府援华的草地农业生态项目（UNDP）在威宁实施，国家“七五”至“九五”草地科技攻关项目、国家生态重建项目等重大科技项目在实施中，也先后在威宁建立了试验区。近几年，各级政府继续给予草场建设方面的支持：2007年实施草地生态畜牧业科技扶贫项目②，成为首批启动的20个项目县之一，具体形式是向农牧户免费提供草种、肥料和圈舍补助，有偿提供基础母羊和种公羊；2007年还实施了退耕还林后续建设项目；2008年实施岩溶地区石漠化治理项目，包括人工草地建设、草地改良建设和天然草地

① 主要是100亩以上连片基本草原。

② 由于草地生态畜牧业是贵州生态畜牧业的重要组成部分，大力发展草地生态畜牧业是畜牧业结构调整的重要内容，是促进农民增收致富的重要途径。2007年贵州省启动草地生态畜牧业产业化扶贫项目，当年财政安排2 150万元科技扶贫项目资金，扶持发展草地生态畜牧业，威宁县是项目实施重点县之一，2007—2009年以来，贵州省累计投入扶贫资金5.24亿元用于草地生态畜牧业发展，其中2009年投入2.18亿元。截至2009年6月15日，全省已完成种草98.43万亩，建圈131.04万米^2，购基础母羊80多万只，项目实施步伐加大。贵州省在2008年望谟、长顺、雷山、德江、大方、水城等33个草地生态畜牧业产业化科技扶贫项目县的基础上，再增加江口、黔西、罗甸等10个项目县，安排资金5 000万元，每县仍安排500万元，使全省草地生态畜牧业产业化科技扶贫项目县达到43个。

资源的生态效益监测；2010 年实施了三江源治理项目；2011 年全县将来自上级及本级各个渠道 1 亿元的项目资金用于草场建设，农牧户基本不用自己投入，包括种子、化肥、围栏等方面的投入都来自项目资金。这些项目的实施对当地草原生态建设、半细毛羊养殖都起到了非常好的支持效果，为威宁发展现代畜牧业奠定了坚实的科技基础，也为当地农牧民提高收入、脱贫致富起到了关键作用。赫章县近年来也连续得到中央和地方政府在草场建设和保护方面的政策扶持，作为贵州省草地生态畜牧业产业化科技扶贫项目之一，从 2008 年开始与威宁等 10 个县同时被纳入国务院扶贫办石漠化地区种草养畜扶贫开发试点县，并给予额外的资金支持。2011 年，农业部确定将以赫章为中心的毕节地区建成“中国南方地区优质草食畜产品和草产品（苜蓿）重要基地”，预计每年至少投入 4 400 万元。凉山地区自 20 世纪 90 年代开始就推进天然草地改良建设和保护管理工作，不断落实草场承包责任制，依托国家项目建设，加快天然草地改良保护及人工饲草地建设，这些项目包括国家天然草原恢复和建设项目、退牧还草工程等。昭觉县自 2009 年 8 月开始实施退牧还草工程，总投资 845 万元，涉及尼地乡、三岗乡、解放乡、碗厂乡、洒拉地坡乡、库莫乡 6 个乡，一共围栏建设退牧还草 30 万亩，其中，休牧 17 万亩，禁牧 13 万亩，同时，还进行草地改良补播 9 万亩。近年来，金阳县也投入部分资金推进草场建设和保护工作。

人工种草规模不断扩大。随着草场建设和保护工作的不断推进，人工种草不断发展，规模也在不断扩大。威宁县早在 1980 年就在农业部和民航总局的协助下进行飞机播种牧草试验。近年来，还积极通过草地生态畜牧业项目、“退耕还林”和“退牧还草”等项目鼓励和扶持农牧户发展人工种草，并在资金和技术方面给予支持。2007 年末，该县人工种草总面积已达 20 万亩，2009 年，实施人工种草 9.6 万亩，主要的牧草品种是黑麦草和紫花苜蓿草。赫章县依靠草地生态畜牧业产业化科技扶贫项目，专门设立了县草地中心，由该中心负责对种草农牧户在草种、化肥等方面给予资金支持，并在技术方面给予指导，扶持农牧户发展人工种植牧草。2010 年，该县实施人工种草 8 万亩，预计 2011 年人工种草 3.1 万亩，主要的牧草品种为黑麦草、鸭茅草和白三叶等。凉山地区一直非常重视草业的发展，早在 20 世纪 90 年代就开始启动了一系列项目推动当地草业的发展，先后制定了“九五”草畜“双百万”工程、“十五”草畜“3150”工程①和“十一五”畜牧“3550”工程，凉山草业发展迅速步入

① 到 2005 年，在全州实现种植优质牧草 150 万亩，绵羊改良羊存栏 150 万只，羊出栏 150 万只，实现草畜同步发展，造福山区人民。

一个新的阶段。一大批适合当地种植的优质牧草品种被广泛种植，已经成为凉山发展草食畜牧业的当家品种，包括多年生的白三叶、黑麦草、鸭茅、紫花苜蓿等品种，以及一年生的光叶紫花苕等品种。2009 年凉山州共完成以光叶紫花苕为主的一年生优质牧草 11.1 万公顷，其中烟地种草 2.73 万公顷，马铃薯地种草 4.84 万公顷，其他地种草 3.57 万公顷；完成多年生人工草地累计保存面积 3.2 万公顷，其中紫花苜蓿种植 1.37 万公顷（阿尔扎地等，2011）。金阳县 2010 年人工种草 9.5 万亩，种植的牧草品种主要是黑麦草、白三叶、光叶紫花苕，其中黑麦草和白三叶属多年生牧草，在种植时一般是将这两种草种混种，产草量约为 2 500 千克/亩，其中，黑麦草占 30%，白三叶占 70%，光叶紫花苕属一年生牧草，产草量约为 2 000 千克/亩。昭觉县近年来为了进一步优化种草布局，提高草地利用率，每年投入 30 万元用于支持人工种草，并积极推行“粮草套种”的种草方式，即在收获马铃薯后的耕地上种植光叶紫花苕，到 2009 年，种草面积已经达到 30.8 万亩，其中多年生牧草种植面积为 0.32 万亩。

3. 草地石漠化问题已得到有效治理

贵州省毕节地区和四川省凉山地区都属于高山地区和喀斯特地区，草地等植被资源丰富，降水充裕，但也容易发生水土流失，导致草地石漠化问题。2006 年以来，在农业部启动的西南岩溶地区石漠化草地治理试点项目的支持下，经过多年的治理，当地的草地石漠化问题目前已经得到了有效治理，这些地区也都未出现严重的草地退化问题。

(五) 市场流通状况

1. 半细羊毛销售市场较为活跃

目前，毕节地区和凉山地区的半细羊毛销售渠道虽然传统，但却比较活跃，既可以直接销售给上门的毛贩子，也可以运到附近的集市进行销售，目前，农牧户在半细羊毛销售过程中不存在“销售难”问题。但是，当地羊毛销售市场上交易的还主要是本地产的半细羊毛。例如，在威宁县，该县产的半细羊毛 80%都销售给了本县的毛纺加工厂。在昭觉县，由于民族风俗习惯的原因，当地民众对羊毛的需求量较大，全县的羊毛基本都是县内销售，该县共有约 12 家棉被以及披毡等民族服饰的生产厂家，对羊毛的需求量较大，有时还需要到周边县市以及云南等周边省份购进羊毛。

2. 半细羊毛销售价格近年来呈现持续上涨的势头

从销售价格来看，由于受到国际市场羊毛价格持续上涨等多方面因素的影响，近年来，当地的半细羊毛销售价格总体上保持持续上涨的势头。例如在毕节的赫章县，当地的半细羊毛平均销售价格已经由2008年的12元/千克上涨至2011年的22～26元/千克，上涨幅度较大。其他地区的半细羊毛销售价格总体上也呈现出较快上涨的趋势。同时，由于在饲养方式、养殖管理、自然地理环境、草地资源充裕程度、品种和性状等方面的差异，使得半细羊毛在长度、色泽、净毛率等方面存在较大差异，加之销售途径和销售方式也有所不同，导致不同地区甚至是同一地区的不同农牧户之间的半细羊毛销售价格往往存在较大的差异。

表2　2008—2011年赫章县半细羊毛平均销售价格

单位：元/千克

年份	2008年	2009年	2010年	2011年
价格	12	17～18	20	22～26

（六）养殖收益情况

农牧户养殖半细毛羊的行为受到多个因素的影响，包括当地自然条件、养殖习惯和养殖传统、劳动力供给状况、养殖效益等，从调研的实际情况来看，养殖收益是保证农牧民扩大养殖规模和增强养殖可持续性的重要因素。但是，从毕节地区和凉山地区畜牧局相关工作人员和乡村干部的访谈中可知，目前农牧民养殖半细毛羊，如果算上人工、自种草料等各种成本，基本上是不会有纯收益的，甚至是亏本的。下面根据实际调研资料对农牧户养殖半细毛羊的收益进行测算。

凉山金阳县在饲养半细毛羊过程中，实行的是半舍饲的养殖方式，大部分时间依靠完全放牧，只有在每年11月份至次年3月份的枯草期需要适当补饲。养殖户的养殖收入主要来自羊毛销售和育成羊销售，其他副产品如羊羔、羊皮、羊粪等收入非常之少，养殖成本主要包括冬春两季枯草期补饲所需的饲草料费用，以及疾病防疫费用、人工费、固定资产折旧等，二者之差就是纯收益。从收入角度来讲，按照农村养羊风俗，每年剪毛次数为2～3次，毛长4～5厘米，每季产毛量为2～3千克/只，市场销售价为20～30元/千克，每只育肥羊饲养周期约为1.5～2.5岁，体重可达35～40千克，价格为22～30元/千克。可见，一只羊从出生到育肥后出售，羊毛的收入最多为180元，而且许多羊还达不到这个水平。如果是出售活羊，按目前市场价格推算，育肥羊每只可售700～900元。从成本角度来讲，在枯草期补充的饲草料一般为秸秆、土豆、荞麦、干草，这些草料都是养殖户自己种植或天然的，几乎不存在从市场上购买草料的问题，而且养殖户也几乎不存在从其他养殖户转包草场的问题，因为大部分农牧户都从事养殖业，都需要种植草料，因此每户农牧民都会根据自家的耕地规模情况决定养殖的规模。养殖户的饲草成本主要来自种子、化肥和人工，一亩地一般需要3.5千克光叶紫花苕的种子，价格为8元/千克，一亩地一般需要1千克白三叶和黑麦草种子（1∶1），价格为60元/千克。人工一般为60元/天。一般情况下，如果需要对秸秆和饲草进行粉碎，还需要购置秸秆粉碎机，一般价格在5 000元左右。总的来说，如果按照每个劳动力饲养50只基础母羊、1只种公羊为标准，以两年为一个饲养周期，即某年的4月份到第三年的4月份[①]，繁殖成活率按80%计算，每年可增加断奶羔羊40只，养殖成本中包含人工成本和草料成本等，则平均每只半细毛羊亏损190元，如果不扣除人工成本，那么，养殖每只半细毛羊的平均纯收入为162元。

表3　金阳县半细毛羊养殖收益测算

		单产（千克）	单位消耗（千克）	时间（天）	数量（只）	单价（元/千克）	合计（元）
收入							
羊毛收入	成年羊第一年	2.6			51	20	2 652
	羔羊（第一批）	0.6			40	12	288
	成年羊第二年	2.6			51	20	2 652
	羔羊（第二批）	0.6			40	12	288
	育成羊（第一批）	2.6			40	20	2 080
活羊销售收入	育成羊（第一批）	35.0			40	22	30 800
收入合计							38 760
成本							
饲草	基础母羊第一年		1.00	120	50	0.4	2 400
精料	基础母羊第一年		0.25	120	50	2.1	3 150
饲草	羔羊第一批		0.667	90	40	0.4	960
精料	羔羊第一批		0.15	90	40	2.1	1 134

① 凉山半细毛羊一般每年发情季节在6—9月，发情周期为（18.5±2.5）天，母羊怀孕期为144～150天，产活羔率为95%。

（续）

		单产（千克）	单位消耗（千克）	时间（天）	数量（只）	单价（元/千克）	合计（元）
饲草	种公羊		1.00	120	1	0.4	48
精料	种公羊		0.50	120	1	2.1	126
鸡蛋	种公羊		2.00	100	1	0.8	160
饲草	基础母羊第二年		1.00	120	50	0.4	2 400
精料	基础母羊第二年		0.25	120	50	2.1	3 150
饲草	育成羊		1.00	120	40	0.4	1 920
精料	育成羊		0.25	120	40	2.1	2 520
饲草	羔羊第二批		0.667	90	40	0.4	960
精料	羔羊第二批		0.15	90	40	2.1	1 134
饲草	种公羊第二年		1.00	120	1	0.4	48
精料	种公羊第二年		0.50	120	1	2.1	126
鸡蛋	种公羊第二年		2.00	100	1	0.8	160
盐			1.00	2年	51	2.0	204
防疫费				2年			1 000
固定资产折旧				2年			600
人工				24个月		1 500元/月	36 000
成本合计							58 200
纯收益							−19 440
平均每只羊纯收益							−190

注：以50只基础母羊、1只种公羊、饲养2年为一个周期的标准进行测算。

凉山州昭觉县实行的同样是半舍饲养殖方式，从收入的角度来讲，主要来源是羊毛和活羊销售收入。当地养殖户每年一般给半细毛羊剪毛2～3次，一年的产毛量一般在3千克/只，羊毛长度一般为5厘米左右，目前，半细羊毛的平均价格为20～30元/千克。一般一只育成羊的体重能达到35～40千克，价格一般在24～30元/千克之间。从成本的角度来讲，包括饲草料成本、防疫费、人工、固定资产折旧等，一般一只羊需要补饲3个月，补充的混合精料一般需要0.25千克/（只·天），价格为2元/千克。一只羊冬季需要补充的饲草一般为0.5千克/（只·天），价格一般为1元/千克。人工一般为60元/天。

总的来讲，以 30 只基础母羊、1 只公羊为标准规模，扣除人工、饲草料等各种成本后，基本是亏本的。

毕节威宁县在饲养半细毛羊的过程中，采取的是半舍饲的养殖方式。从收入角度来讲，威宁县一般农牧户养殖的半细毛羊的产毛量为 2.5 千克/只，价格一般为 20 元～25 元/千克，价格相对偏低，这一方面是因为养殖规范化程度不高，羊毛的质量偏低，另一方面是因为规模偏小，议价能力偏低，难以获得一个合理的价格，一般都是一些羊毛贩子上门通过压级压价的方式收购。除了羊毛收入外，育成羊的销售收入更为关键，一只育成羊一般能达到 35～40 千克，平均销售价格为 24～30 元/千克。从成本的角度来讲，威宁县在冬季枯草期补饲一般是玉米、干草、洋萝卜、土豆等，一般一只羊一天需要补饲 0.1 千克玉米和 0.25 千克青萝卜，还包括其他饲草。有些饲草料属于农牧户自产，例如干草、洋萝卜和土豆，有些饲草料需要从市场购买，例如玉米等。玉米的价格一般为 2.0～2.4 元/千克，干草的价格一般为 0.4 元/千克，土豆的价格一般为 1.0 元/千克。另外，人工的劳动日工价一般为 60 元。一只羊的防疫费一般为 15 元/年。在喂养过程中，有的农牧户是将上述饲草料粉碎后进行混合饲喂，也有的农牧户不进行粉碎直接饲喂，二者的区别在成本上会有体现，如果饲草料需要粉碎，农牧户还需要购置粉碎机，这涉及折旧的问题。总的来说，农牧户养殖半细毛羊的纯收益是负的，处于亏本的状态。

二、半细毛羊产业发展存在的主要问题

贵州毕节和四川凉山在发展半细毛羊产业方面虽然已经取得了一定的成绩，当地各级政府也非常重视半细毛羊产业的发展，并继续在资金、政策等各方面给予大力支持，但是，目前当地半细毛羊产业在发展过程中仍然存在很多突出问题。

1. 品种退化问题开始凸显

贵州半细毛羊和凉山半细毛羊是经过多年改良和选育而成的优良品种，已经成为当地农牧户非常认可的地方品种，适应当地实际，性能非常突出。但近年来品种退化问题越来越突出，具体表现为个体体重下降、产毛量降低、产羔率下降、优良性状基因不断消失等。导致品种退化问题出现的原因是多方面的，具体包括：后续资金投入不足，导致品种选育工作难以持续开展；相关技术培训缺乏，技术人员的知识陈旧，大部分都是 20 世纪 80 年代的技术人员和 80 年代的专业知识，新型人才缺乏，导致改良技术落后，难以适应当前的发

展形势；半细毛羊的养殖还主要以低水平、小规模的分散饲养为主，导致羊群生产性能和种羊生产能力均出现下降；近年来羊毛和羊肉之间的价格差异持续扩大，导致不养殖毛用羊而改养肉用羊的现象开始出现。

资金投入不足是制约半细毛羊品种改良和选育工作持续开展的主要因素。与过去相比，近年来，国家对半细毛羊的项目支持非常少，省级政府也很少有资金投入到半细毛羊的品种改良方面，而且项目资金的投入在各地之间还存在很大的地区差异，部分地区的资金投入非常有限。昭觉县在“七五”、“八五”、“九五”期间曾得到国家科技项目的大力支持，开展了大规模的品种改良和选育工作，也建立了相对健全的品种繁育改良体系，但是从此以后，很少获得国家的资金支持，品种改良和选育工作也逐渐趋于停滞，建立起来的县种羊场的工作也已经基本停止，县改良站因为有少部分政府拨款经费还在运转，但已经难以广泛开展大规模的选育、改良、扩繁等方面的实际工作。由于品种培育工作进展受阻，导致优质凉山半细毛羊种公羊和基础母羊数量缺乏，再加上由于专业技术人员特别是农村基层技术人员的缺乏，导致农牧户养殖凉山半细毛羊缺乏科学合理的技术指导，在凉山半细毛羊饲养过程中，半细毛羊的品种退化问题开始凸显，已经出现了少部分养殖户将本地土羊与凉山半细毛羊进行杂交的“倒改”现象，影响了花费多年时间培育而成的凉山半细毛羊品种的延续，品种退化问题严重。由于经费不足，凉山州及昭觉县政府层面的半细毛羊的优质种公羊引进、培育及推广工作进展还较为缓慢。目前，由政府以补贴价格的形式从种羊场、改良站或扩繁厂提供给养殖户使用的优质半细毛羊种公羊数量还非常有限，难以完全满足养殖户的养殖需求；而种公羊的市场价格都较高，使得多数养殖户很少购买种公羊进行淘汰更新，在很长时间内大多一直使用自有种公羊或者通过与临近的其他养殖户调剂使用种公羊的方法来进行繁育，近亲繁殖问题较为严重，导致半细毛羊的个体体重以及半细羊毛的产量和质量都出现了一定程度的下降。金阳县在20世纪90年代后，半细毛羊改良工作基本停止，目前改良羊基本都出现退化，优、中级羊数量极少，多年来国家很少对凉山半细毛羊选育工作投入专门资金，系统选育工作也没有开展，使羊群结构不合理，近交系数增加，品种长期未能得到选育和更新，品种退化，生产性能下降，主要表现为成年体重较小、屠宰率低。

羊毛和羊肉的价格差异持续扩大也在很大程度上影响了半细毛羊优良品种的维持。近年来羊肉价格的较快上涨，使得养殖肉羊成为一种趋势。20世纪90年代以来，羊毛价格在一段时间持续下降，贵州半细毛羊的存栏量总体上也趋于下降，贵州半细毛羊的品种培育工作也逐渐趋于停滞。2003年，贵州省政府提出用特克赛尔羊杂交改良贵州绵羊，发展贵州肉羊产业，随后，包括赫章在内的多个县市都开始引入高产肉用绵羊小尾寒羊，发展肉羊养殖。由于政府引种目标不明确、品种培育停滞，引起优质贵州半细毛羊种羊缺乏、农牧户养殖缺乏科学合理的技术指导，在贵州半细毛羊饲养过程中，也出现了部分农牧户将贵州半细毛羊与小尾寒羊进行杂交的“倒改”现象，影响了花费多年时间培育而成的贵州半细毛羊品种的延续，贵州半细毛羊的部分优良性状基因逐渐消失。

2. 养殖方式还比较落后

目前，贵州毕节和四川凉山地区的农牧户仍然采用非常传统的方式进行半细毛羊养殖：夏秋两季完全放牧，冬春两季适当补饲；农牧户未形成舍饲习惯，舍饲的时间并不长，舍饲技术比较落后；农牧户的饲喂方式比较简单，饲喂的饲草料也没有按照科学的养殖要求去进行配比，基本都是根据自己种植的农作物品种决定饲草料的种类。目前，农牧户的养殖方式在科学化、集约化、精细化等方面还非常落后，而落后的养殖方式和养殖管理将直接影响半细羊毛的产量和质量，不利于农牧户养殖收益的提高。

以舍饲技术为例，在赫章县，每年的 11 月至第二年的 3 月份为冬季，在此期间，农牧户的草地在一定时间内都被冰雪覆盖，因而放养难以完全保证羊的饲料需求，如果不及时补饲，羊会出现掉膘甚至死亡，所以，舍饲技术是一项非常重要的半细毛羊养殖技术。但由于缺乏专业技术人员的培训和指导，该县农牧户还未掌握该项技术，农牧户主要还是依靠自己多年的养殖经验在冬春舍饲阶段对半细毛羊进行补饲，但由于不了解舍饲技术，所用饲料的种类和数量都难以达到科学的标准，因而存在着“量多却缺营养”的双重问题，不仅饲料使用效率低，而且还未达到补饲的效果，羊出现掉膘，影响了羊的生长和羊毛的质量，进而影响了农牧户的养殖效益。

圈舍的修建和管理都不科学。大部分农牧户都没有按照规模养殖和科学养殖的标准修建圈舍，只有部分养殖大户和规模养殖场才会按照标准进行修建。部分农牧户对圈舍的清扫和消毒频率较低，有的农牧户为了积攒羊粪作为农家肥，甚至半年或一年打扫一次圈舍，还有农牧户甚至从来不对圈舍进行消毒。

养殖的机械化程度非常低。由于各种机械设备的价格均较高，单个农牧户往往难以承受，因而拥有各种先进机械设备的农牧户非常少。大部分农牧户都没有饲料加工机械，饲草都是不粉碎直接饲喂；农牧户一般也没有剪毛机，都用剪刀进行手工剪毛，市场上也没有专业剪毛队；在运输工具方面，只有少部分农牧户有拖拉机，还有部分农牧户有马拉或牛拉的自制四轮或两轮木板车；

在消毒设备方面，部分农牧户配有喷雾器、大号注射器等简易的消毒和治疗工具，基本没有药浴池、药浴车等设施和设备。

3. 专业化和组织化程度偏低

目前，贵州毕节和四川凉山半细毛羊产业发展的专业化程度都比较低，相关的技术和专业人才均非常缺乏。目前，各地专业合作社的发展还都处于初级阶段。

饲养的专业化程度偏低主要体现在舍养阶段，由于缺乏科学的指导和相关技术及机械设备，农牧户难以按照科学的标准进行专业化饲养，基本都是按照多年的养殖经验，采用传统的养殖方式进行饲养。剪毛也都是农牧户家庭成员通过手工方式用剪刀完成，未使用剪毛机，也没有专业的剪毛人员提供剪毛服务。

专业合作社的发展也相对滞后。虽然各个县基本都成立了半细毛羊养殖专业合作社，但是，大部分地区的专业合作社发展还处于初级阶段，运行还没有完全步入正轨，难以形成规模效应来带动和促进当地半细毛羊养殖业的发展。目前，当地半细毛羊专业合作社发展面临的困难主要体现在三个方面：一是政府在资金等方面的支持力度依然较弱。由于半细毛羊养殖地区主要位于经济发展落后的中西部地区，如贵州毕节和四川凉山所辖县均有多个国家级贫困县，落后的经济发展水平制约了政府的财政支出能力，而农牧户自己往往又无法承担发展合作社所需的大量资金投入，制约了专业合作社的发展。二是农牧户的认知和接受程度普遍较低。虽然专业合作社在许多地方已有多年的发展，但在当地农村地区还属于新鲜事物，农牧户面临一定的认识困难，达到对这一新鲜事物形成正确认识并予以接受需要经历一个缓慢的过程，再加上留在农村从事农业生产的大多是老人和妇女，他们对新事物的认知和接受更加有限。并且农牧户往往追求的是看得见的实惠，合作社起步建设阶段具有"投入大、收益小"的特点，往往需要经过一段时间的发展才能显现出规模效应和优势，所以处在发展初期的专业合作社还难以让农牧户快速接受。三是缺乏发展专业合作社的人才。在农村地区，合作社的发展还必须要有既懂专业合作社的基本运作，又有一定的号召力和开拓精神，并愿意在农村长期从事养殖业的人才来发起和带动。但当地农村地区的现实情况是，大多数年轻人都已外出打工并且很少愿意再回到农村，并且专业合作社的发展和运营要求必须具备相关的专业知识，而留在农村的都是老年人和妇女，文化素质不高，接受新事物的能力偏低，难以发挥带头人的作用。所以，人才的缺乏也制约了当地养殖专业合作社的成立和发展。目前，贵州毕节和四川凉山都在发展半细毛羊养殖专业合作社，但是发展的水平却参差不齐。有的地区合作社较少而且发展缓慢，例如，昭觉县半细毛羊养殖专业化程度还比较低，专业合作社的发展还处在起步阶段；还有的地区专业合作社已经成立，但是发展缓慢，基本没有发挥应有的作用，例如，金阳县建立的养羊协会，因为场地、经费等条件的限制，目前还没有发挥应有的作用；其他地区专业合作社的发展基本都处于起步阶段；不过也有一些地区的专业合作社发展相对较好。

4. 流通市场发展比较滞后

规模较大的半细羊毛统一交易市场还非常少，政府层面的羊毛价格信息预警体系尚未建立。当地的半细羊毛的交易手段和整个交易过程都非常传统和初级，一般都是养殖户直接将羊毛销售给上门的毛贩子，或者直接运到附近的集市上进行销售，未实现拍卖销售，养殖户基本也都不了解羊毛拍卖销售。养殖户在销售半细羊毛时，大多直接与毛贩子进行交易，双方都是凭自己多年的经验来评判羊毛的质量并讨价还价确定最终的销售价格，而极少会用专业的检验设备对羊毛的质量进行检测并据此确定价格。羊毛价格信息并不透明，在双方讨价还价确定销售价格的过程中，还经常会出现毛贩子压质压价的情况，使养殖户的利益受损。再加上政府层面的价格信息预警体系尚未建立，导致羊毛价格信息传导不通畅，农牧户了解价格信息的渠道还非常有限。

在少数半细毛羊养殖专业合作社发展较好的地区，养殖户通过合作社将半细羊毛统一出售给与合作社签订购销合同的相关毛纺加工企业，羊毛实现了规模化成批量销售。但由于功能不完善、制度不健全等方面的原因，大多数合作社还未实现半细羊毛批量销售。

由于市场发展滞后，羊毛质量差异在价格上的体现还较为有限，对半细毛羊进行分级销售的导向作用不明显，加之羊毛分级的专业人员和相关设备均非常缺乏，羊毛分级基本没有开展，羊毛在剪毛环节和销售环节基本都不进行分级，只有少数参加了合作社的农牧户在向与合作社签订羊毛购销合同的毛纺加工企业销售羊毛时会按照毛纺加工企业的要求和规定对羊毛进行分级，并且具体的羊毛分级操作都是由毛纺加工企业的技术人员完成，其他的羊毛分级基本是非常简单的按照羊毛在羊身上所处部位的不同进行的分类，还无法精确体现羊毛在质量上的差异。

5. 政策扶持和项目支持明显不足

毕节地区和凉山地区大部分县都属于国家级贫困县，畜牧业是当地的主要产业，也是农牧民的主要收入来源，对获得政府在政策和项目方面的支持具有非常强烈的需求，否则当地产业的发展和农牧民的脱贫致富将非常困难。同时，半细毛羊和其他畜牧业品种一样，需要在品种改良、饲养管理、圈舍建设、技术培训、草原草场建设、价格干预等各个方面得到政策扶持和项目支持。然而，相当长的时期以来，国家关于半细毛羊的政策扶持和项目支持都比较少，与其他品种（猪、牛、鸡等）相比，总体支持力度相对偏低。以凉山地区金阳县和昭觉县为例，自从“九五”以后，近十年来几乎没有得到国家关于半细毛羊的项目支持，上级政府的资金投入也十分有限，而县级政府财力有限，基本上属于吃饭财政，很少能有资金投入到半细毛羊的产业发展中，导致许多工作停滞。

6. 半细毛羊产业进一步发展的基础并不牢固

我国的半细毛羊基本分布在少数民族地区和经济落后地区，发展半细毛羊对当地来说具有非常重要的意义：一方面这些地区的经济落后，产业结构单一，农业和畜牧业是主要的产业，也是农牧民的主要收入来源；另一方面这些地区的自然条件又决定了比较适合发展畜牧业，草场资源丰富，气候适宜。半细毛羊经过多年的品种选育，已经成为适合当地养殖的主要品种。

但是，近年来，半细毛羊产业发展的基础正在受到动摇和影响，主要表现在以下几个方面：由于我国半细羊毛的价格机制不健全，半细羊毛产业整体发展水平偏低，加之，半细毛羊属于毛肉兼用型品种，相对于羊肉的收益，农牧户从半细毛羊的羊毛中获得的收益十分有限，所以农牧户更加看重的是半细毛羊的羊肉收益，而不是羊毛收益，极容易出现用肉羊代替半细毛羊的现象，导致半细毛羊的产业发展被不断削弱；虽然当地草场资源丰富，但是长期以来由于草原权属不清，草原管理不到位，草场保护和建设还缺乏稳定的长效机制，随着半细毛羊养殖规模的不断扩大，将面临一定的资源约束，产业发展的资源基础并不牢固。

7. 农牧民的文化素质偏低影响产业的发展

目前从事半细毛羊养殖的多数是老人和妇女，他们的文化素质偏低，基本上都只是小学文化，这在很大程度上影响了半细毛羊产业的发展。因为文化素质偏低，他们有一定的认知局限，思想观念比较传统和落后，不善于接受新鲜事物，对一些先进的理念和方法比较难以接受，这使得政府的一些好的政策思路难以在农牧户层面得到全面的落实和贯彻，科学养殖、疾病防疫、品种选育等工作的推进也会受到影响，即使有好的技术提供，也因为文化程度的限制而难以被广泛采用，最终影响半细毛羊产业的发展进程。

三、促进半细毛羊产业发展的对策建议

针对目前半细毛羊产业发展中所存在的一些突出问题，政府应该积极采取措施进行调整和完善，以进一步推进半细毛羊产业的持续发展。

1. 加大政府的扶持力度，提高政策的可持续性

农牧业是需要政府扶持的产业，而且我国的半细毛羊基本上都分布在少数民族地区和经济落后地区，财力薄弱，交通不便，技术缺乏，农牧民文化素质不高是基本现状。这些地区不仅面临如何更好地保护和发展半细毛羊产业的问题，而且还存在农牧民如何脱贫致富的问题，这就决定了更加需要政策的扶持和项目的支持，将当地半细毛羊产业的发展与农牧民的脱贫致富有效结合起来，调整扶贫思路、创新扶贫方式，改变以往的单一的资金扶贫方式，通过有针对性的技术扶贫等方式提高农牧户的自我发展能力，帮助农牧户大力发展半细毛羊养殖，不断提高收入水平，真正实现脱贫致富。通过这些工作的开展，实现扶贫工作和产业发展的和谐统一，同步推进。

政府应该积极采取措施扶持半细毛羊产业的发展，突出重点，加大力度，集中解决当前影响半细毛羊产业发展的一些关键性问题和突出问题，给予政策扶持和项目支持。

政府的相关政策和项目应该从可持续发展的角度进行考虑，注重长期效益而不是短期效益，不断提高政策的可持续性。

2. 大力开展品种改良和选育工作

凉山地区和毕节地区几十年来发展半细毛羊产业的实践证明，没有政府资金支持，绵改工作难以长期坚持下去，必将出现滑坡，而每一次的倒退和滑坡牺牲的都是通过几代人共同努力才换来的成果，再一次启动又需要几代人的长期努力，代价是巨大的，扭转局面是困难的。

国家应该继续在这些地区启动相关科技项目，给予资金支持，推动当地开展品种改良和选育工作，同时帮助建立起包括原种场、扩繁场、育肥场在内的相对完善的三级良种繁育体系。加强对各级种羊场、改良站、扩繁站等机构的设施建设和设备购置投入，使优质品种能尽快地本地化并被推广给农牧户养殖。通过良种繁育，一方面遏制目前不断恶化的品种退化趋势，另一方面可以进一步提升半细毛羊的品种性能。

同时也要制定常态化的品种改良扶持政策，支持当地开展日常化的品种改良工作，将已经停滞的工作重新启动，不断健全当地的繁育体系，努力创造一

个有利于良种繁育的良好政策环境，推进半细毛羊产业的持续发展。

3. 积极支持标准化、专业化、规模化养殖

通过政策引导和扶持，加快半细毛羊标准化生产进程，实现以规模化带动标准化，以标准化提升规模化。利用各种项目资金支持养殖大户、养殖能手和社会能人按照标准，发展标准化规模养殖，构建圈舍建设标准化、生产管理规范化、生产产品安全化的健康养殖体系。

通过政策引导和扶持，鼓励农牧户不断提高机械化程度。尽快完善机械设备购置补贴政策，将半细毛羊养殖的相关机械纳入项目范围，促进各种机械设备在半细毛羊养殖业中的广泛使用，不断提高半细毛羊养殖的机械化水平。

通过制定政策，给予农牧户在圈舍修建、疫病防治、草地建设、饲草料加工和使用等方面相应的资金支持，并提供相关的技术支持，切实加强对农牧户的技术培训，使其符合科学养殖的要求和标准，以此不断促使农牧户提高养殖方式的科学化和专业化程度，有利于提高半细毛羊的质量和生产性能。

4. 大力发展养殖专业合作社

认真学习领会农业部关于扶持农民专业合作社发展的有关政策精神，按照“民办、民管、民受益”的原则，鼓励和扶持半细毛羊养殖专业合作组织的发展，不断提高农牧户的组织化程度。

可以采取多种方式发展养殖专业合作社，例如，一些规模养殖场（大户）可以牵头组建畜牧专业合作社，政府在政策和资金上给予大力扶持，鼓励其发挥带头和示范作用，带动周边农牧户发展科学化、规范化和专业化的半细毛羊养殖，并为入社社员提供畜种、技术培训、产品销售等服务。另外，也可以依托各类政府支持项目，组建养殖专业合作社，通过项目来带动专业合作社的发展，随着项目的推进，合作社也在不断发展壮大，在项目结束后，合作社的作用可以继续得到充分的发挥。

5. 加快开展现有技术人员培训和人才补充工作

半细毛羊的培育和养殖涉及多个环节，许多环节都需要技术人员的介入和支持，为了大力发展当地半细毛羊产业，需要加快开展现有技术人员培训的相关工作，包括遗传育种、疾病防治、草场建设、饲养管理等各个方面的知识培训，进一步提高现有技术人员的技术水平，为当地大规模发展半细毛羊产业提供技术支持。

针对当地半细毛羊养殖业发展过程中人才队伍建设不合理、新型人才缺乏等问题，要加快半细毛羊养殖专业技术人才的引进和补充。政府应积极制定优惠政策引进各方面的优秀人才，为引进人才提供良好的工作条件和环境，为当地半细毛羊产业的发展补充新鲜血液；同时要积极与从事半细毛羊遗传育种、疾病预防控制、优质饲草品种种植等方面研究的高校、科研院所及企业加强交流和合作，吸引这些单位在当地建立基地，开展相关的科研工作，一方面可以带动培养当地技术人员提高业务能力，另一方面也可以将一些优秀人才留下来，支持当地半细毛羊产业的发展。

6. 积极推进草场建设和保护管理

积极推进草场建设和保护管理，将其纳入当地发展草地畜牧业的相关政策体系中予以同步推进，在政府的相关支持项目中将半细毛羊养殖和当地草场建设维护放在同等重要的位置，不断促进草地生态系统的良性循环和半细毛羊产业的可持续发展。

认真落实"以草定畜"、"草畜平衡"、"科学养畜"等政策和禁牧、休牧、划区轮牧等配套措施，根据半细毛羊的营养要求和特点，逐步建立与半细毛羊养殖规模相适应的科学的饲草供应体系，变被动的靠天养羊为主动的建设养羊，包括在合理利用草地的前提下，确定天然放牧地饲草供应量、天然草场的饲草贮藏量、农作物秸秆和农副产品的数量、人工饲草饲料地建设的数量和规模、饲草料的购入量等。

继续大力推广科学的人工种植牧草，并在牧草草种、种草肥料、牧草收割机械设备等方面向农牧户提供更多的支持，以提高草原生产力和承载能力，缓解草畜矛盾。加大对草地生态环境的维护和保养以及草地退化、草地石漠化等草地生态问题治理的投入，逐步恢复草原植被。

继续积极开展国家"退牧还草"和"退耕还林"政策，提高草地建设和保护水平。此外，还应妥善处理好半细毛羊产业发展对草地的需求与国家实行的"退牧还草"和"退耕还林"政策之间的关系，以实现半细毛羊产业的可持续发展。

积极开展前期工作，为即将启动的草原生态保护补助奖励政策做好准备，全面开展草原权属划定和草原承包工作，为后续工作奠定基础。

7. 加快建立健全半细羊毛流通市场及其配套机制

加快建设布局合理、功能完善的半细羊毛销售市场，加强对半细羊毛销售环节的监管，加大对半细羊毛销售过程中存在的不法羊毛贩子压级压价问题的处罚。通过鼓励和推动专业合作社的发展，逐步实现半细羊毛的统一销售，以提高农牧户销售半细羊毛的议价能力，降低农牧户的养殖风险，维护农牧户的养殖利益。

加快建立科学合理的半细羊毛储备体系和羊毛价格信息预警体系，进一步降低羊毛价格大幅波动而给养殖户带来的养殖风险。

在通过引进和推广优质半细毛羊种羊并提高半细毛羊性状的基础上，逐步尝试实行和推广羊毛分级制度，实现优质优价，提高半细羊毛的销售价格。

参 考 文 献

[1] 阿尔扎地，高吕东，等.2011. 凉山州发展草业的实践与思考［J］. 草业和畜牧（2）：57-59.

[2] 李丽娟，申小云.2010. 贵州半细毛羊的培育历程与养殖现状［J］. 贵州农业科学，38（11）：182-184.

[3] 钟肖，王佳，等.2007. 凉山半细毛羊在金阳县的资源现状［J］. 畜禽业（5）：20-22.

专题十二

我国绒山羊产业发展调研报告

冯凯慧　蒋美娟　刘月琴　单德海　刘少卿

2011年7—8月间，国家绒毛用羊产业技术体系产业经济研究团队先后赴河北省和内蒙古自治区，分别对涞水县、易县、杭锦旗、额托克旗、巴林右旗和阿鲁科尔沁旗6个县（旗）进行为期一个月的实地调研。此次调研的主要目的是全面了解我国绒山羊养殖形势、产业发展现状及存在的问题，求解我国绒山羊产业发展的良策。调研小组成员通过走访养殖户、与当地相关部门领导、技术人员、乡村干部座谈等方式，从微观和宏观两个层面进行调研并取得了相关数据和资料，本专题正是在此基础上对当前绒山羊产业发展现状及存在的问题进行分析总结，并有针对性地提出了促进绒山羊产业健康、稳定发展的对策建议。

一、绒山羊养殖形势与产业发展现状

1. 绒山羊种类丰富，品种间杂交力度大

我国绒山羊是世界上产绒量最高、绒纤维品质最好的动物遗传资源，目前共有23个品种，其中辽宁绒山羊以产绒量高著称，而新疆南疆绒山羊、新疆博格达绒山羊、内蒙古白绒山羊等则以绒纤维细闻名。辽宁绒山羊属绒肉兼用型品种，因产绒量高、适应性强、遗传性能稳定等原因还被广泛应用于改良各地本种山羊。从调研的6个示范县（旗）养殖情况看，除内蒙古额托克旗绒山羊品种比较纯正以外，其他各地山羊品种均与辽宁绒山羊进行了杂交选育。被调研县的主要绒山羊品种及其生产性能指标如表1所示。

河北省涞水和易县两地从20世纪80年代开始引进辽宁绒山羊，到目前仍定期从辽宁盖县购入种公羊，和本地母羊进行杂交繁育，个体产绒量从最初的200克增长到750克左右，单产水平增长了近3倍。据当地受访户介绍，杂交

表 1　被调研县（旗）绒山羊品种及其相关指标

地区	品种	细度（微米）	长度（厘米）	单产水平*（克/只）
涞水县	辽宁盖县绒山羊	15.62	4.0～5.4	500～750
易县	辽宁盖县绒山羊	15.55	5.0～6.0	400～650
杭锦旗	杭锦旗白绒山羊	12.4～15.9	4.0～9.0	500～650
额托克旗	阿尔巴斯白绒山羊	12.3～15.5	5.0～8.5	500～650
巴林右旗	罕山白绒山羊	14.0～16.3	4.0～9.0	600～750
阿鲁科尔沁旗	罕山白绒山羊	13.1～15.3	4.0～9.0	580～900

注：带*指标项指母羊单产水平。

数据来源：当地畜牧统计资料和访谈记录。

后的山羊品种产绒量明显提高，但产绒细度变粗，品质出现一定程度的下降。内蒙古赤峰地区主要养殖罕山白绒山羊，该品种是以辽宁绒山羊为父本、以本地山羊为母本，经过长期人工选育而培育出的新品种，单产水平有所提高，也保留了内蒙古白绒山羊的部分优质品性。内蒙古鄂尔多斯地区主要养殖阿尔巴斯白绒山羊，该品种是内蒙古本种山羊，产绒纤维品质最高，单产水平略低于辽宁绒山羊品系。

2. 绒山羊养殖规模开始下降，生产积极性回落

为了解近几年我国绒山羊生产规模的变化情况，我们一方面对被调研县畜牧局提供的历年数据进行分析，另一方面也参考农户调研问卷中的养殖意愿进行判断。表 2 数据显示，在 6 个被调研县（旗）中，巴林右旗和阿鲁科尔沁旗的绒山羊养殖数量在近两年持续大幅减少。其中，巴林右旗 2011 年山羊存栏量较 2010 年减少 43%，较 2009 年减少 51%；阿鲁科尔沁旗 2011 年山羊存栏量较 2010 年减少 28%，较 2009 年减少 84%。其他四个县（旗）2011 年调研数据是截止到 7 月底的存栏量，由于包括年内新增羔羊数，故比年底存栏量高。

表2　被调研县（旗）的绒山羊存栏情况（2009—2011年）

单位：万只

地区	2009年底	2010年底	2011年7月
涞水县	—	9.5	11.9
易县	4.0	4.5	4.7
杭锦旗	176.1	165.6	—
额托克旗	—	120.0	140.7
巴林右旗	92.0	79.0	45.0*
阿鲁科尔沁旗	130.8	28.8	20.7*

注：①7月底存栏量包括当年新出生羔羊和年底前欲售山羊，数值一般大于年底存栏量。

②带*数字为年底存栏预估。

数据来源：当地畜牧统计资料和访谈记录。

我们从农牧户养殖意愿调研进一步了解到，受当地全年禁牧政策限制，河北涞水、内蒙古巴林右旗和阿鲁科尔沁旗绒山羊养殖成本大幅增加，农牧民的养殖积极性下降，近半数牧户打算年底部分或全部出售绒山羊；杭锦旗受严重干旱天气影响，牧草枯死，草料供给严重不足，牧民饲料采购成本增加，纯收益大幅缩水，他们表示如果干旱持续，将减少绒山羊养殖数量，预计该旗年底存栏量也将呈现下降趋势；鄂托克旗同样面临干旱问题，但由于当地水浇地面积较大，农牧民基本不需要购买饲料，养殖积极性变化不大，绒山羊年底存栏量可能比较稳定；只有河北易县由于禁牧政策稍有放缓，深山区牧民养殖意愿较强，绒山羊年底存栏量较2010年年底将小幅增长。

从羊绒产量调研数据（表3）也可以看出，在6个被调研县中，仅有易县产量略有增加（增加0.06%），鄂托克旗产量与2010年持平，巴林右旗和阿鲁科尔沁旗2011年羊绒产量较2010年分别减少了42%和33%，涞水县羊绒产量较2010年减少了14%，杭锦旗2011年羊绒数据尚未统计出来，不过从牧户访谈情况看，羊绒产量也呈下降趋势。

表3　被调研县（旗）的羊绒产量情况（2009—2011年）

单位：吨

地区	2009年	2010年	2011年7月
涞水县	—	35	30
易县	20	17	18
杭锦旗	453	426	—

（续）

地区	2009年	2010年	2011年7月
额托克旗	—	600	600
巴林右旗	50	43	25
阿鲁科尔沁旗	117	150	100

数据来源：当地畜牧统计资料和访谈记录。

3. 羊绒价格上涨，但养羊收益增长并不显著

2011年羊绒价格大幅上涨，4月份最初购销价创近几年新高。河北涞水和易县平均售价达380元/千克，比2010年提高30%；杭锦旗和鄂托克旗羊绒平均售价为350元/千克，比2010年提高36%；巴林右旗和阿鲁科尔沁旗羊绒平均售价为330元/千克，比2010年提高51%。

在羊绒价格上涨的同时，饲料成本、人工成本等支出也在增加，绒山羊养殖收益增长并不显著。以鄂托克旗为例，2011年每只绒山羊舍饲期间每天的饲料成本（包括玉米、干草和青贮三者合计）平均为1.58元/只。按禁牧期4—6月份共90天计算，加上医疗防治费15元/（只·年）和水费5元/（只·年），平均每只山羊每年的支出为162元。而每只绒山羊带来的收入主要包括绒毛收入、产羔收入和禁牧补贴收入，根据该县畜牧局统计，三者合计在300元左右，那么收入减去成本可得每只绒山羊每年的养殖纯收益在160元/只左右，比2010年仅略有增长。具体计算如表4所示。

表4　鄂托克旗绒山羊成本收益计算

单位：元/（只·年）

生产成本	饲草料费	142.38
	医疗防治费	15.00
	水费	5.00
	合计	162.38
收入	绒毛收入	175.00
	产羔收入	117.00
	禁牧补贴	30.00
	合计	322.00
纯收益*	合计	159.62

注：该纯收益不包括每只绒山羊养殖所需要的劳动成本、生产资料折旧以及抓绒劳务费等，这些费用共计179.90元。

数据来源：当地畜牧统计资料。

以此方法类比计算，其他被调研县（旗）的养殖收益表现为：涞水县和易县每只绒山羊的养殖收益在200～270元之间，由于上述两地在上半年仍有放牧，加上自种玉米作饲料，纯收益相对最高（涞水县下半年完全禁牧后养殖收益将大幅下降）；杭锦旗旱灾导致饲料购买成本增加，每只绒山羊的纯收益降至100元左右；巴林右旗和阿鲁科尔沁旗由于执行严格的生态草原政策，全年禁牧地区饲养成本最高，扣除饲料支出后每只绒山羊的纯收益出现负值。上述计算均没有包含人工成本和固定生产资料折旧。

4. 种羊场发展较快，辐射范围逐步扩大

种羊场的主要功能在于良种繁育，通过为周边地区提供优质种公羊，来保护我国羊养殖的品种优势，具有重要的后备库作用。在调研过程中，我们分别走访了内蒙古白绒山羊种羊场、赤峰罕山白绒山羊种羊场和河北清河富农绒山羊种羊场。

内蒙古白绒山羊种羊场位于鄂尔多斯市的鄂托克旗，是全国最大的白绒山羊种羊场，专门从事内蒙古白绒山羊纯种选育、推广和保种工作。从建场至今，内蒙古白绒山羊种羊场已扩设3个分厂。该场拥有放牧草场22万亩，饲草料基地8 000亩。全场有畜群点45处，冻精站1个，饲料加工厂1个，每年可向社会提供优质种公羊7 000只，年产冻精20万支，冻胚5 000枚。目前已累计向社会提供白绒山羊种羊7万余只，远销新疆、甘肃、青海、西藏、北京、黑龙江等地及区内100多个旗市县[①]。

赤峰市罕山白绒山羊种羊场位于赤峰市的巴林右旗，1992年建立时规模较小，主要任务是饲养部分达到标准的品种羊和进行白绒山羊选育提高的指导工作。1994年初步建立了罕山白绒山羊良种繁育体系，此后，该种羊场生产规模不断扩大，种羊质量稳步提高，特级种公羊比例已达到91.5%。目前该场有核心场1处、扩繁场8处，户办育种场106处，饲养罕山白绒山羊1.7万只，其中基础母羊8 300余只，达到了每年可培育优质种羊7 000只，提供优质种公羊4 600只，生产冻精颗粒2万粒的育种规模[②]。

河北清河县富农绒山羊种羊场是私企经营，目前有绒山羊1 800只，该种羊场与陕西榆林地区农户签订养殖合同，以较低价格向农户提供优质种公羊，并以高出市场价60元的标准进行羊绒回购，既调动了农户的养羊积极性，又

① 内蒙古亿维白绒山羊有限责任公司网站，http：//www. nmcgbf. com/custom. asp? id=1.

② 第18届中国杨凌农高会参展单位介绍，2010-10-03. http：//www. agri-fair. com/search/item _ view _ serven. asp? item _ id=MjAxMDEwNDY2&company _ id=MjAxMDExNDU1.

保证企业收购羊绒的质量和数量，是羊绒产供销一体化经营的典型代表，做到了通过毛纺深加工反哺养殖业，取得工农双赢。据该种羊场经理介绍，目前申请加入合作的农户越来越多，该种羊场的辐射范围明显增加。

5. 新型养殖户模式——现代草原畜牧示范户建设逐步推广

现代草原畜牧业示范户是我国内蒙古鄂尔多斯市为促进当地养殖业发展进行的模式创新，在2009年全面启动。根据该模式，每建成一个示范户需投资50万元，其中，政府对每户给予补贴38万元，包括国家项目款6万元、市旗两级政府投入32万元，用于促进以户为单位的规划和作业设计，建立示范户台账、草牧场和水浇地GPS定位上图，整合饲草料基地，建设标准畜棚、砖混结构贮料库及草料调制室、贮草棚和农机库等。此外，政府还划出20%的草场禁牧，用于草场改良，同时对水浇地实施喷灌，并配套乔灌木防护林带和田间作业道路，优化种植结构，为牲畜提供禁牧期间所需草料，降低天然草牧场放牧压力。示范户建成后，达标户人均收入将达到5万元以上，饲草料的耕、种、收、贮及剪毛等重点环节均实现机械化，畜群的管理、防疫、配种更加便捷，劳动强度大幅下降，草场质量明显改善，草原也将逐步实现永续利用（白洁，2010）。

在调研期间，我们恰遇杭锦旗改良站工作人员下乡与养殖户签订现代草原畜牧业示范户建设合同。在和他们的交谈中我们了解到，自2009年3月开始以来，示范户建设合同签订非常顺利，牧民参与积极性很高，仅一年时间就培育现代草原畜牧业示范户216户，总投资达到10 800万元。2010年又新培育200户，目前总规模已达416户。

6. 草场保护取得一定成效，人工牧草面积仍然较少

在调研过程中我们了解到，受禁牧政策影响，被调研地区的大规模放牧现象大幅减少。2011年河北涞水和易县山区草地长势较好，内蒙古牧区鄂尔多斯受持续干旱天气影响，牧草供给严重不足。其中，杭锦旗深处黄河南岸，2010年11月份至今基本无雨，当地草原牧草枯黄现象明显，牧民估算产草量（干重）仅为5千克/亩。鄂托克旗干旱现象也较突出，但是该地区存在一定面积的水浇地，且干旱程度有所减缓，饲草压力下降。内蒙古赤峰地区的巴林右旗和阿鲁科尔沁旗2011年草场比2010年有所好转，雨水充沛，并且当地执行全面的禁牧政策，牧草总体长势好于2010年，当地人员估算草场2011年鲜草产量能够达到60千克/亩，但这两个地区属半农半牧地区，水浇地所占比例较大，草场面积有限。

在人工种草方面，我们走访的6个调研县（旗）均有一定范围的人工草场，但种植面积小，缺乏人工维护。主要牧草品种为紫花苜蓿，内蒙古部分地区还种植柠条和沙大王等牧草，但是数量非常有限，种植后养殖户基本将其视为天然草场对待，很少进行二次种植和管理等行为。如在杭锦旗调研时，牧民称当地人工草场是1963年种植的，之后与基本没有后续管理，完全靠天生产。

二、绒山羊产业发展面临的主要问题

1. 山羊饲养与生态政策相矛盾，产业存续问题成首要问题

近几年，随着各地生态保护政策力度的加大，以传统放牧为主的绒山羊养殖业开始面临生存危机。由于山羊放牧饲养对植被破坏较为严重，各地政府纷纷对山羊养殖施行“一刀切”的禁牧政策，部分地区允许农牧民养绵羊、牛等其他畜种而禁止养山羊，将山羊大量宰杀。

据调研，在河北涞水县，当地政府为发展“环首都绿色经济圈建设”，2011年开始在山丘区实行彻底的封山禁牧政策，还组成了专业禁牧执法队，不定期、不间断地进村入山巡查，严惩违规放牧者。在进行农户问卷调研时，半数以上养殖户表示2011年年底将全部卖掉家中山羊，还有少数养殖户欲将山羊迁往禁牧政策执行相对宽松的深山区放牧。内蒙古是我国绒山羊主要养殖地区，也是我国生态较为脆弱的地区之一，“沙尘暴”、草原退化、植被破坏和河流干枯等问题时有发生。为保护生态环境，政府早在2000年就先后开展禁牧、退牧、轮牧、休牧、生态移民等政策，控制绒山羊的养殖数量。2011年巴林右旗和阿鲁科尔沁旗两地禁牧政策执行力度非常大，由于将绒山羊放牧改为圈养后饲养成本大幅上升，收益明显减少，当地许多牧户也在考虑转业或减少山羊饲养数量。

可见，目前我国绒山羊养殖业面临的主要问题有两个：一是要不要发展；二是如何发展。绒山羊作为我国珍贵的遗传保护资源，是世界毛纺加工原料的主要来源，在合适的地区发展绒山羊产业是毋庸置疑的。那么如何协调绒山羊饲养与环境保护就成为该产业发展首先要解决的问题。

2. 西北产区持续干旱，靠天养羊弱质性凸显

我国绒山羊生产仍然没有摆脱靠天养殖的被动局面，山羊养殖规模和养殖收益受天气、自然灾害等条件影响明显。从调研中我们发现，内蒙古鄂尔多斯地区草场面积广阔，地广人稀，但由于干旱、长年无雨等不利天气因素影响，杭锦旗、鄂托克旗等牧区大片牧草枯萎变黄，并有部分枯死，草场供给能力下降，基本无法放牧。在干旱程度最为严重的杭锦旗，由于水浇地面积十分有限，牧民需从当地草场购买饲草料来饲养绒山羊，养殖收益基本为负。不少受访牧民表示，当前绒山羊饲养的最大困难是干旱问题，如果干旱天气持续，他们将不得不考虑在下半年缩小羊群规模以减少饲养成本。

3. 养殖成本增加，养羊户无力负担开始退出

目前我国绒山羊饲养主要以半舍饲和半放牧为主，舍饲期间饲草料（主要指玉米、秸秆等）需求和人工喂养劳动增加。近两年随着饲料玉米价格和人工成本大幅增长，绒山羊舍饲成本明显增加。我们根据当地玉米价格和最低工资水平，计算了近两年绒山羊饲养成本的变动情况：2011 年 7 月份河北涞水地区玉米价格为 2.2 元/千克，较 2010 年同期上涨 22%；内蒙古赤峰地区 2011 年 7 月份玉米价格为 2.08 元/千克，较 2010 年上涨 13%。在人工成本方面，河北省的最低工资标准经过 2010 年和 2011 年连续两次上调，涨幅近 50%；内蒙古鄂尔多斯地区 2011 年 7 月份实行新最低工资标准，较 2008 年最近一次调整标准上调了 32%，赤峰地区 2011 年新实行的最低工资标准较 2008 年标准上调了 34%。

我们从河北涞水县受访户了解到，2011 年施行完全的封山禁牧政策后，绒山羊全部改为舍饲，养殖成本大幅增加，半数以上养羊户无力负担养殖成本开始转业，还有极少部分养殖户转向深山区禁牧政策稍宽松的地区放养。内蒙古鄂尔多斯地区牧民反映，绒山羊舍饲成本连年增加，而政府禁牧补贴却自最初实行 4.95 元/亩以来至今近十年没有调整过，饲养成本大幅增加而没有得到相应补偿，许多人选择偷牧或者减少山羊饲养量以降低生产成本，杭锦旗还受干旱等不利天气因素影响，饲料购置费更高，导致该旗绒山羊养殖数量明显减少。

此外，由于传统的放养习惯根深蒂固，农牧民认为山羊不适合舍饲，他们也缺乏相关舍饲技术。在调研过程中，部分受访户指出，由于没有适合舍饲的绒山羊品种和舍饲技术，在完全舍饲后容易带来山羊生病、变瘦、产绒量下降等诸多问题。

4. 养殖方式落后，绒山羊品种退化趋势明显

我国绒山羊养殖方式仍是以家庭为单位的分散化饲养、粗放型经营为主。农牧民更多关注眼前的经济利益，而没有考虑产业发展规划，也没有政府机构及其他相关组织的引导，长期只论数量不论质量的选育、“改良”，使我国绒山羊产绒质量逐渐下降。从 6 个调研县（旗）情况看，除额托克旗外，其余各县（旗）绒山羊品种均是与辽宁绒山羊杂交后选育的品种，杂交后的绒山羊产绒量大大提高，但是羊绒细度明显变粗。据涞水、巴林右旗和阿鲁科尔沁旗等地改良站技术人员反映，以前山羊绒细度平均在14.5微米以下，而目前基本在15.5微米以上，羊绒细度粗化现象严重。额托克旗畜牧局领导称，现在所谓的辽宁绒山羊、内蒙古白绒山羊以及其他绒山羊品种，都是原产于辽东半岛的高产绒山羊的纯种羊或改良羊、杂交羊，以产绒量高著称，而以产绒细闻名的阿尔巴斯白绒山羊如果不加保护也濒临绝种。

此外，辽宁绒山羊品种是绒肉兼用型，由于近几年羊肉价格持续上涨，有一部分牧民选择对绒山羊育肥出栏，而不是主要用来产绒，进一步造成了绒山羊资源的浪费和退化。

5. 养羊专业合作社起步晚，组织化程度低

我国农牧区的绒山羊专业合作社仍处于发展的初级阶段，养羊业是我国畜牧业中组织化程度非常低的行业之一。根据调研情况，目前我国绒山羊专业合作社的数量非常少，对于已经建立起来的养羊专业合作社，由于是刚刚兴起的新生事物，尚处于初级发展阶段，其经济实力还比较薄弱，作用效果仍不显著。

据调研，河北涞水和易县养殖户全部是散养，没有合作社。内蒙古牧区绒山羊合作社也很少，鄂托克旗的阿尔巴斯苏木有几家牧民自发组织的养羊合作社，但该苏木中牧民的参与率不足20%。据鄂托克旗畜牧局局长介绍，该旗养羊合作社在生产合作与技术培训等方面起了一定的积极作用，但尚处于起步探索阶段。这些合作社多是由村干部带头组织几户牧民成立，或是几户牧民根据临时需要自发组织建立，机构比较松散，缺乏依法合作的意识和长期发展规划。

6. 流通市场混乱无序，羊绒价格波动剧烈

在调研中我们发现，养殖户在抓绒后一般很快就将羊绒全部销售给上门收购的个体商贩，基本没有定价和议价权，收购商占据主控地位，这种交易模式使养殖户处于长期不利被动局面。

一方面，由于收购方多为外地商贩，而本地没有稳定的市场收购渠道，导致农牧民的养殖收益受外地市场影响波动较大，收入得不到保障。近两年我国羊绒市场价格波动较为剧烈，2008—2009年受金融危机影响，内蒙古鄂尔多斯地区原绒购销市场曾出现持续低迷的局面，2010年绒价大幅上涨，达到260～300元/千克。2011年收购初期，个别地区价格达到360～410元/千克。进入5月下旬后，原绒收购市场则重新出现了“无价格、无收购”的局面，一直到8月中旬，内蒙古鄂尔多斯地区仍有许多牧户没有将2011年所产羊绒销售出去。

另一方面，由于规模加工企业基本不参与初级市场收购，而中间商贩数目繁多，规模较小，交易透明度不高，各环节掺杂使假现象时有发生，导致流通市场层层压价，不仅降低了农牧民收益，也损害了加工企业的利益。

7. 养羊户文化素质偏低，不利于新技术推广

与种植业相似，养殖业也面临劳动力短缺问题。从我们对养羊户的走访了解到，由于劳动力成本增加，不少年轻人选择外出打工挣钱，而村里留守的放牧人员一部分为老年人，他们大多数文化水平不高，仅接受初中和小学文化教育的人数就占了65%以上。

养羊通常是农牧民多年的生活习惯和主要收入来源，他们主要根据自己的经验养羊，而对于新技术采用意愿不强，甚至不需要政府组织培训。此外，他们对市场信息捕捉程度有限，铡草机、饲料粉碎机等大型农机使用率低，贷款也存在限制，不利于现代化草原畜牧业的深纵发展和科学养羊技术的推广。

三、促进绒山羊产业发展的对策建议

1. 适当调整禁牧政策，协调山羊养殖与生态政策的矛盾

山羊养殖与生态保护并不是完全对立的，大量研究表明，在科学管理和合理利用下，植被具有保护生态和畜牧业发展的双重功能，而在适宜的条件下，放牧又有利于植物的分蘖和再生。所以，处理好两者关系，是可以做到相互得益的。从发展畜牧业经济角度考虑，完全禁牧也是不可行的，禁牧政策应因地制宜，根据当地实际情况来制定。比如，河北涞水和易县山区的封山政策就应差别对待。涞水位于北京近郊，政府倾向于发展生态旅游业，于是执行严格的封山禁牧政策；相比之下，易县北部位于太行山深山区，植被条件非常好，当地也没有旅游项目开发规划，禁牧政策就应和浅山区植被条件较差地方区别执行，适当放宽深山区山羊养殖业。通过调研我们还发现，内蒙古地区4—6月份禁牧政策也有待商榷。据当地牧民和畜牧局领导反映，长达90天的禁牧时间太长，而6月份其实是最佳放牧期，7月开始草原上的巨人201+Z紫花苜蓿已经开花结籽，放牧时将导致山羊被扎和绒毛污染。

为此，我们建议针对禁牧政策，要注意以下两点：第一，转变禁牧工作思路。目前的禁牧工作思路主要是严厉封禁，短期看，全面封禁容易产生立竿见影的效果，但从长期来看，单纯行政压力下的封禁劳民伤财，不具有可持续性。禁牧政策必须兼顾生态保护与农民生计两方面的要求。推进禁牧工作，关键是搞好后续产业尤其是解决好农民的生计问题（苏磊，2011）。第二，要调整禁牧政策。根据各地实际情况，分别制定不同的禁牧政策，比如区分深山区和浅山区，根据牧草生产情况适当缩短或者调整禁牧期等，避免“一刀切”政策。

2. 扩大良种补贴范围，重视绒山羊品种保护

目前绒山羊种公羊价格非常高，品种稍好的就在8 000元/只以上，而绒山羊种公羊补贴仅集中在优势产区，且补贴只数较少（鄂托克旗2011年仅补贴200只绒山羊种公羊），加上绒山羊的饲料与人工成本较高，养殖户购置、更新种用公羊积极性并不高。有的牧民通过与其他养殖户互换种用公羊来维持生产，有些地区过度追求产绒量，对本种绒山羊品种进行盲目杂交，造成羊绒质量明显下降。

为促进绒山羊品种保护，提高羊绒品质及收益，我们建议：第一，扩大绒山羊种公羊补贴范围，增加受补贴种公羊只数，使购买优质种公羊的养殖户基本都能得到补贴；第二，合理规划我国绒山羊养殖区域，如将东部辽宁盖县等地作为高产保护区，内蒙古西部区域作为优产区，新疆、青海地区作为综合区等，对每个产区制定不同的发展策略，有针对性地加大科研投入；第三，鼓励保种场建设，扩大保种范围，如大力推进鄂托克旗2008年起实施的“1436山羊绒品质工程”①，通过建立阿尔巴斯白绒山羊保护区，划定选育群，并和保护区内牧民达成奖励性收购协议②，来有效促进绒山羊优质良种的保护工作。

3. 加强政策引导和资金支持，推进养羊专业合作社建设

根据现代畜牧业的发展要求，养殖业要由分散的小规模家庭饲养逐步向适度规模的专业化、规模化、组织化、产业化等为标志的现代化方向发展，建立专业合作组织是其有效的实现途径之一。建立绒山羊专业合作社，不仅有利于实现其现代化发展的要求，还在加强信息服务、优化资源配置、降低生产成本、提高品种竞争力以及增加农牧民收入、维护农牧民利益等方面具有重要的促进作用。

为建立有效的养羊专业合作组织，提高绒山羊养殖的组织化程度，具体措施有：第一，通过政策引导和贷款优惠等援助政策，帮助产区建立适合各地发

① 1436是指羊绒细度在直径14微米以内，长度在36毫米以上。

② 根据该工程，地方政府和鄂绒集团等在羊绒收购后，以户为单位对销售羊绒的牧民进行奖励：直径为14微米以下的羊绒，在原收购价格的基础上给予150%的现金奖励；14～14.5微米的羊绒，在原收购价格基础上给予100%的现金奖励；14.51～14.9微米的羊绒，在原收购价格的基础上给予10%的现金奖励。

展的养羊合作社，指导金融机构加大信贷投入，主动地调整信贷结构、优化信贷投向，增加对合作社的信贷支持等；第二，建立由当地种羊场或规模养殖户牵头成立的绒山羊养殖合作社，由合作社统一规定社员的生产设施及投入状况，指导社员科学饲养与管理，并统一组织销售，提高集体议价能力，保证养殖收益；第三，对现有养羊合作社加强管理，指导其建章立制，规范经营，健全组织结构，密切利益联盟，提高合作与抗风险能力，在具体实施过程中可抓示范、促规范，确保现有养羊专业合作社持续健康发展。

4. 完善技术培训体系，提高养殖人员素质

随着全国各地禁牧政策的实施，养殖方式面临改变，由放牧转向舍饲的养殖技术需求较大。加强绒山羊养殖技术培训，提高养殖人员科技素质是实施好绒山羊产业化发展的关键。

针对我国绒山羊养殖现状，完善技术培训可以从以下几个方面着手：第一，建立包括研究专家在内的专业技术服务队，对农民进行舍饲培训，组织农民学习良种繁育、动物防疫、饲草加工等技术，以村为单位，通过集中培训，结合课堂培训与现场指导、经验交流和参观学习等多种方式，促进绒山羊养殖技术得到较快推广；第二，发挥现有农技推广机构的作用，鼓励科技人员下基层开展技术推广活动，采取优惠政策，加大良种繁育、人工授精、饲料营养、饲养管理等技术的推广；第三，积极开展对基层技术推广人员的培训，大力提高从业人员的科学知识与技术水平。

5. 实施人工植草补贴，增加人工草场补给

在传统畜牧业养殖模式下，农牧民“靠天养畜”的观念根深蒂固，重视农作物的种植但意识不到种草的重要性。种粮有粮食补贴，但种草却没有相应的政策补助，也调动不起农牧民的种草积极性。通过制定政策鼓励人工种草，既可以有效缓解草原资源缺乏的不利局面，也有利于草原生态建设和草畜产业步入良性发展轨道。为此，建议从以下三个方面发展人工种草，增加人工草场的补给：

第一，在广大草原牧区制定专门的草业发展规划，明确草业发展目标，通过保、改、种等措施，加强天然草场保护和改良，在农区种植业结构调整中，变粮经二元结构为粮经饲三元结构，扩大优良牧草和饲料谷物的种植面积；第二，实施天然草地生态补偿制度，设立种草补贴，扩大牧草机械购置补贴范围、草食家畜购置及其圈舍建设补贴等，为种草、购置机械、购置牲畜、建设圈舍提供低息或贴息贷款，全面提高农牧民的种草积极性；第三，组建一支草业科研推广队伍，长期为农牧民开展种草养畜培训，指导农牧民根据不同地区自然条件，因地制宜选择牧草品种，合理规划种植方式，充分利用牧草的特性，提高牧草产量，增加土地复种指数，获取最佳效益。

6. 规范羊绒流通市场，稳定价格，控制市场风险

我国羊绒流通市场混乱，主要表现为经营渠道过多，倒买倒卖严重，羊绒供需脱节，质量参差不齐等。流通市场混乱是导致我国羊绒价格剧烈波动的主要原因，既不利于保护养殖户利益，也不利于加工企业控制成本、稳定利润。如果流通市场中的这些问题继续存在，对羊绒生产和加工的稳定发展极为不利。

为规范羊绒流通市场，稳定价格，控制市场风险，可从以下三个方面进行应对：第一，对羊绒流通环节加强统一管理，鼓励和促进地方收购站建设，建立相对稳定的羊绒购销渠道；第二，尽快推出全国统一的质量收购标准，逐步建立羊绒以质论价收购的长效机制，促进“优绒优价”，严禁以次充好、以假充真、掺杂使假现象发生；第三，充分发挥地方羊绒交易市场、羊绒远期电子现货交易中心等平台的作用，增加价格透明度，促进羊绒价格形成机制的公开与公平，保护养殖户和加工企业利益。

7. 加快羊绒产业“一条龙”建设，促进养殖与加工双赢发展

对羊绒产业进行结构优化升级，加快产、加、销一条龙建设，通过发掘羊绒的深加工利润，引导企业加强与上游养殖户的密切合作，促进工业反哺养殖业，在保证加工企业有利可图的同时，又可保护养羊者的利益，这是羊绒产业发展的新渠道，也是被河北清河富农种羊场实践证明了的可行的发展模式。

羊绒产业“一条龙”建设涉及产、加、销各个环节的协调，内容繁多且关系复杂。就目前我国情况来看，由于生产与加工环节分离，绒山羊养殖多集中在西北、东北等内陆地区，而羊绒加工企业又相对集中在江浙等南方沿海地区，不利于养殖户与羊绒加工企业建立直接的合作关系。以下政策建议重在为工牧合作提供便利和培育地方羊绒“一条龙”产业。第一，通过政府引导、协会组织和合作社帮助等方式，努力发展绒山羊集约化、规模化、专业化、区域化的生产格局，并重视品牌建设，建立一批适合现代加工业发展的绒山羊养殖基地；第二，在优势产区增设羊绒交易中心，并配备一定的梳绒、打包等设备，为工牧直交搭建运作平台；第三，促进有条件的地方企业发展羊绒精深加工，鼓励企业与养殖户直接签订购销合同，在稳定企业原料供给的同时保证养殖户收益，实现“以生产保加工，以加工促生产”的双赢。

参 考 文 献

[1] 白洁，袁军 . 2010. 现代草原畜牧业科技示范户：促进草原保护与畜牧业生产“双赢”[N] . 鄂尔多斯日报，2010－10－14.

[2] 高雪峰，邢玉梅 . 2011. 我国绒山羊资源现状及发展对策 [J] . 中国纤检（15）.

[3] 韩秋珊，李永清 . 2000. 舍饲圈养是绒山羊养殖的根本出路 [J] . 内蒙古农业科技（S1）.

[4] 呼天明，胡晓宁，宋江湖，王佺珍 . 2008. 7 个紫花苜蓿品种开花习性与结荚关系的动态研究 [J] . 西北农林科技大学学报：自然科学版（4）.

[5] 李红 . 2001. 牧草、饲料作物生产在三元种植结构生产体系中的作用 [J] . 黑龙江畜牧兽医（9）.

[6] 马宁，门小明，姜怀志 . 2008. 从山羊绒品质分析试论中国绒山羊遗传资源保护 [J] . 中国畜牧兽医（3）.

[7] 齐振群 . 1999. 内蒙古白绒山羊种羊场简介 [J] . 中国牧业通讯（8）.

[8] 苏磊，付少平 . 2011. 陇东禁牧：问题与对策 [J] . 陇东学院学报（2）.

[9] 武翠，乔灵，春香，蔺日胜 . 2006. 如何实现绒山羊养殖业的可持续发展 [J] . 内蒙古科技与经济（5）.

[10] 朱正凡，张雅萍，武安 . 2011. 发展人工牧草利国利民大有可为 [J] . 价格理论与实践（5）.

专题十三

2011年我国绒毛用羊产业发展与政策研究报告

陈海燕　周向阳　丁丽娜　曹　佳　李瑞峰　冯凯慧　石　晶

绒毛用羊产业是我国畜牧业的重要组成部分。2011年，国家绒毛用羊现代产业技术体系产业经济研究团队根据年度工作计划安排，对内蒙古、新疆、吉林、河北、四川、贵州等绒毛主产区的绒毛用羊产业发展现状组织开展调研活动。研究团队查阅文献资料，走访当地农牧业主管部门，深入养殖户、绒毛交易市场等实地了解掌握当地绒毛用羊生产经营状况，采用走访、问卷、座谈等形式，围绕绒毛用羊养殖情况、生产要素投入和成本效益情况、绒毛价格变动情况、当地政府政策等方面展开调研。通过调研及查阅相关文献资料，我们对2011年我国绒毛用羊产业发展状况有了一个较为清晰的把握，进而形成本研究报告。本研究报告根据2011年农牧户问卷调查数据，分析了细毛羊、半细毛羊和绒山羊的养殖情况，测算其养殖成本与收益情况；根据张家港羊毛市场和清河羊绒交易中心的价格数据，总结我国绒毛价格变动特征；根据海关总署统计数据，分析绒毛进出口状况；根据国家和地方政府出台的法律、法规和文件，梳理了我国绒毛用羊相关扶持政策。在此基础上对2012年我国绒毛产业的发展趋势做出判断，分析得出当前我国绒毛用羊产业发展过程中存在的问题，最后提出了促进我国绒毛用羊产业发展的对策建议。

一、绒毛用羊养殖情况

本部分主要分析2011年我国细毛羊、半细毛羊和绒山羊的养殖情况。由于国家统计局尚未发布2011年绒毛用羊养殖情况的统计数据，所以本部分使用国家绒毛用羊现代产业技术体系产业经济研究团队2011年农牧户问卷调查数据[①]，从绒毛用羊存栏数量以及存栏结构、绒毛产量情况与农牧户养殖意愿等多个角度分析绒毛用羊养殖情况。

（一）存栏数量以及存栏结构

1. 细毛羊存栏数量相对稳定，半细毛羊存栏数量上升，绒山羊存栏数量下降

样本户数据显示，2011 年细毛羊存栏数量基本保持稳定。2011 年年末细毛羊存栏数量达到 19 911 只，仅比 2010 年年末下降 0.44%（见表 1）。2011 年细毛羊样本农牧户养殖积极性没有发生较大变化，细毛羊养殖既没有明显扩张，也没有急速滑坡。

2011 年样本户半细毛羊存栏数量大幅度上升。2011 年年末半细毛羊存栏数量达到 5 018 只，比 2010 年年末增长 37.63%。这主要是由于 2011 年贵州、四川等地羊毛、羊肉价格普遍上涨，半细毛羊养殖效益增加，养殖户补栏积极性大幅提高等原因所致。

2011 年样本户绒山羊存栏数量呈现下降趋势。2011 年年末样本户绒山羊存栏数量为 22 348 只，比 2010 年年末减少 15.97%。造成绒山羊存栏数量下降的主要原因是 2011 年部分地区禁牧政策执行力度较大，农牧户扩大养殖规模的难度增加。农牧户如果违反禁牧政策偷偷放牧，会受到地方政府的经济惩罚，而农牧户如果改为完全舍饲养殖，养殖成本就会大幅度上升，养殖效益难以保证，所以农牧户被迫缩减养殖规模。

表 1　样本农牧户绒毛用羊存栏数量以及存栏结构

年份	种类	细毛羊	半细毛羊	绒山羊
2010 年年末（只）	能繁母羊	14 252	2 016	11 769
	种用公羊	156	111	240
	育成羊	2 180	554	6 126
	羔羊	4 054	967	6 106
	存栏合计	19 998	3 646	26 594

① 2011 年，国家绒毛用羊现代产业技术体系产业经济研究团队赴内蒙古、新疆、吉林、河北、四川和贵州等地开展调研活动。调研活动分成两个部分：一是与当地种羊场及畜牧部门工作人员进行座谈，二是实施农牧户问卷调查。农牧户问卷调查共选取 16 个县，每个县选取 2 个村，每个村选取 10 个农牧户进行问卷调查，共获得 320 份问卷，其中细毛羊调查问卷有 120 份，半细毛羊调查问卷有 80 份，绒山羊调查问卷有 120 份。

（续）

年份	种类	细毛羊	半细毛羊	绒山羊
2011 年年末（只）	能繁母羊	14 493	2 646	11 123
	种用公羊	164	132	230
	育成羊	2 536	771	3 201
	羔羊	3 106	1 451	5 438
	存栏合计	19 911	5 018	22 348
变化幅度（%）	能繁母羊	1.69	31.25	−5.49
	种用公羊	7.18	31.25	−4.17
	育成羊	16.33	39.17	−33.74
	羔羊	−23.38	50.05	−10.94
	存栏合计	−0.44	37.63	−15.97

数据来源：内蒙古、新疆、吉林、河北、四川和贵州等地农牧户调查问卷。

2. 细毛羊能繁母羊、种用公羊和育成羊存栏数量上升，羔羊存栏数量下降

样本户数据显示，2011 年年末细毛羊能繁母羊存栏数量为 14 493 只，比 2010 年年末上升 1.69%，上升幅度很小，表明 2011 年细毛羊生产处于比较稳定的状态。能繁母羊的存栏数量略上升引起种用公羊的需求有所增加，所以 2011 年年末种用公羊存栏数量比 2010 年年末上升 7.18%。2011 年年末羔羊存栏数量达到 3 106 只，比 2010 年年末减少 23.38%，这主要是因为调研地区多为半农半牧区或牧区，农牧户一般将 4 月龄以上的羔羊尽早出售给专业育肥户进行育肥，所以羔羊年底存栏数量也有所减少，而从 7 月底的羔羊存栏数据以及调研情况来看，2011 年细毛羊年产羔羊数量保持上升趋势。2011 年年末育成羊存栏数量为 2 536 只，比 2010 年年末上升 16.33%，育成羊存栏数量上升，表明细毛羊养殖业后期发展还将保持比较稳定的状态。

3. 半细毛羊能繁母羊、种用公羊、育成羊和羔羊存栏数量均上升

2011 年年末样本户半细毛羊能繁母羊存栏数量为 2 646 只，比 2010 年年末增长 31.25%，能繁母羊存栏数量上升表明半细毛羊养殖呈现扩张趋势。随着能繁母羊存栏数量的上升，养殖户对种用公羊的需求增加，种用公羊的存栏数量因此上升，2010 年年末种用公羊存栏数量为 111 只，到 2011 年年末达到 132 只，比 2010 年年末增长 31.25%。而能繁母羊存栏数量上升也必然带动羔羊存栏数量上升，2011 年年末羔羊存栏数为 1 451 只，比 2010 年年末增长 50.05%。另一方面，样本户数据还显示，2011 年育成羊存栏数量在上升，2011 年年末存栏数量为 771 只，比 2010 年年末增长 39.17%，可以预见，农牧户后期补栏扩大生产规模的意愿比较明显，半细毛羊养殖规模后期还会扩大（见表 1）。

4. 绒山羊能繁母羊、种用公羊、育成羊和羔羊存栏数量均下降

能繁母羊是绒山羊养殖的基础，随着禁牧、休牧政策执行力度的增加，2011 年农牧户补栏扩大养殖规模受到抑制，2011 年年末绒山羊能繁母羊存栏数量为 11 123 只，比 2010 年年末减少 5.49%。随着能繁母羊存栏数量的下降，农牧户相应地减少种公用羊存栏数量，同时羔羊存栏数量也随着能繁母羊存栏数量下降而下降，2011 年年末种用公羊和羔羊的存栏数量分别为 230 只和 5 438 只，比 2010 年年末分别下降 4.17%和 10.94%。2011 年年末育成羊存栏数量为 3 201 只，比 2010 年年末减少 33.74%，说明后期农牧户补栏积极性并不高，绒山羊存栏数量还将会继续下降（见表 1）。

（二）绒毛产量

1. 2011 年细羊毛产量小幅上升

由于样本户细毛羊存栏数量基本保持稳定，2011 年细羊毛生产处于较好的状态，样本户细羊毛产量总体呈现出小幅上升趋势。从表 2 可以看出，2011 年样本户细羊毛产量为 75.50 吨，比 2010 年上升 4.46%。

表 2　2011 年样本农牧户绒毛产量

类别	2010 年（吨）	2011 年（吨）	增长幅度（%）
细羊毛	72.28	75.50	4.46
半细羊毛	11.67	23.66	102.73
羊绒	13.05	14.00	7.33

数据来源：内蒙古、新疆、吉林、河北、四川和贵州等地农牧户调查问卷。

2. 2011 年半细羊毛产量大幅上升

样本户数据显示，2011 年半细羊毛产量大幅上升。2011 年样本农牧户全部半细羊毛产量达到 23.66 吨，比 2010 年上升 102.73%。通过调研了解到，2011 年半细毛羊养殖积极性较高，继续补栏的农牧户较多，半细毛羊存栏同比上升，生产呈现出扩大的趋势，所以半细羊毛产量同比大幅度上升。

3. 2011年羊绒产量小幅上升

样本户数据显示，2011年样本户的羊绒产量呈现小幅上升趋势。2011年样本农牧户全部羊绒产量达到14吨，比2010年上升7.33%。羊绒产量上升幅度较小，也反映出2011年样本农牧户羊绒生产受到禁牧政策、饲养成本上升等负面因素影响。

（三）农牧户养殖意愿

绒毛用羊农牧户的养殖意愿可以反映出他们的生产积极性，也可以反映出绒毛用羊产业是否具备进一步发展的动力。通过对样本户数据的分析，2011年绒毛用羊农牧户的养殖意愿呈现如下三个特点：

1. 大多数细毛羊养殖户不愿意扩大规模，大多数半细毛羊、绒山羊养殖户愿意扩大规模

通过对样本户数据进行分析，可以发现愿意扩大养殖规模的半细毛羊和绒山羊养殖户所占比例较高，分别为93.67%和59.66%；而愿意扩大养殖规模的细毛羊养殖户所占比例相对较低，为45.00%（见表3）。大部分愿意扩大养殖规模的绒毛用羊养殖户主要是从经济方面考虑，即为了获取更多收入回报。持这种观点的细毛羊、半细毛羊和绒山羊养殖户分别占各品种养殖户总数的85.19%、82.43%和67.11%。除了因为增加当前的收入之外，愿意扩大规模的养殖户还因为预期养殖效益较好而扩大规模，持这种观点的细毛羊、半细毛羊和绒山羊养殖户分别占各品种总户数的40.74%、72.97%和59.21%（见表4）。此外，拥有草场资源等其他原因对养殖户扩大规模影响不是很明显。这充分地说明绒毛用羊养殖户主要依据养殖收入和预期潜在的养殖效益来决定生产规模，而养殖收入与绒毛价格直接相关，因此，稳定并提高绒毛价格是促进养殖收益提高的关键点。

样本户数据显示，不愿意扩大规模的细毛羊养殖户所占比例较高，为55.00%；不愿意扩大规模的半细毛羊和绒山羊养殖户所占比例较低，分别为6.33%和40.34%（见表3）。不愿意扩大规模的细毛羊、半细毛羊养殖户主要是因为所拥有的草场资源比较有限，如果盲目扩大养殖规模将引起饲草料短缺影响后续生产，持这种观点的养殖户分别占这两个品种总户数的69.70%和66.67%。除此原因之外，部分细毛羊的养殖户不愿扩大规模是由于养殖成本上升和养殖效益较低，比如前郭县肉羊养殖效益较高，严重冲击了一些细毛羊养殖户的生产积极性；部分半细毛羊养殖户因缺乏资金不愿意扩大养殖规模，这需要地方政府在资金信贷上给予扶持从而鼓励生产。不愿扩大规模的绒山羊养殖户主要是因为受到禁牧、休牧政策影响，其次是受到草场资源有限约束，持这两种观点的养殖户占总户数的比例分别为 31.11%和 17.78%（见表 4）。根据调研情况，绒山羊养殖户普遍反映禁牧、休牧政策执行力度较严，很多养殖户不得不采取夜间偷偷放牧进行生产，然而有些地方一旦发现偷牧行为，施以比较严重的经济惩罚，所以绒山羊养殖户为了减少经济损失不得不降低存栏，缩小养殖规模，但这样的生产决策并不符合他们的养殖意愿。

表 3　样本农牧户的养殖意愿

单位：%

意愿	细毛羊	半细毛羊	绒山羊
1. 是否愿意扩大养殖规模			
是	45.00	93.67	59.66
否	55.00	6.33	40.34
2. 是否愿意实施养殖精细化管理			
是	75.83	86.25	73.11
否	24.17	13.75	26.89
3. 是否愿意继续从事养殖			
是	65.00	92.50	84.75
否	35.00	7.50	15.25

数据来源：内蒙古、新疆、吉林、河北、四川和贵州等地农牧户调查问卷。

表 4　样本农牧户对扩大养殖规模不同意愿的原因统计

单位：%

意愿及原因	细毛羊	半细毛羊	绒山羊
1. 愿意扩大养殖规模			
获得更多收入	85.19	82.43	67.11
预期养殖效益较好	40.74	72.97	59.21
拥有更多资源（草地等）	3.70	25.68	1.32
其他原因	9.26	1.35	11.84
2. 不愿意扩大养殖规模			
草场（地）资源有限	69.70	66.67	17.78
缺乏资金	3.03	50.00	13.33

（续）

意愿及原因	细毛羊	半细毛羊	绒山羊
饲料养殖成本上升	24.24	16.67	13.33
养殖效益不好	24.24	16.67	15.56
禁牧政策影响	0	0	31.11
气候干旱	1.52	0	13.33
其他因素	21.21	0	20.00

数据来源：内蒙古、新疆、吉林、河北、四川和贵州等地农牧户调查问卷。

2. 农牧户普遍愿意实施养殖精细化管理

样本户数据分析结果显示，大多数绒毛用羊养殖户愿意实施养殖精细化管理，其中，愿意实施养殖精细化管理的细毛羊养殖户、半细毛羊养殖户和绒山羊养殖户分别占各品种养殖户总数的 75.83％、86.25％和 73.11％（见表 3）。农牧户愿意实施养殖精细化管理最主要的原因是实施养殖精细化管理可以增加收益。为了增加收益而愿意实施养殖精细化管理的细毛羊养殖户、半细毛羊养殖户和绒山羊养殖户占各自养殖户总数的比例分别为 53.85％、79.41％和 69.77％（见表 5）。除此之外，节约成本也是绒毛用羊养殖户愿意实施养殖管理精细化的重要原因，持这种观点的细毛羊、半细毛羊和绒山羊养殖户占各自养殖户总数的比例分别为 29.67％、60.29％和 18.60％。

不愿意实施养殖精细化管理的养殖户所占比例较小。不愿意实施养殖精细化管理的细毛羊养殖户、半细毛羊养殖户和绒山羊养殖户分别占各自养殖户总数的 24.17％、13.75％和 26.89％（见表 3）。

表 5　农牧户对绒毛用羊养殖精细化管理不同意愿的原因统计

单位：％

意愿及原因	细毛羊	半细毛羊	绒山羊
1. 打算精细化绒毛用羊养殖			
可以提高绒毛质量	16.48	35.29	33.72
可以节约成本	29.67	60.29	18.60
可以提高绒毛价格	4.40	17.65	27.91
可以增加收益	53.85	79.41	69.77
其他原因	14.29	2.94	8.14
2. 不打算精细化绒毛用羊养殖			

（续）

意愿及原因	细毛羊	半细毛羊	绒山羊
文化水平不够	6.90	83.33	18.18
增加管理成本	34.48	41.67	21.21
收益增加不明显	44.83	16.67	27.27
缺乏资金	6.90	50.00	27.27
缺乏相关技术	13.79	33.33	15.15
增加劳动量	6.90	8.33	9.09
其他原因	17.24	0	36.36

数据来源：内蒙古、新疆、吉林、河北、四川和贵州等地农牧户调查问卷。

细毛羊养殖户不愿意实施养殖精细化管理的主要原因是他们认为实施管理精细化对收益增加不是很明显，同时还使管理成本增加；半细毛羊养殖户不愿意实施养殖精细化管理的主要原因是养殖户认为自身文化水平不够以及缺乏资金等；而绒毛羊养殖户不愿意实施精细化养殖管理的主要原因是缺乏资金以及增加收益不明显。

3. 农牧户普遍愿意继续从事养殖

2011 年愿意继续养殖细毛羊的农牧户占细毛羊样本农牧户总数的 65.00%（见表 3）。这主要是因为这些细毛羊养殖户没有其他生活来源，细毛羊养殖收入占其家庭收入的比例较高，有些农牧户家庭经营中即便有种植业（如玉米）生产，但是为了发展细毛羊养殖业，也将种植业产出直接投入到细毛羊养殖过程中，而且对于很多农牧户来说，养羊早已经成为他们的一种生活习惯。样本户数据还显示，有 35.00%的细毛羊养殖户打算放弃养殖。这些农牧户打算放弃养殖的最主要的原因是其他养殖品种收益更加丰厚，例如，2011 年前郭县小尾寒羊等肉羊品种养殖效益高出细毛羊 500 元/只；其次是养殖成本相对较高，如 2011 年各调研地区玉米、牧草及绿豆秸秆等饲料价格、雇工工资都在上涨。

2011 年仅有 7.50%的农牧户打算放弃养殖半细毛羊，愿意继续养殖的农牧户占 92.50%，远远超出打算放弃养殖的比例（见表 3）。农牧户愿意继续养殖的最主要的原因是他们没有其他经济生活来源，这样的农牧户占 81.08%；其次是因为很多农牧户拥有一定规模的草场或草地，继续养殖半细毛羊可以充分利用这些资源，这样的农牧户占 68.92%；还有 67.57%的农牧户认为养羊是其一种生活习惯，不愿放弃（见表 6）。农牧户打算放弃养殖半细毛羊的最主要的原因是其他养殖品种养殖效益更好，收入更多；其次是有些农牧户因为年龄较高不打算继续养殖。

样本户数据显示，2011 年打算继续养殖绒毛羊的农牧户所占比例很高，为 84.75%，其余 15.25%的农牧户打算放弃养殖（见表 3）。农牧户愿意继续养殖的最主要的原因是养羊已经成为他们的生活习惯，而且除了养羊之外没有其他收入来源，因为这两种原因而愿意继续养殖的农牧户均占 64.36%（见表 6）。农牧户打算放弃养殖的最主要的原因是当地实施的禁牧政策对养殖绒山羊约束很强，同时还有农牧户因为养殖效益差与养殖成本太高而不愿意继续养殖绒山羊。

表 6　调研地区农牧户对继续从事绒毛用羊养殖不同意愿的原因统计

单位：%

意愿及原因	细毛羊	半细毛羊	绒山羊
1. 打算继续养殖绒毛用羊			
养羊已经成为生活习惯	48.72	67.57	64.36
没有其他经济生活来源	51.28	81.08	64.36
不能浪费草场（地）资源	15.38	68.92	9.90
其他原因	20.51	2.70	9.90
2. 不打算继续养殖绒毛用羊			
其他养殖品种收入丰厚	61.90	100.00	11.11
年龄偏高	0	14.29	0
禁牧政策	0	0	33.33
绒毛用羊养殖经济效益差	19.05	0	16.67
绒毛用羊养殖成本太高	33.33	0	11.11
其他原因	26.19	0	16.67

数据来源：内蒙古、新疆、吉林、河北、四川和贵州等地农牧户调查问卷。

二、绒毛用羊养殖的成本效益

本部分主要分析 2011 年我国细毛羊、半细毛羊和绒山羊的养殖成本与收益情况，数据来源为国家绒毛用羊产业技术体系产业经济研究团队绒毛用羊养殖现状的调研数据。通过分析发现，养殖总收益方面，绒山羊养殖总收益最高，细毛羊和半细毛羊的养殖总收益基本持平。就收益构成情况而言，三个羊种的养殖总收益皆以出栏畜产值为主；养殖成本方面，半细毛羊养殖成本最低，细毛羊养殖成本最高，就养殖成本构成情况而言，三个羊种的养殖成本皆以物质和服务费用为主；养殖纯收益方面，半细毛羊养殖纯收益最高，其次是绒山羊，细毛羊养殖纯收益最低。

（一）养殖总收益

1. 绒山羊养殖总收益最高，细毛羊和半细毛羊养殖总收益基本持平

根据国家绒毛用羊产业技术体系产业经济科研团队绒毛用羊养殖现状的调研数据，2011 年，细毛羊、半细毛羊和绒山羊养殖总收益分别为每只[①] 633.24 元、613.56 元和 716.42 元（见表 7），绒山羊养殖总收益最高，细毛羊和半细毛羊养殖总收益基本持平。

表 7　养殖总收益及构成比例

收益构成项目	养殖收益（元/只）			养殖收益构成比例（%）		
	细毛羊	半细毛羊	绒山羊	细毛羊	半细毛羊	绒山羊
绒（毛）产值①	136.53	86.92	251.92	21.56	14.17	35.16
出栏畜产值②	469.60	475.30	445.08	74.16	77.47	62.13
其他副产品产值③	27.11	51.34	19.42	4.28	8.36	2.71
合计	633.24	613.56	716.42	100	100	100

注：①指出售羊毛和羊绒的收入（当年产出但未出售的视同出售，按平均市场价格计算）。
②指出售育成羊和淘汰羊所得收入和自食羊折算收入（按平均市场价格折算）。
③指除绒（毛）产值和出栏畜产值之外出售羊羔、羊粪等其他收入。
数据来源：内蒙古、新疆、吉林、河北、四川和贵州等地农牧户调查问卷。

2. 细毛羊、半细毛羊和绒山羊的养殖总收益皆以出栏畜产值为主，绒（毛）产值所占比例相对较小

就养殖收益构成情况看，绒（毛）产值方面，细毛羊、半细毛羊和绒山羊的绒（毛）产值分别为每只 136.53 元、86.92 元和 251.92 元，在各自养殖总收益中所占比例相对较小，分别为 21.56%、14.17%和 35.16%；绒山羊的绒（毛）产值及其在总收益中所占比例显著高于其他两个羊种，这也是绒山羊养殖总收益最高的直接原因。出栏畜产值方面，三个羊种的出栏畜产值分别为每

① 每单位细毛羊、半细毛羊和绒山羊皆不包括仔畜和种畜，是一个当量概念。

只469.60元、475.30元和445.08元，在各自总收益中所占比例相对较大，分别为74.16%、77.47%和62.13%；半细毛羊的出栏畜产值及其在总收益中所占比例略高于其他两个羊种。

养殖收益构成的差异主要与养殖环境和养殖习惯有关，半细毛羊调研地区（贵州毕节和四川凉山）肉用家畜养殖较为普遍，除半细毛羊外还有大量黑山羊、南疆黄羊等肉羊和肉牛等肉用家畜的养殖，总体肉用家畜偏好明显，导致半细毛羊出栏畜产值比例相对较高；绒山羊调研地区羊绒价格相对较高，经济效益较好，农（牧）民倾向于追求绒（毛）效益，导致其绒（毛）产值比例较高。

（二）养殖成本

1. 半细毛羊养殖成本最低，细毛羊和绒山羊养殖成本相对较高

根据国家绒毛用羊产业技术体系产业经济研究团队绒毛用羊养殖现状的调研数据，2011年细毛羊、半细毛羊和绒山羊的养殖成本分别为每只412.09元、268.30元和396.72元（见表8），半细毛羊养殖成本最低，细毛羊和绒山羊养殖成本相对较高。

表8　养殖成本及构成比例

成本项目	养殖成本（元/只）			养殖成本构成比例（%）		
	细毛羊	半细毛羊	绒山羊	细毛羊	半细毛羊	绒山羊
一、物质和服务费用	301.23	173.91	334.86	73.17	64.82	84.41
（一）直接费用合计	261.56	128.76	304.97	63.57	47.99	76.87
1. 幼畜购进费	36.81	11.69	53.64	8.91	4.36	13.52
2. 精饲料费	90.54	38.72	97.11	21.91	14.43	24.48
3. 饲盐费	4.15	6.03	6.07	1.00	2.25	1.53
4. 饲草费	84.77	13.45	88.33	20.52	5.01	22.26
5. 饲料加工费	1.81	3.7	12.51	0.44	1.38	3.15
6. 燃料动力费	5.11	6.22	7.98	1.24	2.32	2.01
7. 医疗防疫费	10.61	11.83	7.70	2.57	4.41	1.94
8. 配种费	0.38	1.15	5.76	0.09	0.43	1.45
9. 死亡损失费	9.17	19.54	22.02	2.22	7.28	5.55
10. 放牧用具费	1.85	0.82	0.82	0.70	0.31	0.21
11. 技术服务费	0.06	0	0.23	0.01	0.00	0.06

（续）

成本项目	养殖成本（元/只）			养殖成本构成比例（%）		
	细毛羊	半细毛羊	绒山羊	细毛羊	半细毛羊	绒山羊
12. 修理维护费	10.59	14.91	2.79	2.56	5.56	0.70
13. 其他直接费用	5.72	0.7	0.00	1.38	0.26	0.00
（二）间接费用合计	39.67	45.15	29.89	9.60	16.83	7.53
1. 固定资产折旧	16.98	17.95	15.74	4.11	6.69	3.97
2. 草场建设费	0.18	26.98	0.98	0.04	10.06	0.25
3. 管理费	12.54	0.19	0.00	3.04	0.07	0.00
4. 销售费	0.03	0.03	0.16	0.01	0.01	0.04
5. 财务费	9.93	0.00	13.02	2.40	0.00	3.28
6. 保险费	0.00	0.00	0.00	0.00	0.00	0.00
二、人工成本	104.53	87.92	61.87	25.30	32.77	15.59
1. 家庭用工折价*	61.94	84.55	47.72	14.99	31.51	12.03
2. 雇工成本	42.59	3.37	14.14	10.31	1.26	3.57
三、土地成本	6.33	6.47	0.00	1.53	2.41	0.00
合计	412.09	268.30	396.72	100.00	100.00	100.00

注：家庭用工折价＝家庭用工日工价×家庭成员全年养羊天数，家庭用工日工价＝当地 2009 年农民人均纯收入/360。

数据来源：内蒙古、新疆、吉林、河北、四川和贵州等地农牧户调查问卷。

2. 细毛羊、半细毛羊和绒山羊的养殖成本皆以物质和服务费用为主，人工成本和土地成本相对较低

物质和服务费用方面，细毛羊、半细毛羊和绒山羊养殖的物质和服务费用分别为每只 301.23 元、173.91 元和 334.86 元，是其各自养殖总成本的主要组成部分，在各自养殖总成本中所占比例分别为 73.17%、64.82%和 84.41%。

在物质和服务费用中以直接费用为主，三个羊种的直接费用分别为每只 261.56 元、128.76 元和 304.97 元，在各自养殖总成本中所占比例分别为 63.57%、47.99%和 76.87%；其中半细毛羊的直接费用及其在总成本中所占比例低于其他两个羊种，从表 8 可以看出其幼畜购进费、精饲料费以及饲草费等直接费用明显较低，其主要原因是半细毛羊调研地区（贵州毕节和四川凉山）气候条件优越，草场资源富足，枯草期短，基本上可以四季放牧，所以，饲草费、精饲料费等直接费用相对较低；细毛羊和绒山羊调研地区气候条件、草场资源等自然禀赋相对薄弱，而且部分地区受禁牧政策影响较重，饲养方式以圈养为主，导致饲草、饲料费用相对较高。

就间接费用而言，三个羊种的间接费用分别为每只39.67元、45.15元和29.89元，在各自养殖总成本中所占比例分别为9.60%、16.83%和7.53%；半细毛羊的间接费用及其在总成本中所占比例高于其他两个羊种，主要是因为草场建设费用较高，因为半细毛羊调研地区近年来在当地政府的支持下，人工种草的投入力度较大。

人工成本方面，三个羊种的人工成本分别为每只104.53元、87.92元和61.87元，在各自养殖总成本中所占比例分别为25.30%、32.77%和15.59%。就人工成本构成项目而言，细毛羊的雇工成本远远高于其他两个羊种，为每只42.59元；半细毛羊的家庭用工成本高于其他两个羊种，为每只84.55元。

人工成本构成情况不同的原因主要是不同羊种养殖规模和生产模式不同。养殖规模方面，半细毛羊平均养殖规模最小，每个家庭平均养殖规模不足50只，仅为细毛羊和绒山羊家庭养殖规模的1/3左右（见表9）。养殖规模的不同一方面导致单位羊只家庭用工成本不同，半细毛羊因养殖规模较小，平均分摊的家庭用工成本较高；另一方面会导致雇工成本不同，一般而言，养殖规模越大，越需要雇佣工人，所以，细毛羊和绒山羊的雇工成本相对较高，而养殖规模较小的半细毛羊的雇工成本相对较低。生产模式方面，细毛羊养殖过程中剪毛任务较重，耗用人工较多，部分调研地区（新疆拜城）细毛羊剪毛时雇用专业剪毛队的情况较多，所以雇工成本较高；而半细毛羊和绒山羊在养殖过程中因为产毛、产绒量相对较少，很少雇佣工人，雇工成本相对较低。

表9　调研地区不同羊种的养殖规模

单位：只/户

羊种	细毛羊	半细毛羊	绒山羊
养殖规模	147.05	48.14	150.49

数据来源：内蒙古、新疆、吉林、河北、四川和贵州等地农牧户调查问卷。

土地成本方面，三个羊种的土地成本分别为每只6.33元、6.47元和0元，在各自养殖总成本中所占比例较小；另外，绒山羊的土地成本明显低于细毛羊和半细毛羊，原因是绒山羊调研地区（河北保定、内蒙古赤峰和鄂尔多斯）绒山羊养殖过程中租赁土地的情况几乎没有。

（三）养殖纯收益

半细毛羊养殖纯收益最高，细毛羊和绒山羊养殖纯收益相对较低。在考虑家庭用工成本的情况下，2011 年细毛羊、半细毛羊和绒山羊的养殖纯收益分别为每只 221.15 元、363.58 元和 319.70 元，成本利润率分别为 53.67%、135.51%和 80.59%（见表 10）。

表 10　养殖纯收益

单位：元/只

项目	考虑家庭用工成本			不考虑家庭用工成本		
	细毛羊	半细毛羊	绒山羊	细毛羊	半细毛羊	绒山羊
养殖收益	633.24	631.88	716.42	633.24	631.88	716.42
养殖成本	412.09	268.30	396.72	350.15	183.75	349.00
养殖纯收益	221.15	363.58	319.70	283.09	448.13	367.42
成本利润率（%）	53.67	135.51	80.59	80.85	243.88	105.28

数据来源：内蒙古、新疆、吉林、河北、四川和贵州等地农牧户调查问卷。

从表 10 中可以进一步看出，细毛羊养殖总收益虽然居于半细毛羊和绒山羊之间，但因其养殖成本最高，导致其纯收益水平最低；半细毛羊养殖总收益是三个羊种中最低的，但其纯收益水平和成本利润率最高，原因是半细毛羊调研地区的草场、气候条件较好，导致其养殖成本最低；绒山羊养殖总收益最高，但其养殖成本也较高，导致其纯收益水平和成本利润率不是最高的，而是居于半细毛羊和细毛羊之间。

若不考虑家庭用工成本，2011 年细毛羊、半细毛羊和绒山羊的养殖纯收益分别为每只 283.09 元、448.13 元和 367.42 元，成本利润率分别为 80.85%、243.88%和 105.28%，半细毛羊的养殖纯收益水平依然最高。

三、绒毛价格变动特征及原因

受国际、国内市场等诸多因素影响，2011 年我国绒毛市场价格都呈现出先上涨后下降的变动趋势。本部分通过张家港羊毛市场和清河羊绒交易中心的价格数据，总结我国绒毛价格变动特征，并进一步分析羊毛、羊绒价格变动的原因。

（一）羊毛价格变动特征及原因

1. 羊毛价格变动特征

2011年国毛条66S、64S价格呈现先上涨后震荡下降的趋势。从图1可以看出，自2010年9月至2011年6月，国毛条66S价格呈现持续上涨态势，国毛条66S由65.38元/千克上涨至109.40元/千克，涨幅达67.34%；经过2011年7月12.80%的小幅下降和8月7.13%的小幅上升之后，2011年9月开始，国毛条66S的价格开始持续下降，12月为87.30元/千克，比8月下降了14.58%。通过计算可以知道，2011年国毛条66S1—12月的平均价格为93.83元/千克，比2010年的均价上涨了39.30%。国毛条64S价格也呈现先上涨后震荡下降的趋势。国毛条64S的价格由从2010年9月的54.53元/千克上涨至2011年6月的90.80元/千克，涨幅达66.53%；经过2011年7月11.01%的小幅下降和8月2.72%的小幅上升之后，2011年9月开始震荡下降，12月为76.90元/千克，比8月下降了7.35%。通过计算可以知道，2011年国毛条64S 1—12月的平均价格为79.62元/千克，比2010年的均价上涨了38.93%。

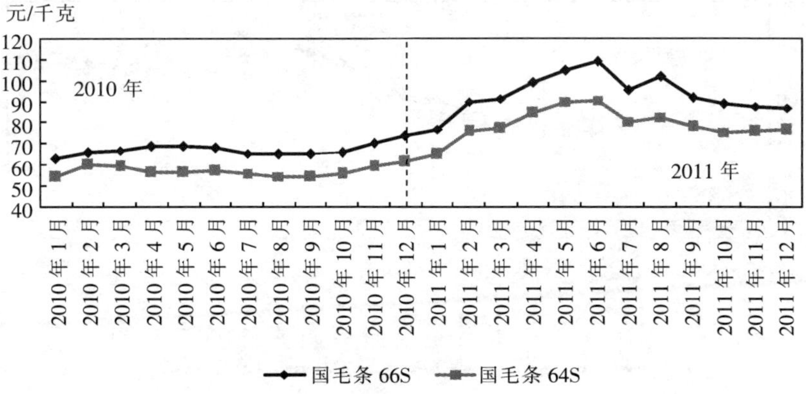

图1　2010—2011年我国国毛条66S、64S价格变化情况

数据来源：张家港羊毛市场（中国羊毛信息网）。

从图2可以看出，2011年澳毛条70S和64S价格均呈现先上涨后震荡下降的趋势，澳毛条66S呈现先上涨后震荡下降再上涨的趋势。自2010年8月至2011年6月，澳毛条70S的价格持续上涨，由82.93元/千克上涨至

154.88 元，涨幅为 86.77%；之后持续下降至 2011 年 10 月的 122.96 元/千克，降幅为 20.61%；2011 年 11 月略有回升至 126.85 元/千克，涨幅为 3.16%；12 月再次下降至 122.64 元/千克，环比下降了 3.32%。通过计算可以知道，2011 年澳毛条 70S 的均价为 136.71 元/千克，比 2010 年的均价上涨了 55.25%。自 2010 年 8 月至 2011 年 7 月，澳毛条 66S 价格持续上涨，由 77.63 元/千克上涨至 136.58 元/千克，涨幅为 75.94%；之后持续下降至 2011 年 11 月的 111.26 元/千克，降幅为 18.53%；12 月略微回升至 118.15 元/千克，环比上涨了 6.19%。通过计算可以知道，2011 年澳毛条 66S 的均价为 120.13 元/千克，比 2010 年的均价上涨了 48.37%。澳毛条 64S 的变化情况和 70S 相类似，自 2010 年 8 月至 2011 年 6 月价格持续上涨，由 74.33 元/千克上涨至 125.55 元/千克，涨幅为 68.90%；之后持续下降至 2011 年 10 月的 101.26 元/千克，降幅为 19.35%；2011 年 11 月略有回升至 105.24 元/千克，涨幅为 3.94%；12 月再次下降至 104.24 元/千克，环比下降了 0.95%。通过计算可以知道，2011 年澳毛条 64S 的均价为 110.94 元/千克，比 2010 年的均价上涨了 44.04%。

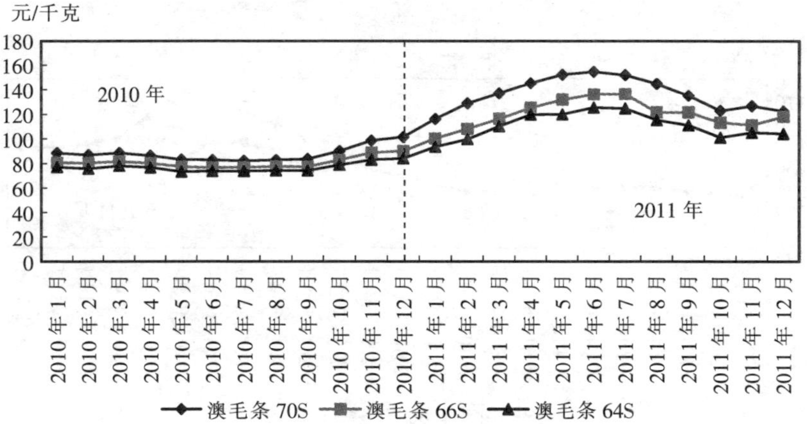

图 2　2010—2011 年澳毛条 70S、66S、64S 价格变化情况

数据来源：张家港羊毛市场（中国羊毛信息网）。

由前面对国毛条和澳毛条价格变动特征的分析可以看出：第一，2011 年国毛条和澳毛条的均价都要高于 2010 年，并且波动的幅度也大于 2010 年；第二，2011 年下半年国毛条和澳毛条价格变动的幅度变小，价格逐渐趋于平稳；第三，国毛条和澳毛条不同规格的羊毛在我国羊毛市场上的价格变动趋势总体上一致。

2. 羊毛价格变动的原因

2011 年羊毛价格先大幅上涨后下降的原因主要有以下几点：

第一，季节性波动使得羊毛需求量变化进而影响价格波动。2 月份一般是中国的农历新年即春节，所以 2 月份对羊毛制品的需求量较大，因此带动价格上涨，春节过后，对羊毛及羊毛制品的需求量减少，价格也随之下降；4 月由于没有拉闸限电等情况出现，纺织企业的生产能力充足，对羊毛的需求量较大，价格较高；7 月份进入用电高峰期，企业拉闸限电现象加剧，不少纺织企业因限电而停产，导致原料需求减少；另外随着不少农民工返乡务农，企业招工困难，纺织企业季节性劳动力短缺的现象在各地普遍出现，导致连续几个月羊毛原料的价格下降；12 月进入冬季，由于需求的增加，价格有所回升。

第二，替代品棉花的价格变动使羊毛价格也因需求量的变动而正方向变动。棉花和羊毛一样也是服装制品的主要原材料，两者在很大程度上存在着替代性，棉花价格的提高可能导致一部分原来对棉花的需求转向羊毛，从而使羊毛价格也因需求量的增加而提高。如自 2010 年 10 月起，国内棉花价格就一路走高，到 2011 年 3 月，国内棉花价格更突破了 30 000 元/吨的大关，达到了 10 年来的最高值，与此同时，我国羊毛的价格也一路上涨，国毛条 66S 由 2010 年 10 月的 65.80 元/千克上升至 2011 年 3 月的 91.60 元/千克，涨幅达 39.21%；之后棉花价格一路下跌，2011 年 10 月，棉花价格最低价格跌至 20 元/千克左右，较最高点时跌了近四成，而羊毛价格也跌至 88.90 元/千克，较最高点下降了 18.74%。

第三，国际羊毛市场拍卖价格的影响。通过对国毛条和澳毛条的比较可以知道，澳大利亚拍卖市场羊毛拍卖的价格指数的变化趋势和我国羊毛拍卖价格的变动趋势是类似的，但是澳大利亚羊毛拍卖市场的拍卖时间通常会比我国早 1～2 天，成为我国羊毛市场拍卖价格变动的风向标；并且国产羊毛价格一般比澳大利亚羊毛价格低 10 元/千克左右，虽然中国是世界羊毛最大的买家（占世界羊毛产量的 45%以上），但并没有羊毛定价权，这与中国的羊毛进口商结构有关，各羊毛进口商各自为政，缺乏统一的行会约束，在国外市场上购买羊毛时互相竞争，导致价格上涨，自身利益受损。

第四，国际经济形势对羊毛价格变化具有一定的影响。2011 年 8 月以来，在标准普尔下调美国国债信用评级、债务危机向欧元区核心国家蔓延的双重阴影下，全球经济陷入动荡阴影，这次由欧债、美债而引发的国际经济危机对绒毛羊这个弱势产业的影响较大，直接导致纺织品价跌量缩，进而影响原材料羊毛的价格，2011 年 8 月以来我国国毛条不同品种的价格均持续下跌，国毛条 66S 的价格由 2011 年 8 月的 102.20 元/千克下降至 11 月的 87.90 元/千克，降幅为 13.99%；国毛条 64S 的价格由 2011 年 8 月的 83.00 元/千克下降至 11 月的 76.10 元/千克，降幅为 8.31%。

第五，突发性事件的影响。影响羊毛价格的突发事件主要包括自然灾害、疫病、社会事件等。如 2011 年 2 月 22 日新西兰南岛最大城基督城克莱斯特彻奇发生规模 6.3 级强震，造成至少 76 人死亡，建筑严重毁损，港口被迫关闭，市中心遭封锁，地震灾情的发生使得新西兰羊毛市场取消了一周的羊毛拍卖，而新西兰是我国第二大羊毛进口国，其市场价格的变动会在较大程度上影响到我国。2011 年 7 月，受夏季用电高峰所困，我国国内纺织企业拉闸限电，纺织品产量下降，由此导致对羊毛原材料的需求减少，进而影响羊毛价格。2011 年 9 月南非受到裂谷热病的影响，从暴发裂谷热病地区过来的羊毛价格下降幅度最大，南非羊毛拍卖市场是国际上几个主要的羊毛拍卖市场之一，其价格的变化也在一定程度上影响我国羊毛拍卖市场。

（二）羊绒价格变动特征及原因

1. 羊绒价格变动特征

羊绒价格总体呈现出同比上涨的特征。从代表性地区的羊绒价格数据来看，2011 全年羊绒价格总体呈现同比上涨的特征，如内蒙古阿拉善右旗、额济纳旗，截至 2011 年 6 月 10 日，羊绒每千克价格分别为 400 元和 380 元，比上年上涨了 40～60 元①，涨幅达到 11%～18%；甘肃省 2010 年受出口恢复，市场需求增加带动，羊绒收购从 5、6 月份开市 220 元/千克上涨到后期的 360 元/千克，2011 年该地区羊绒收购价格继续上涨，张掖市收购价格竟达 400 元/千克；国家统计局数据显示，宁夏 2011 年 2 月纺织业产品价格比上月涨 0.7%，同比上涨 30.5%，羊绒收购价格更是连续上涨。从 2011 年 9—10 月份开始对外发布的清河羊绒价格指数来看，与上年同期相比，2011 年 10 月—12 月的羊绒价格也呈现同比上涨特征。2011 年 10 月 1—15 日清河羊绒市场的羊绒总体价格上涨 10.28%，2011 年 10 月 16—30 日清河羊绒市场的羊绒总体价格上涨 8.73%，2011 年 11 月 1—15 日清河羊绒市场的羊绒总体价格上涨 5.73%，2011 年 11 月 16—30 日清河羊绒市场的羊绒总体价格上涨 1.12%，

① 清河县新百丰羊绒交易有限公司．今年内蒙古阿拉善盟羊绒价格继续保持上涨势头．2011－09－29.

2011年12月1—15日清河羊绒市场的羊绒总体价格上涨1.98%[①]。

年度内羊绒价格仍然表现出波动特征。进入2011年以来，羊绒价格行情相对较好，一直处于历史高位。后期，羊绒价格虽然一直都表现为同比上涨，但是从趋势来看，却呈现出波动的特征。清河羊绒价格指数显示，2011年10月1日至11月30日羊绒价格一直处于下降趋势，10月1—15日羊绒价格环比下降1.71%，10月16—30日羊绒价格环比下降0.39%，11月1—15日羊绒价格环比下降1.25%，11月16—30日羊绒价格环比下降2.32%，12月1—15日羊绒价格环比上涨0.01%

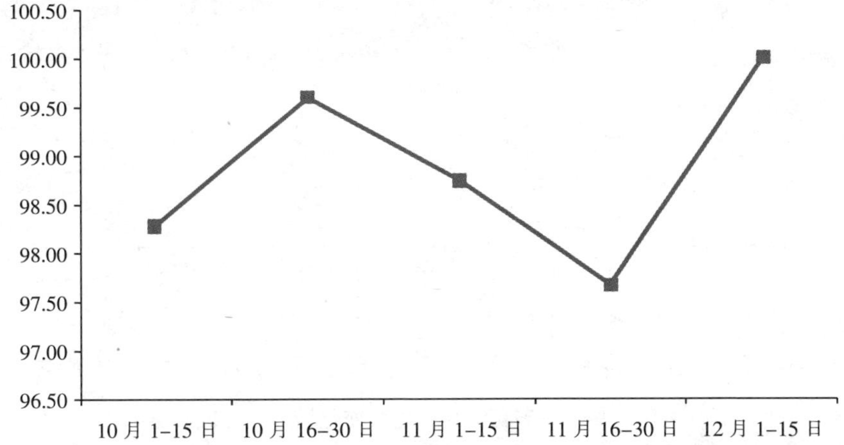

图3　2011年10月1日至12月15日清河羊绒价格指数变化情况（环比）

数据来源：清河羊绒（国际）交易中心。

2. 羊绒价格变化的原因分析

2011年羊绒价格的变化特征是多种因素综合作用的结果，主要受到以下几个因素的影响：

第一，我国总体经济形势的影响。随着应对金融危机相关政策作用的不断发挥，国内经济形势逐渐好转，市场需求开始逐渐恢复和扩大，消费者对羊绒制品的需求也明显增加，导致2010—2011年羊绒价格出现上涨趋势。与此同时，我国经济随即进入新一轮通货膨胀周期。2010—2011年在外部环境、政策刺激、流动性过剩、通胀预期等多种因素的影响下，我国经济表现为严重的通货膨胀，物价总水平持续高位运行，2011年前3个季度CPI

① 中国畜产品流通协会，2011.

除了3月出现环比下降外，其他月份都表现为上涨趋势（见图4）。在总体经济形势的影响下，各类商品价格都表现出上涨趋势，羊绒也同样受到影响，高成本特征明显。2011年后期，特别是10、11月份，CPI从前期的环比上涨表现为环比下降，降幅为0.2%，在整体物价的这一变化趋势影响下，我国羊绒价格在10、11月份也出现下降趋势，表现出与物价总水平相同的变化特征。

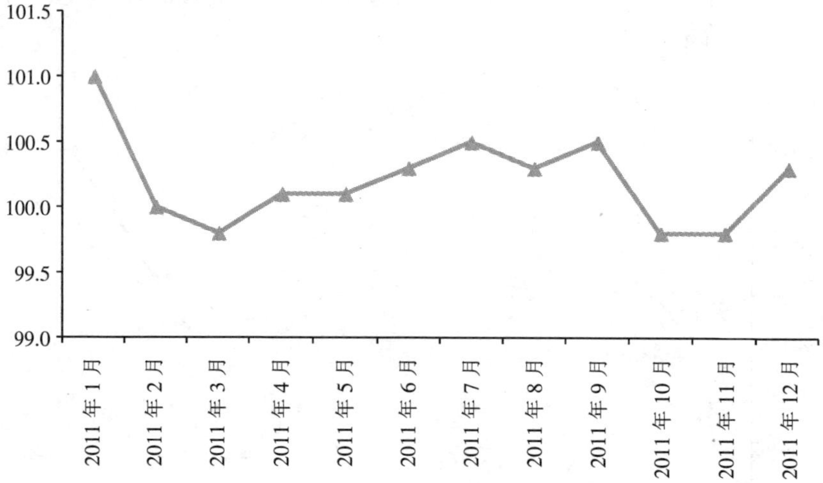

图4　2011年我国CPI指数变化情况（环比）

数据来源：国家统计局。

第二，国际市场的影响。我国每年有大量的羊绒及制品出口到国外，我国羊绒及制品是国际化程度相对较高的产品，容易受到国际市场变化的影响。2011年随着世界经济的复苏，国外需求不断增加，国外订单进一步扩大，直接影响到国内羊绒价格的提升。2011年1—8月，根据海关数据，我国羊绒及制品出口总计96 352万美元，同比增长32.4%。表现出较好的发展趋势，对羊绒价格的高位运行起到了重要的作用。

第三，相关政策的影响。近年来，我国出台一系列保护草原生态环境的政策，具体包括禁牧休牧、轮牧圈养、草畜平衡等措施，通过实施草原生态保护政策，草地资源得到很好的保护，但也使得农牧民扩大绒毛用羊养殖规模受到很大限制，而且也明显加大了农村牧区养殖绒毛用羊的相关成本，导致山羊数量减少。另外，许多地区在实施禁牧的同时，将原有养殖户进行了搬迁转移，不仅居住地发生了改变，而且还退出了养殖业，从事其他产业活动，直接导致养殖数量减少，进而羊绒总产量减少。国家统计局数据显示，我国山羊存栏数近几年持续下降，2008 年山羊存栏数量为 15 229.2 万只，2009 年下降为 15 050.1万只，2010 年下降为 14 602.6 万只。从绒山羊存栏数量看，辽宁 2010 年绒山羊存栏量为 305.37 万只，比 2009 年减少 20%；黑龙江垦区绒山羊存栏 82 万只，比 2009 年下降 4.2%。国家统计局数据显示，我国羊绒产量从 20 世纪 90 年代中期以来一直处于上升趋势，2007 年产量已经达到18 483吨的水平，然而从 2008 年开始羊绒产量出现下降，2008 年产量为 17 184 吨，同比减少 1 000 多吨，2009 年产量进一步减少，下降到 16 964 吨。这些政策措施产生的影响随着时间的推移正在越来越明显地体现出来，山羊养殖数量不断减少，羊绒产量不断下降，在供求关系的影响下，2011 年羊绒价格明显呈现上涨趋势。

第四，羊绒加工业的发展。羊绒加工业的发展水平直接影响和决定着羊绒产业的发展层次，这种影响将最终体现到羊绒价格上。我国羊绒加工业经过 20 多年的发展，从企业数量上来讲，已经具有相当的规模，据统计，已经超过 2 600 家。大部分羊绒加工企业最大的特点是缺乏有影响力的自主品牌，长期采用贴牌生产模式，规模相对偏小，相对分散，进入壁垒都非常低，资金、技术和专利上的制约都不大。例如，羊绒产业中的技术和专利很少，大都表现为羊绒的染色、混纺防起球等方面，专利技术构不成明显的进入壁垒。随着 2010 年经济的复苏，需求的增加，许多企业和个体工商户的生产能力逐渐恢复，集中度也在不断提高，进而导致对羊绒的需求明显增加，使得进入 2011 年后羊绒价格呈现上涨趋势。

第五，市场环境和秩序。羊绒产业经过 20 多年的发展，从事羊绒加工和流通的企业个人数量迅速增加，重复建设严重，由于各类组织的规模大小不同，发展水平参差不齐，加之有些企业和个人缺乏自律，经常出现市场秩序的混乱，导致羊绒价格出现较大波动。例如，当出现羊绒供给减少时，众多厂家就互相争抢原料，恶性竞争，哄抬价格，导致羊绒价格出现较快上涨；当出现市场疲软，羊绒供给充足时，众多厂家又竞相压价，致使羊绒价格出现暴跌。加之市场环境不完善、生产主体分散、产品易于保存，导致人为炒作普遍，更容易出现价格暴涨暴跌。历史上曾经出现过 1988 年、1993 年、1997 年、2000 年等多次羊绒价格大战，使得羊绒价格出现明显波动。2010—2011 年羊绒价格继续受到该因素的影响，出现明显上涨，这也是我国羊绒产业发展中价格形成机制不健全的具体表现。

四、绒毛进出口状况

2011 年，我国羊毛、羊绒的进出口规模与 2010 年相比出现增长，贸易逆差格局进一步扩大。根据海关总署统计数据，截至 12 月底，羊毛、羊绒的合计进口量和进口额分别达到 32.80 万吨和 29.13 亿美元，同比增长了 1.1%和 45.2%；二者合计出口量和出口额分别为 2.15 万吨和 1.15 亿美元，同比增长了 16.9%和 64.4%；羊毛、羊绒的贸易逆差额合计达 27.98 亿美元，同比扩大了 44.5%。

（一）绒毛进出口基本情况

1. 总体贸易情况

（1）羊毛、羊绒的进出口额均有增长，贸易逆差进一步扩大。2011 年，我国羊毛的全年进口量和进口额为 32.21 万吨和 28.59 亿美元，较 2010 年分别增长了 1.3%和 45.7%；羊毛的全年出口量和出口额达到 2.15 万吨和 1.13 亿美元，较 2010 年分别增长了 16.8%和 63.3%；虽然出口增速较快，不过由于进口基数远大于出口，我国羊毛在国际贸易中仍延续逆差格局，逆差额达 27.47 亿美元，与 2010 年相比扩大了 45.0%。2011 年，羊绒的进口量为5 836 吨，同比略降 8.9%，进口额为 0.53 亿美元，同比增加 22.7%；同期羊绒的出口量为 44 吨，同比增加了 101.5%，出口额为 0.02 亿美元，同比增长 161.6%；羊绒在国际贸易中也呈现明显的逆差格局，逆差额达 0.51 亿美元，与 2010 年相比扩大了 20.2%（见表 11）。

表 11　2011 年我国羊毛、羊绒月度进出口贸易额

单位：百万美元

月份	羊　毛			山羊绒		
	进口额	出口额	净出口	进口额	出口额	净出口
2011 年 1 月	230.99	9.01	−221.98	0.78	0.41	−0.37
2011 年 2 月	140.80	5.93	−134.86	0.41	0	−0.41
2011 年 3 月	265.52	11.77	−253.75	0.51	0.27	−0.24
2011 年 4 月	337.19	10.66	−326.53	6.40	0.27	−6.13
2011 年 5 月	292.45	10.87	−281.58	19.68	0	−19.67
2011 年 6 月	250.73	9.50	−241.23	10.14	0	−10.14

（续）

月份	羊毛			山羊绒		
	进口额	出口额	净出口	进口额	出口额	净出口
2011年7月	213.81	7.69	−206.11	2.94	0	−2.94
2011年8月	237.68	9.48	−228.21	5.17	0	−5.17
2011年9月	172.68	8.20	−164.48	1.42	0.12	−1.30
2011年10月	198.82	9.50	−189.32	4.92	0	−4.92
2011年11月	255.43	10.54	−244.89	0.69	0.31	−0.38
2011年12月	263.34	9.64	−253.70	0.43	0.63	0.20
合计	2 859.44	112.81	−2 746.63	53.50	2.01	−51.49

数据来源：中华人民共和国海关总署。

（2）我国羊毛进口国相对集中，出口国相对分散；羊绒进出口贸易国均相对集中。2011年，我国羊毛进口来源国相对集中，进口额超过1亿美元的来源国有澳大利亚、新西兰和南非，此外，从乌拉圭和英国的进口额也较多。具体看来，仅从澳大利亚一国的羊毛进口额就高达21.13亿美元，占同期我国羊毛进口总额的73.9%；从新西兰的羊毛进口额为2.99亿美元，占10.5%；从南非的羊毛进口额为1.23亿美元，占4.3%；从其他两个国家的羊毛进口额合计为1.07亿美元，占3.8%。同期，我国羊毛出口国的集中度略有下降，韩国、意大利和日本是2011年我国羊毛的三大出口目的国，对其出口额分别为0.28亿美元、0.27亿美元和0.15亿美元，占总出口额的比重依次为25.3%、24.3%和13.0%；我国对德国和尼泊尔两国的羊毛出口额合计为0.13亿美元，占11.4%（见表12）。

表12　2011年我国羊毛主要进出口国的贸易额及比重

单位：亿美元，%

位次	进口			出口		
	国家	进口额	比重	国家	出口额	比重
1	澳大利亚	21.13	73.9	韩国	0.28	25.3
2	新西兰	2.99	10.5	意大利	0.27	24.3
3	南非	1.23	4.3	日本	0.15	13.0
4	乌拉圭	0.63	2.2	德国	0.08	6.9
5	英国	0.44	1.5	尼泊尔	0.05	4.5
合计		26.42	92.4		0.88	73.9

数据来源：中华人民共和国海关总署。

我国主要从蒙古国进口羊绒，2011年全年从该国进口羊绒0.49亿美元，占当年羊绒进口总额的92.0%。此外，从伊朗、阿富汗、比利时和巴基斯坦四国也有少量进口，合计进口额为389万美元，占羊绒总进口额的7.3%。同期，我国羊绒主要出口至尼泊尔，对其出口额为199.95万美元，占当年我国羊绒总出口额的99.3%；年底对意大利出口少量羊绒，出口额为1.33万美元，仅占全年我国羊绒出口额的0.7%。

表13　2011年我国羊绒主要进出口国的贸易额及比重

单位：百万美元，%

	位次	国家	贸易额	比重
进口	1	蒙古	49.20	92.0
	2	伊朗	1.56	2.9
	3	阿富汗	1.20	2.3
	4	比利时	0.83	1.6
	5	巴基斯坦	0.30	0.6
	合计		53.1	99.3
出口	1	尼泊尔	2.00	99.3
	2	意大利	0.01	0.7
	合计		2.01	100

数据来源：中华人民共和国海关总署。

（3）我国羊毛主要进出口省份以江苏和浙江等毛纺加工大省为主，羊绒主要进出口省份以内蒙古和西藏等生产大省（自治区）为主。我国羊毛主要进出口省份相对比较集中，毛纺加工大省是羊毛的主要进出口省份。2011年，羊毛进口额居我国前五位的省市依次是江苏、浙江、北京、上海和山东，这五省市羊毛进口额合计为26.82亿美元，占当年我国羊毛进口总额的93.8%。其中，江苏省羊毛进口额位居第一，全年进口额达到18.22亿美元，占当年我国羊毛进口总额的63.7%。2011年我国羊毛出口额居前五位的依次是江苏、浙江、河北、山东和西藏，这五省（自治区）的羊毛出口额合计为1.08亿美元，占当年我国羊毛出口总额的96.1%。其中，江苏羊毛出口额位居全国第一，其年度出口额达0.57亿美元，占当年我国羊毛出口总额的50.8%。

表 14　2011 年我国羊毛主要进出口省（自治区、直辖市）的贸易额及比重

单位：亿美元，%

位次	进口			出口		
	省（自治区、直辖市）	进口额	比重	省（自治区、直辖市）	出口额	比重
1	江苏	18.22	63.7	江苏	0.57	50.8
2	浙江	3.98	13.9	浙江	0.31	27.8
3	北京	1.78	6.2	河北	0.10	9.3
4	上海	1.71	6.0	山东	0.06	5.2
5	山东	1.14	4.0	西藏	0.03	3.1
合计		26.82	93.8	合计	1.08	96.1

数据来源：中华人民共和国海关总署。

2011 年，我国羊绒进口省（自治区、直辖市）有内蒙古、河北、天津、北京和浙江。其中，内蒙古羊绒进口额居全国第一，其全年进口额达 0.33 亿美元，占我国羊绒进口总额的 60.8%；其次为河北省，该省羊绒进口额为 0.18 亿美元，占 33.6%；天津、北京和浙江三省市有少量进口，其合计进口额为 297 万美元，占 5.6%。同期，我国羊绒全部由西藏出口，出口额为 201.3 万美元。

表 15　2011 年我国羊绒主要进出口省（自治区、直辖市）的贸易额及比重

单位：百万美元，%

	位次	省（自治区、直辖市）	贸易额	比重
进口	1	内蒙古	32.54	60.8
	2	河北	17.98	33.6
	3	天津	2.87	5.4
	4	北京	0.07	0.1
	5	浙江	0.03	0.1
	合计		53.49	100
出口		西藏	2.01	100

数据来源：中华人民共和国海关总署。

2. 羊毛进出口分析

（1）月度进口数量变化较大，呈贸易逆差。2011 年 1 月份以来，我国羊毛每月出口数量很少且基本稳定，维持在 1 300～2 300 吨水平；进口远大于出口，月度进口数量变化较大。由图 5 可知，2011 年春季 3—5 月羊毛进口最多，为进口旺季，冬季 1 月和 11 月的进口量次之，夏季进口最少，为进口淡季。从进出口品种看，我国羊毛贸易主要是原毛和洗净毛，还有少量的羊毛落毛和羊毛废料，其中，羊毛进口以原毛为主，出口以洗净毛为主。2011 年，原毛、洗净毛、羊毛落毛和羊毛废料的进口量占羊毛总进口量的比例依次为 82.8%、16.3%、0.89%和 0.01%，其出口量占羊毛总出口量的比例依次为 0.1%、74.7%、25.0%和 0.2%。

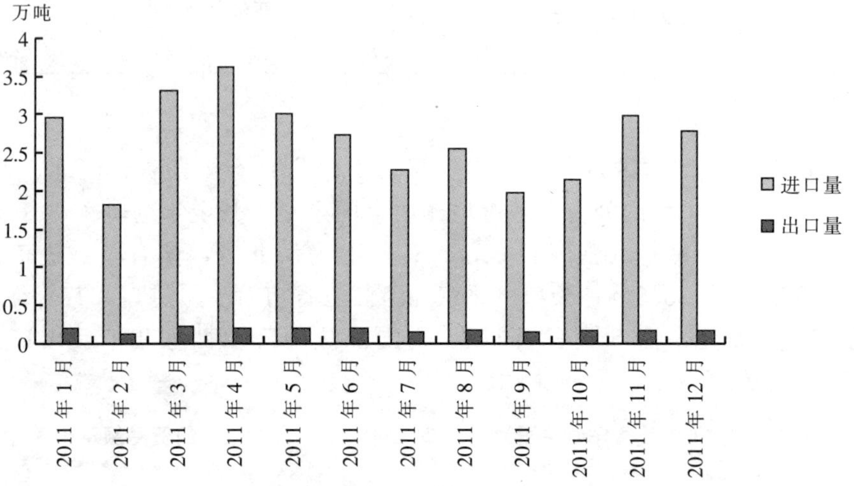

图 5　2011 年 1—12 月我国羊毛进出口量变化情况

数据来源：中华人民共和国海关总署。

（2）原毛进口增加，出口减少。2011 年，我国原毛进口量为 26.68 万吨，同比增长 0.7%；进口额为 26.20 亿美元，同比增加 45.1%。原毛主要进口国家有澳大利亚、新西兰、英国、乌拉圭和阿根廷等，从这五个国家的合计进口额占原毛进口额的 90.4%。主要进口省市是江苏、浙江、上海、北京和山东，合计进口额占原毛进口额的 95.2%。我国原毛出口量很少，2011 年仅出口 24 吨，同比锐减 85.0%，出口额为 2.35 万美元，同比减少 95.0%，全部由西藏出口至尼泊尔。

（3）洗净毛进出口均有增加，出口增幅较大。2011 年，我国洗净毛进口量为 5.24 万吨，同比增长 5.5%；进口额为 2.30 亿美元，同比增加 53.5%。

洗净毛主要从新西兰、英国和土耳其等国进口，从这三个国家的合计进口额占洗净毛进口额的67.2%。主要进口省市有江苏、上海、山东和北京，合计进口额占洗净毛进口额的69.0%。2011年，我国洗净毛出口量为1.60万吨，同比增长14.7%；出口额为0.82亿美元，同比增加60.5%。主要出口至韩国、日本、意大利、德国和比利时，对这五国的出口共占洗净毛出口的72.9%。主要出口省份有浙江、江苏、山东和河北，合计占洗净毛出口的91.2%。

（4）羊毛落毛进口量减少，出口量增加。2011年，羊毛落毛进口量为2 848吨，同比减少9.6%；进口额为90.69万美元，同比增加24.2%。羊毛落毛主要从马来西亚、我国台湾地区、阿根廷和乌拉圭进口，从这四个国家或地区的进口额合计占62.7%。主要进口省市是江苏、浙江和上海，共占91.3%。同期，羊毛落毛出口量为5 387吨，同比增长29.3%；出口额为0.30亿美元，同比增加78.8%。羊毛落毛出口国家比较分散，主要出口至日本、斯洛伐克和墨西哥等，对这三国的出口额合计占34.3%。出口省份非常集中，基本全部由江苏出口。

（5）羊毛废料贸易量很小，进出口量均有下降。羊毛废料进出口均比较少。2011年，羊毛废料进口量仅有11吨，同比减少36.3%；进口额为2.9万美元，同比增加21.6%。羊毛废料全部由河北从意大利进口。同期，羊毛废料出口量为33吨，同比减少56.0%；出口额为45.9万美元，同比减少15.6%。羊毛废料全部出口至日本、意大利和德国，出口省市是江苏、河北和北京。

3. 羊绒进出口分析

（1）进口月份比较集中，进口远大于出口，贸易逆差格局明显。2011年，我国羊绒的进出口规模较小，且进口数量远大于出口，呈明显的贸易逆差格局。我国羊绒进口较多的月份主要集中在4—6月，该时期蒙古等羊绒主产国刚好由抓绒进入销售旺季，羊绒的国际贸易大幅增长。2011年5月份我国羊绒进口数量最大，达1 788吨，占全年羊绒进口量的30.6%；4月和6月羊绒进口量也较多，在800吨以上；其他月份进口量大多在400吨以下。我国羊绒的贸易品种有未梳山羊绒和未梳喀什米尔山羊绒，2011年，未梳山羊绒和未梳喀什米尔山羊绒的进口量比例分别是93.5%和6.5%，出口量比例分别是99.5%和0.5%。

（2）未梳山羊绒进口量减少，出口量增加。2011年，未梳山羊绒进口量为5 455吨，同比减少12.5%；进口额为0.52亿美元，同比增加20.9%。未梳山羊绒主要从蒙古、阿富汗和比利时进口，对这三个国家的进口额合计占

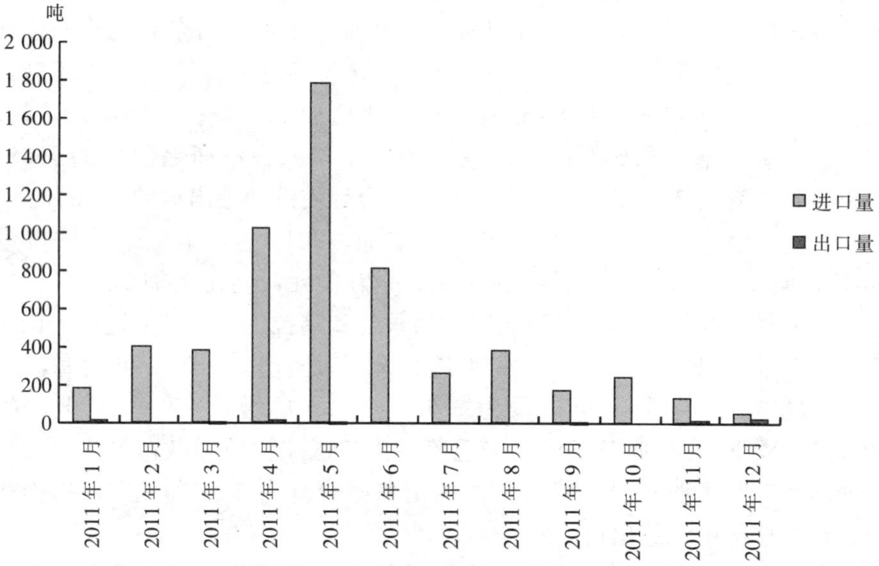

图6　2011年1—12月我国羊绒进出口量变化情况

数据来源：中华人民共和国海关总署。

99.3%，其他部分从伊朗和巴基斯坦进口。进口省区市是内蒙古、河北和天津，占100%。2011年，未梳山羊绒出口量为42.25吨，同比增加93.7%；出口额为200.0万美元，同比增加1.6倍。全部由西藏出口至尼泊尔。

（3）未梳喀什米尔山羊绒进出口量很少，但增幅较大。2011年，未梳喀什米尔山羊绒进口量为381吨，同比增长121.5%；进口额为159.6万美元，同比增长1.4倍。我国未梳喀什米尔山羊绒全部从巴基斯坦、伊朗及我国香港地区进口，进口省市是河北、天津和浙江。2011年，未梳喀什米尔山羊绒出口量为0.2吨，出口金额为1.33万美元，全部由西藏出口至意大利。

（二）我国绒毛进出口的主要影响因素

2011年我国绒毛进出口贸易额均呈增长态势，其中价格上涨是重要原因之一。如果单从贸易量来看，羊毛的进出口量均是增加，而羊绒虽然出口量增加，但进口量略有减少。分析其原因，既有贸易促进因素，也有制约因素。

1. 影响绒毛进口的主要因素

第一，国内经济形势总体良好，财政和居民收入均有增加。2011年，我国经济总体平稳快速发展，财政和居民收入稳步增加。据统计，上半年我国国内生产总值达 204 459 亿元，按可比价格计算，同比增长 9.6%，经济滞涨的风险减退。国际货币基金组织（IMF）也预计称，中国 2011 年全年的经济增长率将达到 9.6%。此外，国家还频频出台一些税制改革举措和税收优惠政策，进一步推进结构性减税，如 9 月 1 日起实施的新个人所得税法，将个税起征点由 2 000 元提高到 3 500 元，并扩大了低档税率的适用范围；10 月 12 日，国务院常务会议研究确定支持小型和微型企业发展的金融财税政策措施，出台了多项减免中小企业税费的政策等，提高个人和企业收入水平。收入增长有利于刺激消费，经济保持高速增长是促进我国的绒毛进口贸易的坚实和稳固基础。

第二，国内外毛纺需求旺盛，带动绒毛进口增长。2011 年我国毛纺企业保持良好的运行态势，国内市场需求旺盛，产销增速明显提高，投资保持较快增加，行业运行质量稳定提升，赢利能力进一步增强。国家统计局公布数据显示，2011 年全年纺织业投资额为 3669 亿元，比上年增长 30.9%；全年规模以上工业中，纺织业增长 8.3%；在限额以上企业商品零售额中，服装类增长 25.1%；在出口方面，纺织纱线、织物及制品的出口金额达 947 亿美元，比上年增长 22.9%。国内外纺织需求持续旺盛，毛纺工业投资大幅增长，从而有利于带动绒毛的原料进口较快增加。

第三，绒毛价格连创新高，进口贸易额“虚增”成分较大。2010 年以来，毛纺行业进一步恢复增长，绒毛需求持续增加，但以澳毛和国毛为代表的世界羊毛、羊绒产量一直处于低位，短期内供需不平衡造成了绒毛价格的上涨。此外，由于美元贬值以及世界范围的流动性过剩，导致资金大量涌向大宗商品市场，造成石油价格以及农产品价格大幅上涨，使得纺织原料棉花、粘胶、腈纶等化纤价格不断攀升，以棉花为代表的天然纤维价格更创下历史纪录。受棉花等纺织原料上涨的影响，自 2010 年 10 月起绒毛价格也开始飞速上涨，并纷纷在 2011 年创下历史新高。而纺织服装具有刚性需求，价格上涨对需求的制约作用弱化，造成进口额受价格上涨带动明显“虚增”。从 2011 年的进口数据也可以明显看出，2011 年我国羊毛、羊绒的合计进口量仅增长了 1.1%，而进口额就增长了 45.2%，进口额的增幅比进口量增幅高出了 44 个百分点。

第四，适度紧缩的货币政策一定程度上制约了绒毛的进口需求。金融危机以来，货币政策一直是政府最主要的宏观调控工具之一。我国在 2011 年继续推行适度紧缩的货币政策进行宏观调控，进一步加大货币控制。仅至 4 月初，央行就已连续 4 次上调存款准备金率，2 次上调存贷款利息。央行还多次强调将运用利率、差别准备金制度及人民币汇率政策等手段控制流动。国内适度紧缩的货币政策，导致部分绒毛进口企业的资金压力越来越大，一定程度上压制了绒毛的进口需求。

第五，国内制度环境不利于纺织企业扩大绒毛进口规模。2011 年，国内整体制度环境对我国毛纺企业来说较为严厉。除了货币政策继续收紧之外，国内劳动力成本进一步上升，原材料价格上涨、人民币升值、结款趋紧、电力供应限制、企业赋税成本较大等压力持续上升，中小毛纺企业经营环境更加复杂，生产经营活动愈发困难，南方部分地区外贸中小企业甚至出现“倒闭潮”。生产经营的不利条件均增加了我国毛纺企业继续运作和扩大进口的难度，这也是 2011 年我国绒毛进口量增幅远小于下游纺织需求增幅的主要原因。

2. 影响绒毛出口的主要因素

第一，国际纺织品消费市场回暖，但宏观环境不确定性因素增加。随着金融危机影响的减弱，国际纺织品消费市场继续呈现回暖态势，绒毛等纺织原料需求增加，新西兰羊毛市场上一度出现了“无毛停拍”的局面。不过 2011 年国际市场环境动荡，需求恢复的抑制性因素并未消除：欧美主权债务危机悬而不决，日本震后经济复苏艰难，全球经济数据持续低迷，金融市场愈加动荡，股市连续下跌，IMF 下调全球经济增长预期，世界经济脚步放缓，经济衰退的风险与半年之前相比有所提高，等等。可见，随着各种不确定影响因素的增加，世界经济将经历较长的低速增长期，国际进口需求难以出现明显改善，企业采购环境受到抑制，不利于我国羊毛、羊绒扩大出口。

第二，国际贸易摩擦加剧，贸易保护主义抬头，不利于扩大出口。世界经济增速放缓和不景气将导致国际贸易保护加剧和贸易争端增多，从而制约自由贸易的发展。当前世界经济衰退带来的严重冲击仍将持续，贸易保护主义进一步抬头，我国绒毛出口将遭遇更多贸易摩擦环境，不利于扩大出口。截至 2010 年，我国已经连续 16 年成为全球遭受反倾销调查最多的国家，连续 5 年成为全球遭遇反补贴调查最多的国家。2011 年情况更不乐观，据统计，2011 年 1—8 月，各国涉华贸易摩擦已达 70 余起，与 2010 年基本持平，其中纺织行业是重灾区。

第三，国内生产成本增加，出口竞争力减弱。国内绒毛生产成本增加主要表现在饲料成本和人工成本不断攀升上。随着生态保护政策力度加大，放牧的养殖方式逐步被加以规范和管制，而玉米等饲料价格和人工成本上涨大幅增加了绒毛的生产成本。成本上涨不仅削弱了绒毛的出口竞争力，也极大地削弱了绒毛纺织品的出口竞争力。2011 年以来，东南亚各国的纺织品服装出口订单争夺已逐渐白热化。虽然我国仍占据着东南亚地区纺织服装业的霸主地位，但由于原料成本和劳动力成本上涨等因素影响，部分来自欧美市场的订单已转向如柬埔寨和越南等劳动力薪酬更低的经济体。

第四，人民币升值趋势持续，出口竞争力下降。人民币升值意味着国内出口商品用外币核算的价格上涨，对于绒毛出口品来说，在价格上的出口竞争力将大幅下降。从 2011 年底的情况看，人民币升值的趋势将持续下去，绒毛及其纺织品的出口压力难以缓解。当前人民币对美元汇率已经达到了 6.3 附近，较 2010 年 12 月份的 6.7 升值了约 5.97%。如果人民币汇率持续升值，我国绒毛企业的困境将加剧，既要应对成本大幅增长，又要面临欧美等主要纺织品进口商因人民币升值不断压低的报价。据了解，受人民币升值影响，企业的利润空间被进一步挤压，部分绒毛企业已经选择停产倒闭或者放弃海外订单。

第五，绒毛产品自身竞争力逐步提高，出口议价能力加强。从上述影响因素分析可知，2011 年我国绒毛出口的不利因素很多。不过从数据看，我国绒毛出口额仍有较大幅度增长，除了价格创历史新高作用外，也有我国绒毛自身竞争力不断增强的原因。这主要表现在两个方面：第一，我国绒毛产业不断加强产业化建设，提升规模化、标准化水平，生产结构不断优化，尤其是羊绒的特色优势出口渐具规模；第二，通过技术进步和产品开发等，我国绒毛纺织品的品种更加丰富，质量不断提高，产品的市场议价能力得到加强。

五、现有绒毛用羊相关政策及其评价

新中国成立以来，国家不断调整畜牧业发展战略，出台了一系列政策措施鼓励养羊业的发展。2008 年正式启动国家绒毛用羊产业体系建设，重点加强对产业发展中品种引进、良种繁育、生产加工等环节的技术研究支撑。在政府的高度重视下，我国的绒毛用羊产业不断向前发展。本部分主要分析我国绒毛用羊现有相关扶持和管理政策，利用国家绒毛用羊产业技术体系产业经济研究团队调研数据对现有扶持政策的效果进行评价。

（一）现有绒毛用羊产业相关政策措施

1. 畜牧良种保护与补贴政策

为了解决绵羊良种问题，政府不断加大对绒毛用羊良种的保护和补贴力度。我国《种畜禽管理条例》明确规定畜禽品种资源实行国家、省（自治区、直辖市）二级保护。农业部《加强全国畜禽良种繁育体系建设意见》指出：种羊良繁体系要明确核心区域、巩固培育成果，毛用绵羊繁育体系建设重点是完善与提高一批对生产发挥重要作用的种羊场，完善绒山羊繁育场，满足生产与市场需要。

我国自2009年起在内蒙古、新疆、青海、河北、甘肃、黑龙江、吉林、宁夏、西藏等9个绵羊主产省（自治区）及新疆生产建设兵团开展补贴试点，对项目区内存栏能繁母羊30只以上的养殖户在购买良种公羊时每只给予800元的补贴，补贴数量达7.5万只。2010年国家继续对内蒙古、新疆等9个绵羊主产省（自治区）及新疆建设兵团实施补贴，这对于提高绵羊个体生产水平、增加绵羊养殖的经济效益、稳定绵羊产业化发展，增加农牧民收入、促进牧区经济社会发展具有十分重要的意义。《2011年畜牧良种补贴项目实施指导意见》中提出进一步扩大补贴范围，增加补贴数量。中央财政在2010年度项目省区7.5万只种公羊补贴数量的基础上，在实施草原生态保护补奖机制的内蒙古、四川、云南、西藏、甘肃、青海、宁夏、新疆8个牧区内增加16.25万只补贴数量，将绵羊、山羊共同纳入补贴范围，选择能繁母羊存栏5万只以上的县（市）实施畜牧良种补贴项目。省级畜牧部门负责组织专家对种畜场进行评定，对种公畜进行鉴定，公布入选的种畜场名单，并会同财政部门组织项目县统一采购种公畜，签订合同。省级财政部门根据采购合同、销售发票与供种单位结算补贴资金。供种单位按照补贴后的优惠价格向养殖者提供种公畜。供种的种羊场应取得种畜禽生产经营许可证，基础设施完善，饲养管理规范，防疫措施健全；种公羊必须1岁以上，达到特级或一级，系谱清楚，佩戴耳标，具有种畜合格证明和检疫合格证明。项目区内存栏能繁母羊30只以上的养殖户在购买良种公羊时，依然维持800元/只的补贴标准。

2. 畜牧养殖机械购置补贴政策

为调动农牧民购买农牧业机械的积极性，提高农牧民购买和使用农牧业机械的能力，促进农牧民增收，我国2011年继续实施农牧民购置畜牧养殖机械补贴政策。农机购置补贴政策覆盖全国所有农牧业县（场）。农业部根据全国农业发展需要和国家产业政策确定全国补贴机具种类范围；各省（自治区、直辖市、兵团、农垦）结合本地实际情况，确定具体的补贴机具品目范围。省级农机主管部门要将补贴机具品目范围内的所有已列入国家支持推广目录且承诺在本省（自治区、直辖市、兵团、农垦）销售的产品和已列入本省级支持推广目录的产品，全部纳入补贴目录。补贴机具经销商必须经工商部门注册登记，取得经销农机产品的营业执照，具备一定的人员、场地和技术服务能力等条件。经销商名单由农机生产企业自主提出，报省级农机化主管部门统一公布，供农民自主选择。

我国主要牧区省份已经将绒毛用羊养殖机械纳入补贴名录，能够享受购置补贴的绒毛用羊养殖机械包括饲料作物收获机械、饲料（草）加工机械、畜牧饲养机械和畜产品采集加工机械，如青饲料收获机、牧草收获机、割草机、翻晒机、搂草机、捡拾压捆机、压捆机、饲草裹包机、秸秆粉碎还田机、高秆作物割晒机、青贮切碎机、铡草机、揉丝机、压块机、饲料粉碎机、饲料混合机、饲料破碎机、饲料搅拌机、颗粒饲料压制机、清粪机（车）、药浴机、网围栏、水帘降温设备、剪羊毛机等。

绒毛用羊养殖机械购置补贴资金按照国家农机购置补贴政策有关规定实行定额补贴，一般按不超过本省（自治区、直辖市、兵团、农垦）市场平均价格30%测算，单机补贴限额不超过5万元，如新疆绒毛用羊养殖户购买1台中收农牧机械公司的95MR76.2B型剪羊毛机，将获得中央财政补贴700元。对于100马力以上大型拖拉机、高性能青饲料收获机、大型免耕播种机单机，补贴限额可提高到12万元，200马力以上拖拉机单机补贴额可提高到20万元。内蒙古、新疆等地区还根据各自区域的实际情况对部分机具实行累加补贴，以扶持牧民提高畜牧养殖机械化水平，提升牧民增收能力和生活水平。

3. 动物防疫补贴政策

我国由国家畜牧兽医行政管理部门主管全国的动物防疫工作。随着养殖业的快速发展，动物疫病的防控难度不断增加。政府有关部门在认真总结防控重大动物疫病的实践基础上，逐渐建立健全免疫、检疫、疫情报告和处理等制度，不断完善疫情风险评估、疫情预警、疫情认定、无规定动物疫病区建设、官方兽医、执业兽医管理、动物防疫保障机制等方面的内容。

为了促进绒毛用羊产业健康发展，国家对羊口蹄疫、小反刍兽疫、蓝舌病、布鲁氏菌病等疾病的防控十分重视，投入资金、人力较大，防治技术较为完善。目前我国在绒毛用羊疫病防控方面已经形成以重大动物疫病强制免疫疫苗经费补助、扑杀补贴和基层动物防疫工作补助为主要内容的动物防疫补贴政策。重大动物疫病强制免疫补助政策是对口蹄疫等重大动物疫病实行强制免疫补助政策。强制免疫疫苗由省级畜牧兽医主管部门会同省级财政部门进行政府招标采购，兽医部门逐级免费发放给养殖场（户），疫苗经费由中央财政和地方财政共同按比例分担，养殖场（户）无需支付强制免疫疫苗费用。畜禽疫病扑杀补贴政策是对口蹄疫、小反刍兽疫发病畜禽等实施强制扑杀，对因重大动物疫病扑杀染病畜禽给养殖者造成的损失予以补贴，补贴经费由中央财政和地方财政共同承担。这既有利于防止重大动物疫病扩散，又能减少因扑杀染病畜禽给养殖者造成的损失。基层防疫工作补助政策是为支持基层动物防疫工作，中央财政对基层动物防疫工作实行经费补助，补助经费用于对基层动物防疫人员承担的为畜禽实施强制免疫等基层动物防疫工作经费的补助，重点用于强制免疫注射工作经费支出。

内蒙古、新疆、吉林等地的调研情况显示，部分地区如内蒙古赤峰市巴林右旗、鄂尔多斯市乌审旗养殖户无需承担任何疾病防控费用，全部由政府承担疫苗、药物等费用，其他地区养殖户仅负担日常消毒和一般药物支出，绒毛用羊养殖过程中重大传染疾病的疫苗费用全部由政府财政负担。

4. 草原生态保护政策

随着改革的深化和市场经济的发展，对土地的不合理的开发利用、超载过牧等加剧了草原生态系统的恶化，中央财政自 2000 年至今累计投入 240 多亿元资金，组织实施了天然草原退牧还草、京津风沙源草地治理、西南岩溶地区石漠化草地治理等重大草原生态保护工程项目。从 2011 年起，国家进一步完善退牧还草政策，在内蒙古、新疆、西藏、青海、四川、甘肃、宁夏和云南等 8 个主要草原牧区省区和新疆生产建设兵团，全面建立草原生态保护补助奖励机制①。政策主要内容包括：一是合理布局草原围栏，重点安排划区轮牧和季节性休牧围栏建设，并与推行草畜平衡挂钩。二是配套建设舍饲棚圈和人工饲草地。在具有发展舍饲圈养潜力的工程区，对缺乏棚圈的退牧户，按照每户 80 米^2 的标准，配套实施舍饲棚圈建设，在具备稳定地表水水源的工程区，配套实施人工饲草地建设，解决退牧后农牧户饲养牲畜的饲料短缺问题。三是提高中央投资补助比例和标准，围栏建设中央投资补助比例由现行的 70%提高到 80%，地方配套由 30%调整为 20%，取消县及县以下资金配套，青藏高原地区围栏建设每亩中央投资补助由 17.5 元提高到 20 元，其他地区由 14 元提高到 16 元，补播草种费每亩中央投资补助由 10 元提高到 20 元，人工饲草地建设每亩中央投资补助 160 元，舍饲棚圈建设每户中央投资补助 3 000 元。四是饲料粮补助改为草原生态保护补助奖励，对实行禁牧封育的草原，中央财政按照每亩每年补助 6 元的测算标准对牧民给予禁牧补助，5 年为一个补助周期；对禁牧区域以外实行休牧、轮牧的草原，中央财政对未超载的牧民，按照每亩每年 1.5 元的测算标准给予草畜平衡奖励。草原生态保护补助奖励政策由省级人民政府负总责，财政部和农业部进行定期或不定期的巡查监督，并按照各地草原生态保护效果、地方财政投入、工作进展情况等因素进行绩效考评。中央财政每年安排奖励资金，对工作突出、成效显著的省份给予资金奖励，由地方政府统筹用于草原生态保护工作。

① http：//www.gov.cn/ldhd/2010—10/12/content _ 1720555.htm。

5. 绒毛质量管理政策

我国的绒毛质量监督管理归属于国家质量技术监督局下设的中国纤维检验局及其认可的各级专业纤维检验机构，负责绒毛纤维标准化工作、监督检验、公证检验、质量认证等工作。

我国现行的羊毛采购标准使用的是国家质量技术监督局发布由中国纤维检验局、农业部、商业部、纺织工业部和国家物价局共同提出的绵羊毛国家标准（GB/T1523—93），该标准将羊毛分为细羊毛（特等、一等、二等）、半细羊毛（特等、一等、二等）和改良毛（一等、二等）共8个等级。山羊原绒收购标准使用的是国家质量技术监督局发布由中国纤维检验局制定的山羊绒国家标准（GB18267—2000），该标准将平均直径、手扯长度作为考核指标，山羊原绒按特细型（＜14.5微米）、细型（14.5～16.0微米）和粗型（＞16.0微米）进行分档，且依据长度的不同将特细型分为2个等级、细型分为4个等级、粗型分为2个等级。以原绒净绒率作为计算依据，避免了因环境因素及掺杂使假等行为造成的山羊绒含量的不真实，为保护我国珍贵的山羊绒资源、维护公平交易起到了重要作用。

随着改革开放的不断深入，我国毛绒纤维的生产和流通已全部放开。为保护我国毛绒纤维资源，维护边疆稳定，保护农牧民的经济利益，规范毛绒纤维流通秩序，保护我国毛绒纤维制品在国际市场上的声誉并提高其竞争力，国家质量监督检验检疫总局2003年6月出台了《毛绒纤维质量监督管理办法》并执行至今。该管理办法规定实行绒毛纤维质量公证检验制度，即专业纤维检验机构按照国家标准和技术规范，对毛绒纤维的质量、数量进行检验并出具公证检验证书。同时该办法还规定了毛绒纤维经营者收购毛绒纤维及从事毛绒纤维加工活动时应尽的质量义务及违反相应规定所受的处罚。该管理办法的实施，同时规范了收购者、加工者、销售者、承储者的行为，加强了毛绒纤维质量监督管理，明确了质量责任，保护了毛绒纤维资源。

6. 对外贸易管理相关政策

关税配额制度。我国羊毛生产量的增长远远落后于毛纺织业的发展速度。羊毛是我国供需缺口最大的畜产品，我国目前已经成为世界上最大的羊毛进口国。出于对国内羊毛产业的保护，从2002年起，我国对进口羊毛一直采用关税配额制进行管理，配额内的进口羊毛关税税率为1%，毛条的关税税率为3%，配额外关税税率为38%。国家商务部负责制定并出台每年的羊毛、毛条进口关税配额管理实施细则。根据该实施细则规定，2011年我国羊毛进口关税配额数量为28.7万吨，毛条进口关税配额数量为8万吨。2011年羊毛和毛条进口关税配额遵循“先来先领”的分配方式：申请者凭羊毛和毛条进口合同及有关材料申请相应的进口关税配额，由商务部授权机构为满足条件的申请者发放《农产品进口关税配额证》，当发放的配额数量累计达到2011年羊毛和毛条的关税配额量时，商务部授权机构即停止接受申请者申请。

出口退税政策。出口退税是指对出口商品在国内生产、流通等环节和出口环节征收的各项税收部分或全部退还给出口商的一种措施。1994年1月1日开始施行的《中华人民共和国增值税暂行条例》规定，纳税人出口货物，增值税税率为零。我国目前实行“先征后退”的方法，即企业自营出口或委托代理出口绒毛产品时，先按照增值税暂行条例规定的征税率征税，然后由主管出口退税业务的税务机关在国家出口退税计划内按规定的退税率审批退税。出口退税率每年都会发生变化，根据中国出口退税资讯网相关数据，目前我国绒毛产品的出口退税率有0、5%、13%、14%、15%、16%等不同档次。绒毛原料产品出口退税率一般较低，绒毛加工产品出口退税率相对较高。如山羊绒（无毛绒）出口退税率为0，羊绒制品出口退税率为16%，这有利于提高无毛绒出口单价，遏制不法企业套取退税，鼓励高附加值羊绒制品出口，限制羊绒资源性出口，缓解了山羊绒资源性出口与企业产成品出口之间的矛盾，使羊绒精深加工企业在原料方面取得优势，提高了羊绒精深加工企业在国际纺织市场上的竞争力。

（二）现有绒毛用羊相关扶持政策措施的评价

1. 绒毛用羊良种补贴政策覆盖范围小、补贴水平低

尽管为了解决绒毛用羊良种问题，政府不断加大对良种的保护和补贴力度，但是针对绒毛用羊的良种补贴政策力度仍然非常小。我国2009年起才将绵羊纳入畜牧良种补贴范围，绒山羊2011年开始纳入补贴范围。目前的绵羊、山羊良种补贴仅在我国内蒙古等主要牧区存栏量5万只以上的县区内实施，而且只有存栏能繁母羊30只以上的养殖户购买良种公羊时才给与补贴，能繁母羊没有补贴政策，不在项目区内或是能繁母羊存栏数量不足30只时购买种公羊也没有补贴。2011年8月我们在内蒙古、吉林等地调研时了解到，由于良种政策普及面小，能够得到该项补贴的养殖户非常少。即使是符合要求的养殖户，800元的种公羊补贴也远远低于目前种用公羊4 000元以上的市场售价，较低的补贴水平降低了广大农牧民购买良种绵羊的积极性，进而还会影响羊毛质量的提高。

2. 畜牧养殖机械购置补贴政策对绒毛用羊养殖机械化水平提高作用不

显著

畜牧业机械化是畜牧业现代化的重要标志。畜牧业机械化在绒毛用羊养殖过程中主要表现在牧草的割、搂、捆、运，剪羊毛、药浴、清理羊圈、草场建设和高产饲草料地的耕整地、播种、收获和灌溉及田间管理等方面。国家畜牧养殖机械购置补贴政策，目的是引导农牧民和畜牧业生产服务组织购置先进适用的畜牧业机械，提高畜牧业生产及加工整体装备水平。但是从内蒙古、吉林等地调研情况看，养殖户清理圈舍仍然使用铁锹，剪毛主要使用剪子等传统方式，调研地区的养殖户均没有购置清圈机械、药浴设备、剪毛机等养殖机械，绒毛用羊养殖机械化水平较低。畜牧养殖机械购置补贴政策的实施目前尚未大幅度提升我国绒毛用羊养殖机械化水平。这主要是由以下原因造成的：一是绒毛用羊养殖机械的购置补贴政策实施时间较短，政策宣传不到位，我国虽然 2004 年就开始实施农机购置补贴政策，但是畜牧饲养机械、畜产品采集加工机械设备 2010 年才开始纳入补贴范围，地处偏远的农牧民对农机购置补贴政策的意义、程序、机具种类不了解；二是纳入农机购置补贴目录的适合绒毛用羊养殖机械产品和企业数目并不多，补贴机械以大中型农机具为主，超越了收入偏低的农牧民的购买能力；三是部分农机企业售后服务、维修不到位，影响了农机作业效率和质量，也降低了农牧民的购买积极性。

3. 草原生态保护政策增加了养殖户生产成本

为了遏制伴随经济社会快速发展出现的生态环境恶化问题，我国自 2003 年起实施基本草地保护制度，推行划区轮牧、休牧和禁牧制度，而且范围和强度不断扩大。禁牧对保护和改善生态环境，促进羊产业生产方式的改变产生了巨大的影响，随之而来的草畜矛盾也日益突出。我国牧区和半牧区传统放牧时养羊所需饲料大部分依赖于羊的自由采食。禁牧政策实施后，原来养羊可以免费使用的公用草原变为有偿使用饲草饲料，还需要投入大量资金修建圈舍，每年还需要进行相应的维护，人工成本亦会相应增加，而且禁牧导致的饲草料供需矛盾也会导致饲料价格上升，种种因素直接导致农牧民养羊成本升高。舍饲养羊所需饲草料全靠养殖户人工提供，这不仅需要充足的饲料来源，还需要掌握饲料加工技术，满足养羊的需求。舍饲管理技术难度远远高于传统的放牧管理技术。很多养羊户由于不懂舍饲技术，禁牧后只是简单地把羊圈在院里或圈里，沿用传统补饲的方法，不注意合理搭配，使得饲料营养不均衡，羊实际摄取的营养不能满足其生长发育的需要，导致绒毛产品质量下降，经济效益降低。

4. 绒毛用羊养殖的相关政策认知度、满意度不高

国家惠农政策的实施是我国经济发展的结果，现阶段实行的良种补贴等奖励扶持政策是为了提高牧民的生产积极性，促进绒毛用羊产业的发展。通过对内蒙古、新疆等地农牧民问卷调研结果分析，农牧民对目前实施的各项补贴政策的认知度和满意度并不高。

表16显示，农牧民对现有补贴和奖励政策认知度低。参与调研的农牧民中85％的细毛羊养殖户不知道任何细毛羊养殖的相关补贴或奖励政策，69.17％的绒山羊养殖户不知道任何关于绒山羊养殖的相关补贴或奖励政策。

表16　农牧民对绒毛用羊产业扶持政策的认知程度　　单位：％

	细毛羊	绒山羊
1. 不知道绒毛用羊产业扶持政策	85.00	69.17
2. 知道绒毛用羊产业扶持政策	15.00	30.83
良种补贴	7.50	5.00
禁牧补贴	15.00	30.83
草畜平衡奖励	1.67	5.83
生产资料综合补贴	5.00	5.83
退耕还草补贴	5.00	7.50

数据来源：内蒙古、新疆、吉林、河北农牧户调研数据。

表17是知道细毛羊相关补贴和奖励政策的养殖户对各项政策的评价结果。通过该表可以看出，细毛羊养殖户对各项政策的满意度都比较低。

表17　细毛羊养殖户对补贴获奖励政策的评价

单位：％

	满意	一般	不满意
良种补贴	0	22.22	77.78
禁牧补贴	5.56	16.67	77.77
草畜平衡奖励	14.29	14.29	71.42
生产资料综合补贴	28.57	57.14	14.29
退耕还草补贴	0	16.67	83.33

数据来源：内蒙古、新疆、吉林、河北农牧户调研数据。

表 18 是知道绒山羊养殖补贴或奖励政策的农牧民对各项政策的评价结果。与细毛羊养殖户一样，绒山羊养殖户的满意度也比较低。

表 18　绒山羊养殖户对补贴获奖励政策的评价

单位：%

	满意	一般	不满意
良种补贴	0	0	100
禁牧补贴	7.89	18.42	73.69
草畜平衡奖励	0	0	100
生产资料综合补贴	16.67	0	83.33
退耕还草补贴	33.33	0	66.67

数据来源：内蒙古、新疆、吉林、河北农牧户调研数据。

通过访谈，我们发现由于农牧民文化素质不高，加上语言沟通等问题，导致政策认知度较低。而政策满意度低主要是由于扶持政策数量少、现有补贴水平较低、执行不到位造成的。大部分养殖户表示禁牧政策的实施、草地资源的匮乏、缺乏资金等限制了绒毛用羊产业的发展。政策需求上，75%的细毛羊养殖户选择了细羊毛最低价格保护，65%的绒山羊养殖户选择了良种补贴，还有部分牧民表示希望能够获得更多的贷款扶持。农牧民普遍反映期盼政府能够尽快出台并加快落实绒毛用羊的各项补贴和扶持政策。

六、2012 年我国绒毛用羊产业发展趋势

本部分主要根据国家绒毛用羊现代产业技术体系产业经济研究团队在 2011 年对细毛羊、半细毛羊和绒山羊养殖情况的调查结果，并综合考虑市场及政府政策等因素，从绒毛产量、价格、养殖利润、品种等方面预计 2012 年我国绒毛用羊产业发展趋势。

1. 羊毛产量将继续增加，羊绒产量可能下降

2011 年各地区原毛收购价格大幅上涨，提高了养殖户的羊毛收益，激发了养殖户的生产积极性。样本户数据显示，2011 年细毛羊能繁母羊、种用公羊和育成羊存栏数量小幅上升；半细毛羊能繁母羊、种用公羊、育成羊和羔羊存栏数量上涨幅度明显。毛用羊存栏数量增加，因此 2012 年羊毛产量将会继续增加。

2011 年各地区羊绒收购价格上涨幅度也较大，样本户数据显示，养殖户扩大养殖规模的意愿较强。但是从被调研县区的总体情况看，羊绒产量已经开始出现下降的趋势。受草原生态保护政策影响，绒山羊能繁母羊、种用公羊、育成羊和羔羊存栏数量也开始出现了明显下降，同时禁牧、休牧政策的实施造成绒山羊饲料成本和人工成本增加，养殖户被迫缩减养殖规模。2012 年绒山羊存栏量可能进一步下降，因此 2012 年羊绒产量将相应下降。

2. 绒毛价格上涨乏力

受生产成本、市场需求等多重因素影响，2012 年绒毛价格很难出现大幅下降。首先从养殖成本看，玉米、豆粕等饲料价格持续上涨，绒毛用羊养殖成本也相应提高；其次从绒毛产量和加工需求看，我国羊毛产量增加，但依然无法满足国内市场加工需求，而且受禁牧政策等因素影响，绒山羊存栏数量减少，羊绒产量已经开始出现下降趋势。上涨的生产成本和较大的供需缺口使 2012 年绒毛价格较难下降。

另一方面，由于 2011 年绒毛价格整体处于高位，加大了毛纺企业的生产成本，影响中国纺织服装出口的竞争优势，将导致出口企业订单下降；欧盟、美国等发达国家失业率居高不下，个人消费低迷，可能导致 2012 年世界经济放缓增长甚至走低，使我国绒毛制品出口进一步受限；国内受其他纤维如棉价格的影响，服装中用毛比例可能下降。我国由于受低迷的国际市场的影响，增速将有所减缓，对绒毛产品的消费上涨空间有限，这将使绒毛原料需求有所下降。综合考量毛纺加工企业生产成本、绒毛制品供给和市场需求情况，2012 年绒毛价格亦缺乏上涨动力。

3. 绒毛用羊的肉用性能将进一步开发

近年来，随着人们饮食的日益多样化，市场对羊肉需求猛增，羊肉价格也是一路暴涨。2011 年 8 月国家绒毛用羊产业技术体系在青岛召开的联合育种会议上，提出了“中国肉用美利奴羊选育”计划，在这个计划基础上，2012 年将培育生长发育快、肉质好、毛质优、适应性强的肉用细毛羊品种。在调研过程中，我们也发现 2011 年细毛羊、半细毛羊和绒山羊养殖总收益皆以出栏畜产值为主，绒毛产值所占比例相对较小。为了追逐经济效益，在羊肉价格上涨的带动下，绒毛用羊的肉用性能将得到进一步开发。

4. 养殖收益仍可保持较好的水平

随着草原生态保护政策的实行，可持续发展是我国绒毛用羊产业未来发展的主要趋势。绒毛用羊产业将从追求数量为主向追求质量效益转变。2012 年绒毛用羊生产将更加注重草原生态的保护和利用，根据各地区生态状况将会形成多元化的养殖模式。绒毛用羊生产将更多地依靠科技进步、实行标准化生产以控制养殖成本。同时，国家将继续实施畜牧良种补贴、牧民生产资料综合补贴等扶持政策，各地区还将结合当地实际合理布局草原围栏建设并实施舍饲棚圈建设、人工饲草地建设和草畜平衡奖励办法。绒毛价格的高位运行和绒毛用羊肉用性能的进一步开发，加上政策扶持力度逐渐加大，将使绒毛用羊的养殖收益继续维持较好水平。

5. 毛用羊品种结构向细型、超细型方向发展

羊毛尤其是细羊毛是我国供需缺口较大的畜产品。随着市场对细薄化、环保化、高档化毛纺织品的消费看好，对羊毛品质的需求不断提高，原料市场对细羊毛和超细羊毛的需求量不断增加。服装用纺织品的轻薄化直接导致毛纺织品对纤维细度的追求。新疆农垦科学院于2009年底研制成功了羊毛细度能达到80支以上水平的细毛羊，2010年7月，山东如意集团与新疆农八师石河子市合作设立“国家级超细毛羊研究中心”，利用生命科学和基因改良技术，重视降低绒毛纤维直径，培育中国超细毛羊。随着超细毛羊等一系列科研成果的成功和推广应用，我国毛用羊品种向细型和超细型发展。

七、目前我国绒毛用羊产业存在的主要问题

我国绒毛用羊产业广泛分布在新疆、内蒙古、西藏等边疆地区，这些地区也是少数民族聚居地区，绒毛用羊产业的发展肩负着促进农牧民增收和稳定社会发展的双重任务。随着国民经济快速增长和城乡居民收入水平提高，消费者对羊毛、羊绒制成品的需求不断增长，绒毛用羊产业发展也为满足绒毛制成品消费提供了有力的支撑。然而，我国绒毛用羊产业正处于不断向前发展的阶段，产业发展起点低、现代化水平程度不高，在生产、加工和流通等多个环节还存在很多问题有待解决。

1. 绒毛用羊的养殖方式落后

在我国广大牧区、半农半牧区，农牧户仍然采用非常传统的方式进行绒毛用羊养殖，养殖方式比较落后，主要表现在：饲养管理不科学、圈舍修建不标准、基本生产设备机械化程度低等。

就绒毛用羊的饲养方式而言，广大农牧户目前主要采取夏秋放牧，冬春两季补饲的方式。在放牧阶段，农牧户或放牧工受教育程度较低，年龄偏大，放牧主要凭其经验进行，缺少专业技术知识。在补饲期间，农牧户对绒毛用羊的日粮供给往往按照经验进行，精饲料和粗饲料的比例主要根据人为主观因素确

定，缺乏科学依据，羊群膘情控制不稳定，营养供给不均衡，影响所产绒毛的质量，也影响出栏羊只的产肉量。农牧户在添加精饲料或粗饲料时缺乏对饲料进行必要的加工，饲料的利用率、转化率都相对较低。例如，在有些牧区，牧户直接在圈舍投放玉米颗粒喂养羊群，对羊草不采取任何方式加工处理，直接散撒在圈舍喂羊。

就圈舍修建而言，在绒毛用羊主产区，除了大规模养殖户能够增加投资，修建标准化养殖圈舍之外，多数农牧户仍然采取简单方式修建圈舍，有些农牧户直接使用简易材料修建羊棚，以致羊棚保暖效果差，在冬季新生羊羔保暖不到位，遇到特别寒冷天气时给农牧户造成死亡损失。农牧户对圈舍的消毒与清扫工作频率相对较低，给疫病发生带来一些隐患。

就生产经营设备而言，机械化程度更低。目前在我国，农牧户在家庭经营过程中很少使用颗粒制作机、草饼机加工饲料，很少使用青贮窖制作能量较高的饲料。即便是添加饲料的设备也相对简陋，例如，有些农牧户直接使用废旧轮胎做草料架或盐槽等。在剪毛环节，很多地区还使用传统剪子手工剪毛，机械化剪毛机的使用普及率较低。

2. 绒毛用羊生产的组织化程度比较低

长期以来，我国绒毛用羊生产都是以家庭为基本经营单位，生产规模较小，扩大规模往往受家庭资金水平、贷款能力、草牧场占有量以及户主经营能力等多方面因素制约。农牧户不能扩大养殖规模，就难以获得生产的规模效益。分散的经营方式，降低了生产效率。而专业合作社可以克服上述问题，因为专业合作社的本质是统一、协调农牧户的经营行为的一个组织。从我国目前合作社的发展阶段来看，合作社发展滞后，削弱了我国绒毛用羊生产的组织化程度，不利于产业持续发展。目前，我国各地绒毛用羊生产方面的专业合作社数量较少，发展规模较小，合作层次较低，发展滞后。有些地区，绒毛用羊的合作社根本没有建立起来；而有的地区虽然建立了绒毛用羊的专业合作社，但是流于形式，合作社往往是依赖亲属关系、朋友关系完成创办起步阶段，却没有在后续生产经营、市场销售和技术服务等方面进行实质合作，很多农牧户仅仅拥有社员之名而已。在少数地区，绒毛用羊合作社发展较快，数量与规模都有所扩大，合作社在养殖技术、绒毛销售方面也取得一定的发展，但即便如此，这些合作社仍然面临各种发展中存在的困难，比如合作机制不够健全，规章制度不够明确，社员权利与义务不对等，合作社进一步发展空间有限，等等。

3. 毛用羊品种出现退化

目前，我国毛用羊品种退化现象比较明显。很多地区的细毛羊、半细毛羊个体产毛量、产羔率等指标均呈现出下降的趋势，属于品种退化导致的性能下降。对于毛用羊来说，保证其优良的遗传特征是绒毛生产的关键点，品种退化是威胁绒毛用羊产业持续发展的一个负面因素。

造成毛用羊品种退化的原因是多方面的：一是毛肉比价不合理，农牧户倒改、转产导致品种退化。近年来，随着城乡居民收入水平的提高，肉类消费呈现出多样化趋势，羊肉的消费量增长迅速，羊肉价格持续上涨，而羊毛价格上涨的幅度相对较小。毛肉比价长期不合理，导致农牧户养殖毛用羊的积极性下降，一旦倒改细毛羊、半细毛羊或转产肉羊生产，毛用羊品种自然退化。二是种用公羊购置成本较高，降低了农牧户引进更新种用公羊的积极性。国家出台的良种补贴政策虽然已经覆盖到细毛羊、半细毛羊等毛用羊品种，但是目前补贴覆盖面不大，能够获得补贴的农牧户非常少，绝大部分农牧户无法享受到该项优惠政策。部分农牧户通过采取人为延长种用公羊的使用年限或者与其他农牧户交换使用种用公羊等办法维持生产，品种退化现象在所难免。三是地方政府不重视绒毛用羊产业发展，对绒毛用羊品种改良投入不足。由于养殖肉羊的经济效益明显高于毛用羊，很多毛用羊养殖县的政府部门为了加快当地经济发展，促进农牧民增收，积极招商引资，鼓励扶持肉羊生产，比如，给予适当的良种补贴和羊舍建设补贴等，这样的政策进一步加剧了毛用羊品种退化的进程。同时，各级政府对绒毛用羊品种改良投入较低，很多改良站品种改良和选育工作难以开展下去，而开展良种推广工作就更缺乏动力。

4. 羊绒质量出现下降

近年来，在绒山羊个体产量不断提高的同时，羊绒质量却出现一些下降趋势，主要表现为羊绒的细度变粗，羊绒的质量不稳定。出现这种情况的原因，一是科技人员选育绒山羊的重点方向在提高单产水平上，而不是提高羊绒质量上，尤其以“辽宁绒山羊”为代表。但绒山羊的单产水平和羊绒质量两个指标往往难以兼顾，所以绒山羊品种选育方向偏向提高单产水平时，羊绒质量就会难以保证。二是受市场需求强劲影响，羊绒价格持续上涨，但在销售过程中，对羊绒从不分级，羊绒质量好坏无法通过价格反映出来。农牧户为了获取更高的经济回报，在养殖过程中大量引进“辽宁绒山羊”等单产水平较高的品种，促进羊绒产量增加，却忽视了羊绒质量的稳定。三是很多地区出台的禁牧政策、草原生态保护政策限制了绒山羊放牧，农牧户不得不采取舍饲方式养殖，绒山羊的生产性能出现一定变化，造成羊绒细度有所变粗。

5. 农牧民的文化素质偏低

我国绒毛用羊产业发展面临的重要障碍之一是从事绒毛用羊生产的农牧民

文化教育程度较低。在广大牧区、半农半牧区，除极个别农牧户户主具有大专文凭之外，一般农牧民的最高学历为高中或中专，相当数量的农牧民的文化教育只停留在小学及以下水平。文化教育程度较低导致农牧民对新技术的学习速度慢，理解程度差，不善于解决养殖环节存在的各种问题，即使对他们开展相关技术培训，也难以促使他们扎实地掌握养殖技术。由于文化教育程度低，农牧民普遍缺少经济头脑，市场意识淡薄，缺乏必要的经营管理能力，这就必然造成绒毛用羊产业在相当长的时间内难以快速发展成为现代化的产业。此外，从事绒毛用羊养殖的农牧民年龄多在40～65岁之间，年轻的农牧民由于外出务工、经商，很少从事绒毛用羊养殖，也造成绒毛用羊产业从业人员结构不够合理，缺乏后备人才。

6. 草原、草地问题限制生产发展

我国天然草场资源丰富，但是长期以来，由于各地为了加快经济增长，过度发展草原畜牧业、过度开荒以及在草原地区开采矿产等导致草原生态遭到破坏。近年来，国家连续出台关于草原生态保护的政策，实施禁牧政策、休牧政策和草畜平衡等政策。保护天然草场、恢复草场生产能力和落实国家草原生态政策已经成为各级政府部门行政管理的一项重要任务。在这些政策实施后，绒毛用羊产业发展受到一定的影响。首先产业发展受到制约的最突出的表现是农牧户无法扩大生产规模，甚至萎缩。以绒山羊为例，在实施禁牧政策之后，有些主产县的绒山羊存栏数量大幅度下降，羊绒产量也明显下降。其次，如果农牧户养殖绒毛用羊完全采取舍饲方式，将面临更高的生产成本，且往往得不偿失。实施禁牧政策之后，有些地区的农牧户因人均草场面积较少（不同地区执行相同的补贴或奖励标准）而获得的补贴或奖励较少，不够弥补由于减少绒毛用羊养殖数量而遭受的经济损失。农牧户的生产积极性受挫，经济收入减少。

7. 政府扶持政策少，扶持力度小

我国各级政府对于绒毛用羊的扶持政策较少，对绒毛用羊产业发展的扶持力度不大。从中央政策层面看，绵羊良种补贴政策2009年开始试点，绒山羊的良种补贴政策2011年刚开始实施，但是能够获得绒毛用羊良种补贴的农牧户数量十分稀少，对整个产业的支持力度明显偏小。从地方政府政策来看，对于绒毛用羊产业的扶持项目更少。尤其有些地方政府严格执行关于草原生态保护的政策，对绒毛用羊产业的发展持消极态度，因为在他们看来，绒毛用羊产业有悖于草原生态保护政策。同时，地方政府大力扶持如肉牛、肉羊等其他品种养殖，进一步削弱了绒毛用羊产业的扶持力度。

8. 绒毛交易方式以传统落后方式为主

目前，农牧户销售绒毛主要是通过商贩上门收购完成的，然后再经收购商贩销售给加工企业，农牧户通过与加工企业直接签订合同销售的方式所占比例非常小。收购商贩上门进行收购虽然降低了农牧户销售成本，但是却常常通过压级压价等方式，使农牧户利益受到损失。另一方面，农牧户分散经营、分散销售，获取市场绒毛价格信息的渠道相对单一，又缺乏必要的组织统一起来，缺乏议价定价能力。近年来，少数地区所产绒毛质量较高、价格适中，赢得一批国内加工企业的青睐，因此，在这些地区出现工牧直交方式。工牧直交减少了农牧户与加工企业之间的中间环节，使农牧户免受收购商贩压级压价影响，具有一定的积极作用。但是工牧直交并没有完全解决如何在绒毛流通中建立实施优质优价机制的问题。从现代交易方式的发展来看，实现绒毛以拍卖方式进行交易是建立等级差价最有效的途径，而且计算机、互联网等现代信息技术手段的广泛使用，可以简化交易流程，降低交易成本。但我国绒毛拍卖交易方式发展缓慢，其主要原因一是农牧户每户销售数量相对较小，与拍卖要求的大规模交易还有差距；二是缺乏规范的绒毛交易经纪人队伍，收购绒毛的商贩规模也偏小，且文化层次较低，对现代化交易方式缺乏必要的认知，对拍卖等现代化交易方式不能适应；三是农牧户教育程度低，缺乏市场营销策略，不了解现代交易方式的基本规则；四是缺少政府部门对建立现代交易方式的政策支持。

9. 绒毛流通领域秩序相对混乱

由于我国绒毛流通的市场体系尚未建立，流通领域秩序相对混乱，阻碍绒毛用羊产业进一步发展。羊毛交易中，流通领域秩序混乱主要表现在：一是羊毛价格以污毛计价。过去在计划经济时代，羊毛是按照净毛计价的，但由于农牧户经常掺杂使假，毛纺企业为此亏损严重，不得不将按净毛计价方式改成按污毛计价方式。污毛计价掩盖了羊毛质量存在差异的事实，使得羊毛等级价差失去意义。然而，目前的市场状况表明，计价方式重新恢复到按净毛计价还需要很长的时间。二是农牧户绒毛混级销售。农牧户即便是进行了分级操作，也仅仅是简单分类，分级不够细，且缺乏科学依据和技术标准。农牧户混级销售的主要原因在于计价方式改为污毛计价后，个体商贩不分等级收购羊毛，导致农牧户取消分级操作，目前，羊毛分级操作已经从农牧户操作不得不转由毛纺加工企业完成，无形之中增加了毛纺企业的采购成本。三是羊毛销售缺少统一打包操作，很多农牧户、经销商销售羊毛时往往是散毛四处堆放，给羊毛质量造成一定影响。四是羊毛检验制度不健全，尤其缺少发放检验证书制度，由于羊毛经销主体主要是个体经营商贩，他们质量意识淡薄，接受检验的积极性不高，少有商贩能够按国家规定执行羊毛质量标准，且个体经营商贩数量众多，流动性强，国家专业检验设备和专业检验人员均较少，羊毛质检工作难以开展。

羊绒交易中流通秩序相对混乱主要表现在：羊绒经营者素质较低，对国家标准、市场规范和法律了解较少，缺乏基本知识和专业技能；一些不法商贩在羊绒销售时掺杂使假，在羊绒中混入异质毛等其他纤维增加羊绒重量；由于羊绒检验设备与专业技术人员较少，检验工作难以开展，导致羊绒检验环节缺失，市场中相当数量的羊绒没有经过检验直接进入流通环节；羊绒的国家标准执行不到位，市场流通中的羊绒缺少等级评定；羊绒流通中监督管理不到位，规范市场流通秩序、维护市场正常交易的法律法规不健全，等等。

10. 羊毛生产受澳毛冲击风险增强

我国细羊毛产量难以满足国内加工企业的需求，迫使国内毛纺加工企业过度依赖从国外进口羊毛用于加工生产。在进口国中，从澳大利亚进口羊毛数量最大。以 2010 年为例，根据联合国货物贸易数据库数据显示，我国从澳大利亚进口羊毛达到 17.77 万吨，进口金额达到 14.29 万美元，毛条进口 68.43 吨，进口金额达到 0.65 万美元。中国与澳大利亚目前正在进行中澳自由贸易区谈判，由于羊毛并不是国内最敏感的农产品，因此，中澳双方很可能在自由贸易协定中达成逐步扩大羊毛进口配额、削减配额外进口关税的协定。这就意味着我国羊毛市场将进一步放开，澳毛进口量将大幅度增加。由于澳毛质量优于国毛，且生产成本较低，具有较强的竞争性，将会对我国羊毛生产带来冲击。在国毛市场份额下降的同时，生产羊毛的农牧户必然蒙受经济损失，羊毛产业的振兴与发展将受到威胁。

11. 绒毛用羊产业发展受其他纤维发展冲击较大

绒毛作为纺织品工业原料，面临来自棉花、人造纤维等其他纤维的威胁。以化纤为代表的人造纤维由于市场价格较低廉，加工成本较低，一直是国内纺织加工企业的主要原料，是绒毛原料的替代品，且其所占市场份额在不断提高。绒毛在纺织加工过程中，由于其纺纱和加捻工艺生产成本高于其他纤维，市场竞争性较差。且绒毛由于在品质、色泽、时尚、耐洗、耐保养等方面不及人造纤维，不宜加工成为休闲服饰，难以迎合现代消费者突出个性、突出时尚性的消费行为。蚕丝、棉花、亚麻等其他天然纤维所占市场份额不断提高，消费者对这类产品的认可程度也在提高，降低了对绒毛织物的需求。此外，随着现代科技发展，竹纤维、可再生纤维等其他纤维、纳米材料等功能性材料兴起并蓬勃发展，也对绒毛生产影响较大。

八、进一步促进我国绒毛用羊产业发展的对策建议

针对目前绒毛用羊产业发展中所面临的一些问题，结合世界与我国绒毛用羊产业发展的一些趋势，我国政府部门应该积极采取有效措施推进绒毛用羊产业稳定、持续发展。

1. 加大政府扶持力度，完善产业政策支持体系

我国的绒毛用羊产业主要分布在少数民族聚居地区和西北地区，当地经济发展速度较其他发达省份慢，对绒毛用羊产业的支持力度还需进一步加强。首先，要将绒毛用羊产业作为当地重点发展的产业纳入政府政策支持的范围内，将促进农牧民通过养殖绒毛用羊增加收入作为政府政策的目标；其次，要从养殖、生产、加工、流通与外贸各个环节构建完整的政策支持体系，积极推动绒毛用羊产业链条延伸；最后，针对绒毛用羊产业发展中存在的具体问题，出台针对性政策措施，或者实施重点扶持项目。同时，政府实施的政策与项目应该关注产业发展的长期效益，而不是仅仅关注短期效益。

2. 加大培育和保护优良品种的力度，积极推广良种

第一，加强绒毛用羊品种选育和改良工作。优质的绒毛用羊品种，是提高绒毛质量、提高绒毛单位产量的前提。品种选育与改良工作是绒毛用羊产业进一步发展的关键，具有较强的社会效益和外部经济特征，国家为此应该积极实施各类品种的科技攻关项目，加大经费投入，鼓励科技人员深入开展研发工作，推动绒毛用羊产业通过创新获取更高的经济效益。首先，各地政府应该增加投入，积极筹建原种场、扩繁场、育肥场三级良种繁育体系，加强种羊场、改良站、扩繁站等品种培育和推广站所设施的建设和设备的购置投入；其次，要密切关注绒毛产品消费市场的变化，了解市场对绒毛用羊品种的需求，加大引进国外优良品种力度，通过现代科技手段培育与本土环境相适应的品种；再次，推动种羊场、改良站等机构的体制改革，吸引高级人才进入绒毛用羊产业从业，加大科研经费投入，推动科研水平快速发展；最后，积极做好良种推广工作，促进农牧户广泛采用绒毛用羊的优良品种，淘汰落后品种，更新生产能力。

第二，实施绒毛用羊优良品种保护政策。在我国，细毛羊、半细毛羊优良品种是十几代科研工作人员经历数十年辛勤努力培育的成果，历时长，人力、物力和财力耗费较多。相反，倒改品种3～5年时间内就可以使优良品种的绒毛用羊生产性能大幅度退化。而绒山羊由于受禁牧政策影响，农牧户生产规模

难以扩大，培育绒山羊的种羊场面临种用公羊销售困难的风险，获取的市场效益也较低，给品种保护和培育工作带来不利影响。保护优良品种是提高绒毛用羊产业创新能力的核心内容，实施保种政策能够为绒毛用羊产业后续发展提供保障。目前有些农牧户缩小生产规模，但如果市场需求大幅上升，保种政策可以发挥在短时间内促进生产恢复、扩大养殖规模的作用。首先，国家应当建设绒毛用羊优良品种的保护体系，将各地绒毛用羊的优良品种纳入保护体系之中；其次，应当以各地种羊场为主体实施保种补贴项目，按照种羊场的种羊存栏数量、建设规模及科研实力等指标拨付保种经费，并鼓励种羊场做好绒毛用羊核心群保护与扩繁工作；最后，对加入绒毛用羊保种核心群建设的农牧户给予政策性补贴，鼓励农牧户对绒毛用羊保种的投入。

第三，提高种用公羊良种补贴力度。培育与使用种用公羊是稳定羊毛质量、避免品种退化的重要措施。我国2009年起才在部分省份对存栏能繁母羊30只以上的养殖户在购买良种公羊时每只给予800元的补贴，不仅补贴范围小，而且补贴力度小。因此我们应逐步扩大种用公羊补贴政策覆盖面，确保每个购置种用公羊的养殖户都能够得到补贴；其次还应提高种用公羊的补贴标准，补贴水平最低应保持在2 000元/只左右；最后，还需要完善中央财政拨款与地方配套给付的机制，地方政府应加大种用公羊补贴的配套力度。

第四，实施能繁母羊补贴政策。为了进一步调动养殖场（户）的养殖积极性，促进养羊业健康发展，应安排中央财政补贴资金并配套地方财政补贴资金对能繁母羊进行补贴。实施能繁母羊补贴政策，在补贴受益对象上，应当将种羊场、规模养殖场和散养户等都纳入政策覆盖范围内，并重点关注多年养殖绵羊的散户。该政策应当以绒毛用羊生产良种化为导向，对不同的绒毛用羊品种实施不同的补贴额度，即补贴标准与能繁母羊的品种挂钩，实现“优品优补”，以达到扩大绒毛毛羊良种使用范围的目的。

3. 推行标准化养殖方式，提高生产经营组织化程度

第一，促进农牧户标准化、适度规模化养殖。绒毛用羊产业生产方式落后，必须通过推动农牧户向标准化、专业化和规模化的养殖模式转变完成。标准化养殖要求农牧户在生产设备、圈舍修建上有较大的改善，然而农牧户缺少资金用于建设，因此，政府部门应该加大扶持力度，加强基础设施建设：启动绒毛用羊标准化建设项目或给予农牧户标准化圈舍修建补贴；扩大畜牧养殖机械购置补贴范围，提高农牧户养殖的机械化程度；修建乡村级大型药浴设施，满足农牧户养殖环节药浴使用需求。在标准化养殖基础上，鼓励农牧户适度扩大养殖规模。虽然农牧户绒毛用羊养殖数量与拥有的草牧场面积大小密切相关，但应在现有草牧场条件下鼓励农牧户适度规模发展，通过增加人工种草面积，改善饲草供给，扩大养殖规模，通过半舍饲方式增加绒毛用羊养殖数量。同时，鼓励农牧户之间在生产上联合，鼓励农牧户之间草牧场有序流转或以租赁形式使用，这样，拥有草牧场较少的农牧户可以利用其他农牧户的草牧场资源，扩大饲草供给，满足生产需要。

第二，大力发展养殖专业合作社。农牧户家庭分散养殖绒毛用羊，规模小、经营效益低、专业合作组织发展滞后的事实，迫切要求绒毛产业要不断提高农户的组织化程度。政府部门应当积极鼓励农牧户建立发展绒毛用羊专业合作社，通过农牧户在养殖、剪毛、分级、打包等生产环节的合作，提高羊毛质量，实现羊毛生产标准化。首先，要提高农牧民合作意识，认识合作能够增加养殖效益、降低生产成本的事实，促进农牧户自发联合，在资金、养殖技术、生产与销售等方面上逐步加深合作；其次，促进养殖大户、乡村干部、绒毛经纪人等多主体、多形式地创建绒毛用羊生产合作社，尤其发挥养殖大户的带动作用，发挥羊毛经纪人在销售方面的优势；再次，制定完备的合作社章程，建立科学合理的管理制度，探索在生产与销售、利益分配上的有效合作机制；最后，政府部门应设立专项基金，加大合作社建设的资金支持力度，同时提供养殖技术和专业人才支持。

4. 加强人力资源培训，培育绒毛用羊新型生产者

第一，加快开展现有技术人员培训和人才补充工作。绒毛用羊产业的发展离不开专业技术人才的知识储备与技能拓展，离不开各层次优秀人才的补充，尤其是专业技术人员到绒毛用羊产业中从业。对于现有技术人才来说，应当加快他们在品系繁育、保种工作、疾病防治、饲养管理等各个方面的知识与技能培训，提高他们的综合业务能力，为绒毛用羊产业发展奠定坚实的技术基础。在实施培训时，应当为从业的技术人才提供一定的便利条件，可以与各地的高校、科研单位及企业进行广泛合作，开展针对性技术培训工作。在绒毛用羊产业发展过程中，针对人才队伍建设不合理、新型人才缺乏的状况，各级政府应积极制定优惠政策引进各方面的优秀人才，为引进人才提供良好的工作条件和环境，为绒毛用羊的发展补充新鲜血液。

第二，培育绒毛用羊产业的新型生产者。农牧民是我国绒毛用羊产业中从事生产的主体，提高他们的养殖技术水平和饲养管理技能，对绒毛用羊产业朝现代化方向发展十分有利。应当以推进绒毛用羊产业发展为契机，借助通过广播、电视和网络等现代化教育技术手段，广泛开展各项技术培训；应当加大市场信息的宣传力度，培养农牧民的市场意识、质量意识，促使他们逐步提高经营管理能力；对他们在饲养过程中遇到的关键问题，提供专业技术服务支持；为吸引年轻人从事绒毛用羊产业发展，改善绒毛用羊产业从业人员构成，应该针对从事绒毛用羊养殖的年轻人提供专业技术培训项目，例如，送年轻人到大专院校进行短期培训等，给年轻人从事绒毛用羊产业提供低息贷款等优惠政策。

5. 积极做好草场建设和保护工作

绒毛用羊产业的稳定持续发展，与我国草场建设与保护工作息息相关。草场建设和生态保护为包括绒毛用羊产业在内的草原畜牧业提供有力的支撑。在认真落实国家“草畜平衡”政策、禁牧和休牧政策基础上，逐步建立与绒毛用羊养殖规模相适应的科学的饲草供应体系，变被动的靠天养羊为主动的建设养羊。首先，加大对草地生态环境的维护和保养，对部分地区出现的草地退化、草地石漠化等草地生态问题加快治理，逐步恢复草原植被。其次，合理利用草场，科学划定禁牧方式、期限，根据天然放牧场饲草供应量、农作物秸秆产量、人工饲草饲料地数量等确定合理的绒毛用羊养殖规模，实现草原生态保护与绒毛用羊产业发展的统一。再次，继续大力推广人工种植牧草技术，提高人工种草面积，并在牧草草种、种草肥料、牧草收割机械设备等方面向农户提供更多的支持，以提高草原生产力和承载能力。

6. 加快建立健全绒毛流通市场及其配套机制

应加快建立健全绒毛流通市场，拓展绒毛流通渠道，规范流通秩序，推动绒毛销售方式向现代化转变。首先，完善绒毛分类分级的国家标准，逐步建立绒毛“优质优价”的销售机制，协调加工企业与绒毛生产者之间的利益关系，实现“等级差价”收购，调动养殖户提高羊毛品质的积极性，促进养殖户增收。其次，各地区可以根据产区羊群分布情况，合理布点建立标准剪毛棚、标准抓绒场所，成立专业机械剪毛队，培育专业分级员队伍，促使绒毛专业分级员逐步具备质量监督的职能，并建立分级员操作与绒毛质量相关联的追溯体制，促进绒毛品质的提高。再次，在拍卖机制不健全的情况下，应尽量减少绒毛流通的中间环节，在绒毛主产区配套建立辐射性强的专业批发市场，推动绒毛产销对接，让利于企业与养殖户。最后，可以成立专业的绒毛销售协会，提高农牧民销售绒毛的议价能力，降低养殖风险，保障农牧民的经济利益；发展专业的绒毛经纪人队伍，规范绒毛交易行为，逐步扩大拍卖交易规模。

7. 加大市场营销力度，倡导天然纤维消费理念

随着城乡居民收入增加，对西服、羊绒衫等绒毛制成品的消费将迎来潜在的市场机遇。发展现代时尚服装业，需要优质的原材料供给，而我国在羊绒生产上具有不可替代的优势，在羊毛生产上也具有较大的潜力可挖掘。因此，在推动绒毛产业快速发展的过程中，绒毛生产者应当牢牢把握市场变化规律，以市场为导向转变生产方式，扩大优质羊绒和超细羊毛生产。加大市场营销力度，加大用于扩大市场份额的资金支持。可以借鉴国外羊毛运动做法，向消费者宣传羊毛、羊绒作为天然纤维具有的特殊优势，鼓励消费者选择天然织物，替代廉价的化纤产品。建立优质羊绒、优质羊毛的产地认证体系，树立地缘品牌标志，提高市场占有率，扩大市场份额。

8. 建立羊毛进口信息预警机制

为了应对澳毛等其他国家羊毛对我国羊毛生产的影响，防止国际羊毛冲击国内市场，应当积极采取有效措施，建立羊毛进口信息预警机制，紧密跟踪国际羊毛市场供给变化、价格波动和市场结构变化。国内绒毛用羊产业应当根据国际羊毛市场变化情况及时调整生产结构，加快产业发展步伐，在一些关键性生产、流通环节或其他重要环节实现突破性进展，降低生产成本，提高羊毛质量，增加羊毛产量，扩大国内市场份额，增强国毛竞争力。另外，鼓励国内加工企业使用国毛，对直接采购国毛的企业实施生产奖励政策。同时，促进国内加工企业实施统一的进口战略，规避澳毛等其他国家羊毛在羊毛定价权上的垄断。

9. 优化产业链内协作机制，提升产业整体竞争力

通过政府引导、协会组织，加强养殖户、科研单位、加工企业的协作，促使产业整体升级，提升产业整体竞争力。品种选育科研单位应加强与绒毛企业进行沟通，及时了解加工企业对原材料需求的变化情况，适时调整育种目标。绒毛用羊养殖业紧密围绕绒毛加工企业进行生产结构调整，突出重点，扩大生产，确保绒毛生产能够满足纺织工艺技术要求。而加工企业要提升产品档次，促进绒毛精深加工，开发新产品，扩大销售份额，带动绒毛用羊产业的发展。龙头企业（或公司）通过向养殖户供应种羊、回购绒毛产品等方式进行深入合作，既要保证养殖户的利益，又要满足优质绒毛的稳定供给，并实现产业链各环节利润的合理分配。

参　考　文　献

[1] 冯伟.2011.无限风光在险峰——漫谈2010、2011年羊毛行情[N].南京羊毛市场，2011-01-03.

[2] 工信部消费品司.2012.2011年纺织行业运行情况及2012年运行形势预测[EB/OL].

[2012-01-05]．工信部网站．
[3] 南京羊毛市场信息．2012. 2011年国内外羊毛市场回顾[N]．南京羊毛市场，2012-01-04.
[4] 农业部畜牧业司．2011. 全国畜牧业发展第十二个五年规划（2011—2015年）[EB/OL]．[2011-09-02]．农业部网站．
[5] 王卉．2010. 现有政策大多评价负面 草原管理不能“一刀切” [N]．科技日报2010-11-23.
[6] 王岩，等．2001. 内蒙古羊绒产业开发研究[J]．内蒙古大学学报：人文社会科学版(1)．
[7] 余勇．2010. 羊毛创新与增加附加值如何才能实现？[J]．中国纤检(17)．
[8] 战英杰．2011. 中国羊毛生产和外贸格局及其影响因素分析[D]．北京：中国农科院．
[9] 张艳花，田可川，张廷虎，玛尔孜亚，徐新民，张沅．2010. 羊毛供求趋势及我国毛用羊产业发展的思考[J]．中国畜牧杂志(16)．
[10] 中国纺织品进出口商会．2012. 贸易“前高后低”市场“喜新忧故”——2011年全国纺织品服装进出口分析[N]．中国纺织报，2012-02-22.

图书在版编目（CIP）数据

中国绒毛用羊产业经济研究．第1辑／肖海峰等著．—北京：中国农业出版社，2012.7
ISBN 978-7-109-16910-4

Ⅰ.①中… Ⅱ.①肖… Ⅲ.①毛用羊-畜牧业-产业经济-研究-中国 Ⅳ.①F326.3

中国版本图书馆CIP数据核字（2012）第131968号

中国农业出版社出版
（北京市朝阳区农展馆北路2号）
（邮政编码 100125）
责任编辑 周 珊

北京中科印刷有限公司印刷 新华书店北京发行所发行
2012年8月第1版 2012年8月北京第1次印刷

开本：720mm×960mm 1/16 印张：24.5
字数：426千字
定价：40.00元